Psychische Störungen
bei Kindern und Jugendlichen

Psychische Störungen bei Kindern und Jugendlichen

Ein psychodynamisches Fallbuch

Herausgegeben von Michael Schulte-Markwort · Barbara Diepold · Franz Resch

Mit Beiträgen von

H. Adam	U. Knölker	G. Romer
M. Bachmann	H. Knoke	D. Stolle
O. Bilke	E. Koch	A. Streeck-Fischer
R. du Bois	D. Kugele	M. Völger
B. Friedrich	U. Lehmkuhl	J. Walter
A. Glorius-Josefowicz	S. Löwe	K. Winkelmann
N. von Hofacker	H. Meng	A. Wittenberger
H. Hopf	M.-L. Petersen	G. Zeller-Steinbrich
A. Hußmann	P. Riedesser	
G. Klosinski	H. Rohse	

20 Abbildungen, 5 Tabellen

1998
Georg Thieme Verlag Stuttgart · New York

Die Deutsche Bibliothek – CIP-Einheitsaufnahme

Psychische Störungen bei Kindern und Jugendlichen : ein psychodynamisches Fallbuch ; 5 Tabellen / hrsg. von Michael Schulte-Markwort ... Mit Beitr. von H. Adam ... – Stuttgart ; New York: Thieme, 1998

Wichtiger Hinweis: Wie jede Wissenschaft ist die Medizin ständigen Entwicklungen unterworfen. Forschung und klinische Erfahrung erweitern unsere Erkenntnisse, insbesondere was Behandlung und medikamentöse Therapie anbelangt. Soweit in diesem Werk eine Dosierung oder eine Applikation erwähnt wird, darf der Leser zwar darauf vertrauen, daß Autoren, Herausgeber und Verlag große Sorgfalt darauf verwandt haben, daß diese Angabe **dem Wissensstand bei Fertigstellung des Werkes** entspricht.

Für Angaben über Dosierungsanweisungen und Applikationsformen kann vom Verlag jedoch keine Gewähr übernommen werden. **Jeder Benutzer ist angehalten,** durch sorgfältige Prüfung der Beipackzettel der verwendeten Präparate und gegebenenfalls nach Konsultation eines Spezialisten festzustellen, ob die dort gegebene Empfehlung für Dosierungen oder die Beachtung von Kontraindikationen gegenüber der Angabe in diesem Buch abweicht. Eine solche Prüfung ist besonders wichtig bei selten verwendeten Präparaten oder solchen, die neu auf den Markt gebracht worden sind. **Jede Dosierung oder Applikation erfolgt auf eigene Gefahr des Benutzers.** Autoren und Verlag appellieren an jeden Benutzer, ihm etwa auffallende Ungenauigkeiten dem Verlag mitzuteilen.

© 1998 Georg Thieme Verlag
Rüdigerstraße 14, D-70469 Stuttgart
Printed in Germany

Satz: Mitterweger Werksatz GmbH,
D-68723 Plankstadt
(Typoscript/Agfa Avantra)
Druck: Gutmann & Co.
D-74388 Talheim

Geschützte Warennamen (Warenzeichen) werden **nicht** besonders kenntlich gemacht. Aus dem Fehlen eines solchen Hinweises kann also nicht geschlossen werden, daß es sich um einen freien Warennamen handele.

Das Werk, einschließlich aller seiner Teile, ist urheberrechtlich geschützt. Jede Verwertung außerhalb der engen Grenzen des Urheberrechtsgesetzes ist ohne Zustimmung des Verlages unzulässig und strafbar. Das gilt insbesondere für Vervielfältigungen, Übersetzungen, Mikroverfilmungen und die Einspeicherung und Verarbeitung in elektronischen Systemen.

ISBN 3-13-111821-0   1 2 3 4 5 6

Vorwort

In einer Zeit, in der die quantitativ-empirische Methodik eine notwendige und wichtige Grundlage wissenschaftlichen Arbeitens in der Kinder- und Jugendpsychiatrie und -psychotherapie darstellt, bekommt die qualitativ orientierte Arbeit am Einzelfall eine neue Bedeutung und ein neues Gewicht. Es erscheint uns unerläßlich und sinnvoll, neben notwendigen Diskussionen um die Vergleichbarkeit psychotherapeutischen Handelns die alte Tradition der Kasuistik wiederzubeleben und fortzuführen.

Wenn es um die Effektivität und Qualität der psychotherapeutischen Arbeit geht, hat die Beschäftigung mit dem Einzelfall eine ganz besondere Bedeutung: In der täglichen klinischen Praxis ist es der konkrete Austausch untereinander – sei es in der Fallbesprechung, sei es in der Supervision –, der das eigene Fortkommen unterstützt. Man wird entlastet, wenn man einen schwierigen Behandlungsfall mit den Kollegen teilt, man ist neugierig auf das psychotherapeutische Vorgehen der Kollegen, und man lernt Neues, wenn klinische Erfahrungen weitergegeben werden. Auch am Einzelfall wird dann ein Vergleichen möglich, und in der Kombination mit quantitativ-empirischen Ergebnissen vervollständigt sich das eigene Einordnen.

In der vorliegenden Sammlung werden sowohl außergewöhnliche Fälle als auch solche aus der täglichen Praxis beschrieben. Neu daran ist, daß hier Kinder- und Jugendpsychiater und -psychotherapeuten und analytische Kinder- und Jugendlichenpsychotherapeuten gemeinsam ihre Kasuistiken zusammengetragen haben. Wir haben den Vorschlag des Verlags gerne aufgegriffen, weil eine konstruktive Auseinandersetzung zwischen diesen beiden Berufsgruppen sinnvoll und überfällig ist. Die Kasuistiken ermöglichen einen Vergleich der Denk- und Arbeitsstile und zeigen Übereinstimmungen und Unterschiede auf. Wir meinen, daß sich das Experiment im Aufzeigen des Spannungsfelds gelohnt hat und die Grundlage für eine weiterführende Auseinandersetzung bilden könnte.

Jede Kasuistik bewegt sich in dem ethischen Spannungsfeld zwischen dem Schutz der Persönlichkeitsrechte der Patienten und der Familien, dem Datenschutz, und dem legitimen und notwendigen Interesse der wissenschaftlichen Öffentlichkeit. Jede Autorin, jeder Autor hat dieses Dilemma mit größtmöglicher Sorgfalt zu lösen versucht. Nicht in jedem Fall war es möglich und sinnvoll, einen „informed consent" herzustellen, dann wurde aber so verfremdet, daß ein Erkennen realer Personen auch durch die Betroffenen unmöglich wurde, ohne daß die kinder- und jugendpsychiatrischen und -psychotherapeutischen Kennzeichen des Falls verlorengegangen sind. Allen Kindern und Jugendlichen und ihren Familien möchten wir an dieser Stelle für ihr Verständnis und ihre Mitarbeit danken – der Wert ihres Einverständnisses kann nicht hoch genug geschätzt werden.

Im Zentrum dieses Buches, im Zentrum jeder Fallgeschichte stehen psychisch kranke Kinder und psychisch gestörte Jugendliche. Jede Kasuistik zeigt die Tiefe auf, die entsteht, wenn man sich mit einer entsprechenden psychotherapeutischen Haltung auf den Patienten und seine Familie einläßt. Jede Fallgeschichte wird so zu einer neuen, spezifischen Beziehungs- und Deutungsgeschichte. Der Einzigartigkeit des Falls wird somit die Einzigartigkeit der Fallgeschichte hinzugefügt, ohne daß eine Vergleichbarkeit verlorengehen muß. Dieses Besondere zu bewahren, war ein Ziel der Herausgeber.

Allen Autoren möchten wir für ihre Fallgeschichten herzlich danken.

Herrn Dr. Thomas Scherb und Frau Susanne Huiss vom Thieme Verlag gilt unser Dank für ihre konstruktive Unterstützung in jeder Phase der Entstehung des Buchs.

Hamburg, Göttingen, Heidelberg, im Frühjahr 1998   Michael Schulte-Markwort
Barbara Diepold
Franz Resch

Anschriften

Herausgeber

Prof. Dr. med. Michael Schulte-Markwort
Universitätskrankenhaus Eppendorf
Abteilung für Psychiatrie und Psychotherapie des Kindes- und Jugendalters
Martinistr. 52, 20246 Hamburg

Dr. phil. Barbara Diepold
Schildweg 20, 37085 Göttingen

Prof. Dr. med. Franz Resch
Psychiatrische Universitätsklinik
Abteilung Kinder- und Jugendpsychiatrie
Blumenstr. 8, 69115 Heidelberg

Mitarbeiter

Dr. med. Hubertus Adam
Universitätskrankenhaus Eppendorf
Abteilung für Psychiatrie und Psychotherapie des Kindes- und Jugendalters
Martinistr. 52, 20246 Hamburg

Dr. med. Miriam Bachmann
Universitätskrankenhaus Eppendorf
Abteilung für Psychiatrie und Psychotherapie des Kindes- und Jugendalters
Martinistr. 52, 20246 Hamburg

Dr. med. Oliver Bilke
Poliklinik für Kinder- und Jugendpsychiatrie
Medizinische Universität zu Lübeck
Kahlhorststr. 31-35, 23538 Lübeck

Prof. Dr. med. Reinmar du Bois
Abteilung für Kinder- und Jugendpsychiatrie des Olgahospitals
Mörikestr. 9, 70178 Stuttgart

Barbara Friedrich
Analytische Kinder- und Jugendlichenpsychotherapeutin
Mittlerer Bauernwaldweg 80,
70169 Stuttgart

Angelika Glorius-Josefowicz
Analytische Kinder- und Jugendlichenpsychotherapeutin
Lotzestr. 5, 37083 Göttingen

Dr. med. Nikolaus von Hofacker
Bezirkskrankenhaus Landshut
Klinik für Kinder- und Jugendpsychiatrie
und Psychotherapie
Prof.-Buchner-Str. 22, 84034 Landshut

Dr. rer. biol. hum. Hans Hopf
Therapiezentrum Osterhof
Heselbacher Weg 52, 72270 Baiersbronn

Dipl.-Psych. Annette Hußmann
Universitätskrankenhaus Eppendorf
Abteilung für Psychiatrie und Psychotherapie des Kindes- und Jugendalters
Martinistr. 52, 20246 Hamburg

Prof. Dr. med. Gunther Klosinski
Abteilung Psychiatrie und Psychotherapie
im Kindes- und Jugendalter mit Poliklinik
Osianderstr. 14, 72076 Tübingen

Prof. Dr. med. Ulrich Knölker
Poliklinik für Kinder- und Jugendpsychiatrie
und Psychotherapie
Medizinische Universität zu Lübeck
Kahlhorststr. 31-35, 23538 Lübeck

Dipl.-Psych. Harald Knoke
Beratungs- und Therapiezentrum
Düstere-Eichen-Weg 19, 37073 Göttingen

Dr. med. Eginhard Koch
Psychiatrische Universitätsklinik
Abteilung Kinder- und Jugendpsychiatrie
Blumenstr. 8, 69115 Heidelberg

Dorette Kugele
Analytische Kinder- und Jugendlichen-
psychotherapeutin
Schützenhausstr. 22, 69151 Neckargemünd

Prof. Dr. med. Dipl.-Psych. Ulrike Lehmkuhl
Charité, Campus Virchow-Klinikum
Klinik für Psychiatrie, Psychosomatik
und Psychotherapie
des Kindes- und Jugendalters
Platanenallee 23, 14050 Berlin

Dipl.-Psych. Sabine Löwe
Eppendorfer Weg 77, 20259 Hamburg

Dr. med. Heiner Meng
Kinder- und jugendpsychiatrische
Universitätsklinik und -poliklinik (KJUP)
Jugendpsychiatrische Abteilung (JPA)
Röschenzerstr. 5–7, CH-4053 Basel

Marie-Luise Petersen
Analytische Kinder- und Jugendlichen-
psychotherapeutin
Waldstr. 5, 32699 Extertal

Prof. Dr. med. Peter Riedesser
Universitätskrankenhaus Eppendorf
Abteilung für Psychiatrie und Psycho-
therapie des Kindes- und Jugendalters
Martinistr. 52, 20246 Hamburg

Heide Rohse
Analytische Kinder- und Jugendlichen-
psychotherapeutin
Am Menzelberg 7, 37077 Göttingen

Dr. med. Georg Romer
Universitätskrankenhaus Eppendorf
Abteilung für Psychiatrie und Psycho-
therapie des Kindes- und Jugendalters
Martinistr. 52, 20246 Hamburg

Dr. med. Dörte Stolle
Fachklinik für Kinder- und Jugend-
psychiatrie und Psychotherapie Schleswig-
Hesterberg
Friedrich-Ebert-Str. 5, 24837 Schleswig

Dr. med. Annette Streeck-Fischer
Klinische Psychotherapie bei Kindern
und Jugendlichen in Tiefenbrunn
Krankenhaus für Psychotherapie und
psychosomatische Medizin
des Landes Niedersachsen
37124 Rosdorf/Göttingen

Dr. med. Margot Völger
Charité, Campus Virchow-Klinikum
Klinik für Psychiatrie, Psychosomatik
und Psychotherapie
des Kindes- und Jugendalters
Platanenallee 23, 14050 Berlin

Dr. med. Jochen Walter
Universitätskrankenhaus Eppendorf
Abteilung für Psychiatrie und Psycho-
therapie des Kindes- und Jugendalters
Martinistr. 52, 20246 Hamburg

Dr. med. Klaus Winkelmann
Institut für analytische Kinder-
und Jugendlichenpsychotherapie
Posselstr. 2, 69120 Heidelberg

Annegret Wittenberger
Analytische Kinder- und Jugendlichen-
psychotherapeutin
Korbacher Str. 245 D, 34132 Kassel

Gisela Zeller-Steinbrich
Analytische Kinder- und Jugendlichen-
psychotherapeutin
Schäublinstr. 57, CH-4059 Basel

Inhaltsverzeichnis

1. Gedeihstörungen 1

    Fallbeispiel einer Fütterstörung im Säuglingsalter 1
    N. von Hofacker

2. Angststörungen 9

    „Angst vor dem Schwarzen Mann" – Die psychoanalytische Behandlung einer
    Schulphobie 9
    H. Hopf

    „Bist Du sicher, daß ich morgen wieder aufwache?" – Die Angsterkrankung eines
    11jährigen Mädchens 16
    G. Klosinski

    „Manchmal habe ich das Gefühl, Millionen Kilometer weg zu sein" –
    Angststörung eines 17jährigen Jugendlichen 27
    K. Winkelmann

3. Depression 35

    „Bei einem Gewinn im Lotto würde ich die Hälfte meiner Mutter und die Hälfte
    meinem Vater geben" – Psychoanalytische Behandlung eines depressiven
    Mädchens, das von den geschiedenen Eltern ständig in Loyalitätskonflikte
    verwickelt wird 35
    A. Glorius-Josefowicz

    Mein Kollege Dr. Superman 43
    D. Kugele

    Bleib und stirb – Bleib oder stirb – Depressive Krise eines 15jährigen Mädchens .. 51
    S. Löwe

4. Dissoziation 58

    Neugierig auf den Dritten? 58
    A. Hußmann

5. Zwangsstörungen 67

    „Mir kann keiner helfen" – Chronisch rezidivierende Zwangsstörung in der
    Adoleszenz 67
    U. Knölker

    „Es ist alles so schmutzig" – Zwangsstörung eines 16jährigen Mädchens 78
    E. Koch

6. Schlafstörungen ... 84

„Ich werde schon nicht sterben, ich bin zäh." – Schlafstörungen eines 9jährigen Mädchens ... 84
G. Zeller-Steinbrich

7. Eßstörungen ... 93

„Ich habe Angst vor jedem Krümel" – Anorexia nervosa eines 13jährigen Mädchens ... 93
M. Völger und U. Lehmkuhl

Zohra – Eßstörung als Ausdruck einer Störung in der Objektbeziehungsentwicklung ... 100
A. Wittenberger

8. Posttraumatische Belastungsstörungen (PTSD) ... 108

„Flexible Wahrheit" – Zum Suizidversuch einer 16jährigen Jugendlichen im Exil .. 108
H. Adam, J. Walter und P. Riedesser

„Zerbrochener Spiegel" – Sexueller Mißbrauch ... 115
H. Rohse

9. Selbstverletzendes Verhalten ... 123

„Ines weiß selbst nicht, wer sie ist" ... 123
B. Friedrich

„Ich schneide immer so tief, bis das Blut fließt" ... 130
M.-L. Petersen

10. Störung des Sozialverhaltens ... 136

„Nicht nur so tun!" – Tötungsimpule bei einem 8jährigen ... 136
G. Romer

„Ich hasse alle" ... 144
D. Stolle

„Mein Vater war mein einziger Freund!" ... 153
A. Streeck-Fischer

11. Psychosen ... 161

„Manchmal hab ich so ein Durcheinander im Kopf" – Forensische Aspekte einer nicht erkannten Psychose ... 161
M. Bachmann

„Jochen C. ... mit den Wurzeln ausgerissen" ... 168
R. du Bois

Behandlung von psychotischen Patienten in der Adoleszenz:
ambulant oder stationär? 176
H. Meng

12. Sucht... 185

„Unfähig zu echtem Kontakt" – Adoleszenter Substanzmißbrauch zwischen
Selbstmedikation und Suchtgefährdung 185
O. Bilke

Erwachsenwerden ohne Vater – Zur Architektur der Drogenabhängigkeit
eines Jugendlichen.. 192
H. Knoke

Literaturverzeichnis.. 198

Sachverzeichnis... 201

1. Gedeihstörungen

Fallbeispiel einer Fütterstörung im Säuglingsalter

N. von Hofacker

Einführung

Die deutschsprachige Kinder- und Jugendpsychiatrie hat im Gegensatz zu den angelsächsischen Ländern erst seit kurzem begonnen, Verhaltens- und Beziehungsprobleme der ersten Lebensjahre als wichtigen Teil ihrer klinischen und Forschungsaktivitäten zu verstehen (Laucht et al., 1992). Dies mag um so mehr erstaunen, als frühkindliche Störungen der Verhaltensregulation, zu denen neben Fütterstörungen auch exzessives Schreien/ „Koliken", Schlafstörungen und Störungen der Bindungs- und/oder Autonomieentwicklung gerechnet werden, zu den häufigsten Problemen der ersten Lebensjahre zählen (Laucht et al. 1992).

Das Säuglingsalter unterscheidet sich durch eine Reihe spezifischer Gegebenheiten von späteren Lebensphasen. So sind z.B. die einzelnen Bereiche der kindlichen Verhaltensregulation (Füttern, Schlafen, affektive Regulation, Lernerfahrungen usw.) noch unscharf gegeneinander abgegrenzt. Regulatorische Probleme umfassen daher häufig mehrere Kontexte oder greifen auf diese über (Wolke et al. 1995, von Hofacker et al. 1996). Zudem sind die frühen Eltern-Kind-Beziehungen für die kindliche sozial-emotionale und mentale Entwicklung von herausragender Bedeutung (Stern 1985, Papousek u. Papousek 1990). Ein Verständnis der Genese von Regulationsstörungen sowie eine differentielle Therapie ist daher nur im Kontext dieser Beziehungen möglich und sinnvoll (Anders 1989, Papousek u. von Hofacker 1995). Im Säuglingsalter sollte somit auch noch nicht von einer isolierten Psychopathologie des Kindes im eigentlichen Sinne, sondern allenfalls von einer Psychopathologie der frühen Eltern-Kind-Beziehungen gesprochen werden.

Die folgende Fallgeschichte soll dies anhand einer Fütter- und Schlafstörung verdeutlichen, und aufzeigen, wie komplex die Wechselwirkungen sein können, die zwischen kindlichen regulatorischen Problemen, elterlichen psychischen Belastungen und dysfunktionalen Beziehungsmustern bestehen.

Symptomatik

Carolina S. wurde erstmals im Alter von 10 Monaten in der „Münchner Sprechstunde für Schreibabies", einer interdisziplinären Diagnostik- und Beratungsstelle für Familien, deren Säuglinge/Kleinkinder unter Störungen der kindlichen Verhaltensregulation leiden, vorgestellt. Die Mutter schilderte, Carolina verweigere seit Beginn der Löffelfütterung zunehmend die Nahrung, habe wenig Appetit, spucke das Essen provokativ wieder aus und versuche auf unterschiedlichste Weise während des Fütterns abzulenken. Nicht selten müsse sie Carolina mit dem Löffel nachlaufen, gelegentlich sie auch zum Essen zwingen. Die Fütterungen erfolgten unregelmäßig, zahlreiche Male am Tag, und waren, wie aus Ernährungsprotokollen ersichtlich, nicht auf feste Mahlzeiten beschränkt. Bis zum 4. Lebensmonat habe

Frau S. Carolina gestillt, allerdings nur widerwillig, da sich ihr Körper regelrecht gegen das Stillen gewehrt habe.

Neben den Eßproblemen leide Carolina unter erheblichen Schlafproblemen: Sie schlafe nur ein, wenn die Mutter oder der Vater sich zu ihr in das Bett legten, und wache nachts bis zu 5mal auf. Während der Wachphasen bekomme Carolina die Flasche angeboten, die sie problemlos trinke. Nachdem sie anfangs im elterlichen Bett geschlafen habe, schlafe sie jetzt auf einer Klappcouch im elterlichen Schlafzimmer, auf die sich die Mutter, häufiger aber der Vater über viele Stunden, nicht selten die ganze Nacht zu ihr legten. Tagsüber sei sie häufig müde und unruhig und hänge immer wieder an der Mutter.

Strategien der Diagnostik

Der Untersucher war während des gesamten Erstgesprächs überrascht, welche Diskrepanz zwischen den von der Mutter geschilderten Verhaltensschwierigkeiten Carolinas einerseits und ihrem aktuellen Verhalten andererseits bestand. Carolina saß anfänglich auf dem Schoß der Mutter, fing dann aber an, mit dem Untersucher Blickkontakt aufzunehmen, und explorierte im weiteren Gesprächsverlauf interessiert das Untersuchungszimmer, wobei sie sich auch in begrenztem Radius von der Mutter fortbewegte. Die agitiert wirkende Mutter, die sich selbst bzw. ihrer seit Jahren bestehenden Zwangsneurose die Hauptschuld an Carolinas Verhaltensproblemen zuschob, löste im Untersucher zunächst wenig affektive Resonanz aus. Immer wieder kam sie auf erhebliche aversive Gefühle Carolina gegenüber zu sprechen, die sie angesichts der Schwierigkeiten von Carolina manchmal nur noch schwer kontrollieren könne. Andererseits ging Frau S. in der direkten Interaktion mit Carolina überraschend liebevoll mit ihr um, zeigte ein gutes Repertoire intuitiver elterlicher Verhaltensweisen und war emotional für das Kind ausreichend verfügbar.

Die weiterführende Diagnostik sollte in erster Linie auf die Identifikation der relevanten dysfunktionalen Interaktions- und Beziehungsmuster innerhalb der Familie ausgerichtet sein. Darüber hinaus sollte versucht werden, die Zusammenhänge zwischen Auffälligkeiten auf der Beziehungs- und Interaktionsebene, vor allem der Mutter-Kind-Beziehung, und der lebensgeschichtlichen, neurotischen Belastung von Frau S. näher aufzuklären.

Kontext (situativ, sozial)

Der Beginn von Carolinas Eßproblematik wurde von der Mutter zeitlich mit dem Tod der Urgroßmutter im 4. Lebensmonat in Zusammenhang gebracht. Damals sei Carolina für einige Stunden von einer Bekannten beaufsichtigt worden. Frau S. führte die Eßprobleme Carolinas u.a. auf eine mögliche Traumatisierung im Zusammenhang mit dieser Trennung zurück. Frau S. Überbewertung der kurzen Trennungssituation gab einen ersten Einblick in die symbiotischen Züge der Mutter-Kind-Beziehung.

Situative Dynamik

Die Verhaltensproblematik Carolinas war eng in die zwangsneurotische Störung der Mutter eingebettet: So war Frau S. neben der physischen Versorgung des Kindes in erster Linie mit der Reinhaltung und Ordnung des Haushalts beschäftigt. Im Tagesablauf gab es mit der zunehmenden Beanspruchung der Mutter durch die Fütterproblematik kaum mehr Zeit für ein gemeinsames, entspanntes Spiel mit Carolina. Andererseits konnte Frau S. auch immer schwerer ihrem Sauberkeits- und Ordungszwang nachkommen, so daß sie unter erheblichen innerpsychischen Druck geriet.

Um Carolina zum Essen zu motivieren, versuchte Frau S. sie durch Spielangebote während der Füttersituation abzulenken, was diese auch prompt in steigendem Maße einforderte und mit Essen quasi „belohnte". Damit entstanden maladaptive Interaktionszyklen, in denen gemeinsame Spielinteraktionen zwischen Mutter und Kind fast nur noch im Zusammenhang mit der Füttersituation, nicht aber von dieser getrennt, und damit auf Kosten einer ausreichenden Nahrungsaufnahme erfolgten.

Anamnese

Frau S. erzählte, die Schwangerschaft sei auf Drängen ihrer Eltern zustande gekommen, diese seien Schuld, daß es Carolina gebe. Ihre Eltern hätten ihre Beziehung zu Carolinas Vater nie akzeptiert, jedoch im Hinblick auf das Alter von Frau S., die bei Schwangerschaftseintritt 30 Jahre alt gewesen sei, zu der Schwangerschaft gedrängt. Frau S. brachte auch zum Ausdruck, sie hätte Carolina nie gewollt, wenn sie gewußt hätte, wie schwierig sie einmal sein würde. Aus der mangelnden Fähigkeit der Mutter, sich dem Drängen der eigenen Eltern gegenüber durchzusetzen wurde deutlich, wie wenig sie sich in ihren eigenen Autonomiebedürfnissen abgrenzen konnte. Andererseits schwangen in ihren Schilderungen auch aggressive Vorwürfe der eigenen Mutter gegenüber mit, die sie unterschwellig für ihre schwierige Situation verantwortlich machte.

Der Schwangerschaftsverlauf war insgesamt, ebenso wie die Geburt, abgesehen von den psychischen Belastungen von Frau S., nicht beeinträchtigt. Frau S. hob hervor, erleichtert gewesen zu sein, daß sie während der Schwangerschaft nicht allzuviel zugenommen habe. In diesem Zusammenhang erwähnte sie auch, immer wieder selbst Probleme mit dem Essen zu haben, und sehr darum bemüht zu sein, ihr niedriges Körpergewicht zu halten.

Postpartal war der Beziehungsaufbau zu Carolina von Anfang an durch Stillprobleme belastet gewesen, Carolina habe die Mutter wiederholt in die Brust gebissen. Sie sei schon immer ein „Kasperl" gewesen, so daß die Mutter gleich mit der Flasche zugefüttert habe. Während das Schlafen in den ersten Lebensmonaten unproblematisch gewesen sei, habe Carolina mit Beginn der Eßprobleme angefangen, die beschriebenen Schlafprobleme zu entwickeln.

Frau S. beschrieb eindrücklich, wie schwer sie sich mit der Übernahme der Mutterrolle in den ersten Lebensmonaten getan habe. Carolinas Bedürfnissen nach körperlicher Nähe stand sie hochambivalent gegenüber, zeitweise empfand sie Carolina wie ein „Klotz am Bein". Hiermit assoziierte sie ihren eigenen Auszug aus dem Elternhaus mit 21 Jahren, der sehr dramatisch verlaufen sei und in dessen Zusammenhang sie die eigene Mutter wie einen „Klotz am Bein" erlebt habe. Für Frau S. bestand damit ein enger Zusammenhang zwischen der Behinderung ihrer eigenen Autonomiebestrebungen durch ihre Mutter einerseits und der Einschränkung ihrer Autonomie andererseits durch die Tatsache, daß sie Carolinas kindgerechten physischen und psychischen Bedürfnissen nachkommen mußte. Frau S. innerpsychischer Konflikt zwischen Autonomie/Individuation und Abhängigkeit in der Beziehung zu ihrer Mutter spiegelte sich auf der Ebene der Beziehung zu ihrer Tochter wider. Die Vorstellung Carolinas erfolgte zu einem Zeitpunkt, zu dem Carolinas Autonomiebestrebungen im Zuge ihrer eigenen körperlichen und psychischen Entwicklung (Fortbewegung, selbständige Eßversuche) stärker wurden und mit den Autonomiebedürfnissen der Mutter kollidierten. Aufgrund ihrer erheblichen Rollenambivalenzen habe sich Carolinas Vater auch von Anfang an mehr mit Carolina beschäftigt und einen näheren Kontakt zu ihr gehabt als die Mutter. Dies dürfte für Carolina eine wichtige Kompensation zu der konfliktreichen Beziehung mit der Mutter gewesen sein.

In ihrer übrigen Entwicklung wurde Carolina als unproblematisch geschildert. Frau S. erwähnte allerdings, Carolina seit einiger Zeit regelmäßig auf den Topf zu setzen. Vor dem Hintergrund ihrer eigenen Zwangsneurose war ihr daran gelegen, daß Carolina so schnell wie möglich sauber werden möge. Frau S. war nicht bewußt, daß ein 10monatiger Säugling im Hinblick auf die noch unreife Funktion der Schließmuskeln im Genitoanalbereich hiermit völlig überfordert sei.

Familienanamnese

Frau S. wuchs als Einzelkind in einer sehr ländlichen Gegend auf. Die Schilderungen ihrer insgesamt als harmonisch beschriebenen Kindheit wirkten oft inkonsistent und voll von Konflikten in der Beziehung zu ihrer Mutter. Die Beziehung zu ihrem Vater gewann dagegen in ihren Beschreibungen nur wenig Konturen. Bis zum Auszug aus dem Elternhaus im 21. Lebensjahr habe Frau S. mit der Mutter in einem Bett geschlafen, da der Vater Frau S. Mutter durch sein Schnarchen gestört und infolgedessen im Bett seiner Tochter geschlafen habe. Aus dieser symbiotisch-konflikthaften Beziehung, in der eigene Autonomiebestrebungen, gerade auch im Rahmen der Pubertätsentwicklung, nicht zugelassen werden konnten, habe sie sich mit 21 Jahren sehr abrupt herausgelöst, indem sie in eine 200 km entfernte Großstadt gezogen sei. Die Mutter spiele allerdings nach wie vor für sie eine sehr wichtige Rolle, mehrmals täglich telefoniere sie mit ihr, mindestens alle 4 Wochen besuche sie sie. Der Umzug vom Land in die Großstadt sei für Frau S. damals ein „Kulturschock" gewesen, Halt habe sie in einer rasch eingegangenen Beziehung zu einem Mann gefunden, mit dem sie über 11 Jahre liiert gewesen sei.

Mit dem Auszug aus dem Elternhaus habe Frau S., die schon immer sehr ordentlich gewesen sei, eine Zwangsneurose entwickelt. Durch diese habe sie sich zunehmend eingeschränkt gefühlt, so daß sie schließlich eine 80stündige Psychotherapie begonnen habe, die ihr allerdings nicht wesentlich geholfen habe. Im Gespräch ergab sich der Eindruck, daß Frau S. Widerstand gegenüber einer Bearbeitung der konflikthaften Beziehung zu ihrer Mutter zu groß gewesen war, um eine erfolgreiche Psychotherapie zu ermöglichen. Den Vorschlag einer Wiederaufnahme der Psychotherapie lehnte sie kategorisch ab.

Die ungelöste Beziehung von Frau S. zu ihrem Elternhaus, speziell zu ihrer Mutter, beeinträchtigte nicht nur ihre Beziehungsgestaltung zu Carolina, sondern auch zu ihrem Mann. Nach der Trennung von ihrem vorgehenden Partner, der von den Eltern als „Wunsch-Ehemann" und „ideale Partie" angesehen worden sei, habe sie bald ihren jetzigen Mann kennengelernt. Dieser sei von den Eltern nie akzeptiert worden, vor allem, da er sozial weniger gut gestellt gewesen sei, als Frau S. erster Partner. Frau S. befand sich daher in einem ausgesprochenen Loyalitätskonflikt, der für sie, speziell an den Besuchswochenenden bei ihren Eltern, nur schwer zu bewältigen war.

Untersuchungsergebnisse

Psychopathologischer Befund/Interaktionsdiagnostik

Carolina war ein physisch und psychisch altersgemäß entwickeltes, sozial offenes und freundliches Mädchen, ihr körperliches Gedeihen war nicht beeinträchtigt. Während der körperlichen Untersuchung nahm sie in Gegenwart der Mutter bereitwillig Kontakt mit dem Untersucher auf, und war während der gesamten Untersuchungssituation in ihrem Verhalten überraschend ausgeglichen und gut reguliert. In der *Spielinteraktion mit ihrer Mutter* zeigte sie sich explorationsfreudig und ebenfalls gut reguliert. Frau S. ging liebevoll, sensitiv und prompt auf Carolinas Verhaltenssignale und -bedürfnisse ein. In der *Füttersituation* ließ sich Carolina dagegen nur anfangs problemlos von der Mutter füttern. Mit zunehmender Dauer zeigte sie klar die Initiative zu selbständigen Eßversuchen. Die Mutter reagierte hierauf hochambivalent, indem sie ihr das Gläschen reichte, es aber sofort wieder zurückzog, als Carolina mit dem Finger daraus essen wollte. Zum Teil kam es hierbei zu mehrere Sekunden dauernden Interaktionssequenzen, während der die Mutter Carolina jeweils das Gläschen reichte, es ihr dann wieder entzog, um es ihr auf eine erneute fordernde Geste hin wieder zu reichen und abermals zu entziehen. Gelegentlich reagierte Frau S. auch auf Carolinas aktive Eßversuche sichtbar amüsiert, lehnte diese aber gleichzeitig ab. Das mit solchen Eßversuchen verbundene Kleckern konnte sie vor dem Hintergrund ihrer eigenen Sauberkeitsneurose nicht ertragen. Infolgedessen war sie auch während der gesamten Eßsituation damit beschäftigt, Carolina den Mund abzuwischen bzw. den Eßplatz sauber zu halten. Für Carolina war das Verhalten der Mutter ausgesprochen inkonsistent, widersprüchlich und nicht verstehbar. Mit zunehmender Fütterdauer wurde sie immer dysphorischer und verlangte nach unterschiedlichen Ablenkungen, die die Mutter ihr prompt anbot. Sie belohnte diese Angebote, indem sie einige Löffel aß, dann aber wieder die Nahrung verweigerte, quengelte oder auch aktiv versuchte, den Löffel wegzustoßen. Die kontinuierlich konflikthaft eskalierende Eßsituation endete schließlich nach 20 Minuten damit, daß Carolina die Nahrung komplett verweigerte und nach Zwanganwendung durch die Mutter anfing, unstillbar zu schreien, so daß die Mutter die Fütterung abbrechen mußte.

Psychodynamischer Befund

In der Füttersituation spiegelte sich der innerpsychische Konflikt der Mutter um Autonomie und Abhängigkeit auf der Beziehungs- und Interaktionsebene mit Carolina wider. Frau S. Wunsch, eigene Autonomiebestrebungen besser zulassen zu können, äußerte sich in ihrer amüsierten und durchaus lustbetonten Teilnahme an den Autonomieversuchen ihrer Tochter. Es gelang ihr allerdings aus den erwähnten Gründen nicht, diese wirklich zuzulassen oder gar zu unterstützen. Auch die völlig altersunangemessene Forcierung der Sauberkeitsentwicklung Carolinas stand im Dienste der Neurose der Mutter. Altersgemäße Entwicklungsbedürfnisse des Kindes konnten, soweit sie mit der innerpsychischen Dynamik der Mutter kollidierten, nur unzureichend zugelassen werden, altersbedingte Einschränkungen der Entwicklungsmöglichkeiten wurden nicht ausreichend erkannt. In ähnlicher Weise war die Schlafstörung in die Psychodynamik der Mutter eingebunden: Die mit der eigenen Mutter über 21 Jahre gelebte Symbiose wurde im Schlafsetting mit dem Kind reinszeniert. Durch die große körperliche Nähe, die mit dem Schlafen im gemeinsamen Bett einherging, wurden jedoch auch ambivalente Affekte der Mutter Carolina gegenüber aktiviert. Einerseits war für Frau S. das Setzen von Grenzen und das Ermöglichen selbstregulatorischer Kompetenzen in der Einschlafsituation mit Schuldgefühlen, die durch die eigene Mutter noch erheblich gefördert wurden, verbunden. Andererseits stellte Frau S. fest, wie sehr sie in dem symbiotischen Schlafsetting eigene Bedürfnisse nach Abgrenzung, Schlaf und Erholung zurückstellen mußte. Ihren ambivalent-ablehnenden Gefühlen Carolina gegenüber wurde hierdurch erheblich Vorschub geleistet. So ließ Frau S. auch bereitwillig zu, daß sich Carolinas Vater eher als sie selbst zu Carolina in das Bett legte. Dieses Schlafsetting, in dem die Eltern nur wenig gemeinsame Zeit im Ehebett teilten, dürfte auch Ausdruck der schwelenden partnerschaftlichen Probleme gewesen sein. Carolinas Entwicklungsmöglichkeiten waren durch die Fütter- und Schlafstörung und durch die dieser zugrundeliegenden Beziehungsproblematik nicht nur unmittelbar, sondern auch längerfristig eingeschränkt und bedroht.

Diagnose

Fütterstörung im frühen Kindesalter (**ICD-10: F98.2**) und Schlafstörung auf dem Boden einer konflikthaften Mutter-Tochter-Beziehung bei Zwangsstörung der Mutter (**ICD-10: F42**).

Therapieverlauf

Die Therapie erfolgte simultan auf mehreren Ebenen:

Auf der *Interaktionsebene* wurde mit Frau S. unter Zuhilfenahme der mit einem Videogerät aufgenommenen Füttersituation eine Modifikation ihres Fütterverhaltens überlegt. Frau S. wurde einerseits in ihren Kompetenzen bestärkt, indem entspannt laufende Sequenzen der Fütterinteraktion gemeinsam angesehen wurden und die für einen ungestörten Fütterungsablauf relevanten mütterlichen Verhaltensweisen hervorgehoben wurden. Andererseits wurden mit der Mutter gerade auch konflikthafte Interaktionssequenzen betrachtet. Dies ermöglichte einen unmittelbaren Zugang zu den mit solchen Episoden verbundenen Vorstellungen, Phantasien, Affekten und Befürchtungen (*Repräsentanzebene*) der Mutter. Dabei wurde Wert darauf gelegt, Frau S. nicht einfach alternative Verhaltensmuster vorzugeben. Dies wäre einer Reinszenierung ihrer Beziehung zu ihrer Mutter, die für sie „alles besser wußte", gleichgekommen. Vielmehr sollte sie im selbständigen Auffinden von Verhaltensmustern unterstützt werden, mit denen sie Carolinas altersgemäße Entwicklung, speziell ihre Eßfähigkeiten, fördern konnte. Konkret sollte ihr ermöglicht werden, einerseits die aktive Beteiligung Carolinas an der Füttersituation zuzulassen, andererseits aber Ablenkungsversuche zu ignorieren, klare und konsistente Grenzen zu setzen und damit die Füttersituation letztlich für das Kind verstehbarer zu strukturieren. Die Mahlzeiten sollten regelmäßig über den Tag verteilt und auf Haupt- und Zwischenmahlzeiten beschränkt sein. Auf diese Weise sollten Hunger und Appetit als wesentliche Motivation zum Essen entstehen können.

Die Modifikation eingefahrener Verhaltensmuster war für Frau S. anfangs sehr schwierig, da durch das Zulassen der selbständigen Eßversuche ihrer Tochter der Druck seitens ihrer eigenen Neurose erheblich erhöht wurde, sie aber gleichzeitig die Wiederaufnahme einer individuellen Psychotherapie hartnäckig ablehnte. Im Rahmen der begleitenden psychotherapeutischen Gespräche, die auf die Verbindungslinien zwischen Frau S. innerpsychischer Konfliktsituation und ihrer Beziehungsgestaltung zu Carolina fokussiert waren, gelang es ihr aber innerhalb weniger Stunden, erste Kompromisse zu finden, mit denen sie Carolina ausreichend Entwicklungsspielräume öffnen konnte. Carolina genoß sichtlich, sich aktiver an den Mahlzeiten beteiligen zu können, lenkte immer weniger ab und aß bald zügig und mit Freude. Dieses wichtige Feedback war für die Mutter Motivation, sich auf die begleitenden psychotherapeutischen Gespräche weiter einzulassen und bestärkte sie erheblich in ihren Kompetenzgefühlen als Mutter. Anfangs nur zögerlich, nach und nach aber mit weniger Widerstand reduzierte sie dementsprechend auch die Telefonate mit ihrer eigenen Mutter und die Besuche im Elternhaus. Das Zulassen und die Unterstützung der Autonomieentwicklung ihrer Tochter und Frau S. eigener Autonomieprozeß standen in enger Wechselwirkung.

Parallel mit der Fütterproblematik wurde auch die Schlafstörung Carolinas behandelt. Mit den Eltern wurden Einschlafrituale überlegt und besprochen, wie sie die selbstregulatorischen Kompetenzen ihrer Tochter in der Einschlafsituation fördern konnten, so daß diese lernte, ohne wesentliche elterlichen Hilfen (wieder-) einzuschlafen. Anderseits sollte das regelmäßige Nachsehen der Eltern während nächtlicher Wachphasen („checking") Carolina im Zuge dieses Lernprozesses die Sicherheit elterlicher Nähe vermitteln. Die Verhaltensmodifikation war für die Eltern, vor allem für die Mutter, nur durch begleitende psychotherapeutische Gespräche möglich. Die Aufgabe des symbiotischen Schlafsettings aktivierte einerseits Frau S. innerpsychische Konfliktdynamik, hatte aber andererseits auch Rückwirkungen auf die partnerschaftliche Dynamik. Gleichzeitig empfand Frau S. das erfolgreiche Vermitteln von Grenzen Carolina gegenüber und die Förderung ihrer selbstregulatorischen Kompetenzen durchaus auch als Erleichterung. Carolina lernte durch das strukturierte Verhalten der Eltern innerhalb weniger Nächte durchzuschlafen und sich nur noch gelegentlich zu melden. Die Fütterungen konnten auf 1 Flaschenfütterung pro Nacht reduziert werden, was eine wichtige Voraussetzung für das Durchschlafen war.

Durch die Entspannung der Füttersituation wie auch der nächtlichen Schlafsituation wurden sowohl auf der Paarebene wie auf der Beziehungsebene zwischen Mutter und Kind wichtige Inseln der Gemeinsamkeit geschaffen. Beide Eltern erlebten zudem den loseren Kontakt zu Frau S. Familie und die selteneren Besuche als Bereicherung ihrer Partnerschaft. Carolina war jetzt tagsüber deutlich ausgeglichener und weniger unruhig, während Frau S. ihrerseits mehr Zeit zum gemeinsamen Spiel mit ihr hatte. Gleichwohl bestand ihre Zwangsneurose unvermindert fort, kollidierte aber nicht mehr mit Carolinas Entwicklungsanforderungen. In den Jahren der gemeinsamen Partnerschaft schienen sich sowohl Frau S. wie auch ihr Mann mit der zwanghaften Ordnungsliebe von Frau S. arrangiert zu haben.

Während des gesamten therapeutischen Prozesses wurde versucht, Herrn S. in seinen Kompetenzen als Vater zu stärken und so weit wie möglich in die Therapie mit einzubeziehen. Sowohl auf der Ebene der elterlichen Partnerschaft wie auf der Ebene der Beziehung zwischen Frau S. und ihren Eltern bestand der Eindruck, daß die Bedeutung einer guten Vater-Tochter-Beziehung angesichts einer symbiotisch-konflikthaften Mutter-Tochter-Beziehung immer wieder in den Hintergrund zu treten drohte und daher neben der Bearbeitung letzterer der Unterstützung bedurfte. Obwohl der Vater nur unregelmäßig an den Behandlungsterminen teilnehmen konnte, unterstützte er seinerseits die Autonomiebestrebungen seiner Frau, und erleichterte ihren Ablösungsprozeß vom Elternhaus erheblich.

Nach 3monatiger Dauer konnte die Therapie erfolgreich beendet werden, Carolina war in allen Verhaltensbereichen altersgemäß entwickelt und wurde von ihren Eltern als im wesentlichen unproblematisches Kind empfunden. Frau S. ließ bei Beendigung der Therapie offen, ob sie zu einem späteren Zeitpunkt ihre eigene Psychotherapie wieder aufnehmen wollte oder nicht, schien einer solchen Wiederaufnahme gegenüber aber nicht mehr so abgeneigt zu sein, wie zu Beginn der Behandlung.

Schlußbemerkung

Mit der vorliegenden Fallgeschichte sollen anhand einer Fütter- und Schlafstörung im Säuglingsalter die spezifischen Gegebenheiten einer interaktionszentrierten Eltern-Säuglings-Psychotherapie (Papousek 1998, von Hofacker u. Papousek [im Druck]) demonstriert werden. Während der psychotherapeutischen Sitzungen mit der Mutter bzw. beiden Eltern war Carolina stets anwesend. Der Therapeut konnte so, je nach Situation, zwischen der Ebene interaktionszentrierter und der Ebene tiefenpsychologischer Interventionen wechseln. Die Anwesenheit des Kindes war Voraussetzung, damit der psychotherapeutische Prozeß seinen Anschluß an die konkrete Ebene der Mutter/Eltern-Kind-Beziehung nicht verlor und auf diese Weise von einer individuellen Psychotherapie der Mutter oder einer Paartherapie klar abgegrenzt werden konnte, auch wenn Elemente von beiden punktuell Eingang in die Therapie fanden. Durch die Anwesenheit des Kindes konnte die Beziehung kindlicher Verhaltensmuster zum jeweiligen Gesprächsinhalt, zu den zugrundeliegenden bewußten und unbewußten elterlichen Phantasien, wie auch zum beobachtbaren Verhalten der Mutter/Eltern offengelegt und analysiert werden. Für die Eltern wurde dadurch ein wichtiger reflektiver Prozeß in Gang gesetzt, der nicht ohne positive Rückwirkungen auf ihre Beziehungsgestaltung zu Carolina blieb.

Der gesamte therapeutische Prozeß wurde, ähnlich wie von Stern (1998) in seinem Buch „Die Mutterschaftskonstellation" beschrieben, als ein zirkulärer verstanden. In einem solchen bestehen zwischen den Verhaltensweisen des Kindes, der Eltern und des Therapeuten sowie den diesen zugrundeliegenden Vorstellungen, Phantasien (zumindest auf Seiten des Therapeuten und der Eltern) und Affekten enge Wechselwirkungen. Dies verlangt vom Therapeuten eine quasi „schwebende Aufmerksamkeit", mit der er sich mal dem beobachtbaren Verhalten des Kindes, mal den Verhaltensmustern der Eltern, ihren expliziten und impliziten, verbalen und nonverbalen Äußerungen, aber auch seinen eigenen Gegenübertragungsgefühlen zuwenden kann und versucht, diese zueinander in Beziehung zu setzen. Ein solcher Prozeß ist gerade wegen seiner Komplexität ausgesprochen dynamisch und intensiv, setzt aber in aller Regel rasche Veränderungen in Gang. Im Zuge der kindlichen Entwicklung kann es jedoch nicht selten zu einem späteren Zeitpunkt erneut zu einer vorübergehenden Destabilisierung in den Eltern-Kind-Beziehungen kommen. Dieser in manchen Fällen scheinbar fehlende Langzeiterfolg ist nach Stern (1998) nicht als Scheitern einer Eltern-Säuglings-Psychotherapie aufzufassen, sondern gerade als Ausdruck der spezifischen Entwicklungsdynamik der frühen Kindheit. Stern schlägt daher für diese Form problemzentrierter Psychotherapie den Begriff *intermittierende* (Eltern-Säuglings-) *Kurzpsychotherapie* („serial brief treatment") vor. Eine solche Therapieform erscheint vielen Entwicklungs- und Beziehungsproblemen der frühen Kindheit angemessener, als zum Teil mehrjährige, kontinuierliche therapeutische Interventionen. Allerdings kann es durchaus sinnvoll sein, interaktionszentrierte Eltern-Säuglings-Kurzzeitpsychotherapien, je nach Problem- und Indikationsstellung, durch Einzelpsychotherapien der Eltern oder auch durch Paar- bzw. Familientherapien zu ergänzen. Wie eigene Erfahrungen zeigen, sollte dabei jedoch nicht unterschätzt werden, welche positiven Rückwirkungen Veränderungen des kindlichen Verhaltens auf die elterliche Psychodynamik und Repräsentanzenwelt haben können.

2. Angststörungen

„Angst vor dem Schwarzen Mann" – Die psychoanalytische Behandlung einer Schulphobie

H. Hopf

Symptomatik

Die 10jährige Jessica hatte sich eines Morgens geweigert, in die Schule zu gehen, mit der lapidaren Begründung, sie hätte große Angst. Sie erkrankte wenig später an einer fiebrigen Erkältung, und danach begann sich Jessica immer häufiger zu weigern, in die Schule zu gehen, mit der stereotypen Erklärung, weil sie Angst hätte. Andererseits weinte und klagte das Mädchen darüber, daß alles so wäre und daß es jetzt Lehrer und Mitschüler nicht mehr sehen könnte. Anfänglich versuchte sich Jessica noch gelegentlich zu überwinden. Jedoch spätestens wenn sie das Schulhaus betrat, überfiel sie Panik mit Zittern, Atemnot und Schweißausbrüchen, so daß sie wieder umkehren mußte. Der Mutter, von Beruf Lehrerin, war es irgendwann nicht mehr möglich, Jessica noch zu überreden, in die Schule zu gehen, und Jessica blieb dann ganz zu Hause.

Jessicas Mutter hatte eines Abends bei mir angerufen und sich wegen eines Therapieplatzes für ihre Tochter erkundigt. Es wäre ganz dringend, denn Jessica wäre schon seit mehreren Wochen nicht mehr zur Schule gegangen, und der Kinderarzt weigerte sich, das Mädchen weiterhin krank zu schreiben, wenn keine psychotherapeutische Behandlung stattfände.

Wie die Frau ohne Scheu darüber sprach, daß sie für ihre Tochter um eine Behandlung nachsuchte, ohne motiviert zu sein, verblüffte und ärgerte mich gleichzeitig. Die Stimme der Frau wirkte „kultiviert", dabei traurig und gleichzeitig reserviert. Andererseits ging etwas Drängendes von der Frau aus, das keinen Widerspruch ertrug. Obwohl ich in absehbarer Zeit keinen Therapieplatz frei hatte, lud ich die alleinerziehende Mutter zum Gespräch ein. Es kam eine ungemein gepflegte, ja ausgesprochen schöne Frau, die ohne Umschweife von allem berichtete. Dennoch blieb das Gefühl, nur notgedrungener Maßen konsultiert zu werden, und ich spürte – wie beim Telefonat – sogar eine leise Verachtung. Von Beginn an breitete sich eine schwer lastende depressive Stimmung im Raum aus, gleichzeitig nahm ich wiederum etwas unerbittlich Forderndes wahr, das keinen Widerstand ertrug. Die Frau erzählte die folgende Geschichte.

Kontext

Als sie einige Wochen nach dem Symptomausbruch mit der Tochter wegen einer Blutentnahme zum Arzt fuhr, geriet das Mädchen unterwegs in panische Angst. Es wollte auf keinen Fall zum Arzt. Danach erzählte es der Mutter einen Vorfall, der offensichtlich am Anfang ihrer Schulphobie gestanden und auslösend gewirkt hatte.

Hier muß ein Stückchen Lebensgeschichte vorausgeschickt werden: Die Eltern des Mädchens haben spät geheiratet. Jessica wurde nach 10 Jahren Ehe geboren, als die Eltern schon nicht mehr daran glaubten, ein Kind zu bekommen. Als Jessica 4 Jahre alt war, lernte der Vater eine andere Frau kennen und verließ gleichsam von heute auf morgen die Familie.

Jessica hatte jedoch zum Vater weiterhin ein sehr enges Verhältnis und besuchte ihn, so oft sie konnte. Dieser hatte inzwischen geheiratet und seine Frau hatte im Oktober ein Kind geboren. Am Tag, als die Mutter mit dem Kind aus dem Krankenhaus zurückgekehrt war, war Jessica in der Familie zu Besuch und alle saßen gemeinsam beim Abendbrottisch. Da setzten mit einem Mal bei der Ehefrau des Vaters wieder Blutungen ein. Sie reagierte mit gellenden Angstschreien, und auch der Ehemann geriet in Panik.

Ein Notarzt wurde gerufen, die Ehefrau wurde in das Krankenhaus gebracht, konnte allerdings am nächsten Morgen wieder entlassen werden. Jessica hatte während des erschreckenden Vorfalls mit versteinertem Gesicht dabeigesessen und wurde später vom Vater zur Mutter zurückgefahren. Diese wurde jedoch weder von dem Mädchen noch vom Vater informiert, sie erfuhr erst durch Jessicas Erzählung während der Fahrt zum Arzt von dem Geschehen. Von diesem Vorfall an wollte Jessica jedenfalls nicht mehr in die Wohnung des Vaters und wollte ihn nicht mehr sehen. Wenig später kam es zu den vorher beschriebenen Ängsten, wenn Jessica zur Schule gehen wollte.

Ich fühlte mich nach den Erzählungen der Mutter bereits in die Dynamik hineingezogen, ja regelrecht verstrickt, und es stand bereits außer Frage, daß ich auch Jessica zu einem ersten Kontakt lud, obwohl ich ja keinen Therapieplatz frei hatte.

Zum Zeitpunkt als Jessica zum ersten Kontakt zu mir kam, war sie schon 8 Wochen nicht mehr zur Schule gegangen. Sie war den ganzen Tag ununterbrochen zu Hause und war wieder zum kleinen Mädchen geworden, hörte überwiegend Märchenkassetten, malte und wartete vor allem auf die Mutter. Dabei äußerte sie ständig Befürchtungen, die Mutter könnte tödlich verunglücken.

Jessica war ein Mädchen, das im allgemeinen als „süß" bezeichnet wird: mit einem engelgleichen Gesichtchen, herausgeputzt, sanft und niedlich. Dabei wirkte sie über die Maßen ernst, hatte bereits die sprachliche Ausdrucksfähigkeit einer 14jährigen und erzählte differenziert von ihren Problemen. Sie berichtete mir beinahe übereinstimmend die Vorgeschichte, so wie ich sie von der Mutter erfahren hatte. Das Angebot, mit mir zu spielen, überging sie höflich. Sie erzählte noch, daß sie mit der Mutter bei einer Heilpraktikerin gewesen sei, die von einem „Rockzipfelsyndrom" gesprochen und Bachblüten verordnet habe. Weil es nichts gebracht habe, gingen sie jedoch nicht mehr hin, und ich begann leise zu ahnen, wie es auch mir sehr bald gehen könnte. Andererseits rührte mich Jessica an, ich empfand das überwältigende Gefühl, ihr sofort helfen zu müssen und sagte zu, eine Therapie mit dem Mädchen zu beginnen.

Anamnese

Zur Entwicklung Jessicas wurde von der Mutter berichtet, sie hätte sich zwar in fast allen Bereichen normal entwickelt, von Anfang an habe sie jedoch Schwierigkeiten gehabt, sich von der Mutter zu trennen. Ob der Friseur die Haare schneiden wollte, ob eine Frau für kurze Zeit als Babysitterin kam oder ob es später um den Verbleib im Kindergarten ging: Jessica klammerte sich an die Mutter, jammerte und weinte, und wollte sich nicht von ihr trennen und reagierte ganz offensichtlich mit heftigen Trennungsängsten.

Einen Schock für alle bedeutete die abrupte Trennung des Vaters von der Familie. Jessica versuchte damit fertig zu werden, indem sie weiterhin Kontakte zum Vater hielt. Doch die Mutter war zutiefst verletzt, und Männer bedeuteten für sie ausschließlich Schlechtes, waren triebhafte und unzuverlässige Wesen, die man meiden sollte.

Nach der Einschulung waren Jessicas Trennungsängste immer geringer geworden und die Mutter glaubte schon, daß sie ganz verschwunden wären. Da setzte im 10. Lebensjahr, also relativ früh, die körperliche Entwicklung ein. Jessica wollte unbedingt allein einen 14tägigen Urlaub auf einem Reiterhof machen. Nach einigen Tagen rief sie jedoch weinend die Mutter an, sie habe große Angst und sie müsse sie wieder abholen, was diese auch unverzüglich tat.

Familienanamnese

Jessicas Mutter bezeichnete sich selbst als eine ängstlich-unsichere, ja depressive Frau. Wie Jessica war auch sie ein verwöhntes Einzelkind, nichtehelich geboren. Ihre eigene Mutter liebte sie auch heute noch abgöttisch. Ihr mache es inzwischen Angst, wenn sie sich vorstelle, daß sie ja in einiger Zeit auch von Jessica verlassen würde, wenn diese heranwüchse, einen Freund fände und ihre eigenen Wege ginge. Dann wäre sie wieder ganz allein, und dieser Vorwurf lastete schwer auf Jessica.

Jessicas Vater hatte selbst noch 3 weitere Geschwister, war von Beruf Architekt, spezialisiert auf die Sanierung und Restaurierung von alten Häusern.

Untersuchungsergebnisse

Die Mutter, eine selbstunsichere und depressive Frau mit Verlustängsten und großen Ängsten vor der Zukunft, hatte das Kind sehr festgehalten und bei ihm durchwegs aggressive Tendenzen und autonome Regungen unterdrückt. Wie sehr es die Mutter schaffte, Widerstände auszuräumen und Kontrolle auszuüben, hatte ich bereits zu spüren bekommen. In allen sozialen Schwellensituationen kam es darum bei dem Mädchen zu starken Trennungsängsten, und es waren ständig Anklammerungstendenzen spürbar. Die von Mahler (1972) so bezeichnete Loslösungs- und Individuationsphase war von Jessica augenscheinlich nur unzureichend bewältigt worden. Zentraler Konflikt war demnach die Angst, die Bindung zum Objekt und insbesondere seine Liebe zu verlieren: Jessica hatte keine Objektkonstanz erreicht, Trennungen oder aggressive Regungen führten zu einem Verlust der Objektrepräsentanz, was sofort unerträgliche Angst nach sich zog (Schoenhals 1984). Trennungen oder Verluste konnte Jessica nicht mit reifem seelischem Schmerz, sondern nur mit existentieller Angst beantworten, also nach dem angstneurotischen Modus (Mentzos 1984).

Die Trennung der Eltern während der ödipalen Phase des Mädchens hatte dazu geführt, daß Jessica den Vater libidinös überbesetzte und aus Angst, er könnte sie ganz verlassen, besonders heftig begehrte. Die hormonell bedingten Veränderungen während der Pubertät gingen mit einer Zunahme der Triebstärke einher. Dies verlangte zugleich einen hohen Energieaufwand vom Ich. Die nicht bewältigte ödipale Phase wurde jetzt wiederbelebt und auch die aus ihr rührenden – nicht bewältigten – Konflikte machten sich bemerkbar. Das Ich setzte Abwehrmechanismen ein, um Angst und Unlust zu vermeiden, insbesondere Ich- und Triebregression. Jessica reagierte wieder mit Trennungsängsten und anklammerndem Verhalten, die Mutter mußte sie bekanntlich aus den Reiterferien zurückholen.

Die erneute Eheschließung des Vaters verstärkte noch den ödipalen Konflikt: Der Vater wurde noch mehr begehrt, seine neue Frau als Rivalin abgelehnt. Es ist zu vermuten, daß sowohl auf die Ehefrau des Vaters wie auf das neugeborene Kind aggressive Phantasien gerichtet wurden.

Der Vorfall, als bei der Ehefrau Blutungen ausbrachen, bestätigte dem Mädchen offensichtlich, daß sich ihre aggressiven Phantasien, ihr magisch-animistisches Denken, realisiert hatten. Es mußte fürchten, vom Vater bedroht und bestraft zu werden, Schuld und Scham wurden gleichzeitig unaushaltbar. Der angstmachende Bewußtseinsinhalt wurde verdrängt. Es kam zur für die Phobie typischen Verschiebung, aus der inneren Gefahr wurde eine äußere, die jedoch leicht vermieden werden konnte: Jessica konnte den Vater nun nicht mehr sehen, geschweige denn, noch in seine Familie gehen. Und sie konnte auch nicht mehr zur Schule gehen, die ebenfalls einen väterlichen Bereich darstellte.

Die auf die Ehefrau des Mannes gerichteten aggressiven Impulse waren aber auch eine Art Wiederholung des verdrängten zentralen Konflikts mit der Mutter. Letztendlich galten die aggressiven Impulse eigentlich der Mutter, von der sich Jessica nicht trennen konnte, daraufhin deuteten auch die zwanghaften Befürchtungen des Mädchens, der Mutter könnte etwas zustoßen. Aufgrund der traumatischen Ereignisse beim Abendbrottisch spaltete Jessica wieder in eine gute mütterliche und eine böse Welt auf – und die böse Welt, die furchterregenden Leerräume, die männliche Triebhaftigkeit, mußte sie von nun an meiden. Gleichzeitig wurde also auf diese Weise den Konflikten der Adoleszenz ausgewichen.

Was an diesem Fallbeispiel sehr schön herausgearbeitet werden kann, ist, wie es bei einem angstneurotischen Modus zur Ausbildung einer Phobie kommen kann. Die diffuse Angst des Mädchens erfuhr eine „Pseudoobjektivierung" (Mentzos 1984) durch Verschiebung auf eine konkrete Gefahr. Wenn der Patient diese meidet, dann kann er relativ angstfrei bleiben. Das vorliegende hochproblematische Beziehungsgeflecht hatte also zu einer neurotischen Erkrankung, zur Angstneurose, geführt, die traumatischen Ereignisse waren hingegen Auslöser für die Entstehung der vorliegenden Phobie.

Selbstverständlich geht auch die Psychoanalyse implizit davon aus, daß bei der Entstehung neurotischer Störungen Lernvorgänge involviert sind. Die Entstehung von pathologisch wirkenden Konflikten basiert, bei der Phobie besonders deutlich erkennbar, auch für den Psychoanalytiker auf bestimmten Lernprozessen. Sie sollen an dem Fallbeispiel wenigstens kurz skizziert werden.

Jessica, das Kind mit der unsicheren, sowohl anhänglichen als auch okkupierenden und beherrschenden Mutter hatte nicht die Gelegenheit, sich selbständig zu bewegen und zu entfalten, ohne die Zuwendung der Mutter zu verlieren. Es erfuhr und lernte, daß jede Tendenz zur Selbständigkeit entweder mit Schmerz oder mit Liebesentzug bestraft wurde. Das Kind mußte sich darum in eine unterwürfige Anhänglichkeit zurückziehen, seine Selbständigkeit aufgeben.

Dies führte in den nachfolgenden Jahren dazu, daß bestimmte Verhaltensweisen vermieden und andere bevorzugt wurden, daß bestimmte Beziehungen abgebrochen, Chancen verpaßt oder überhaupt nicht wahrgenommen wurden. Der zugrundeliegende Konflikt beeinflußte somit alle nachfolgenden Lernprozesse.

Hinsichtlich der strukturellen Gesichtspunkte kann zusammenfassend folgendes gesagt werden:

Die Fähigkeiten zur Selbstwahrnehmung, Selbststeuerung, Objektwahrnehmung und zur Kommunikation waren gut. Vorrangige Abwehrmechanismen waren die Verschiebung, die Triebregression und partiell auch Ich-Regression. Defizitär war die Fähigkeit zur Bindung, innere Repräsentanzen des Gegenübers zu errichten und affektiv zu besetzen und zwischen Bindung und Lösung wechseln zu können (Arbeitskreis OPD 1996).

Diagnose

Schulphobie, emotionale Störung mit Trennungsangst des Kindesalters (**ICD-10: F93.0**).

Die Schulphobie muß differentialdiagnostisch von der *Schulangst* und vom *Schulschwänzen* abgegrenzt werden. Bei Schulangst ist die Schulverweigerung auf Leistungsversagen oder vermeintliche Kränkungen in der Schule zurückzuführen, also auf reale Befürchtungen des Kindes oder Jugendlichen.

Schulschwänzen ist in der Regel bereits das Symptom einer dissozialen Entwicklung (Remschmidt 1987, Steinhausen 1996).

Bei Behandlungen von Schulphobien ist nach meiner Erfahrung folgendes prototypisch:

Von Eltern und Institutionen wird erheblicher Druck auf den Therapeuten ausgeübt, schnell mit der Behandlung zu beginnen und das störende Symptom rasch zu beseitigen. Bald ist der Therapeut in die Dynamik vestrickt und fühlt sich außerstande, noch frei zu handeln. Vordergründig harmonischen Beziehungen liegen latente Aggressionen zugrunde. Die Abbruchgefahr ist immer groß, wenn das Kind wieder zur Schule geht, weil bei allen Beteiligten eine große Angst besteht, an den vorliegenden symbiotischen Beziehungen könnte sich grundsätzlich etwas verändern.

Therapieverlauf

Wie in der Psychoanalyse von Erwachsenen werden auch in der Kinderanalyse die traumatischen Objektbeziehungen am Beispiel der Übertragungsreaktionen nachgezeichnet, bewußt gemacht und gleichzeitig wieder mit der Gegenwart verknüpft. Der Psychoanalytiker nähert sich bekanntlich den unbewußten Elementen über dem freien Assoziieren des Patienten, seinen Träumen, Symptomen, Fehlleistungen und seinem Agieren. Kinder und Jugendliche assoziieren nicht oder nur in geringem Maß, was mehr als eine Ursache hat. Sie werden darum zusätzlich zum freien Spiel angeregt, um ihre unbewußten Konflikte im Bereich der Triebe, der Objektbeziehungen und der Abwehrmechanismen darzustellen.

Die Phobien stellen uns, wie die Zwänge, in der psychoanalytischen Therapie vor ganz spezielle Probleme, die schon Freud (1919) ausführlich diskutiert hat: Der Phobiker schützt sich irgendwann vor aufkommender Angst, indem er die angstmachende Situation ganz und gar meidet. Durch Bewußtmachung vermittelte Einsicht hilft hier nur bedingt, denn im allgemeinen fehlt jetzt der Leidensdruck. Aufgabe einer wirksamen Therapie ist es also auch, den Patienten wieder in die Situation zu bringen, wo er aufs Neue mit der Angst zu kämpfen hat. Einsicht allein wird nämlich einen Menschen noch nicht befähigen, seine Ängste zu überwinden, sondern dies geschieht erfahrungsgemäß erst, wenn er sich wieder in die angstmachenden Situationen begibt, sich seinen Ängsten direkt stellt.

Die ersten Behandlungsstunden waren durch vorsichtige Kontaktaufnahme gekennzeichnet und dadurch, daß das Mädchen ständig prüfte, ob es sich auf den Therapeuten verlassen konnte. Es sprach – im Gegensatz zum Erstkontakt – sehr wenig, sondern stellte bildnerisch, im Sandspiel und im Spiel immer wieder eine kindlich-heile Welt dar. Vorherrschend waren Sonnenschein, Blumenwiesen mit grasenden Kühen und immer wieder eine paradiesisch friedliche Landschaft. Ich deutete dem Mädchen dies als seinen Wunsch, in einer unendlich harmonischen Welt leben zu wollen, wo alle regressiven Bedürfnisse gestillt würden und wo die Beziehungspersonen, in Psychoanalyse recht mißverständlich „Objekte" genannt, immer nur gut wären. Als ein solches Objekt erlebte das Mädchen mich auch in der Übertragung: Es meinte, ich wäre immer gleichbleibend ruhig, würde ihr immer aufmerksam zuhören und sie wäre ganz sicher, ich würde ihr helfen. Ich war in der Übertragung zur versorgenden und nur guten Mutter geworden, welche sich das Mädchen ja regressiv ersehnte, um sich nicht den Gefahren der Adoleszenz stellen zu müssen. Beinahe in jeder Stunde brachte sie mir ein kleines Geschenk, Bilder ihrer Tiere, kleine Steinchen. In Anspielung auf meinen Namen taufte sie ihren hin und her hüpfenden Wellensittich in „Herr Hopf" um. Es sollte nur ja keine Aggression in unsere Beziehung kommen.

Der erste Einbruch der abgewehrten unbewußten Ängste geschah in einem Traum: Jessica war nachts vor dem Haus. Da stand ein in Schwarz gekleideter Mann vor ihr, bedeutete ihr zu schweigen indem er „pst" machte. Plötzlich geriet sie in Angst und wurde von unzähligen in Schwarz gekleideten Männern verfolgt, die auf einem Fließband in immer größerer Zahl nachfolgten.

Die vielen Facetten dieses Traums können natürlich nicht ausgedeutet werden. Der Vater hatte sie ja zum Schweigen verleitet, nichts von dem erschreckenden Vorfall der Mutter zu erzählen. Ich deutete dem Mädchen vor allem den Übertragungsaspekt dieses Traums: Ganz offensichtlich hätte sie mit dem Mann ein Geheimnis, das sie nicht aussprechen dürfte. Vielleicht dürfte sie dies auch mir nicht mitteilen, sonst würde sie von dem „Schwarzen Mann" verfolgt, was bedeutete, daß sie dann große Ängste hätte.

Mit dem Aufdecken unbewußten Materials können beim Patienten erhebliche Beunruhigungen und Ängste entstehen. Der Patient wird sich im Extremfall weigern, weitere de-assimilierend wirkende Interventionen des Analytikers aufzunehmen, was klinisch als „Widerstand" bezeichnet wird.

Nach dieser Stunde veränderte sich die Beziehung des Mädchens zu mir. Es wollte nicht mehr so gerne wie früher kommen und begegnete mir vorsichtiger, ja mißtrauisch. Ich sah darin zum damaligen Zeitpunkt auch den Versuch des Mädchens, mir die Eigenschaften des Vaters zuzuschreiben, den sie zwar liebte, aufgrund der Traumata jedoch auch fürchtete, so daß sie ihn ja nicht einmal mehr besuchen konnte. In der Übertragung wurde dieser Konflikt jetzt wiederbelebt. Auf einer früheren Ebene übertrug Jessica jedoch ihr inneres Objekt von einer bösen, eindringenden und verschlingenden Mutter, was in meiner Gegenübertragung spürbar wurde.

Im Laufe der Übertragungsanalyse werden die Gemeinsamkeiten und Ähnlichkeiten zwischen der Übertragungsbeziehung und außertherapeutischen Beziehungen herausgearbeitet und hervorgehoben. Auf dem Höhepunkt jener Mutterübertragung und negativen Vaterübertragung kam es zu einem neuerlichen Angsttraum des Mädchens; es wollte daraufhin zunächst nicht mehr zur Therapiestunde kommen, überwand sich jedoch nach einem Gespräch mit der Mutter. Später teilte mir Jessica mit, daß sie mir diesen Traum hätte ursprünglich nicht erzählen wollen. Sie hätte sich jedoch an meine damalige Deutung erinnert, daß sie mir aus Angst vor dem „Schwarzen Mann" nichts mitteilen wolle und hätte sich gleichzeitig an die früheren Zeiten erinnert, als ich für sie ja nur der eindeutig Gute war, der ihr Halt und Stütze war. Das Mädchen konnte also wieder andere als nur negative Übertragungsaspekte an mir wahrnehmen.

Im Traum hätte sie ihren Hausherrn, einen Jäger, in ihr Zimmer gehen sehen. Es wäre dunkel gewesen und sie hätte schrecklich Angst gehabt. Sie hätte dann die Schublade ihres Nachttischs geöffnet, darin hätte ein nackter, blutiger Hase gelegen. Sie hätte vor Angst laut geschrien. Die libidinösen und aggressiven Phantasien, Ängste vor der gefährlichen männlichen dunklen Welt und viele adoleszente Befürchtungen – Schwangerschaft, Geburt, Blut und Vernichtung – hatten sie regelrecht überschwemmt.

Auch bei diesem Traumbeispiel möchte ich nicht detailliert auf die latenten Traumgedanken eingehen. Ich sagte dem Mädchen, daß dies wirklich ein schlimmer Traum gewesen wäre und daß viel Mut dazu gehört hätte, ihn nochmals zu erzählen. Aber ich würde denken, daß mit diesem Traum viele schreckliche Erinnerungen wiedergekehrt wären, an die sie lange nicht mehr zurückdenken wollte.

Von da an begann Jessica wieder Kontakte mit dem Vater aufzunehmen und besuchte ihn nach einiger Zeit sogar in seiner Wohnung, spielte mit dem Kind und alles schien wie früher. Nur in die Schule zu gehen weigerte sie sich weiterhin mit der stereotypen Begründung, sie hätte einfach Angst. Offensichtlich konnte Jessica dem Vater wieder einigermaßen angstfrei begegnen, weil sie mit dem Abwehrmechanismus Regression eine progressive Entwicklung und Adoleszenz und Ablösung weiterhin vermeiden konnte.

Dauer, Effekte, Ende

Jessica war mittlerweile 5 Monate nicht mehr zur Schule gegangen, die 4. Klasse war beendet und es ging darum, ob Jessica das Gymnasium besuchen könnte. Mir war klar, wenn es Jessica gelänge, den Übertritt ins Gymnasium zu verweigern, würde sie damit – trotz Einsicht – die angstmachende Situation für längere Zeit vermeiden und sich mit den noch bestehenden Konflikten arrangieren.

Die Analyse jener Widerstände, die die Einsicht daran hindern, Veränderungen herbeizuführen, ist das Durcharbeiten. Es vollzieht sich innerhalb und außerhalb der analytischen Situation. In Jessicas Fall erschien es mir als vorrangig, vor allem jene regressiven Tendenzen zu schwächen, welche die Weiterentwicklung verhinderten. Jessicas Wunsch, weiter ausweichen zu wollen, kulminierte in ihrem Vorschlag, sie würde von jetzt an wieder die Schule besuchen. Sie wollte jedoch die 4. Grundschulklasse wiederholen. Ich deutete ihr diesen Wunsch als erneuten Versuch, klein und bei der Mutter bleiben zu wollen, zumal diese an Jessicas Grundschule versetzt werden sollte. Sie würde damit endgültig ihre bisherigen Freunde verlieren und nur noch mit den jüngeren Kindern zusammensein. Schließlich erklärte sich Jessica bereit, es mit dem Gymnasium versuchen zu wollen, was sie nach wenigen Tagen angstfrei konnte. Ich denke, daß ich die traumatischen Ereignisse, die zur Entstehung der Phobie geführt hatten, damit ausreichend bearbeitet hatte. Die zugrundeliegende Angstneurose war jedoch nur partiell therapiert worden.

Katamnese

Die Therapie wurde auf Wunsch von Jessica, letztlich jedoch der Mutter, nach etwa 100 Behandlungsstunden beendet, nachdem über 2 Monate keinerlei Symptome mehr aufgetreten waren. Eine Katamnese nach 2 Jahren ergab, daß es zu keinerlei Rückfällen mehr gekommen war. Es scheint – wie bereits erwähnt – für Therapien von Schulphobien prototypisch zu sein, daß nach Verschwinden des manifesten Symptoms keine ausreichende Motivation mehr besteht, die Behandlung noch fortzusetzen.

„Bist Du sicher, daß ich morgen wieder aufwache?" – Die Angsterkrankung eines 11jährigen Mädchens

G. Klosinski

Symptomatik und Erstvorstellung

Die telefonische Voranmeldung erfolgte durch die Mutter: Die Tochter habe groteske Einschlafrituale, man suche jemanden für eine Spieltherapie. Die Mutter vermittelt am Telefon, daß sie sich erhebliche Sorgen macht, weil das Problem zugenommen habe; sie benötige dringend Hilfe. Es wird ihr ein erster Vorstellungstermin innerhalb 1 Woche eingeräumt.

Elke (anonymisiert) kommt in Begleitung der Eltern, nimmt zwischen Vater und Mutter Platz. Auf meine Frage, ob und wie die Eltern sie informiert hätten, weswegen die Eltern hierher gekommen seien, weiß Elke nichts zu sagen. Die Mutter antwortet für die Tochter: Die Vorstellung erfolge aufgrund der Ängste und dem Zubettgehen.

Nach den ersten Sätzen der Mutter empfinde ich, daß eine Scheu und ein Unbehagen im Raume steht, über die Probleme und Ängste der Tochter in deren Gegenwart zu sprechen. Ich frage deshalb das Mädchen, ob es zunächst ein Phantasiespiel machen möchte, während die Eltern mir aus ihrer Sicht von der Situation berichten könnten. Elke schüttelt den Kopf. Daraufhin schaltet sich der Vater ein, der bisher geschwiegen hat, und bietet Elke an, mit ihr nochmals in das Wartezimmer zu gehen. Elke willigt ein und ich ermuntere sie, 10 Wünsche oder (Ver-)Änderungen auf ein Blatt Papier zu schreiben, die ihr eine gute Fee oder ein Magier erfüllen würde. Sie dürfe sich wünschen, was sie wolle.

Die Mutter berichtet nun sichtlich erleichtert, das Problem sei das abendliche Zubettgehen, das mittlerweile zum richtigen Ritual geworden sei. Auch bestehe die Tochter darauf, daß sie zur Mutter in das Bett komme. Dieser Zustand bestehe nun schon seit einem Jahr, seit dem Publikwerden einer Weinpanschaffäre: Elke habe damals Angst geäußert, vergiftet zu werden. Ferner habe sie Ängste, mit dem Fahrstuhl zu fahren. Vielleicht hänge dies mit einer Begebenheit im Sommer zusammen: Alle Geschwister (eine 3 Jahre ältere Schwester und 2 knapp 3 Jahre jüngere Zwillingsbrüder) seien bei Abwesenheit der Eltern in ein Zimmer gegangen und hätten das Zimmer abgeschlossen und bewußt „aus Jux" den Schlüssel aus dem Zimmer geworfen und dann um Hilfe geschrien. Elke sei damals sehr wahrscheinlich in Panik geraten. Als Konsequenz habe sie im Sommer vergangenen Jahres keinen Landschulheimaufenthalt mitgemacht. Man habe sich dann zu einer Verhaltenstherapeutin begeben, die vorschlug, Elke solle belohnt werden, wenn sie abends nicht mehr so häufig zu den Eltern in das Bett komme. Zunächst habe dies auch die Symptomatik gebessert, nach wenigen Wochen sei es aber ganz erheblich schlechter geworden. Elke frage immer wieder abends: „Bist Du sicher, daß ich morgen wieder aufwache? Bist Du auch sicher, daß ich nicht taubstumm werde, daß ich nicht blind werde, daß ich morgen nicht gelähmt bin und nicht vergiftet werde?" Hinzu komme, daß Elke noch Mühe habe, auswärts bei irgend jemandem zu essen.

Familienanamnese

Die 13 1/2 Jahre alte Schwester von Elke habe früher ebenfalls „riesige Einschlafstörungen" gehabt. Es seien jedoch keine Ängste gewesen, sondern nur Wut, daß sie zu Bett gehen mußte. Der eine der zweieiigen Zwillingsbrüder von Elke sei mittlerweile auch ängstlich und habe „Rituale" angefangen, der andere würde noch einnässen (primäre Enuresis, Tiefschläfer). Die Mutter berichtet ferner sehr offen, daß Elke mit ihren Ängsten eigentlich ihr, der Mutter, sehr ähnlich sei, da sie selbst als Kind auch Ängste gehabt habe. Die Familie sei vor 8 Jahren aus beruflichen Gründen des Vaters hierher gezogen. Vor einem halben Jahr hätte die Möglichkeit bestanden, wieder in die alte Heimat zurückzugehen. Alle Geschwister von Elke seien für einen Verbleib gewesen, nur Elke nicht. Vor 5 Wochen habe man sich nun endgültig entschieden, hierzubleiben. Elke habe dies mit großem Weinen entgegengenommen. Sie fühle sich immer noch fremd, habe keine richtige feste Freundin. Die ältere Schwester sei ihr großes Vorbild, besuche bereits das Gymnasium.

Obwohl bei dieser Erstbegegnung aus Zeitgründen nicht auf die Familienanamnese eingegangen werden konnte, berichtete Elkes Mutter zum Schluß: Die Großmutter mütterlicherseits von Elke sei verstorben, als sie, die Mutter, mit Elke schwanger war. Wegen der Aufregung habe sich der Muttermund geöffnet und sie habe liegen müssen. Elke wisse, „daß ihre Geburt mit dem Tod der Großmutter zusammenhänge". Der Großvater mütterlicherseits habe die Familie vor 5 Wochen besucht. Sie, die Mutter, habe sich fast geschämt wegen der grotesken Situation mit Elke.

Am Ende dieser Stunde rufe ich den Vater und die Tochter wieder in das Untersuchungszimmer. Elke reicht mir das Blatt mit ihren 10 Wünschen, die ich vorlese:

- Pferde,
- Delphin,
- die Sprache der Tiere sprechen,
- einen Bruder,
- Kaninchen,
- das Meer sehen,
- daß es keinen Krieg mehr gibt,
- daß ich vom 3-m-Brett springen könnte,
- keine Schulaufgaben,
- daß ich ins Gymnasium komme.

Der Vater kommentiert hierzu, Elke hätte noch einen Wunsch aufschreiben wollen, sich dann aber doch nicht getraut. Er schaut die Tochter an, die dann leise sagt: „Daß ich keine Angst mehr haben bräuchte!"

Da die Mutter, obwohl ich sie kaum in der ersten Stunde unterbrochen hatte, den Eindruck vermittelte, sie könne und müsse noch mehr von sich berichten, schlage ich vor, daß die Eltern alleine zu einem weiteren Gespräch kommen sollten, um in aller Ausführlichkeit das familiäre Umfeld und die Familiensituation besprechen zu können. Danach würde ich anbieten, mit Elke alleine etwas zu „machen" (ich hatte den Eindruck gewonnen, das Kind hat Angst, über seine Probleme zu sprechen): z.B. gemeinsam Zeichnen oder ein Märchen lesen, das wir gemeinsam lesen (Elke hört aufmerksam und mit gutem Blickkontakt zu). Die Mutter ist mit diesem Vorgehen sehr einverstanden.

Beim zweiten Termin kommen beide Eltern alleine, berichten, daß es mit Elke seit der letzten Sitzung besser gehe. Das Mädchen habe aber geäußert, sie hätte Angst vor dem Therapeuten.

Beide Eltern geben von sich aus einen Rückblick und Einblick in die Biographie der Familie:

Vor ca. 1^1/$_2$ Jahren seien 2 Dinge zusammengekommen: der Weinskandal, anläßlich dessen Elke geäußert hatte, sie werde vergiftet, und der Tod der Großmutter mütterlicherseits. Elke habe erfahren, daß die Großmutter durch eine Flutwelle erfaßt worden sei und sich das Genick gebrochen habe. Einen ihrer Brüder habe dies besonders schwer mitgenommen, und er habe geäußert: „Mama, Du sollst nicht sterben!" Elke habe sich von dieser Krise des Bruders erfassen lassen. Im Alter von 5 Jahren sei Elke zum letzten Mal vom jetzigen Zuhause weg gewesen in der Heimat. Seit dieser Zeit habe Elke nicht mehr alleine außerhalb der Familie geschlafen. Bis vor $1^1/_2$ Jahren sei das Mädchen ein strahlendes und couragiertes Kind gewesen, das allerdings in auffälliger Weise nie habe alleine schlafen wollen und auch keinen Anspruch auf ein eigenes Zimmer erhoben hatte.

Der erste große Einbruch auch in der Schule sei dann ein geplanter Schullandheimaufenthalt vor 1 Jahr gewesen: Elke sei in Panik geraten, sei nicht mitgegangen und habe dafür in der Schule eine andere Klasse besuchen müssen. Diese Situation habe die Mutter so mitgenommen, daß sie selbst habe hemmungslos weinen müssen.

Gestern abend seien die Eltern zum ersten Mal wieder gemeinsam weggegangen, obwohl Elke äußerte, sie habe Angst, den Eltern würde etwas passieren, sie könnten vergiftet werden. In früheren Zeiten habe das Kind stets mit dem Gedanken gespielt, man könne vergiften, z. B. der Lehrer könnte ihr womöglich etwas in das Essen tun. Der Vater äußert, er könne es schwer ertragen, wenn sich Elke so kleinkindhaft verhalte, wenn man sie nicht mehr mit Worten erreiche, wenn sie „abrutsche". Er selbst sei ein ausgesprochener Nachtmensch, was dazu führe, daß bei Abwesenheit der Mutter Elke sich mit ihren Ängsten an ihn binde. Sie wolle von ihm allabendlich die Versicherung, daß sie morgens, wenn sie aufwache, nicht taub, blind, gelähmt oder taubstumm sei. Sie frage an, ob sie wirklich sicher sein könne, daß ihr und den Eltern nichts passiere und daß sie wieder aufwache. Seit 4 Monaten hätten sie die Türe zwischen ihrem Schlafzimmer und dem Zimmer von Elke ausgehängt, um zu erreichen, daß das Kind keine Angst mehr haben müsse. Elke erpresse die Eltern regelrecht. Die Mutter äußert, sie habe dem Mädchen in ihrer Wut schon schlimme Dinge gesagt, die sie gar nicht äußern könne.

(Ich habe den Eindruck, die Mutter würde am liebsten die Tochter weggeben, fremdplazieren, um sie los zu sein, zumal sie sich vor ihrem eigenen Vater wegen Elke schämte. Ich habe den Eindruck, daß meine Phantasie, die Mutter wolle das Kind am liebsten los haben, in der jetzigen Situation noch nicht angesprochen werden darf.)

Der Vater berichtet dann, daß er der Tochter, um dem ganzen Ritual und den Ängsten ein Ende zu bereiten, eine Viertelstunde lang den Kopf halten müsse, sie beruhige sich dann und schlafe ein. Auf Nachfrage erfahre ich, daß abends nicht gebetet wird, jedoch beim Essen. Der Grundschullehrer habe die alttestamentarischen Geschichten in der Schule durchgenommen. Elke habe sich furchtbar geängstigt, so daß die Mutter in die Schule gegangen sei und den Lehrer gefragt habe, ob er eigentlich wisse, was er den Kindern antue. Der Vater äußerte, er habe in dieser Zeit versucht, der Tochter die Angst zu nehmen, ohne Erfolg. Elke habe damals auch Ängste gehabt, daß die Eltern ihr etwas antun würden, daß z. B. die Eltern ihr die Augen ausstechen könnten.

Vor 5 Wochen sei eine gute Bekannte an einem Suizid verstorben. Dies hätten sie Elke nicht mitgeteilt, hingegen der älteren Tochter.

Der jüngste der Zwillinge habe sich am längsten an der Mutter festgehalten und umgekehrt. Dieser Sohn wolle jetzt dieselben Einschlafrituale wie Elke. Aus diesem Grund sei Elke auf den Bruder wütend. Bis zum Abendessen sei das Kind ganz normal, wenn es dann ans Schlafen gehe, fange „die Tragödie" an.

Angesprochen auf mögliche Veränderungen und Zukunftsperspektiven äußert der Vater, er glaube, es werde „sich auswachsen", so wie es sich auch mit der Schwester verhalten habe, die beim Übergang von der Grundschule in das Gymnasium ebenfalls Ein- und Durchschlafstörungen gehabt habe. Die ganze Sache habe ihn ratlos gemacht und er leide darunter, die Tochter so leidend zu sehen. Die Mutter äußert, sie spüre insbesondere den Druck und die Erwartungen, die von außen kämen (von ihrem Vater, von der Schule und von der übrigen Verwandtschaft). Elke würde wohl die eigene Unausgeglichenheit der Mutter wahrnehmen.

Neben der mißglückten Verhaltenstherapie habe man auch kurz das neurolinguistische Programmieren versucht, ohne Erfolg.

Nachdem die Mutter für mich deutlich formuliert hatte, daß Elke unter der Unausgeglichenheit der Mutter leide, biete ich ein weiteres Gespräch mit der Mutter alleine an, falls dies die Eltern wollten. Der Vater schlägt jedoch vor, daß ich die Tochter zunächst doch auch alleine erleben sollte. Er würde sie bringen, sich mit ihr 10 Minuten lang zu mir in das Zimmer setzen und sich dann, wie er es formuliert, „aus dem Staube machen". Seine Frau widerspricht ihm nicht, möchte aber bereits jetzt einen weiteren Termin für sich.

Untersuchungsergebnissse

Arbeitshypothese

Es besteht eine enge, fast symbiotische Beziehung zwischen Mutter und Kind. In wieweit Ängste induziert bzw. delegiert werden, ist noch unklar. Ich erlebe den Vater eher warmherzig und „weich", die Mutter hingegen eher „härter", und ich frage mich, warum sie nicht den Kopf der Tochter halten kann. Unklar bleibt, warum man abends kein Gebet spricht und nur mittags, wenn das Mädchen offenbar den strafenden und grausamen Gott des Alten Testaments verinnerlicht hat.

Zum nächsten Termin bringt die Mutter das Kind mit. Ich informiere Elke, daß ich mit den Eltern darüber gesprochen habe, wie sich die Schwierigkeit, nicht einschlafen zu können, bei ihr entwickelt hätte. Ich frage sie, ob sie mit mir ein Malspiel machen möchte, sie willigt sofort ein, läßt sich von der Mutter gut trennen. Im gemeinsamen Squiggle entsteht ein Gesicht, das sie als Clown bezeichnet. In der zweiten Hälfte der Stunde fordere ich sie auf, etwas zu malen, falls sie dies will, mit oder ohne Thema, wobei sie meint, sie brauche kein Thema. Elke zeichnet schnell und zielstrebig einen Clown, der auf einem Seil tanzt (Abb. **1**).

Unter dem Clown ist ein großer See. Auf meine Frage, was denn der Clown für Gefühle habe, ob der wohl Angst habe, meint Elke „vielleicht schon". Ich frage dann, ob der auch schwimmen könne, worauf sie lacht und meint, „ganz sicher!" Es fallen die Riesenhände des Clowns auf, die wie eine aufgeklappte Banane aussehen.

Psychopathologischer Befund

Altersgemäß entwickeltes, sehr schüchtern und zerbrechlich wirkendes knapp 11jähriges Mädchen, das guten Blickkontakt in der ersten Einzelstunde aufnehmen kann, kooperativ ist und das sichtlich Spaß am Malen hat bei reicher lebhafter Phantasie. Ich entschließe mich, über die Bilderwelt der Märchen und das anschließende Gestalten durch Zeichnungen weitere diagnostische Hinweise zu bekommen und gleichzeitig Trennungs- und Verlustängste über die Märchen indirekt angehen zu können (im Sinne einer kombinierten Mal- und Märchentherapie, *Klosinski* 1978).

Elke hatte in ihren 10 Wünschen angedeutet, daß sie selbstbewußter werden möchte (sie möchte vom 3-m-Brett springen können) und möchte „das Meer sehen" (Konfrontation mit dem ängstigenden Element, das die Großmutter umgebracht hat!?). Ich habe den Eindruck, es besteht eine Bereitschaft des Kindes, aktiv die Ängste anzugehen, so wie der Clown auf dem Seil tanzt.

Abb. 1   Bild von einem Clown, der auf einem Seil tanzt.

Diagnose

Sich entwickelnde generalisierte Angststörung (**ICD-10: F41.1**).

Zweitdiagnose:
- Einschlafstörung bei Trennungsängsten.

Differentialdiagnose:
- Zwangsneurotische Entwicklung mit Zwangsvorstellungen?

Therapieverlauf

Es entstand eine *niederfrequente Einzeltherapie* mit ca. 25 Einzelterminen, kombiniert mit Gesprächen mit der Mutter oder den Eltern in 4wöchigem Abstand innerhalb 1 Jahres. Dabei wurde die Frequenz auf die Wünsche von Elke abgestellt bzw. immer wieder auch verändert. Das Mädchen berichtete zunehmend über ihre Ängste, über Unwirklichkeitsgefühle (alles sei wie im Traum) und wollte sehr gerne Märchen lesen (ich las stets abwechselnd eine Seite, sie die andere) mit anschließendem Malen von für sie wichtigen Szenen, zu denen ich gelegentlich eine Bemerkung machte im Sinne einer Deutung. Im zweiten Jahr folgten dann Sitzungen alle 3-4 Wochen. Ich führte sie in die Unterstufe des *autogenen Trainings* ein, gelegentlich wandte ich das *katathyme Bilderleben* an, auf das sie dann gut eingehen konnte (im Sitzen). Die Entspannungsübungen waren für Elke eine große Erleichterung, da sie sich chronisch verspannt fühlte und sich gelegentlich in der Stunde mit ihren Fingernägeln in den Arm griff.

Die Therapie wurde auf ihren Wunsch und nach dem Wunsch der Mutter beendet, nachdem sie keine Einschlafstörungen mehr hatte, einen Schullandheimaufenthalt gut hinter sich brachte und in der Schule ihren ersten Freund fand und ihre erste Regelblutung bekommen hatte.

Veranschaulichung einiger wichtiger Aspekte aus der Therapie:
Es sollen im folgenden einige wichtig erscheinende Aspekte aus der Therapie anschaulich gemacht werden, Stunden, in denen sich Elke über Zeichnungen, induziert durch die Märchen, Ängste und Befürchtungen gleichsam vom Leibe malen konnte und anschließend hierüber besser zu sprechen vermochte.

- Abb. 2 zeigt das Bild, das Elke zum Märchen „Das Tüchlein, das Ränzlein und das Hütlein" malte.
  Bei diesem Märchen geht es um den jüngsten von 3 Söhnen eines armen Mannes. Der Sohn zieht aus, um sein Glück zu machen. Er bekommt auf wundersame Weise eine Tischdecke, die Tischlein-deck-dich-Qualitäten hat, einen Ranzen, auf den man nur draufschlagen muß, um zu erreichen, daß Soldaten aufmarschieren und schließlich ein Hütchen, das, ins Schwingen gebracht, Geschütze auffahren läßt. Der Held im Märchen muß sich immer wieder wehren, muß am Schluß in ein Horn blasen, das die Eigenschaften hat, alles zusammenfallen zu lassen. In dieses Horn bläst der Held am Schluß der Geschichte.

Abb. 2 Bild zum Märchen „Das Tischlein, das Ränzlein und das Hütlein".

2. Angststörungen

Elke malte diese Situation und möchte anschließend das Bild auch der Mutter zeigen, die tief beeindruckt ist.

Das Mädchen malte hier auf symbolische Weise eine „Erdbebenszene": ihre bisherige kindliche Welt drohte durch die beginnende Pubertät mehr und mehr in die Brüche zu gehen, auch davor hatte sie Angst. Im Märchen ist der Held einer solchen Situation nicht passiv ausgeliefert, sondern kann aktiv diesen Vorgang hervorrufen, befindet sich nicht in einer Ohnmachtssituation, sondern im Gegenteil, er ist der Mächtige. Dieses Moment, selbst Hand anlegen zu können, in das Horn zu blasen, ermunterte sie auch, ihre aggressiven Seiten eher anzunehmen und mehr Selbstbewußtsein zu entwickeln. Nach etwa einem halben Jahr wurde ihre Stimme auch deutlich kräftiger, selbstbewußter (sie spielte Trompete!).

- In einer späteren Stunde wird Elke von der Mutter begleitet, die berichtet, daß sie sich immer wieder tagsüber dabei ertappe, wie wenig sie sich gegenüber der Tochter abgrenze und auf alle Wünsche von Elke eingehe. Sie merke, daß das Verhalten von Elke mit ihrem eigenen Verhalten sehr „verfilzt sei". Die Mutter schaute hierbei Elke ständig an, die sich verlegen von der Mutter abwandte.

In der daran anschließenden Einzelsitzung wählt Elke aus Grimm's Märchen „Das Rätsel". Sie malt anschließend den Königssohn im Bett schlafend, hinter ihm die Prin-

Abb. 3   Bild zum Märchen „Das Rätsel".

zessin, die ihm im Schlaf das Rätsel entlocken möchte (Abb. **3**). Das Ganze ist als Teppich gemalt und mir fällt auf, daß die Prinzessin hinter dem Kopfende des Prinzen in einem Stuhl sitzt, so, wie die Eltern die Zubettgehszene mit Elke geschildert hatten. Der Vater hält eine Viertelstunde lang den Kopf der Tochter hinter ihr sitzend! Der schlafende Prinz scheint von „Farbschlangen" umstellt zu sein. Das ganze Bild macht auf mich einen bedrohlichen Eindruck. Damit hat sie ihre eigene Situation mit all ihrer Angst beim Einschlafen zu Papier gebracht!

- In dieser Stunde lesen wir das Märchen „Die weiße Schlange". Es geht in dem Märchen um einen Jüngling, der die Sprache der Tiere versteht und in 3 Fällen kleineren Tieren hilft, die ihn später unterstützen, eine unlösbare Aufgabe zu lösen, um dann die Königstochter zu gewinnen (Abb. **4**).
  Elke malt die Situation, in der die Rabeneltern ihre kleinen, noch nicht flüggen Vögel aus dem Nest werfen. Auf meine Frage, ob ihre Eltern denn auch manchmal wie Rabeneltern seien, meint sie, die Eltern würden sich abends oft Sorgen machen, wenn sie etwas zu spät nach Hause komme. Sie konnte an dieser Stelle der Therapie noch nicht verbalisieren, wie ambivalent ihr Verhältnis zu den Eltern ist, welche Ängste, verstoßen zu werden, bei ihr vorliegen. Dies gelang ihr zu einem späteren Zeitpunkt, als ein neuerlicher Schullandheimaufenthalt anstand und sie mir mitteilte, sie habe Angst, ihre Eltern könnten den Lehrer im Schullandheim beauftragen, er solle ihr die Augen ausstechen! Trotz ihrer Ängste konnte sie den Schullandheimaufenthalt dann gut durchstehen und hatte sichtlich an Selbstvertrauen hierdurch gewonnen.
- Nach einem guten Jahr, Elke war in die beginnende Pupertät eingetreten, erzählte sie einen Traum: Sie habe irgendwie mit Indianern gekämpft, es seien lange Stangen in der

Abb. **4** Bild zum Märchen „Die weißen Schlange".

Luft herumgeflogen, die plötzlich ganz hart geworden wären. Es habe sie an einen früheren Traum erinnert, wo sie von harten Gegenständen geträumt habe, von einem umwickelten Stock, den sie in den Mund habe nehmen müssen. Bereits Stunden zuvor hatte sie einen Traum, bei dem ein wildes Tier in die Sonntagsschule einbricht und alle Panik bekommen. In dieser Stunde spreche ich an, ob sie sexuell aufgeklärt sei, worauf sie keck antwortet, sie wisse schon das meiste, spreche mit der Mutter darüber. Ihre Schwester wisse praktisch alles, erzähle es ihr auch. Die Mutter würde meinen, sie sei „in der Entwicklung". Es kam dann zur Sprache, daß eine Klassenkameradin von ihr von einem Jungen aufgefordert worden sei, mit in die Toilette zu gehen, da er ihr unter den Rock habe schauen wollen.

Elke malt in dieser Zeit ein für sie wichtiges Bild zum Märchen „Die Gänsehirtin". Sie skizziert die Szene, in der das Mädchen mit den goldenen Haaren ihre „alte Haut" ablegt, die scheußlich aussieht und wie eine Hexe imponiert. Am Schluß äußert sie zum Bild, am meisten habe ihr gefallen, daß das Mädchen anstelle von Tränen Perlen geweint habe. Wir kommen auf die Tränen zu sprechen und darauf, daß es ja nicht so schlimm ist, wenn man weinen muß. Sie äußert, daß ihr Vater gesagt habe, er könne wahrscheinlich gar nicht mehr weinen.

Elke kann sich zunehmend von dem verinnerlichten Mutterbild der verfolgenden, sie festhaltenden und verschlingen wollenden bösen „Hexenmutter" distanzieren. Dies zeigte sich in der Realität auch darin, daß sie besser mit der Mutter streiten konnte, ohne Schuldgefühle zu bekommen. Wichtig ist für Elke, daß sich Mutter und Tochter immer wieder abends noch vor dem Schlafengehen versöhnen.

- Elke nennt dieses Bild „ihre Phantasieblume" (Abb. **5**), die sie im Anschluß an eine Übung aus dem katathymen Bilderleben malt. In der geführten Tagtraumtechnik gebe ich ihr als Aufgabe, sich eine Blume vorzustellen. Sie berichtet, aus der Blume würden Süßigkeiten herauskommen. Sie malt dann mit großem Eifer ein rutschbahnähnliches Gebilde als Blüte, auf der man hinunterrutschen kann. Am unteren Ende sind nichts als Luftballons, ebenso am oberen Ende. Aus den Blättern der Blüten kommen Süßigkeiten, von denen dann unten 2 Menschen essen. Sie malt eine Figur (sich selbst?) in die Blüte hinein, die nach unten rutscht. Gleichzeitig malt sie ein Stockbett, in dem 2 Menschen schlafen: im unteren Bett eine Frau mit einem Riesenbauch oder einer Riesendecke, darüber eine normale Person.

Ich erinnere mich an die Worte des Vaters in der zweiten Stunde, der davon berichtete, er könne es schwer ertragen, wenn Elke sich so kleinkindhaft mache, wenn er sie nicht mehr mit Worten erreichen könne und sie „abrutsche".

Kurz vorher hatte das Mädchen berichtet, daß ihre Freundin magersüchtig geworden sei, mit dem Gewicht „abgerutscht sei" und stationär behandelt werden müsse.

Überrascht war ich, daß wenige Stunden später aufkam, daß in der Familie eine gute Bekannte schwanger sei (hatte Elke dies beim Zeichnen ihrer Phantasieblume bereits gewußt oder geahnt?) und dies Elke sehr beschäftigen würde.

- In den verbleibenden Stunden konnte Elke, die dann auch ihre erste Periodenblutung bekam, mehr und mehr über die Beziehungen zu ihren Freundinnen berichten und zu einem Jungen, von dem sie schwärmte. Während sie zu Beginn der Therapie nicht über ihre Vergiftungsängste zu sprechen wagte, war dies am Ende der Therapie möglich. Letztere erfolgte auf ihren Wunsch hin, nachdem sie ohne größere Ängste eine Sportschulwoche hinter sich gebracht hatte. Noch immer hatte sie gelegentlich das Gefühl nach dem Anschauen eines bewegenden Fernsehfilms, nicht entscheiden zu können, ob der Film nun wirklich oder die Wirklichkeit wie ein Film oder Traum sei. Sie komme aber wieder schnell aus diesem Zustand heraus, habe weniger Angst davor.

Abb. 5 Bild „Phantasieblume".

Rückblick

Belastende Angsterlebnisse (Tod der Großmutter durch Meeresfluten) und Angstreaktionen der Geschwister (jüngerer Bruder) führten dann bei aufbrechender Pubertät zu einer angstneurotischen Entwicklung, wobei eine nicht altersgemäße, wohl sekundäre, fast symbiotische Bindung der Mutter an die Tochter und umgekehrt erfolgte. Ein weiterer Auslöser dürfte in der Übernahme eines strafenden verfolgenden strengen Gottesbildes liegen, das die Patientin internalisiert hatte. Sie wagte es nicht, sich „fallen zu lassen", mußte beim Zubettgehen ganz konkret die Anwesenheit der Mutter oder die auffangenden Hände des Vaters an ihrem Kopf spüren, um beruhigt einschlafen zu können. Ihre Befürchtungen waren auch durch eine Weinpanschaffäre mit induziert worden: in der Presse kam heraus, daß 1000 Flaschen Alkohol mit einem giftigen Zusatzstoff versehen wurden, so daß potentielle Konsumenten mit erheblichen Gesundheitsschäden zu rechnen hatten. Ihr kindliches Weltbild des Wohlbehütetseins war damit zerbrochen. Über die Märchen wurden eigene Befürchtungen und Ängste symbolisch thematisiert und von ihr durch das Malen kreativ gestaltet, benannt und auf dem Papier „festgemacht", so daß man darüber sprechen konnte. Dabei zeigte sich, daß ein deutendes Vorgehen nur sehr behutsam notwendig war, daß die Kombination aus *Gespräch und Bearbeitung von unbestimmten Ängsten über Bilder* ein Weg für das Mädchen waren, zunehmend Vertrauen zu finden zu sich selbst, besser mit ihren aggressiven eigenen Seiten und ihren sexuellen Wünschen in Kontakt zu kommen und sich damit letztlich besser gegenüber den Geschwistern, der Mutter und dem Vater auch durch- und absetzen zu können. In der Entwicklungsphase der Vor- und Frühpubertät scheinen imaginative Zugangsweisen wie die *Tagtraumtechnik* oder die *Kombination von Märchen und Maltherapie* besonders geeignet zu sein, den Zugang zu seelischen Prozessen dieser Nochkinder und Nochnichtjugendlichen zu ermöglichen, zumal dies eine Phase ist, in der Tagträume ihre Hochkonjunktur haben. In diesem Fall hat sich der Therapeut auch hinsichtlich der Frequenz der angebotenen Stunden ganz von den Wünschen der Patientin leiten lassen, wissend, daß es ursprünglich der Wunsch der Mutter war, eine Spieltherapie für die Tochter zu erhalten, daß die Tochter zu Beginn der Therapie sich noch kaum gegen die Mutter abgrenzen und wehren konnte. Elkes Eigenständigkeit und Autonomie sollte unterstützt werden. Trotz der recht bedrohlichen Ausgangslage hatte Elke dem Therapeuten in der allerersten Stunde signalisiert, daß sie bereit war, notfalls auch „als Clown vom Hochseil in den Fluß fallend" zu schwimmen. Sie hatte nach anfänglicher heftiger Abwehr ein Zeichen gesetzt, daß sie bereit war, über das Malen auf ihrem innerseelischen Reifungsprozeß „begleitet" zu werden. Die Therapie hatte der Patientin und dem Therapeuten auch „Spaß gemacht", Elke sorgte mit ihren Bildern stets für Überraschungen, keine Stunde war „langweilig".

„Manchmal habe ich das Gefühl, Millionen Kilometer weg zu sein" –
Angststörung eines 17jährigen Jugendlichen

K. Winkelmann

Symptomatik

Der 17jährige Jugendliche, ich nenne ihn Dieter, war nach einer 2monatigen stationären Behandlung auf einer psychotherapeutisch orientierten Jugendlichenstation auf Empfehlung wegen einer weiterführenden Therapie zu mir gekommen. Ängste, Panikgefühle und ein beherrschend anklammerndes Verhalten seiner Mutter gegenüber mit weitgehendem Rückzug aus seinen sozialen Bezügen waren der Anlaß für die stationäre Intervention gewesen.

„Wenn ich nur daran denke, wieder Geige zu spielen, dann fängt die Angst schon wieder an. Als ich neulich wieder einmal vorspielen sollte, fing ich an zu zittern und zu schwitzen, mir wurde ganz schwindelig und ich hatte Angst umzufallen, vom Podium zu stürzen. Seit der Klinik habe ich das Instrument auch nicht wieder angefaßt".

Dieter hatte sich in den letzten Monaten zunehmend mehr zurückgezogen, und es hatte sich in ihm das Gefühl ausgebreitet, ganz hilflos zu sein. Der Gedanke an Zukunft und Selbständigkeit löste Horrorgefühle aus. Er sprach ausführlich immer wieder mit seiner Mutter über seine Befindlichkeit, aber dies verstärkte um so mehr sein Gefühl der Hilflosigkeit.

Kontext

Erster Eindruck

Als ich den Jugendlichen zum ersten Mal sah – er war mir als ein Musiker angekündigt worden – betrat ein breitschultriger, etwas stiernackiger, junger Mann von grobem Körperbau den Raum. Auch sein Gesicht, breitflächig, hatte wenig ansprechende Züge, fast etwas Atavistisches. Ich spürte ein Erschrecken und ging innerlich ein Stück auf Distanz. Dabei wirkte er sehr passiv, und sein ganzes Verhalten löste in mir, sicher noch verstärkt durch einen Wiedergutmachungswunsch, den Impuls aus, ihm entgegenzukommen, ihm „unter die Arme" zu greifen, auch ihn anzuleiten und zu führen. Ich mußte diesen Impuls, der uns häufig bei Patienten mit Angststörungen begegnet (König 1989) wahrnehmen und beachten, um nicht in eine unreflektierte Gegenübertragungshaltung zu geraten. In Dieters Physiognomie war sein Schatten repräsentiert, und ich fragte mich, welchen Stellenwert diese körperliche Seite in seiner Persönlichkeit hatte und wie weit sie psychisch repräsentiert sei. Ich versuchte mir vorzustellen, welches Körperselbstbild Dieter wohl besaß, und ich phantasierte, daß er wohl einer starken Spannung zwischen Körperlichkeit und Sexualität einerseits und sublimen, geistigen Strebungen andererseits ausgesetzt war. Dabei schien mir eine Beziehung zu Körper und Sexualität wenig entwickelt. Diesem Aspekt des unbewußten Schattens, der unintegrierten Körperlichkeit, galt meine Aufmerksamkeit.

Aktuelle Lebenssituation

Dieter lebte, seit der Trennung der Eltern, mit seiner Mutter und seiner Schwester (+2) zusammen in einem eigenen Haus in einem großstädtischen Vorort. Die Schule hatte er nach

2maligem Scheitern der gleichen Klasse verlassen müssen, und er fand bis dahin keine Idee und auch keinen Impuls, eine Berufsausbildung zu beginnen. Die Hochschule war ihm verwehrt und insofern hingen die Träume einer Solistenkarriere als Musiker ohne Verankerung in der Luft. Vom Vater, der vor 2 Jahren ganz überraschend ausgezogen war, hatte er sich im Stich gelassen gefühlt. In letzter Zeit erst, seitdem es Dieter so schlecht ging, bemühte dieser sich auf vielfältige Weise darum, ihm Vorschläge für seine berufliche Entwicklung zu machen, die aber Dieter nicht aufgriff. Nun benötigte er die Mutter für tägliche, vielstündige Gespräche, in denen er ihr seine Befindlichkeit minutiös schilderte, wobei er spürte, daß er damit zunehmend hilfloser wurde und zunehmend geschwächter seiner Angst und Panik gegenüberstand.

Situative Dynamik

Dieter hatte während seiner Schulzeit immer ein paar Kontakte zu Mitschülern oder Orchestermitgliedern gehabt, er war nicht isoliert gewesen, aber er hatte nie die Idee, über ganz persönliche Dinge sprechen zu wollen. Die Beziehungen zu den Gleichaltrigen waren immer über ein Sachobjekt – und hier spielte sein Musikinstrument eine große Rolle – vermittelt. Wünsche nach Sexualität waren von Wünschen nach Zärtlichkeit und Nähe zu einer Frau überlagert gewesen. Eine Freundin aus dem Orchester wurde zu seinem ersehnten Objekt, jede Nähe zu ihr aber machte ihn sprachlos, handlungsunfähig und löste Abwehrreaktionen aus. Diese Freundin, die bisher den Gang der Dinge bestimmt hatte, begann sich zunehmend mehr anderen Männern zuzuwenden. Etwa zu dem Zeitpunkt hatte seine Schwester einen festen Partner gefunden, und sie war für ihn wie verloren. Er öffnete sich zunehmend mehr seiner Mutter, die ihm geduldig zuhörte und auch stärkende Ratschläge gab. Dann traten Ängste im Orchester auf, in dem er die erste Geige spielte. Waren es zunächst leichtere Ängste im Zusammenhang mit Aufführungen, so breitete sich in kürzester Zeit die Angst auf sämtliche mit seiner Musiktätigkeit verbundenen Aktivitäten aus. Schließlich hatte die Angst etwas Panikartiges bekommen, verbunden mit unscharfem Sehen und auch leichteren Pfeifgeräuschen, er war von der Angst beherrscht, vom Podium zu stürzen. Der stationäre Aufenthalt auf der psychotherapeutisch orientierten Jugendlichenstation hatte eine Besserung der Symptomatik erreichen können. Eine weiterführende Psychotherapie schien aber angeraten.

Anamnese

Als Dieter geboren wurde hatten die Eltern (+29) ihre Berufsausbildungen schon abgeschlossen. Er kam ungeplant, aber nicht unerwünscht. Dieter hatte schon als Säugling einen besonders großen Kopf, ein Merkmal, das ihm in seiner Schulzeit manchen Spitznamen einbrachte, Kränkungen, die er schweigend einsteckte. Er war offenbar kein besonders schöner Säugling. Er wurde nur wenige Wochen gestillt, er lief mit 14 Monaten zum ersten Mal alleine, die Sprachentwicklung war altersgemäß, er sprach aber noch lange besonders schnell und undeutlich. Daumenlutschen hielt er bis zum 10. Lebensjahr bei, das Nägelkauen gab er nie ganz auf. Dieter war oft sehr verträumt. Als er mit $4^{1}/_{2}$ Jahren in den Kindergarten kam, ließ er die Mutter nicht leicht gehen. Oft lag er dann träumend abwesend auf dem Boden, während die anderen um ihn herum spielten. Dies konnte aber auch durchaus abwechseln mit einer altersgemäßen Spielfreude. Die Einschulung und erste Schulzeit war für ihn insofern belastend, als er sich mit den Gleichaltrigen unwohl und unsicher fühlte. Er brauchte immer lange Anlaufphasen um Freundschaften zu schließen. Er hing sehr an seiner Schwester, wollte sie auch mal heiraten. Eine frühe Erinnerung ist, daß er sie mit einem am Faden herumgeschleuderten Auto am Kopf verletzt hatte. Als sie 12 Jahre alt wurde, bekamen sie getrennte Zimmer, dann riß die Nähe zueinander ab, sie ging ihre eigenen Wege.

Dieter schildert seine Mutter als lebenslustig und kontaktfreudig. Auch wenn er sie in letzter Zeit in vieler Hinsicht zu seiner Vertrauten gemacht hatte, so hatte er als kleiner Bub zu dem Vater die engere Beziehung. Es entstand das Bild einer eher kühlen, rationalen und distanzierten Frau, die auch in der Ehe den dominanten Part einnahm. Die Mutter ist mit einem Zwillingsbruder als Jüngste von 4 Kindern aufgewachsen. Der Vater war früh verstorben. Der ältere Bruder hatte sie in einer Vaterersatzposition öfter geschlagen, später brach sie den Kontakt zu ihm ganz ab. Ihr Zwillingsbruder schlug sich mit religiösen Fragen herum, lebte vorübergehend in einem Kloster und wurde später Rechtsanwalt. Die Mutter wählte den Vater von Dieter, weil sie so von der Ruhe angetan war, die er ausstrahlte und seiner lieben und vertrauenerweckenden Art.

Mit dem Vater dagegen erinnert sich Dieter viel gespielt und herumgeschmust zu haben, auch manches mit ihm alleine ohne die Schwester gemacht zu haben. Bis zum 7. Lebensjahr habe er ihn auf den Schultern getragen. Der Vater, von Beruf Jurist, ist das einzige Kind gutsituierter Eltern. Er lernte 22jährig Dieters Mutter im eigenen Elternhaus kennen. Sie war seine erste Freundin und Sexualpartnerin. Dieters Einschätzung des Vaters zu dem Zeitpunkt, als wir uns kennenlernten, war problematischer und gebrochen: Er empfand den Vater, einen sehr fleißigen, überaus gründlichen akademischen Arbeiter, als ängstlich, gehemmt und seiner neuen Partnerin gegenüber unterlegen. Er spürte eine Enttäuschung und Verachtung für ihn. Gleichzeitig fühlte er sich dem Vater libidinös sehr zugetan, und dieser tat wohl auch alles dazu, die Liebesbindung an ihn zu erhalten. Die Nähe zu diesem Vater erschien übermäßig bindend und einengend, durchaus mit mütterlichen Zügen. Es war wohl auch so, daß der Vater bemüht war, Dieter jede Möglichkeit zu nehmen, sich über ihn aufzuregen und zu ärgern.

In der nach außen als mustergültig geltenden Ehe hatte Dieter nie Streit zwischen den Eltern erlebt, nicht einmal Spannungen. Die Atmosphäre sei harmonisch gewesen. Mit seinen Sorgen oder Nöten sei er allerdings nie zu den Eltern gegangen, und besonders vor dem Vater habe er immer versucht, als stark und unabhängig dazustehen.

Schon im frühen Kindesalter hatte das Ausüben von Musik einen wesentlichen Stellenwert in seinem Leben. Als Dieter 4 Jahre alt war, hatten die Eltern begeistert entdeckt, daß er vorgesungene Melodien auf einer Kinderklarinette fast fehlerfrei nachspielen konnte. Die Eltern selber schätzt Dieter als ziemlich unmusikalisch ein, obwohl die Mutter einen nie erfüllten Wunsch nach einer gründlichen Intrumentalausbildung auf dem Klavier gehabt hatte. Im 6. Lebensjahr begann, auf Vorschlag seiner Musiklehrerin, der Unterricht auf der Geige. Dieter erinnert sich, daß sein Wunschinstrument eigentlich das Klavier gewesen war. Dieter begann den Eltern zuliebe mit dem Geigespiel. Ab dem 11. Lebensjahr hatte er dann eine Lehrerin, die er nicht besonders mochte und die er streng und ehrgeizig erlebte. Die Eltern selbst kontrollierten sein Spiel dann auch nicht mehr und ließen der Lehrerin in der Förderung von Dieter ganz freie Hand. Oft wollte er nicht mehr spielen und üben, ließ diesen Impuls aber bleiben, weil er befürchtete, damit die Lehrerin und die Mutter zu enttäuschen. Er folgte dann aber bald dem Genuß, den er im Zusammenhang mit frühen Konzerterfolgen spürte. Er spielte schon als 12jähriger vor einer größeren Zuhörerschaft und wurde in vielfältiger Weise gefördert und zur Leistungssteigerung ermuntert. Die Phantasie einer Solistenkarriere wurde ihm angetragen, und er stellte selbst dem nichts in den Weg, partizipierte innerlich an dieser Phantasie.

Seine Pubertät und sein Eintritt in die Adoleszenz erfolgte äußerlich ganz undramatisch und fast ungesehen. In seinem Leben und in seiner Lebensgestaltung änderte sich nicht viel, er steigerte lediglich das Quantum des Geigespiels. Später konnte er registrieren, daß er all seine Gefühle, Sehnsüchte und Spannung in die Musik hineingelegt hatte. Als in der Familie die Harmonie zusammenbrach, der Vater aus der Ehe ausbrach und bald auch auszog, war Dieter 15 Jahre alt. Eine Zeit lang war der Vater, wohl aus schlechtem Gewissen, für Dieter gar nicht zu erreichen, dann nahmen sie aber den Kontakt miteinander wieder auf. Dieter reagierte äußerlich kaum auf diese familiären Veränderungen. Innerlich war er sehr viel mehr mit sich und der Eindämmung eines drohenden Entwicklungszusammenbruchs (Laufer u. Laufer 1989) beschäftigt. Zunehmend weniger in Schach zu haltende Ängste drohten ihn in einen regressiven Sog zu ziehen, dem er sich durch die steigernde Ausübung der Musik zu entziehen suchte: bot dies ihm doch die Möglichkeit, dem drohenden Identitätsverlust die (Größen-)Phantasien eines gefeierten Künstlers entgegenzustellen.

Untersuchungsergebnisse und psychodynamische Überlegungen

Der 17jährige Jugendliche befand sich in einer langwierigen Adoleszenzkrise, die sicherlich schon einige Jahre zuvor zu einem zunächst äußerlich eher unbemerkten Entwicklungszusammenbruch (Laufer u. Laufer 1989) geführt hatte. Er war in unserer ersten Begegnung durchaus fähig, seine Situation realistisch einzuschätzen und differenziert seinen Zustand zu betrachten. Er war allerdings weitgehend blockiert, seine eigene Befindlichkeit und seine eigenen Gefühle kenntlich zu machen. Hier schien er von einer Furcht beherrscht zu sein, seine Emotionen nicht beherrschen zu können und von ihnen überwältigt zu werden. Eine strukturelle Schwäche wurde sichtbar, die sich besonders darauf bezog, daß er mißtrauisch gegenüber seiner eigenen Fähigkeit zur Selbststeuerung war. Die relativ hermetische Abwehr aggressiver Regungen durch Verleugnung, Verdrängung und Reaktionsbildungen unterstrich diesen Eindruck einer Ich-Schwäche. Er schien ambivalente Gefühlsregungen nicht ertragen zu können, Selbst- und Objektrepräsentanzen nicht sicher getrennt halten zu können. Insofern war seine Beziehungsfähigkeit erheblich eingeschränkt: War er sich nicht sicher, daß das Objekt ihm fütternd und nährend zugewandt ist, drohte er von Trennungs- und Verlustängsten überwältigt zu werden. Die dagegen aktivierten narzißtischen Regulationsformen (der vom Publikum gefeierte Solist) waren allerdings seit dem Auszug des Vaters brüchig geworden. Die Enttäuschung durch den Vater hatte ihn ganz unvorbereitet getroffen. Er war bis dahin noch an einen Vater gebunden, der eher präödipale Züge trug. Er war der Vater, der ihn vor der negativen Mutter schützte, aber er war nicht der Rivale des ödipalen Jungen, der Vater, dessen Wort Gesetz bedeutete.

Zweifellos hatte die Trennung der Eltern die Adoleszenzkrise zugespitzt und den Entwicklungszusammenbruch letztlich herbeigeführt. Aber schon einige Jahre vorher, seitdem er mit dem Rauchen angefangen hatte, war er von angstvollen Bildern beherrscht, wie seine Lunge von innen verfault, ohne daß er seiner „Sucht" etwas entgegenstellen konnte. Seine Onaniephantasien hatten Aspekte der Kapitulation gegenüber übermächtigen präödipal regressiven Wünschen. Sein sexuell-phallisches Ich war nicht körperlich verankert, so als hätte er diesen kräftigen männlichen Körper bisher nicht in sein Selbstbild mit hineinnehmen können. Er blieb mit dem kindlichen Körper identifiziert, den er seiner Mutter zur Pflege und Obhut überlassen wollte. Er war im Bild des Elementarcharakters der großen Mutter (Neumann 1974) gefangen geblieben. Möglicherweise hatte die Kränkung, die die Mutter mit dem auffallend unschönen Säugling erlebt hatte, zu einer Reaktionsbildung ihrerseits mit übermäßiger Besorgnis und Bindung geführt. Auch die auffallende Förderung seiner künstlerischen Neigungen, die durchaus einen Selbstaspekt der Mutter repräsentierte, ist als ein Ausgleichswunsch für die narzißtische Kränkung zu verstehen, die die Mutter erlitten hatte. Dieter hatte zudem keine stabile Vaterrepräsentanz entwickelt. Das Vaterbild war mit mütterlichen Zügen durchsetzt: Dieter hatte die Ambivalenz zur Mutter dadurch gelöst, daß er den Vater mit den positiven mütterlichen Anteilen besetzte. Insofern hatte er einen ödipalen Konflikt im engeren Sinne nicht durchmachen müssen, seine Autonomie war fragil und stützte sich nicht auf eine männliche Identität, die sich mit der Beziehung zum Vater entwickelt hatte. Mit der Adoleszenz wurde die Inzestthematik mit ausgeprägten präödipalen, regressiven Wünschen nach Verschmelzung und paradiesischer Geborgenheit virulent. Als dann der Vater das Haus verließ, brach die Mutterambivalenz auf, der beängstigende Verlust der Autonomie, der Sog in die inzestuöse Nähe zur Mutter konnte mit narzißtischen Abwehrformen nicht mehr in Schach gehalten werden. Die Geige und das Geigespiel wurden zum Objekt seiner phobischen Ängste. Das Instrument repräsentierte das verschlingende mütterliche Objekt.

Diagnose

Angstneurotisch akzentuierte Adoleszenzkrise mit depressiven und hysterischen Zügen. Reifungskrise mit narzißtischer Abwehr einer erschwerten Nähe-Distanz-Regulierung (**ICD-10: F41.2**).

Therapieverlauf

Vor dem Hintergrund meiner in den Vorgesprächen gewonnenen Einsichten in die psychodynamischen Zusammenhänge machte ich dem Jugendlichen ein therapeutisches Angebot. Dieter zeigte eine ausreichende Ich-Stärke, die ersten Termine bei mir alleine wahrzunehmen und seine Eltern aus der Therapie herauszuhalten. Bei aller Passivität faßte er soweit Vertrauen, daß wir ein Arbeitsbündnis schließen konnten. Leitend für die Therapie war die Hypothese, daß Dieter einen Vaterverlust vor dem Hintergrund einer schwachen Vaterrepräsentanz erlitten hatte. Das therapeutische Angebot sollte fokal auf seine Verselbständigung hin orientiert sein. Dabei ließ ich mich von dem Gedanken leiten, daß Dieter bis dahin in einem sehr festen Korsett familiärer Behütung und Kontrolle gelebt hatte, wenig Raum für die eigene Individuation vorhanden war. Zeigte sich Dieter augenscheinlich suchend nach Hilfe und Unterstützung, so wurde mir aus vielfältigen Signalen deutlich, wie ambivalent und abwehrend er einem Beziehungsangebot gegenüber stand, wie sehr er die als verschlingend phantasierte Bindung fürchtete. Ihm selbst sollte seine Selbststeuerung zugänglich werden, zu ihr sollte er Vertrauen gewinnen können.

Jugendliche sind in einem Zustand den man als Transit bezeichnen kann, ein Zwischenstadium in einem fremden Land. Die Therapie ist dann wie eine Quarantänestation, in der die alten Leiden ausgestanden werden können, bevor es in das neue Land geht. In diesem Transit nehmen Phantasien und Wünsche nach Ungebundenheit, Unbezogenheit, Unverbindlichkeit und auch Untreue einen großen Raum ein. Dieter war ja bisher ein treuer Sohn gewesen. Mir schien es für sein Ich wichtig zu sein, die Unqualitäten einer Beziehung schuldfrei zu erfahren, damit er Abwehr- und Handhabungsformen im Hinblick auf Steuerung seiner Nähe- und Distanzbedürfnisse ausbilden konnte. Diese Abwehrmechanismen fehlten ihm weitgehend. Er war ein Phobiker, dem es an einem inneren, steuernden Objekt mangelt.

Wir sahen uns etwa 1 1/2 Jahre einmal in der Woche in einem tiefenpsychologisch fundierten Setting. Zunächst hielt er die Termine ängstlich kontrollierend pünktlich ein, und erst langsam konnte er sich die Freiheit leisten, mit mir Termine auszuhandeln. Die Geige rührte er nicht mehr an. Er nahm verschiedene Jobangebote an, phantasierte berufliche Zukunftspläne, legte sich aber nicht fest, entschied sich nicht. Er hielt sich in einem Schwebezustand und er produzierte auch diesen Schwebezustand. Meinem Eindruck nach bestand die wichtige Funktion dieses Zustands darin, neue Abwehrmechanismen auszuloten, die erst mit der Trennung aus der kindlich strukturierten Welt der behüteten Sicherheit möglich war. Dieter hatte sich bis dahin nicht als ein von dem Elternpaar getrenntes Objekt wahrgenommen. Nun erst, als „einsamer Wanderer" spürte er Verlassenheit, Angst und in Ansätzen auch Wut. Er mußte erst einmal Angst aktiv erleben, mußte sich ihr ausgeliefert fühlen, um die Realität sicherer bewältigen zu können. Bei mir in den Stunden mußte er sich immer wieder versichern, ob ich ihm diesen eigenständigen und unsicheren Weg auch zutraute. Er versuchte mich zu verführen, ihm meine Vorstellungen über das, was für ihn richtig ist, mitzuteilen, was ich aber nicht tat. Es war Trauer- und Trennungsschmerz bei ihm zu spüren. Langsam fing er an, den Zustand der Ungebundenheit zu spüren und auch ein wenig zu genießen. Er konnte seinem Selbst einen Raum geben, wie es ihm vor seinem Zusammenbruch nicht möglich war.

In einer Stunde berichtete er von einem Abend, den er bei Freunden verbracht hatte. Dieter war inzwischen 18 Jahre alt geworden, seitdem fühlte er sich legitimiert, seiner Mutter nicht mehr Bescheid sagen zu müssen, wohin er geht und wann er zurückkommt. Es war spät geworden und er entschloß sich dort zu übernachten. Er wachte dann mitten in der Nacht auf mit Angst und einem Gefühl von ganz, ganz großem Alleinsein. Er fing fürchterlich an zu weinen wie er mir berichtete und schlich sich aus der Wohnung. Er fuhr mit den ersten Zügen, mit Menschen die zur Arbeit fuhren, nach Hause. Plötzlich fing er an ein bis dahin nicht gekanntes Gefühl von Freude, Lust und Neugier auf diese Welt zu empfinden. Er kam zu Hause an, begrüßte die Mutter, fühlte sich dabei aber völlig abgegrenzt und sicher und ging in sein Zimmer. Die Freude und Befreiung, die er plötzlich erlebte war die Freude über eine gelungene Abwehr, die Angst selbst bewältigt zu haben, nicht kapituliert zu haben. Das war der Fokus, auf den sich unsere Arbeit konzentrierte. Ich phantasierte bei mir, ohne es ihm zu sagen, was denn da mit ihm passiert war, daß er sich den Objekten plötzlich entfremdet gefühlt hatte und das Gefühl dieses tiefen Alleinseins hatte. Waren es sexuelle, inzestuöse Wünsche, denen er durch Flucht zu entkommen suchte, sich sozusagen ins Weltall katapultiert hatte? Die Vaterimago war schwach ausgebildet, es war mehr der sexuell inzestuös verführende Vater da, an dem seine Libido hing. Ich selber half ihm bei der Bildung seines Ich-Ideals (Blos 1983). Dabei war ich weniger der Vater, sondern eher der Bruder, ein alter Ego, der Begleiter, der Interesse an ihm hat ohne ihn zu besetzen. Ich war eher zurückhaltend, ihm meine Einfälle mitzuteilen, sie waren aber für die Dynamik des Prozesses wichtig und wirksam.

Er klagte immer wieder über die Vergänglichkeit unseres Kontakts, die Begrenztheit der Zeit, den Übergangscharakter der Therapie: „Was soll ich noch groß einsteigen, wenn es sowieso bald zu Ende ist?" Das Thema der Trennung faszinierte ihn und machte ihm gleichzeitig Angst. Ich ließ mich mit meinen Gegenübertragungsgefühlen auf diese Situation ein, ihm einerseits durchaus Möglichkeiten zur Strukturierung und zum Ordnen seiner Innenwelt zu geben, andererseits auf keinen Fall mit Angst und Überbesorgtheit auf seine Zustände von Verlorenheit und Identitätsdiffusion zu reagieren. Hier half mir das Bild des Transits, um dieser Phase der Beziehung eine Form zu geben: Ein Zustand, in dem die Brücken nach hinten abgebrochen sind, das Ziel nicht sichtbar ist, noch offen ist, und es auch nicht sicher ist, ob es überhaupt erreicht werden kann. Dieter sprach nicht gerne über seine Vergangenheit, weil es Schamgefühle auslöste. Die Zukunft sparte er lange aus. Bei mir in der Therapie hatte er ein Gastrecht.

Einige Monate vor dem durch die begrenzte Stundenzahl in Aussicht stehendem Ende, tauchte ein berufliches Ausbildungsziel auf einer Schule auf, die mit einem Ortswechsel und damit einer Trennung von seiner vertrauten Umgebung verbunden gewesen wäre. Ich fand diese Mitteilung natürlich sehr erleichternd, da sie so etwas wie ein Licht im dunklen resignativ-depressiven Tunnel ankündigte. Sicher war Dieter meine Inbesitznahme seiner Idee auch nicht entgangen. Jedenfalls kam er zur nächsten ausgemachten Stunde nicht und nahm erst in der darauf folgenden Stunde das Thema wieder auf. Dabei sagte er ungefähr folgendes: „Die würden mich auf der Schule nehmen. Es ist mir unvorstellbar wegzugehen, aber ich werde es machen. Ein ganz nebeliges Gefühl. Ich gehe weg, und schon sackt mein Gefühl für meine Freunde weg. Dabei ist das, was ich brauche, eine Gruppe von Leuten. Ich denke, was mutest zu dir zu? Wenn ich daran denke, wie es mir vor einem Jahr ging, und nun das, wegzugehen. Schön blöd. Kannst ja zu Hause bleiben, rausschmeißen wird dich schon keiner, obwohl es neulich so einen Krach gab. Aber es ist keiner da, der sagt, du mußt es machen. Aber trotzdem, ich muß es machen, es geht auf Dauer nicht weiter so. Aber ich will den Schritt nicht machen, ich werde dann unheimlich träge. Manchmal habe ich das Gefühl, Millionen Kilometer weg zu sein. Ich habe das Gefühl, andere sind flexibler, unabhängiger." Daraufhin sage ich: „Die haben ihre Heimat dabei." Und er: „Ja, im Bauch, oder ich weiß nicht wo".

Als Dieter mir in der letzten Stunde in der er da war zum ersten Mal von diesem Plan berichtet hatte, hatte er seine Skepsis geäußert, ob er es in so einer fremden und auch noch kleinstädtischen Umgebung überhaupt aushalten würde. Ich selbst hatte meine eigene Adoleszenz in gerade dieser Kleinstadt verbracht, in der er nun die Schule besuchen sollte. Ich stellte mir Dieter, also ganz mit ihm identifiziert, in dieser Stadt vor und ich bekam das dringende, unaufschiebbare Bedürfnis, ihm zu sagen, daß ich diese Stadt kenne. Ich tat es dann auch. Das war offenbar zu dicht, jedenfalls verschwitzte er die nächste Stunde. Meine Phantasien über diese Stadt hatten uns über die Gefühle meiner eigenen Adoleszenz in eine große Nähe zueinander gebracht, eine Nähe, die ihm Angst machte und die ihn offenbar auch sehr verwirrte. Ich war ihm wie ein Schatten gefolgt, ein verfolgender Doppelgänger, dem er sich nun zu entledigen suchte. In gewisser Hinsicht hatte ich Dieter mit meiner eigenen Thematik besetzt. Er war zwischen der Angst einer Trennung und einem Schuldgefühl aufgrund eigener und trennender Impulse hin- und hergerissen und konnte die Ambivalenz nicht aushalten und auch nicht lösen. Erst als ich in der folgenden Stunde die Dynamik von meiner Seite ansprach löste sich der Knoten. Ich sagte etwa folgendes: Ich könnte mir vorstellen, daß ihn das beunruhigt hätte und daß er innerlich gedacht hätte, „Mensch, laß mich doch mal alleine". Ich mußte noch etwas nachhaken und sagte dazu „es könnte ja sein, daß er ein schlechtes Gewissen hatte, mir zu sagen, hör doch auf mich mit deinen Geschichten zu binden." Diese Bemerkung nahm er dann auf, indem er dann sagte, daß er sich sowieso von mir nicht mehr verstanden fühle und er das Gefühl hätte, seine Nöte würden mir gar nicht recht verständlich. Und weiter: „Aber Sie müssen es ja auch nicht verstehen, ist ja im Grunde meine Sache, was hilft es mir. Vielleicht bin ich deshalb auch nicht gekommen. Das ist nicht nur Resignation, das ist auch eine Erkenntnis. Sie können mir auch nicht groß helfen."

Dieter war aggressiver geworden gegenüber der Anfangszeit und traute sich jetzt offenbar auch zu, mich für überflüssig zu erkären und mich damit zu kränken. Er wurde sicherer in der Regulierung von Nähe und Distanz.

Was konnte erreicht werden in der Therapie?

Als er zum Schluß alle 14 Tage kam, vermittelte er mir einerseits das Gefühl, daß das Angebot ungenügend und mangelhaft gewesen war. Aber er machte mir auch deutlich, daß er nun erst einmal seinen Weg alleine gehen möchte. Dieter, der bis dahin wenig Gruppenerfahrung hatte, konnte einige Gruppenreisen machen. Die ersten waren schwierig, durch Rückzüge und eine Vereinzelungstaktik hatte er sich der ängstigenden Gemeinsamkeit entzogen, mußte mit der Kränkung des Größenselbst fertig werden. Inzwischen konnte er positivere Erfahrungen machen und spürte hier einen Zugewinn an Ich-Autonomie. Die Ausgestaltung seiner eigenen Sexualität erschien mir allerdings noch recht problematisch. Seine Sexualphantasien (Laufer 1980) waren mit passiv regressiven Tendenzen durchsetzt und sein sexuelles Begehren wurde von Wünschen nach Geborgenheit und Schutz derart überwältigt, daß er seine sexuellen Wünsche einerseits nicht außerhalb einer gesicherten Partnerschaft ausleben konnte, andererseits hier die tieferen Beziehungen in ihm Inzestängste mobilisierte. Als er von dem Heimatgefühl im Bauch sprach, sprach er seine eigene sexuelle Identität an. Im Zusammenhang mit der Begegnung einer Frau wurde ihm deutlich, daß er wohl noch sehr stark seine Schwester sucht und zunächst immer wieder den Verlust und Trennungsschmerz, die Versagung dieses geschwisterlichen Begehrens erleben und wiederholen mußte. Daß ihm diese Dynamik überhaupt zugänglich zu machen war, versicherte mich darin, daß Dieter deutlich an Ich-Stärke gewonnen hatte. Er hatte jetzt auch Freunde, mit denen er sich ohne dazwischen geschaltete Objekte (wie früher das Instrument) in Beziehung setzen konnte. Seine Körperausstrahlung hatte sich verändert, er wirkte auf mich nicht mehr ängstigend in seiner Körperlichkeit, er konnte sein Äußeres positiv besetzen, was sich auch in seiner Kleidung äußerte. Sein Ich schien jetzt Gewißheit zu haben, daß auch der Körper seine Identität mit definiert.

Seine Ängste waren deutlich zurückgegangen und einer Traurigkeit und gewissen Schwere gewichen. Die Geige hatte er opfern müssen, denn an sie blieben all seine tiefen regressiven Ängste gebunden: Sie war das phobische Objekt, das er meiden mußte, um damit seine progressive, in die Realität hineinwachsende Identität nicht zu gefährden. Der idealisierte präödipale Vater hatte ihn zum Künstler – zum Sohnesgeliebten werden lassen. Die Realisierung eines ödipalen, väterlichen Rivalen versperrte ihm den Weg zur Mutter und das Instrument wurde zum Repräsentanten der verschlingenden Mutter. Damit mußte er sein Größenselbst als Künstler opfern, um eigenständig und erwachsen zu werden.

Ich hörte später von ihm, daß er den Weg in die auswärtige Schule angetreten hatte. Die therapeutische Intervention hatte die stagnierende Entwicklung wieder in Gang gebracht und zu einer Konsolidierung der Struktur beigetragen!

Die neurotischen Störungen waren unbearbeitet geblieben und er blieb für das Aufbrechen weiterer Symptomatik gefährdet.

3. Depression

„Bei einem Gewinn im Lotto würde ich die Hälfte meiner Mutter und die Hälfte meinem Vater geben" – Psychoanalytische Behandlung eines depressiven Mädchens, das von den geschiedenen Eltern ständig in Loyalitätskonflikte verwickelt wird

A. Glorius-Josefowicz

Symptomatik

Uta ist in der Schule und zu Hause passiv, antriebsarm, angepaßt, stellt eigene Interessen zurück, grübelt häufig und äußert Lebensunlust. Sie hat Kontaktstörungen, Obstipation, Pavor nocturnus und Eßstörungen in Form von Phasen, in denen sie hungert, weil sie sich zu dick fühlt. Vom 4. – 7. Lebensjahr Enuresis nocturna und diurna und vom 4. – 5. Lebensjahr Nägelkauen, was zu schweren Entzündungen führte.

Kontext und induzierte Gefühle

Uta ist bei Therapiebeginn 9 Jahre alt, sie besucht die 4. Grundschulklasse. Die Eltern sind geschieden und sie lebt zusammen mit ihrer 1 1/2 Jahre jüngeren Schwester bei der Mutter und deren Lebensgefährten. Sie ist groß und schlank, wirkt scheu und ängstlich und ich spüre hinter ihrer Verschlossenheit und resignativen Haltung, wie abgeschnitten, unsicher und unglücklich sie sich fühlt.

Die Mutter, 36 Jahre alt, von Beruf Sekretärin, studiert Sozialwissenschaften. Sie ist groß, stämmig und wirkt resolut. Sie äußert Fremdheitsgefühle, Hilflosigkeit und Wut hinsichtlich der Probleme von Uta. Der Vater, 35 Jahre alt, Betriebswirt, promoviert seit mehreren Jahren. Er ist zurückhaltend und wirkt jugendlich „studentisch". Er hebt hervor, daß er sich Uta gegenüber sehr verbunden und gleichzeitig schuldig fühlt.

Die Behandlung von Uta umfaßte 2 Jahre, 150 Behandlungsstunden mit einer 2stündigen Frequenz. Es fanden 36 Elterngespräche statt, zunächst getrennt, später – von mir initiiert – gemeinsam.

Anamnese

Genese des Kindes

Uta war ein erwünschtes Kind. Die Eltern lebten während der Schwangerschaft in einer Wohngemeinschaft und der Vater machte wenige Tage vor der Geburt sein Examen. Uta wurde 6 Monate gestillt. Anschließend war die Mutter wieder voll berufstätig, fühlte sich ständig überlastet („Uta war mir oft zuviel"), und der arbeitslose Vater übernahm überwiegend die Betreuung. Beide Eltern beschreiben sich als ängstliche, unsichere, überbehütende Eltern: „Wir haben sie behandelt wie ein rohes Ei und hatten ständig Angst, ihr könne etwas passieren." Als Uta 9 Monate alt war, wurde die Mutter erneut schwanger, war oft krank, und es gab häufig Streit zwischen den Eltern, weil sich die Mutter in einen Mitbewohner verliebt hatte. Auf die Eifersucht von Uta nach der Geburt der Schwester reagierte die Mutter mit Wutausbrüchen. Seither machte sich Uta ständig Sorgen um die Schwester. Uta wurde vom eifersüchtigen, unter der Situation sehr leidenden Vater in die elterlichen Konflikte mit einbezogen. Er schloß sie ins Zimmer ein, damit sie nicht zur Mutter und dem Rivalen konnte und betrank sich abends. Als Uta $2^{1}/_{2}$ Jahre alt war, trennten sich die Eltern. Die Scheidung erfolgte 3 Jahre später mit einem gemeinsamen Sorgerecht. Die Kinder lebten zunächst für $1^{1}/_{2}$ Jahre bei der Mutter, anschließend für 3 Jahre abwechselnd 2 Wochen bei Mutter und Vater (bzw. ihm und seiner neuen Ehefrau und deren gemeinsamen Sohn) und danach wieder bei der Mutter. Mit 3 Jahren wollte Uta nicht in den Kindergarten, weinte viel, paßte sich dann aber schließlich an. Mit 6 Jahren wurde sie eingeschult, ist leistungsmäßig durchschnittlich, braucht für die Hausaufgaben jedoch oft viele Stunden.

Familienanamnese und Familiendynamik

Die Mutter von Uta, außerehelich geboren, lernte den leiblichen Vater nie kennen, den Stiefvater verachtete sie. Der Vater von Uta wurde als Kind von seiner dominanten Mutter viel geschlagen und litt unter großen Selbstwertzweifeln und Verlustängsten, da die Mutter bei Streitigkeiten mit dem Vater drohte wegzulaufen. Für beide war es die erste sexuelle Beziehung und sie hatten sich viel vom Partner erhofft, fühlten sich jedoch bald enttäuscht, ohne in der Lage zu sein, ihre Beziehungskonflikte miteinander austragen zu können. Die Mutter zog nach der Trennung mit dem „Rivalen" zusammen und lebt bis heute gemeinsam mit ihm. Die zweite Ehe des Vaters scheiterte und er wohnt allein.

In den anamnestischen Gesprächen erfahre ich, wie beide nach wie vor durch Schuldzuschreibungen und Entwertungen versuchen, eigene Schuldgefühle, ein Erleben von Mangelhaftigkeit und Ungenügendsein abzuwehren und auf den anderen zu projizieren. Uta wurde bereits früh zur Bündnisgenossin, Schiedsrichterin, Übermittlerin von Botschaften und zur Hüterin des Streits benutzt und machte die Beziehung der Eltern gewissermaßen zu ihrer Lebensaufgabe. Sie identifiziert sich mit dem Vater als dem Verlassenen, Ausgestoßenen und Gescheiterten. Ihr Verhalten ist von altruistischer Abtretung geprägt, sie möchte oft zu ihm gehen, „damit er nicht so alleine ist". Uta wird deshalb von der Mutter verachtet. Sie sieht in ihr eine Anhängerin des feindlichen Lagers, im Gegensatz zur Schwester, die sie als selbstbewußte „Mama-Tochter" beschreibt.

Untersuchungsergebnisse

Psychodynamischer Befund

Das Verhalten der Eltern war einerseits verwöhnend, andererseits als Folge ihrer Überängstlichkeit aber auch versagend. Sie verhinderten, daß sich Uta in der sog. Übungsphase (Mahler et al. 1978) aktiv ihre Umgebung eroberte und aneignete. Die Welt wurde von ihr als gefahrvoll erlebt und deren Aufforderungscharakter vermindert. Die Geburt der Schwester mit 18 Monaten während der Wiederannäherungsphase löste bei ihr aufgrund der eingeschränkten narzisstischen Besetzung des Selbst, der konflikthaften Beziehung der Eltern und der Trennungsabsichten der Mutter über das übliche Maß hinausgehende Rivalitätsgefühle,

Angst vor Objektverlust und Angst vor Liebesverlust aus. Sie konnte die Aggressionen nicht gegen die Objekte richten, die sie im Stich gelassen und überfordert hatten, und nicht den Konflikt zwischen Liebe und Haß ausreichend bewältigen, da insbesondere die Mutter ihr die emotionale Unterstützung versagte. Zudem wurde sie vom Vater für seine Zwecke benutzt. Sie sollte das Mittel sein, was die Mutter zur Rückkehr bewegt, und als die Eltern sich schließlich trennten, manifestierte sich in Uta das Gefühl, ohnmächtig und gescheitert zu sein. Die Aggressionen wurden bei ihr dadurch gebunden, daß sie sich gegen das eigene Selbst richteten, und es entstand ein permanentes unbewußtes Schuldgefühl. Dies zeigt sich in ihren Symptomen, ihrem altruistischen Verhalten und ihrer extremen Anpassung. Sie identifizierte sich mit den negativen Anteilen der Mutter, es fand eine Spaltung zwischen Gut und Böse auf der Ebene der Selbstrepräsentanzen statt, wobei die guten Anteile alle in den Objekten und die negativen im eigenen Selbst untergebracht wurden. Sie benötigt deshalb eine ständige Übereinstimmung mit den guten Objekten, sonst fühlt sie sich völlig entwertet. Ihr Über-Ich wurde streng und überfordernd, ihr Ich-Ideal, dem sie nie genügen kann, unrealistisch erhöht, was sie wiederum als Bestätigung ihres negativen Selbstwertgefühls erfährt.

Diagnose

Neurotisch depressive Persönlichkeitsentwicklung mit zwangsneurotischen Anteilen vor dem Hintergrund einer Scheidungsproblematik mit erheblichen Loyalitätskonflikten (**ICD-10 F34.1**).

Therapieverlauf

„Ich kann mir nicht merken, wann ich dran bin, aber Sie haben sowieso gleich gewonnen."

In den ersten Stunden blickt mich Uta stumm und unsicher an, wenn ich sie begrüße, setzt sich stets auf denselben Stuhl, steif, fast bewegungslos und schaut sich lange im Raum um. Erst nachdem ich Schwellenhilfe leiste, geht sie von mir begleitet mit auffällig verlangsamten Bewegungen, fast schwebend zu einem Regal, holt ein Brettspiel hervor und stellt es wortlos auf den Tisch. Sie nimmt nie ihrerseits Kontakt zu mir auf und am Ende geht sie grußlos hinaus. Die Angebote und Spielmöglichkeiten haben keinen Aufforderungscharakter für sie, weil sie die Fähigkeit zur Phantasiebildung und zum freien Spiel nicht entwickeln konnte. Für mich ist es gerade in der ersten Behandlungszeit nicht einfach, trotz ihrer Distanziertheit, Passivität und extremen Zurückhaltung in Kontakt mit ihr zu bleiben. Als wesentliche Aufgabe sehe ich an, eine einfühlende, akzeptierende, stützende und Sicherheit bietende Haltung einzunehmen und beizubehalten, denn ohne meine Anerkennung fühlt sich Uta völlig entwertet. Ich zeige Interesse an ihr, ohne sie mit zu starken Näheangeboten zu überfordern. Ihre Unsicherheit und Hilflosigkeit und ihre stummen Appelle ihr zu helfen, bewirken bei mir den Wunsch, es ihr leichter machen zu wollen. Ich mußte diese Gefühle immer wieder reflektieren und kontrollieren, um mich nicht verführen zu lassen, ihr auf der Handlungsebene die Ausgestaltung der Stunden abzunehmen. Dies hat dann zur Folge, daß ab der 10. Stunde zu ihrem übermäßig angepaßten Verhalten eine subtile Verweigerung hinzukommt. Sie bringt nun des öfteren Bastelmaterial und Bücher von zu Hause mit und beschäftigt sich mit ihnen wortlos. Meine Gegenübertragungsgefühle, mich ignoriert, ausgeschlossen, entwertet und in meiner therapeutischen Funktion außer Kraft gesetzt zu fühlen, sind für mich ein Hinweis, daß dies Mitbringen von Dingen ein aggressiver Vorwurf gegen mich ist. Ich setze mich dann auf der Ebene der Externalisierung mit ihrem negativen Selbsterleben auseinander, halte die Gefühle von Ohnmacht, Insuffizienz, Hilflosigkeit und manchmal Ärger aus, ohne sie zu agieren. Dadurch verhalte ich mich anders, als sie dies in der Beziehung zu den Eltern gewohnt ist, denn diese reagieren auf ihre passive Verweigerungshaltung mit Ärger und zugleich Verantwortungsabnahme.

Uta wählt fast 40 Stunden ausschließlich Brettspiele, die zugleich Schutz und Sicherheit vor zuviel Nähe und ungeregelten Beziehungssituationen bieten. Vor dem Hintergrund ihrer familiären Situation, ihrer fortwährenden Verwicklungen in unlösbare Loyalitätskonflikte, ist dies ein verständliches Verhalten und dient der Verhinderung erneuter Retraumatisierungen (Mentzos 1995). Auch wenn dieses Verhalten zugleich eine standardisierte Beziehungsform, eine Ich-Einschränkung und außerdem ein Widerstand gegenüber Veränderungen ist, insbesondere gegenüber bedrohlich erlebten libidinösen und aggressiven Triebimpulsen, hebe ich zunächst die positiven Aspekte dieser Absicherung hervor und weise auf erste Veränderungen hin. Es war mir wichtig, sie nicht gleich mit einem defizitären Verhalten zu konfrontieren, und ich thematisiere erst allmählich den Widerstandscharakter.

Ihr Verhalten bei den Brettspielen ist von einer altruistischen Abtretung geprägt: sie freut sich, wenn ich gewinne. Sie vermeidet gefährlich erlebte Rivalitäts- und Konkurrenzsituationen, weil sie sich einerseits schuldig fühlen würde, wenn sie mich besiegt, sich andererseits schämen würde, wenn sie sich nicht für eigene Bedürfnisse einsetzt (Wurmser 1993). In der Beziehung zu mir erfährt sie, daß ich sie positiv besetze, Vertrauen in ihre potentiellen Fähigkeiten habe, sie auch mit ihren passiven Seiten akzeptiere und ihr keine Schuldgefühle vermittle. Sie identifiziert sich allmählich mit meinem Wunsch, ihr Erfolgserlebnisse zu ermöglichen und kann sich zunehmend auf eine geregelte Konkurrenzsituation einlassen und schließlich Freude am Gewinnen entwickeln. Darin sehe ich einen wichtigen therapeutischen Schritt bei der Aufgabe, mehr gute Anteile in das eigene Selbst zu integrieren.

„Ich möchte gewinnen und endlich mal keine Schulden haben."

Ihre neuen Beziehungserfahrungen mit mir führen dazu, daß sie sich bei der ersten anstehenden Therapieverlängerung nach 50 Stunden von mir und den Eltern mit einem klaren „Nein" abgrenzt. Sie bezieht dabei einen eigenen Standpunkt entgegen den Interessen ihr nahestehender Personen. Wichtig ist in diesem Zusammenhang, daß ich bei vorausgegangenen Elterngesprächen betont hatte, wie wesentlich eine gemeinsame Entscheidung der Eltern zur Fortführung ist. Zum ersten Mal sind diese sich einig. Danach kann Uta mehr Nähe zulassen: sie bringt z. B. Fotos von zu Hause mit. Bei mehreren „Postspielen" entstehen erste Ansätze von Rollenspielen und sie übernimmt die Rolle der Aktiven, Druckausübenden, so wie sie insbesondere die Mutter erlebt und weist mir den Part der Drangsalierten, Defensivreagierenden zu, wie ihr eigenes Selbsterleben ist. Ich nehme die mir zugewiesene Rolle an, äußere dabei jedoch meine Gefühle und beschreibe, wie sie mit mir umgeht.

Anschließend spielen wir 15 Stunden Monopoly. Zuerst hat sie noch Angst zu investieren und ich bin aufgrund ihrer retentiven Haltung bald im Vorteil. Erst als sie sich zunehmend mit meiner positiven Besetzung von ihr identifiziert, tritt ihre orale Anspruchlichkeit offen zutage. Sie ändert die Spielregeln zu ihren Gunsten, kauft fast alles auf und sagt: „Ich will Millionärin werden!" Sie kann die zuvor gefürchteten Impulse zulassen, weil ich nicht mit ihr rivalisiere und sie außerdem die Funktion der Realitätsprüfung auf mich überträgt. Ich übe diese aus, vermittle ihr damit Schutz und Halt und zeige, daß ich den Überblick behalte und zwischen Spiel und Realität unterscheiden kann. Nachdem sie innerhalb dieses gesicherten Rahmens ihre Größenphantasien eine Zeit lang ausleben konnte, hat sie das Gefühl, nun soviel innere Substanz zu haben, mir etwas abgeben und auch einmal großzügig sein zu können. Sie erläßt mir einen Teil meiner Schulden und ich sehe darin einen Wiedergutmachungsversuch bei der Bewältigung von Schuldgefühlen, die auftreten, wenn triebhafte Seiten gezeigt werden (Winnicott 1983a).

„Oh, hier gibt es ja einen Sandkasten und auch Pistolen. Zeigen Sie mir, wie die funktionieren?"
Nach fast 1jähriger Behandlungsdauer und 65 Therapiestunden erlebt Uta die Beziehung zu mir als so verläßlich, daß sie es wagt, ihre oralen und oral-sadistischen Impulse zu zeigen. Ihre Über-Ich-Struktur hat sich durch Identifikationsprozesse teilweise modifiziert und abgemildert. Sie kann erstmals ihre Phantasie im freien Spiel entfalten und dabei ihre inneren Konflikte nach außen bringen. Frühere Objektbeziehungen, die einen Mangel an Befriedigung und ungelösten Konflikten hinterließen, werden nun wiederbelebt. Beim Spiel mit der Puppenstube, dem Sandkasten, mit Playmobil und Pistolen drückt sie ihre Bedürftigkeit aus und den Wunsch, aggressiver zu werden. Ich stehe ihr dabei hilfreich zur Seite. Sie übernimmt die Rolle der Täterin: Sie zerrt Tierkinder von den Müttern weg, um sie auf dem Markt zu verkaufen; sie ermordet hinterrücks die Wachen der Ritterburg, um einen Schatz zu stehlen; sie betrügt mich um Geld und Waren beim Kaufladenspiel und lacht hämisch, wenn ich im Spiel Empörung äußere. Ich bin in dieser Zeit sparsam mit Deutungen, damit dadurch evtl. verursachte Widerstände nicht zu einer Spielhemmung führen. Das Zeigen von präödipalen Wünschen löst immer wieder Ängste aus und führt zu einem dosierten Zeigen, zu einem Pendeln zwischen progressiven und regressiven Tendenzen, wodurch sie ihre Angst vor der eigenen Triebstärke bewältigen kann. Sie probt und integriert wiederholt die Erfahrung, daß ich ihre Angriffe aushalte und überlebe, ohne dabei Schuldgefühle zu entwickeln. Sie wirft z.B. ein selbstgemaltes Bild, das ich gerne aufbewahren möchte, in den Papierkorb.

Anschließend bringt sie erstmals direkt die Streitbeziehung der Eltern und ihre Verwicklung in von ihnen produzierte Loyalitätskonflikte ein: Sie berichtet, daß die Eltern sich weigern, ihr das Geld für ein Geburtstagsgeschenk für eine Freundin zu geben mit der Begründung, der jeweils andere sei dafür zuständig. Uta hat inzwischen weniger das Gefühl, die Eltern schützen zu müssen und beginnt, sich für eigene Interessen und Wünsche einzusetzen, die den Erwartungen der Eltern widersprechen.

Sie setzt sich mit der Frage auseinander, was sie mir wert ist und zweifelt ihre Bedeutung für mich an: „Sie haben doch so viele Kinder. Das ist eben Ihr Beruf!" In ihrem impliziten Wunsch, die einzige bei mir zu sein, sehe ich ihren ursprünglichen Wunsch, die einzige bei der Mutter zu sein, eine Wiederbelebung der Kindheitserfahrung bei der Geburt der Schwester. Zugleich problematisiert sie auch ihren Wert in der gegenwärtigen Beziehung zur Mutter.

„Wir spielen wieder ‚Ball an die Birne' werfen, weil Sie das nicht gerne spielen."
Vorrangiges Thema wird ab der 90. Stunde die Auseinandersetzung mit der Mutterbeziehung und ihrem Ambivalenzkonflikt zwischen Liebe und Haß. Uta möchte eine nähere Beziehung zu mir behalten und gleichzeitig aggressiv sein dürfen. Dies äußert sich in einem offen rivalisierenden und konkurrenten Verhalten: „Ich will Sie alle machen!" Gleichzeitig haben wir Spaß miteinander: Aggressive und libidinöse Impulse vermischen sich. Ihre affektiven Ausdrucksformen in Mimik, Gestik und Sprache werden vielfältiger und differenzierter. Sie schreit manchmal laut und benutzt anale Schimpfwörter. Sie zerreißt demonstrativ ein Bild: „Damit Sie es nicht bekommen!" Dieses offen aggressive Verhalten reaktiviert Schuldgefühle in der Beziehung zur Mutter, mit denen sie sich in einer Deckerinnerung auseinandersetzt. Sie erzählt mit Tränen in den Augen von einem Urlaub als 4jährige: Sie habe damals aus Spaß den Kopf der Mutter unter Wasser gedrückt, diese habe dann kurz den Boden unter den Füßen verloren, woraufhin sie selbst furchtbare Angst bekam, daß die Mutter

und sie auf ihrem Arm ertrinken könnten. Ich spüre bei ihrer Erzählung, welche starken Schuldgefühle sie quälen, wie sie fürchtet, böse zu sein, anderen Schaden zuzufügen, und ihren intensiven Wunsch, endlich von ihrer Schuld befreit zu sein. In ihrer Traurigkeit und Betonung, keine böse Absicht gehabt zu haben, sehe ich den Versuch, sich selber etwas zu verzeihen und auch Trauer darüber, daß ihr eine ungetrübte Beziehung zur Mutter nicht möglich war. Danach beschäftigt sie, was ich für eine Mutter außerhalb der Therapie bin: „Ich frage mich, ob Ihre Kinder zu Hause auch immer so bestimmen dürfen wie ich hier." Indem sie mich mit ihrer Mutter vergleicht, stellt sie ihre Beziehung gleichzeitig ein Stück in Frage: „Also bei uns zu Hause ist das jedenfalls nicht so. Da bestimmt meine Mutter!"

Kurze Zeit später werde ich von Uta ebenfalls entidealisiert. Anlaß dafür ist ein notwendiger Therapieraumwechsel und es zeigt sich, daß Uta dies als reale Intimitätsunterbrechung erfährt. Sie verhält sich distanziert und passiv-verweigernd und ich spüre ihre Enttäuschung und ihren Ärger, weil ich es nicht geschafft habe, uns den gemeinsamen Raum zu erhalten, in dem unsere Beziehung gewachsen ist. Sie fühlt sich entwertet und erlebt mich als ein Objekt, das ihr etwas versagt und sie im Stich läßt. Frühere Erfahrungen mit den Eltern, die ständigen Orts- und Personenwechsel werden wiederbelebt. Nachdem ich ihr verweigerndes Verhalten als Widerstand deute, als eine Vermeidung Ärger und Enttäuschung auszudrücken, kann sie mir ihre Wut zeigen. In dieser Entidealisierung sehe ich einen wichtigen Schritt zu mehr Unabhängigkeit, weil sie die damit einhergehenden, heftigen, schier endlos wirkenden Aggressionen mir gegenüber ausdrücken kann. Sie sind meines Erachtens Ausdruck davon, wie sie sich früher von den Eltern verraten und verlassen gefühlt hat. Sie verhält sich provozierend, testet dauernd die Grenzen und läßt mich bei einem erneuten Monopolyspiel fühlen, wie es ist, mit einem Schuldenberg von jemandem abhängig zu sein. Mal gibt sie sich großzügig, mal kleinlich; ich weiß nie, woran ich bin. Uta erfährt, daß ich ihre sadistischen Impulse aushalte und gleichzeitig auf die Rahmenbedingungen achte, ihr dadurch Halt und Sicherheit gebe. Dadurch kann sie die Angst vor ihren eigenen destruktiven Impulsen bewältigen.

„Ich weiß, daß unsere Zeit hier zu Ende geht, und ich bin traurig und froh, weil ich mehr Zeit mit meinen Freundinnen habe."

Die letzten 30 Therapiestunden sind für Uta nochmals eine schwierige Zeit, weil frühere Trennungs- und Verlusterlebnisse wiederbelebt werden und sie sich außerdem von mir, einer ihr real hilfreichen Person, trennen muß (Sandler et al. 1982). Sie drückt ihre Sorge aus, dann allein mit den streitenden Eltern zu sein. Sie möchte nicht mehr nur gut sein für andere, sondern will mächtiger und potenter werden: „Ich will nie Therapeutin werden, das könnte ich nicht immer machen, was andere wollen. Ich will machen, was ich will! Ich will lieber Polizistin oder Pilotin werden!" Als entlastend empfindet sie, daß die Eltern auf mein Anraten hin an einer Trennungstherapie teilnehmen und ihr mehr Eigenständigkeit und Unabhängigkeit zugestehen. In der Therapie malt sie ein Bild von einer häßlichen Frau (Abb. **6**) und beschreibt genüßlich, wie dreckig und verwahrlost diese ist.

Die anstehende Trennung blendet sie immer wieder aus. Da jedoch das Durcharbeiten und die Verarbeitung dieses Erlebnisses ein zentrales therapeutisches Ziel ist, greife ich das Thema immer wieder auf. Sie kann dann ihre Wut und Enttäuschung ausdrücken, daß ich sie mit dem Ende unserer Beziehung konfrontiere und daß sie nicht bei mir bleiben kann, wie meine Kinder. Ich spüre ihre Angst, sich den intensiven Gefühlen von Trauer hinzugeben und hinweggeschwemmt zu werden, eine Angst, die gerade Kinder in der Latenz haben. Indem ich ihr meine Gefühle von Abschied und Trauer mitteile, werden diese für sie sinnlich erlebbar, ich biete ihr damit eine Identifikationsmöglichkeit (Schepker et al. 1995), und außerdem erfährt sie, daß ich diese Gefühle aushalten und ausdrücken kann. Gleichzeitig vermittle ich ihr, daß ich sie gut gehen lassen kann. Uta erzählt dann von früher, wie schön es

Abb. 6   Bild einer häßlichen Frau (134. Stunde).

gemeinsam mit Mutter und Vater in der Wohngemeinschaft gewesen sei, daß dies nun jedoch nicht mehr möglich ist, da die Eltern sich nicht mehr verstehen und sie es selbst auch gar nicht mehr wünscht. Ich sehe darin einen Abschied von alten Hoffnungen und Sehnsüchten, ein Akzeptieren der Realität ohne Schuldgefühle und eine Hinwendung zu reiferen Formen der Beziehung. Auch wenn sie verbal weiterhin eher verhalten trauert, kommt in ihren Bildern der letzten Stunden eine kindgemäße Trauerarbeit zum Ausdruck. Dort zeigt sie ihre Gefühle von Schmerz, Abschied, Versöhnung und Hoffnung. Ein exemplarisches Bild aus der 147. Stunde (Abb. **7**) wirkt ausgesprochen dynamisch und bewegt, es stellt den lebendigen Wechsel zwischen Luft und Erde, das Wetter dar: Sonne, Regen, Schnee, Wind, Tag und Nacht, Kälte und Wärme und einen versöhnlichen großen bunten Regenbogen. Ich verstehe ihn als ein Symbol der Versöhnung und als ein Zeichen, daß sie sich mit ihren guten (sonnigen) und ihren schlechten (regnerischen) Seiten besser akzeptieren kann. Die schwarzen Vögel (der Traurigkeit) fliegen weg und ich sage: „So wie du jetzt wegfliegst" und Uta antwortet: „Ja".

Abb. 7 Bild des Wetters (147. Stunde).

Behandlungserfolge

Uta hat sich zu einem lebendigen Kind entwickelt. Sie hat gute Kontakte zu Gleichaltrigen, feste Freundinnen, ist in der Schule sozial integriert und leistungsmäßig überdurchschnittlich gut. Zu Hause äußert sie Wünsche, entwickelt Eigeninitiative und übernimmt Verantwortung für eigene Interessen. Sie ist stolz, wenn ihr etwas gelingt und kann genießen. Sie ist fähig Konflikte auszuhalten und auszutragen, zeigt altersangemessene Autonomiebestrebungen und ihre affektiven Ausdrucksformen sind vielfältiger geworden. Pavor nocturnus, Eßstörungen und Obstipation bestehen nicht mehr.

Mein Kollege Dr. Superman

D. Kugele

Symptomatik

Florian ist bei der Erstvorstellung 17 Jahre alt. Der Hausarzt hat nach wiederholtem Verschreiben eines Antidepressivums eine psychotherapeutische Behandlung angeraten, da Florian bedrohlich konkrete Suizidvorstellungen geäußert hat. Im Gespräch mit Florian erschließt sich die Problematik erst nach und nach, sozusagen etappenweise. In den probatorischen Sitzungen berichtet Florian, an Depressionen zu leiden, oft traurig und mißmutig zu sein und nicht mehr leben zu wollen. Er nehme sich alles sehr zu Herzen, jede Kritik werfe ihn aus der Bahn, weshalb ihn der Berufsalltag „fast umbringe". Den ersten Versuch einer beruflichen Ausbildung hat er nach einer Woche abgebrochen, bei seiner jetzigen Ausbildung steht Florian nach 3 Wochen erneut kurz vor dem Abbruch. Auf ein anderes Problem, sein Übergewicht, kommt er in den weiteren Gesprächen nur zögernd zu sprechen. Weil er so dick sei, schäme er sich unter Leute zu gehen und bleibe lieber daheim. Mit Abklingen der akuten suizidalen Krise berichtet Florian von bulimischem Erbrechen. Im weiteren Therapieverlauf kommt Florians homosexuelle Neigung zur Sprache, deren er sich seit dem 12. Lebensjahr sicher ist. Er erinnert sich, wie gerne er sich bereits als Kind mit 6 Jahren an den Onkel angeschmiegt und seinen Unterleib an dessen Knie gedrückt habe. Von seiner homosexuellen Neigung wisse ansonsten niemand. Seine Familie solle auch keinesfalls davon erfahren, da er deren Unverständnis und Verachtung fürchte.

Kontext

Die Auslösesituation für die Zuspitzung der depressiven Symptomatik erscheint zunächst wenig spezifisch. Erst im Therapieverlauf schält sich das auslösende Geschehen wie folgt heraus: Florian hatte sich in einen Klassenkameraden verliebt und fühlte sich von diesem in seinen Gefühlen bestätigt. Aus der Verführungssituation wurde durch die plötzliche Abwendung des Freundes eine schwere Versagungssituation. Für Florian bedeutete die Versagung zugleich eine hohe narzißtische Kränkung. Die Zurückweisung seiner narzißtischen und triebhaften Impulse war für Florian eine Neuauflage früherer Ablehnung durch die Mutter. Es setzte eine regressive Dynamik mit Todeswünschen als vorgestellter Konfliktlösung ein. Im Laufe dieser Dynamik zog der regressive Rückzug Florians die Ausgrenzung durch andere nach sich und umgekehrt, so daß sich die Situation in der Art eines Teufelskreises immer auswegsloser gestaltete.

Anamnese

Florian ist das jüngste von 2 Kindern; er hat einen 2 Jahre älteren Bruder. Der Onkel mütterlicherseits hat eine Wohnung im Haus der Eltern. Der Großvater mütterlicherseits hatte, so Florian, bis zu seinem Tod vor 9 Jahren „als Absolutherrscher" im Haus regiert. Während Florians Bruder eher der Sohn des Großvaters gewesen ist, als der Sohn seines Vaters, habe sich der Großvater für Florian nicht interessiert.

Da die Mutter bereits wenige Wochen nach der Geburt Florians wieder arbeitete, wurde Florian von klein auf von wechselnden Tagesmüttern betreut. An der ersten Tagesmutter hängt Florian bis heute sehr. Als Florian knapp 3 Jahre alt war, nahm die Tagesmutter vorübergehend eine Arbeitsstelle im Ausland an, ein schwerer Verlust für Florian, der bis dahin jeden Abend geweint hatte, wenn er die Tagesmutter abends verlassen mußte.

Florian beschreibt sich selbst als „ein Problemkind von Anfang an". Bis zum 10. Lebensjahr sei er jede Nacht in das Bett der Eltern gekrochen, er habe Nägel gekaut und bis zum 13. Lebensjahr nachts eingenäßt. Vom Kindergarten an sei er ein isolierter Außenseiter gewesen, ein viel gehänselter Dicker. So schrecklich die Schule für ihn gewesen sei, die Ausbildung jetzt sei noch viel unerträglicher. Beim Aufstehen wisse er nicht, wie er den Tag hinter sich bringen solle. Selbst in seiner Freizeit denke er nur an die verhaßte Arbeit oder daran, wie „fett" er sei. Er sitze stundenlang allein vor dem Fernseher und esse dabei. Florians Beziehung zu den Eltern, vor allem zur Mutter, ist hochambivalent. Während er vom Vater annimmt, daß der ihn trotz aller Streitigkeiten im Grunde seines Herzens liebe, kann er sich das von seiten der Mutter nur schwer vorstellen. Die bevorzuge in jeder Hinsicht den Bruder.

Familienanamnese

Auf seiten beider Eltern bestehen starke, zum Teil hochambivalente innere Bindungen an die eigenen Eltern. Während in der Herkunftsfamilie des Vaters die Mutter als eine sehr dominante Frau gilt, soll Florians Großvater mütterlicherseits auf eine tyrannische Art die Familie beherrscht haben. Als Florians Mutter 12 Jahre alt war, starb deren Mutter nach jahrelanger schwerer Krankheit. Bei den wenigen Familiengesprächen entstand der Eindruck, daß massive Schuldgefühle, unverarbeitete Trauer und eine hochambivalente Fixierung an den eigenen Vater das Erleben der Mutter prägen. Identifiziert mit dem dominanten Vater, wirkt die Mutter nach außen eher beherrschend, während sich Florians Vater sehr nachgiebig verhält. Bis zum Tod des damals im Hause lebenden Schwiegervaters soll Florians Vater so gut wie keinen Einfluß gehabt haben, und Florian findet, daß er auch heute noch den Dominanzansprüchen der Mutter wenig entgegensetzt.

Untersuchungsergebnisse

In den psychodiagnostischen Tests und im Interview offenbart sich sowohl die Selbstwertproblematik Florians als auch seine depressive Verarbeitungsweise. In Absprache mit Florian wurden projektive Testverfahren (FiT, Mensch-Zeichen-Test, Baum-Zeichen-Test) und objektive Verfahren (Gießen-Test, DIKJ) durchgeführt. Im DIKJ (Depressionsinventar für Kinder und Jugendliche) und im Gießen-Test erreicht Florian sehr hohe Depressionswerte. Was die Wertschätzung seiner Person durch andere anbelangt, so stuft sich Florian extrem niedrig ein. Diese Erniedrigung kompensierend, zeichnet sich Florian im FiT als einen auffliegenden Vogel, der sich aus der Gemeinschaft der anderen entfernen, sich aber auch „über die anderen erheben kann". Vater und Mutter hingegen sind als Hunde dargestellt, die sich kaum voneinander unterscheiden und zudem aneinander kleben. Nur der ältere Bruder zeichnet sich als Leopard durch Individualität und Selbstbehauptung aus.

Psychodynamischer Befund

Was den psychodynamischen Befund anbelangt, so liegt eine schwere Adoleszentenkrise vor, deren Ursachen bis in die frühe Entwicklung zurückreichen. Narzißtische und triebhafte Aspekte sind in Florians depressivem Erleben auf eine sich negativ verstärkende Weise ineinander verzahnt. Indem sich der „Schatten des Objekts" in Form tiefer Selbstverachtung auf alle Antriebe legt, bleiben Aggression und Sexualität unintegrierte Persönlichkeitsanteile; die Lebenskraft scheint zerstört. Antriebslosigkeit und bedrohlich konkrete Suizidüberlegungen prägen die Beziehung Florians zu sich selbst. Umgekehrt bewirkt jede erneute Zurückweisung triebhafter Impulse eine zusätzliche Verstärkung der Selbstwertproblematik. Vor diesem Hintergrund wird die Auslösesituation für die depressive Symptomatik verstehbar: Auf die plötzliche Zurückweisung seiner homoerotischen Zuneigung nach anfänglicher Verführung reagierte Florian mit Regression bis hin zu Todesphantasien im Sinne eines harmonischen objektlosen Primärzustands.

Mit Abklingen der akut suizidalen Krise zeigte sich eine bulimische Symptomatik und eine ausgeprägte narzißtische Besetzung des eigenen Körpers. Orale Verarbeitungsmodi (Inkorporation/Exkorporation) beherrschen die intrapsychische Situation. Reifere Formen der Konfliktbewältigung stehen Florian zu Behandlungsbeginn nur unzureichend zur Verfügung aufgrund der basalen Störung der libidinösen Beziehung zur Mutter. Diesbezügliche Liebesenttäuschungen treiben Florian von der Mutter fort hin zu Vater und Onkel, denen gegenüber sich Florian wie ein Mädchen mit der Mutter identifiziert hat. Den schweren Ambivalenzkonflikt mit der Mutter löst Florian mit Hilfe von Introjektionsprozessen, wobei er den der Mutter geltenden Haß entsprechend der depressiven Verarbeitungsweise auf sich selbst nimmt. Die intrapsychischen Repräsentanzen sind hochambivalent aufgeladen: feindselig-aggressiv einerseits und überidealisiert andererseits. Florians Selbsterleben schwankt zwischen schamhaft versteckter Grandiosität und völliger Nichtigkeit. Indem der Vater als „gute Seite der Mutter" erlebt wird und nicht als ein eigenständiger, die Triangulierung fördernder Gegenpart, bleibt als ein hoffnungsvoller Ausweg nur die homoerotische Identifizierung mit dem bewunderten und als männlich erlebten Onkel. Diese homoerotische Zuwendung muß aber zunächst depressiv-schuldgefühlshaft abgewehrt werden. Der Triebkonflikt wird zum Auslöser der Symptomatik.

Diagnose

Diagnostisch handelt es sich um eine schwere Adoleszentenkrise und eine narzißtisch-depressive Verarbeitungsweise der Konflikte (**ICD-10: F 32.2**). Homosexuelle Triebkonflikte erschweren eine Bewältigung der Entwicklungskrise.

Therapieverlauf

In den ersten Behandlungswochen überschlug sich Florians hektische Sprechweise so sehr, daß das Erzählte nur bruchstückhaft zu verstehen war. Florian redete ununterbrochen, sozusagen „ohne Punkt und Komma". In der Erregung kratzte er sich oft die Gesichtshaut und die „verhaßten Pickel" blutig, riß sich Wimpernhaare aus und kniff sich die „zu fetten Schenkel", so als zentriere sich sein ganzer Selbsthaß auf die vermeintliche Unvollkommenheit seines Körpers. Auf gereizte Weise entledigte er sich erzählerisch einer Vielzahl erniedrigender Mißgeschicke, deren genauer Hergang mir oft dunkel blieb. Die Vagheit und Undeutlichkeit seiner gehetzten Sprechweise legte sich wie ein Schleier der Scham über das Erzählte. Der in sich zusammengesunkene massive Körper vermittelte Bedrücktheit und eine tiefe Resignation, die in einem Strom von Selbstentwertungen alles mit sich zu reißen drohte hin zur scheinbar einzigen Zuflucht: der suizidalen Selbstaufgabe. Allein die flüchtigen Blicke, die er mir in kurzen Abständen immer wieder prüfend von der Seite zuwarf, stellten eine erste hoffnungsvolle Verbindung von ihm zu mir her. Als werfe er Anker aus nach einem zentralen Fluchtpunkt im Außen. Genau registrierte er jede Veränderung meiner Mimik und reagierte auf kleinste Abwendungen meiner Aufmerksamkeit. So raffte er z. B. in einer Therapiestunde plötzlich seine kleine Handtasche an sich, um sich dann zögernd zu erheben. Die Stunde sei doch wohl um? Auf meine erstaunte Rückfrage, wie er darauf käme: ich hätte so ein Gesicht gemacht, wie ich es am Stundenende immer täte.

So war es in dieser Anfangsphase weniger die konkrete verbale Information als der emotionale Ton, der Beziehung herstellte. Diese Aktivität in der Körper- und Gefühlssprache eröffnete einen intersubjektiven Raum, in dessen schützendem Rahmen inneres Erleben Gestalt werden konnte. Die Atmosphäre der Anfangszeit war geprägt durch Nichtübereinstimmung und Nichtverstehen. Der ununterbrochene Redefluß und die hektischen fuchtelnden Armbewegungen Florians erzeugten in mir das Gefühl, als müsse Florian meine Aufmerksamkeit mit großer Anstrengung immer aufs neue entfachen. Als drohte mein Interesse ansonsten sofort zu erlahmen. Ich verstand dies als ein schmerzhaftes Vermissen von einfühlender intersubjektiver Bezogenheit und Übereinstimmung. In diesem Zusammenhang sprach ich das „Stundenendengesicht" an und Florian konnte im Laufe des Gesprächs seine Befürchtung äußern, daß ihm wohl kaum jemand gerne und aus freien Stücken zuhöre. Zum ersten Mal ist Florians Traurigkeit und Einsamkeit für uns beide offen spürbar und für Momente entsteht ein wirklicher tiefer Kontakt. Nach Sekunden wortlosen Erlebens benenne ich die auftauchenden Gefühle von Zurückgewiesensein und Mißachtetsein. Die gemeinsame Einfühlung in die narzißtische Verwundung und Ohnmacht erleichtert Florian sichtlich. Verstanden worden zu sein bedeutet für ihn aber auch, etwas im anderen bewirkt zu haben, d. h. kompetent zu sein im Sinne von Urheberschaft. Von diesem Zeitpunkt an beruhigt sich Florians Erzählweise und ich verstehe auch auf der faktisch-inhaltlichen Ebene, was er mir sagt. In der Folgezeit geben Berichte über unzählige kränkende Erlebnisse den Hintergrund ab für die Stabilisierung und Vertiefung der aufgenommenen therapeutischen Beziehung. Im Schutze dieser idealisierenden Übertragung verschwinden die bedrohlich konkreten Suizidpläne. Es gelingt Florian, die Schwierigkeiten in seiner beruflichen Ausbildung als Konditor soweit zu bewältigen, daß kein Abbruch mehr droht. Ganz im Geiste von Freuds Familienromanen behilft er sich damit, daß er aus dem Personal seiner Arbeitsstelle einen jüngeren „Studierten" auserwählt, den er bald eben so sehr verehrt wie mich und dessen zeitweise Besuche in der Küche ihn stützen. Überhaupt kennt seine Verehrung für „Akademiker" in dieser Zeit keine Grenzen.

Mit fortschreitendem Therapieverlauf wird diese auf Idealisierung ausgerichtete Übertragung zunehmend von einer „Alter-ego-Übertragung" (Kohut 1984) überlagert. Nicht mehr die Schutzsuche und Anbindung an ein ideales Elternpaar steht im Vordergrund der therapeutischen Beziehung sondern der Wunsch als ein „Gleicher unter Gleichen" anerkannt zu werden, als ein ernstzunehmender und schätzenswerter Interaktionspartner. Florian äußert Überlegungen, nach der Ausbildung als Konditor das Abitur nachzuholen und Psychotherapeut zu werden. „So wie Sie!" war seine Standardredewendung in dieser Zeit und ganz genau registrierte er meine Reaktionen darauf. Ob ich ihm das grundsätzlich zutrauen oder ihn verspotten würde, das war die eigentliche Frage. In dieser Zeit sprach er von mir nur als von „seiner Kollegin" und handelte sich viel Spott und ablehnende Wut ein bei seiner Familie und den Arbeitskollegen. Die Zukunftsperspektive, daß etwas von mir zu einem integrativen Bestandteil seiner eigenen Person werden würde, mobilisierte in ihm ein erstaunliches Maß an Aktivität. Er ließ sich an einer Beratungsstelle testen und war überglücklich über das Ergebnis, das ihm eine überdurchschnittliche Intelligenz bescheinigte und damit die reale Möglichkeit zu einem späteren Studium. Als „mein Kollege" begann er psychoanalytische Literatur zu lesen und sozusagen „in den Fußstapfen Freuds" (Originalzitat) sich selbst zu analysieren. Von da an führte er gewissenhaft ein Traumtagebuch. Dies gab der therapeutischen Arbeit einen entscheidenden Impuls in eine neue Richtung: die Arbeit an den Trauminhalten und damit am unbewußten Konflikt.

Die nun folgende Therapiephase bezeichnete Florian selbst als seine „Traumzeit". Den Auftakt hierzu bildete folgende initiale Traumsequenz:

Superman fliegt von einer Wolke zu den Menschen auf die Erde. Es verfolgt ihn eine unbekannte Macht. Die schmeißt immer Kügelchen nach ihm, so daß er nicht mehr fliegen kann. Um sich zu retten, flüchtet Superman in eine Höhle. Dort ist sein Onkel und schaut Pornofilme an. Superman fragt, ob er immer nur „Rein-raus-Filme" habe oder auch mal was anderes. Auch in der Höhle fliegen Kügelchen durch die Luft.

An dieser Stelle sei er aufgewacht, um dann später folgende Fortsetzung zu träumen: Der Verfolger schmeißt immer noch Kügelchen nach Superman. Die Kügelchen drücken seine Flügel nieder. Absturz droht. Da rettet sich Florian auf das Dach eines Gewächshauses. In einer rankenden Pflanze liegend, trinkt Superman Multivitaminsaft, um erst einmal Kraft zu tanken und um dann erneut abzuheben.

Wie viele Jugendliche identifiziert sich Florian auch in Tagträumen gerne mit Superhelden aus dem Comicreich. Solche Übergangsphänomene aus dem „Möglichkeitsraum" der Phantasie helfen nicht nur, die gefährdete Selbstachtung zu bewahren; sie beinhalten zugleich rudimentäre Entwürfe eines potentiellen und potenten Selbst. In Florians Traumsequenz jedoch scheitert Supermans Flugversuch an einer anonymen dunklen Macht, die ihn mit umherschießenden Kugeln flugunfähig macht. Damit beraubt sie ihn seiner ureigenen spezifischen Potenz: des Fliegenkönnens.

Florian und ich sprechen darüber, daß in den beiden Traumphasen unterschiedliche Lösungswege eingeschlagen werden. Die Zuflucht in die Regression und der Triebverzicht (Verzicht auf Pornofilme) aus Phase 1 scheinen wenig effektiv, da die umherfliegenden Kugeln den Träumer bis in die Höhle hinein verfolgen. Im Lösungsansatz 2 hingegen zieht sich Superman erst einmal auf einen sicheren Ort zurück, um vor dem erneuten Abheben erst einmal aufzutanken. Diese sichere Ausgangsbasis ist das Dach eines Gewächshauses, das Florian mit meinem Vorraum in der Praxis, einem Wintergarten, in Verbindung bringt. Durch Assoziation und Amplifikation erschließt sich uns der Traum erst einmal dahingehend, daß Florian die Niederungen des alltäglichen Lebens (heftigste Konflikte mit der Mutter und Berufskollegen) als „niederschmetternd" erlebt. Im Gegensatz zum einsamen Wolkenplatz, dem narzißtischen Rückzug auf sich selbst, bringt die Annäherung an die Menschenwelt Zusammenstöße und Bedrohung mit sich, denen sich Florian noch nicht gewachsen fühlt. Der Traumheld beschließt erst einmal, an einem sicheren Ort, dem therapeutischen Übergangsraum, aufzutanken.

Die dunkle Anonymität der bedrohlichen Macht erhellt sich etwas, als Florian zu den Kügelchen meinen Nachnamen (Kugele) assoziiert. In seinen Übertragungsaspekten enthüllt der Traum Florians eine tiefe Ambivalenz gegenüber mütterlichen Objekten. Er scheint das Mütterliche einerseits als archaische Macht, in deren Bannkreis der Held depotenziert und seiner Selbstherrlichkeit beraubt wird, so ist sie zugleich eine Quelle von Lebensenergie (von „Vitaminen"). Nur durch ihre aus dem Vegetativen stammende Kraft und orale Zufuhr kann der Traumheld in der Symbiose neu erstarken und abheben. Größe und Untergang, Trieb (Oralität) und Narzißmus scheinen auf das engste ineinander verwoben. Allein in der Macht des mütterlichen Objekts steht es, den Helden nach Belieben zu erhöhen oder aber zu erniedrigen, so als gehöre er weniger sich selbst als ihr. Indem er ihr alles verdankt, und die Selbstherrlichkeit des Helden sozusagen nur eine von ihr entliehene ist, ist Aggression gegen sie mit überwältigenden Schuldgefühlen und depressiver Selbstentwertung verbunden bis hin zur konkreten Selbstzerstörung im Suizid. Selbstverwirklichung und Expansion nach außen können in einem solchen narzißtisch-depressiven Kontext nicht gelebt werden. Statt dessen bietet sich der Rückzug auf den eigenen Körper an mit dem dazugehörigen selbstbezüglichen Affekt der Scham. Vor diesem Hintergrund erscheint die im Traum entworfene Übergangslösung eines zeitweisen Rückzugs auf einen sicheren Ort außerhalb der Familie äußerst konstruktiv.

Die geschilderten Zusammenhänge haben sich natürlich nicht aus einem einzelnen Traum erschlossen, sondern erst nach und nach über das allmähliche Durcharbeiten einer Vielzahl von Träumen, Supermanphantasien und Einzelepisoden aus dem Alltag. Die ausgewählten Träume haben lediglich exemplarischen Charakter. Dies gilt auch für den folgenden Traum, der die Problematik der narzißtischen Verwundung und der tiefen Körperscham umreißt:

Meine Mutter reißt die Zimmertür auf und schreit wegen irgendetwas herum. Ich liege nackt auf meinem Bett. Schnell bedecke ich meinen Unterleib. Das Herz schlägt mir bis zum Hals. Vor Angst? Als mich meine Mutter so anschaut bemerke ich, daß mein ganzer Körper mit eitrigen Pickeln übersät ist. Meine Mutter wendet sich angewidert ab und geht. Ich beschließe ein Tretboot auf dem Neckar zu mieten. Ich will es mit mir untergehen lassen und nie mehr zurückkommen. In einem anschließenden Traum träume ich, daß mich mein Onkel zum Bootsverleih nach Mannheim abholt. Gemeinsam machen wir eine Vergnügungsfahrt. Es ist Sommer und schön warm.

Auch dieser Traum bietet 2 Lösungsalternativen an. Im ersten Ansatz führt die Liebesenttäuschung durch die Mutter und die Verwundung durch ihren mißachtenden, „kastrierenden" Blick zur Todessehnsucht durch Ertrinken. Das archaische Muttersymbol des Wassers wird so zu einer Art umfangend-liebender Mutter, die an die Stelle des enttäuschenden Objekts tritt. Mit Grunberger läßt sich diese Traumsehnsucht auch als eine Regression auf den objektlosen Zustand des „pränatalen Narzißmus" (Grunberger 1976) verstehen.

Der „böse Blick" der Mutter hinterläßt auf dem Körper des Träumers eitrige Pickel, die Florian mit der Vorstellung von Verwundung/Wunde in Verbindung bringt. Diese Wunde wird jedes mal von neuem aufgerissen, wenn „eine Versagung auf narzißtisch nicht aufgewertete und integrierte Triebe trifft" (Grunberger 1976). In diesem Zusammenhang weise ich Florian auf meine Beobachtung hin, daß er sich oft die Gesichtshaut blutig reißt, wenn er mir von Zurückweisungen und der Unvollkommenheit seines Körpers berichtet. Florian zufolge zeichnet sich auch im Alltagsleben die Interaktion zwischen ihm und der Mutter durch eine Fokusierung auf den Körper aus. Von Anbeginn habe sich die Mutter seines Körpers geschämt. Habe er z.B. früher auf der Straße etwas gegessen, so hätte er sofort zu hören bekommen: „Jetzt ist der schon so fett und schämt sich nicht einmal, in der Öffentlichkeit zu fressen!"

Meine schriftliche Einladung zu Elterngesprächen lehnte die Mutter telefonisch mit der Begründung ab: „Wenn mein Sohn abnehmen würde, dann hätte er keine Depression und bräuchte auch keine Therapie". Vor diesem Hintergrund beherrschen Eßvorgänge lange Zeit die Beziehung zur Mutter. Mit Abklingen der suizidalen Gefährdung kommt es zu einer entsprechenden Symptomverschiebung: es tritt vorübergehend eine bulimische Symptomatik auf. Auseinandersetzungen mit den Eltern bestreitet Florian in dieser Zeit damit, daß er unüberhörbar verkündet: „Jetzt gehe ich bulimieren!", um dann demonstrativ zur Tat zu schreiten. Zuvor stopfe er sich mit teuren Vorräten aus dem Kühlschrank voll. Die Vorstellung, die Eltern hierdurch materiell zu schädigen, bewirke große Genugtuung in ihm. Zu diesem Zeitpunkt ist Florian bereits in der Lage, sein bulimisches Reagieren selbst zu reflektieren: „Wenn mich jemand beschimpft und erniedrigt, dann denke ich, daß ich wirklich so bin, wie der andere sagt. Ich fühle mich dann unglaublich mies. Nach dem Rausbrechen geht es mir wieder besser".

Das bulimische Erbrechen dient als eine Abwehr gegen Depression und Scham. Eine mögliche Alternative hierzu bietet Florians zweite Traumlösung an: er unternimmt eine „Vergnügungsfahrt" mit dem Onkel. Im Kontrast zu der bewußt wahrgenommenen heftigen Aversion gegen diesen zeigt der Traum und eine ganze Reihe weiterer Träume eine immer deutlicher hervortretende homoerotische Identifikation mit dem Onkel. Als Florian schließlich träumt, der Onkel bringe ein Murmelspiel, eine Art Kugelbahn, in Ordnung, während er mit angezogenen Beinen nackt vor ihm liegt, ist die homosexuelle Anziehung offenkundig, zumal Florian Murmeln/Kugeln mit „Hoden" in Verbindung bringt. Diese Assoziation wirft nachträglich auch auf den geschilderten Initialtraum ein neues Licht: Kugeln drücken Superman zur Erde. Die nicht gelebte, mühsam unterdrückte Homosexualität ist ein weiterer Bedingungsfaktor für Florians Depression. Jetzt erst kann Florian die (eingangs beschriebene) Auslösesituation für seine Suizidwünsche benennen: es ist die Zurückweisung durch einen begehrten Klassenkameraden. Zu Therapiebeginn hatte Florian auf dieses Ereignis angespielt, jedoch auf eine schamhaft-undurchsichtige Art und Weise. Erst jetzt kann ich wirklich verstehen, was dieser Verlust eines „idealen Freundes" für Florian bedeutet haben muß. Auch für Florian selbst werden Trauer und Scham erst jetzt differenziert erlebbar und fühlbar. In den Kummer über die Zurückweisung des Freundes fließen viel ursprünglichere Trauerreaktionen mit ein: der plötzliche Verlust der geliebten Tagesmutter ebenso wie die tiefen unvereinbaren Ambivalenzen in der Beziehung zur leiblichen Mutter und die vielen Ablehnungen durch Gleichaltrige im Laufe der Schulzeit. Hierzu gehört auch das tagtägliche Erleben zu Hause eher im Schatten des Bruders zu stehen.

Bis zu diesem Zeitpunkt war der Therapieverlauf hauptsächlich durch die Arbeit am mütterlichen Introjekt gekennzeichnet. Getragen wurde der Prozeß durch die positive Übertragung. Diese ermöglichte es Florian, die Therapeutin im Sinne eines idealen Primär- und Übergangsobjekts zu benutzen. Er konnte dabei an gute Erfahrungen mit seiner früheren Tagesmutter anknüpfen und erleben, daß Frauen weder nur vereinnahmend-kastrierend sind, noch ausschließlich fürsorglich wie Florence Nightingale. Dieser Differenzierungsprozeß war im Übertragungsgeschehen mit einiger Konfrontation, Enttäuschung und Wut verbunden. Daß ich Angriffe seinerseits überlebte ohne wie die Mutter „völlig aus den Fugen zu geraten", beruhigte und entlastete Florian sichtlich. Von sich selbst meinte Florian, er sei wie die Mutter, „ständig oben raus". Inkorporationsvorgänge ermöglichten einen Verinnerlichungsprozeß, in dessen Verlauf sich die Übertragung lockerte. Florian distanzierte sich von seinem anfänglichen Wunsch, Psychotherapeut zu werden und fand statt dessen Gefallen an der Vorstellung, anderen und sich selbst ein guter Konditor zu sein, mit einem Fachhochschulabschluß allerdings und einem Meistertitel. Auch mich bedachte er in dieser Zeit mit Beschreibungen guter Backrezepte, damit ich mir „auch mal was gutes tun könne".

Die Folgezeit war durch die allmähliche Ausformung eines inneren Bilds von Männlichkeit geprägt. Zu Therapiebeginn nahm Florian seinen Vater vorwiegend als jemanden wahr, „der bei der Mutter hinten dranhängt", ein Erleben, das seiner Urszenenphantasie entsprach aber auch seiner Wahrnehmung der familiären Realität. In einem Traum antwortete Florian auf die Frage des Vaters: „Sind wir etwa keine Männer?" mit einem klaren Nein. Auch später, als er sich um eine Differenzierung von Vater und Mutter bemühte, erscheint der Vater eher als „die gute Hälfte der Mutter", oral verwöhnend und fürsorglich zwar, aber kein eigenständiger Gegenpart zur Mutter. Das Bild, das Florian von seinem Elternpaar entwirft, ist wenig konturiert: eine kontrollierende Mutter, die in der Aufregung sehr schnell außer sich gerät und ein nachgiebiger, verwöhnender Vater. Reflektierende Distanz und Abgrenzung fehlen.

Der Onkel hingegen verkörpert für Florian Aspekte von Männlichkeit durch seine beherrschte und überlegene Art. Als „einziger Mann in der Familie" schlage der Onkel dem Großvater mütterlicherseits nach.

Diese Männlichkeitsaspekte der weiblichen Linie kann Florian in der Übertragung auf die Therapeutin aktivieren und beleben. Indem sich Florian mit mir als „mein Kollege" zur Seite stellt, macht er sich auf eine kunstvoll-schöpferische Weise analytische Distanz zu eigen. Er gewinnt eine eher selbstreflektierende, „männliche" Art des Erlebens und Reagierens und damit eine sublimierte Form phallischer Potenz. Er belegt einen Kurs Telekolleg Psychologie, kämpft sich durch psychoanalytische Literatur und wird entgegen dem Wunsch seiner Eltern das Abitur nachholen. In der sich nun anbahnenden Identifikation mit Gleichaltrigen befreit sich Florian immer mehr aus der Verhaftung im Mütterlichen und beginnt, den bislang „unbekannten Kontinent" des Männlichen zu besetzen. Seine Sehnsucht nach einem männlichen Liebespartner hofft er nach Beendigung seiner Ausbildung erfüllen zu können, wenn er sein Elternhaus erst einmal verlassen haben wird, um zu seinem Cousin in eine Großstadt zu ziehen. Mit Florians Fortzug und mit dieser Zukunftsperspektive endete die Behandlung.

Dauer, Effekte, Ende

Bei einer Gesamtdauer von knapp 3 Jahren umfaßte die Behandlung 180 Therapiestunden. Die im Therapieprozeß erworbene Ausdifferenzierung der inneren Objekte bewirkte eine innere und äußere Verselbständigung und ein vollständiges Abklingen der depressiven Symptomatik. Florian kann inzwischen sein Verhalten selbst reflektieren, er kann zu Gleichaltrigen Beziehungen aufnehmen und ihm sind die Möglichkeiten zur Bewältigung des vor ihm liegenden Lebens gegeben.

Es ist für Florian nach wie vor unvorstellbar, seine Homosexualität leben zu können, ohne sein Heimatdorf und die autochthone Familie zu verlassen. Mit Abschluß seiner Ausbildung drängte es ihn deshalb sehr fortzuziehen, trotz erheblicher Trennungsangst und Trauer über den Verlust des „Übergangsobjekts Therapeutin". Auch aus therapeutischer Sicht erscheint es sinnvoll, daß Florian jetzt erst einmal ein Stück eigenständiges Leben lebt.

Zum Abschied sagte Florian humorvoll: „Ich werds schon schaffen, ich war doch Ihr Kollege. Kollege Dr. Superman!".

Bleib und stirb – Bleib oder stirb – Depressive Krise eines 15jährigen Mädchens

S. Löwe

Symptomatik

Die 15jährige Anna wurde von ihren Eltern in die Kinderklinik gebracht, nachdem sie in suizidaler Absicht eine unklare Menge Paracetamol eingenommen hatte. Kurz danach vertraute sie sich einer Freundin an, die wiederum die Eltern informierte.

Ich lernte sie einen Tag später im Rahmen meiner konsiliarischen Tätigkeit in der Kinderklinik kennen. Als ich das Zimmer betrat, erblickte ich in dem schneeweißen Krankenhausbett ein pechschwarzes Wesen. Annas langen schwarzen Haare verbargen ihr Gesicht fast vollständig. Die Augen hatte sie mit viel Kajal schwarz umrandet, und der Körper war mit übergroßen schwarzen Kleidern verhüllt.

Anna war klar orientiert und zeigte keine Störungen des Denkens und des Bewußtseins. Sie konnte den Kontakt zu mir offen und zugewandt gestalten und war sichtlich erleichtert, mit jemandem sprechen zu dürfen. Ihre affektiven Reaktion waren angemessen, die Stimmungslage deutlich depressiv gefärbt. Es bestanden keine toxischen Wirkungen des Paracetamols. Trotzdem blieb Anna zunächst zur weiteren Beobachtung in stationärer Behandlung.

Anna berichtete, daß sie eigentlich nicht sterben wollte. An dem Abend des Suizidversuchs habe sie sich in einer Situation befunden, in der sie sich unter sehr großem Druck fühlte. Alles sei ihr zuviel gewesen. Sie habe die Tabletten mit dem Wunsch eingenommen, diesem Zustand auszuweichen. Schon seit ungefähr 1 Jahr beschäftige sie sich immer wieder mit suizidalen Gedanken, habe aber nie konkrete Pläne gemacht. Mit dem Tod verbinde sie eine Vorstellung von Erlösung und Befreiung von ihren Gefühlen. An den Tod als unwiderrufliches Ende des Lebens habe sie dabei nie gedacht. Dies wurde ihr erst durch die sehr ernsthaften Reaktionen der Eltern und der Ärzte im Krankenhaus deutlich und löste ein Erschrecken über sich selbst aus.

Den Eltern gegenüber habe sie große Schuldgefühle, daß sie ihnen diese Sorge um sie zumute. Erst vor 5 Monaten verstarb der Großvater mütterlicherseits. Anna beneide den Großvater, „er habe alles hinter sich". Sie wisse, daß ihre Mutter sehr traurig deswegen sei und jetzt mache sie ihr auch noch Kummer. Einen weiteren Verbleib im Krankenhaus und mein Angebot, gemeinsam mit den Eltern zu sprechen, empfand sie als sehr entlastend.

Schon lange litt Anna unter dem Gefühl, von niemandem verstanden zu werden, was sie oft in große Verzweiflung stürzte. „Wenn ich mich selbst so hasse, wer soll mich dann mögen?" Sie glaubte, sich niemandem mehr mitteilen zu können. Vor anderen verbarg sie ihre Gedanken und Gefühle, weil sie sich sicher war, daß diese sie nicht akzeptieren könnten. Es quälten sie große Selbstzweifel. „Mein Selbstbewußtsein ist im Keller."

Von Freunden und Klassenkameraden hatte sie sich fast völlig zurückgezogen. „Ich habe den Anschluß völlig verloren, fühle mich ausgeschlossen und überflüssig." Am liebsten würde sie deshalb gar nicht mehr in die Schule gehen. Häufig leide sie morgens unter Kopf- oder Bauchschmerzen. Dem Unterricht könne sie oft nicht mehr folgen, sie könne sich nur schlecht konzentrieren. Bis vor 1 Jahr war sie eine gute Schülerin, dann verschlechterten sich ihre Leistungen. Sie hatte das Gefühl, daß sie dadurch die Eltern enttäuschte und zweifelte ständig an ihren Fähigkeiten.

Zwischen Anna und der Mutter gab es häufig Auseinandersetzungen. Anna hatte das Gefühl, daß ihre Mutter klare Vorstellungen von einer idealen Tochter habe und alles, was nicht in dieses Bild paßt, einfach nicht zur Kenntnis nimmt. „Diese Tochter bin ich aber nicht." Sie könne sich der Mutter aber nicht verständlich machen. Andererseits wolle die Mutter immer alles ganz genau von ihr wissen. Anna fühle sich ständig von ihr kontrolliert. „Sie gibt dann keine Ruhe." Wenn sie ihr aber etwas erzähle, z. B. von ihren Schulsorgen, dann wiegele die Mutter immer ab: „Ach, du schaffst das schon, du bist doch intelligent." „Sie nimmt mich gar nicht ernst."

Wenn sich Anna am Abend mit Freunden traf, was zunehmend seltener vorkam, geriet die Mutter schnell in einen erregten Angstzustand. Sie hielt die Abwesenheit der Tochter kaum aus, sah sich Phantasien ausgesetzt, was der Tochter alles passieren könnte und mußte sich sofort auf die Suche nach ihr machen. Sie platzte dann bei Freunden hinein, um sich zu vergewissern, daß alles in Ordnung sei und um Anna abzuholen. Oder sie fuhr mit dem Fahrrad den Weg vom Bus nach Hause mehrfach ab, um Anna abzufangen. Sie hatte Anna dadurch schon in sehr peinliche Situationen mit ihren Freunden gebracht. Anna wußte nicht, wie sie ihre Mutter beruhigen kann. Sie kam immer pünktlich zu der abgesprochenen Zeit nach Hause, sagte immer, wo sie hinging und verheimlichte nichts. „Aber das nützt alles nichts." In der letzten Zeit hatte sich diese Situation noch zugespitzt, weil Anna mit einigen Jugendlichen Kontakt aufnahm, die die Mutter ablehnte und sich ihre Besorgnis dadurch noch verstärkte.

Annas Vater sei großzügiger und habe auch mehr Vertrauen zu seiner Tochter. Er versuche oft, die Mutter zu beruhigen oder zwischen Mutter und Tochter zu vermitteln. Es gelinge ihm aber nur sehr selten. Anna schilderte den Vater als jemanden, der sehr verschlossen sei, wenig spreche und seine Gefühle kaum äußern könne. Jetzt im Krankenhaus hatte er geweint. Anna erlebte das zum ersten Mal und es tue ihr sehr leid, daß sie ihm Schmerz zufüge.

Die Eltern reagierten auf den Suizidversuch zunächst mit starken Ohnmachts- und Hilflosigkeitsgefühlen. In den ersten Wochen nach dem Suizidversuch zeigte sich Annas Mutter auch mir gegenüber als extrem eindringend und distanzlos. Sie rief mich fast täglich an, wollte Einzelheiten aus den Stunden mit Anna wissen und brauchte immer wieder meine Bestätigung, daß Anna nicht mehr akut suizidal war. Dabei schien sie nicht zur Kenntnis zu nehmen, daß Anna sich deutlich von Suizidgedanken distanzierte, dies auch mehrfach der Mutter gegenüber aussprach und in ihrer Stimmungslage deutlich weniger depressiv war.

Annas Mutter geriet immer mehr unter Anspannung und drohte zu dekompensieren. Sie konnte sich nicht mehr konzentrieren und kaum noch ihrer Arbeit nachgehen. Sie litt unter massiver Schlaflosigkeit. Ihre Gedanken kreisten zwanghaft nur noch um Anna, die sie nicht mehr aus den Augen lassen konnte. Mehrfach holte sie sie von der Schule ab, weil sie befürchtete, es könne ihr auf den Nachhauseweg etwas passieren. Konkrete Absprachen, die wir in den Familiengesprächen zwischen Mutter und Tochter verabredeten, konnte sie nicht einhalten. Immer wieder versuchte sie sehr eindringlich, Anna dazu zu bewegen, sich ihr gegenüber zu öffnen. Eine Intimsphäre oder Geheimnisse konnte sie ihr nicht zugestehen. Der therapeutische Raum für Anna war von mir kaum noch zu schützen. In den ersten beiden Wochen nach dem Suizidversuch wurden fast tägliche Kriseninterventionen nötig, um die Situation zu bewältigen. Angesichts der psychischen Stabilisierung Annas erschien die Krise ihrer Mutter zunächst unverständlich. Eine Entspannung der Situation ergab sich erst, nachdem folgendes Thema ins Gespräch kam.

Annas Mutter hatte sich immer weitere Kinder gewünscht. In Annas 6. Lebensjahr war sie wieder schwanger und sehr glücklich darüber. Bei einer Vorsorgeuntersuchung in der 17. Schwangerschaftswoche wurde der Tod des Fetus erkannt. Bei der folgenden operativen

Beendigung der Schwangerschaft stellten die Ärzte fest, daß der Fetus schon früher gestorben war. Anschließend geriet Annas Mutter durch eine Sepsis in eine lebensbedrohliche Situation.

Für Annas Mutter war dies „das erste und bis jetzt einzige wirklich schlimme Erlebnis in meinem Leben". Der Gedanke, daß das Kind in ihrem Leib gestorben ist, ohne daß sie es bemerkte, quälte sie bis heute. Seitdem sei Annas Mutter eine ängstliche Mutter, die sehr schnell beunruhigt sei. Sie habe das Gefühl, ihre Unbefangenheit im Umgang mit ihrem Kind verloren zu haben.

Anna wartete während der Vorsorgeuntersuchung im Wartezimmer und sah die Mutter tränenüberstromt und völlig aufgelöst aus dem Behandlungszimmer kommen. Sehr lebendig in ihr war die Erinnerung an ihre Gefühle von großer Angst und Irritation in dieser Situation, weil sie nicht verstand, was passierte. Später sagten ihr die Eltern, daß das Baby gestorben sei. Bis jetzt sei nie wieder davon gesprochen worden.

Für Annas Vater standen danach die Sorge und Angst um seine Frau im Mittelpunkt. Während Annas Mutter wieder schwanger werden wollte, lehnte er ein weiteres Kind ab. Er habe ein weiteres Risiko für das Leben seiner Frau nicht ertragen können.

Nach Annas Suizidversuch belastete ihre Mutter vor allem der Wiederholungscharakter der Ereignisse. Ihre einzige Tochter wäre ebenfalls fast gestorben und sie habe wieder keinerlei Vorzeichen bemerkt. In ihrer unruhigen Getriebenheit und den Impulsen, Anna zu bewachen, versuchte sie, diese Gefühle zu bewältigen.

Angesichts dieser traumatischen unverarbeiteten Erfahrung wurden die Reaktionen von Annas Mutter verständlicher, auch für Anna. Wir erarbeiteten zunächst eine Differenzierung zwischen Mutter und Tochter, durch die deutlich werden konnte, daß beide sehr unterschiedliche Gefühle und Konflikte zu bewältigen hatten. Da sich Annas Mutter als ebenso therapiebedürftig erwies wie Anna, konnte in dem sonst in unserer Abteilung üblichen Setting (Einzeltherapie mit begleitenden Familiengesprächen beim gleichen Therapeuten) nicht genügend Raum für beide entstehen. Annas Mutter konnte glücklicherweise sofort an einen niedergelassenen Therapeuten vermittelt werden. Familiengespräche wurden im folgenden nur bei Bedarf mit dem Fokus auf die Bewältigung aktueller Konflikte zwischen Mutter und Tochter durchgeführt.

Anamnese

Die 40jährige Mutter Annas wirkte sehr jugendlich und etwas naiv. Sie sprach sehr hektisch und beherrschte damit das familiäre Gespräch. Ihr Redefluß war kaum zu bremsen. Sie betonte sehr auffällig ihr besonders gutes Verhältnis zu ihren eigenen Eltern. In ihrer Schilderung der Beziehung zur 3 Jahre jüngeren Schwester klang Rivalität an, die verleugnet wurde. Die Schwester habe seit ihrer Pubertät immer wieder gegen die strengen Eltern rebelliert. Sie selbst habe dazu nie die Notwendigkeit empfunden. Es entstand der Eindruck mangelnder Ablösung von den Eltern.

Vor 3 Jahren erkrankte der Großvater mütterlicherseits an Krebs. Bis zu seinem Tod vor einem $3/4$ Jahr war er pflegebedürftig. Annas Mutter übernahm hauptsächlich seine Pflege. Sie trauere sehr um ihren Vater, habe ihre Gefühle aber weitgehend für sich behalten, weil sie damit weder ihren Mann noch ihre Tochter belasten wollte.

Der 42jährige Vater Annas arbeitete im Bauhandwerk. Aufgrund saisonaler Bedingungen war er immer wieder von Arbeitslosigkeit bedroht. Die Vorstellung, seine Familie finanziell nicht angemessen versorgen zu können, belaste ihn sehr. Er wuchs auf einem Bauernhof auf mit einem Stiefvater, der ihn ablehnte. Er zeigte sich als sehr verschlossener Mann, der im emotionalen Bereich überwiegend sprachlos war und nur sehr karg von seiner Lebensgeschichte sprechen konnte. Spürbar wurde ein Gefühl von großem Unglück, daß Phantasien von emotionaler Verwahrlosung und Gewalt auslöste. Er verließ seine Familie bereits im 14. Lebensjahr, auch zum jetzigen Zeitpunkt bestand kein Kontakt mehr. Es gelang dem Vater auch in der therapeutischen Situation nicht, sich zu öffnen. An weiteren Familiengesprächen nahm er nicht mehr teil.

Annas Eltern lernten sich als junge Erwachsene kennen und heirateten einige Jahre später. Beide seien sich sehr schnell sicher gewesen, in dem anderen den Partner fürs Leben gefunden zu haben. Für beide gehörten Kinder gleichermaßen zum Lebensplan, so daß Anna ein ersehntes Wunschkind war. Schwangerschaft und Geburt verliefen ohne Komplikationen. In Annas 6. Lebensmonat nahm Annas Mutter ihre Berufstätigkeit wieder auf. Anna wurde in dieser Zeit von der Großmutter mütterlicherseits versorgt. Für Annas Mutter gab es aufgrund ihrer engen Bindung an ihre Eltern nie Probleme in dieser Konstellation. Über Erziehungsfragen habe Einigkeit geherrscht. Anna sei immer „ein vitales, ganz normales Mädchen" gewesen. Weder im Kindergarten noch in der Schule sei sie aufgefallen. Nach der Grundschule besuchte sie jetzt das Gymnasium. Die depressiven Stimmungen der Tochter seien den Eltern zwar aufgefallen, sie bewerteten sie aber als normalen Ausdruck der Pubertät und seien davon ausgegangen, daß sich das wieder geben werde.

Untersuchungsergebnisse

Psychodynamischer Befund

Annas Mutter zeigt sich als eine Persönlichkeit, die aufgrund eigener ungelöster Bindungen an ihre Herkunftsfamilie und der Traumatisierung durch das tote Kind auf die Herausforderungen der Adoleszenz ihrer Tochter nicht angemessen reagieren kann. Für sie sind Trennungen gefährlich und sie versucht ängstlich, die Tochter in kindlicher Abhängigkeit zu halten. Anna gegenüber zeigt sie wenig Einfühlungsvermögen.

Der Vater erscheint in der Familie emotional wenig präsent. Für Anna ist er vor allem in seiner Funktion als Dritter und als Vertreter des Außens, der Realität wenig besetzt. Dies zeigt sich z. B. in ihrer eingeschränkten Fähigkeit, Konflikte auszutragen. Auch die Gegenbesetzung zur Primärbeziehung wird dadurch erschwert.

So muß sich die adoleszente Ablösung für Anna konfliktreich gestalten. Dabei gerät das Aufrechterhalten der Bindung an die Mutter in Widerspruch zur Verwirklichung eigener Triebregungen. Im Zuge der Entwicklung gerät Anna in ein paradoxes Dilemma. Ablösung bedeutet, der Mutter einen erneuten Verlust zuzufügen, der von dieser als Tod des Kindes erlebt wird und deshalb in jedem Fall verhindert werden muß. Auf diesem Hintergrund ist ihre Dekompensation zu verstehen. Annas zentraler innerpsychischer Konflikt heißt: „Wenn ich mich nicht von den Eltern ablöse, dann sterbe ich einen psychischen Tod, da ich mich als eigenständiger Mensch nicht entwickeln kann". Bleib und stirb. Und: „Wenn ich mich von den Eltern ablöse, dann sterbe ich wie das tote Kind." Bleib oder stirb (Küchenhoff 1991).

Schon die für die Differenzierungs- und Distanzierungsprozesse der Adoleszenz nötige Abschirmung (Streeck-Fischer 1994) läßt sich für Anna aufgrund der Übergriffigkeit der Mutter nur durch den totalen Rückzug aufrechterhalten, der von der Mutter als aggressive Abweisung verstanden wird und deshalb in Anna auch Schuldgefühle auslöst.

Alle Trennungsversuche Annas und alle Betonungen ihrer Unterschiedlichkeit von der Mutter werden von dieser ignoriert und durch ängstlich-aggressive Übergriffe begrenzt.

Deren Angstzustände zwingen Anna in eine Loyalität, die den Widerspruch zu ihren Wünschen noch vergrößert.

Die für den adoleszenten Ablösungsprozeß nötigen aggressiven Impulse, z.B. in Form von Trotz und aufsässigem Verhalten zeigt Anna kaum. Diese Regungen muß sie abwehren. Die mit dem Trennungsversuch mobilisierten abgespaltenen und verleugneten aggressiven Regungen lösen Angst- und Schuldgefühle aus, die die Ablösung wiederum verhindern (Stork 1993). Annas Anpassungsversuche an die Ansprüche der Mutter sind dann auch als Versuch zu verstehen, die Mutter vor den aggressiven Impulsen zu schützen bzw. die entstandenen Zerstörungen wieder zu reparieren und sie am Leben zu erhalten. Die innere Dynamik steigert sich so weit, daß Ablösung auch den innerpsychischen Tod der Eltern und den Tod der Kindheit bedeutet, auf dem die eigene Existenz gebildet und gesichert werden kann. Dann heißt der Text hier: Wenn ich gehe, stirbt meine Mutter, und ich bin schuld.

So erscheint der Suizidversuch als der einzige Ausweg aus der Bindung an die Mutter und als Weg zur Selbstverwirklichung in einem Doppelsinn: als aggressiver Akt gegen die Mutter, verbunden mit Racheimpulsen, und als Wendung der Aggression gegen das Selbst. Verstärkt wird die suizidale Tendenz durch die Idealisierung des Todes als Erlösung und Befreiung und einer Identifikation mit dem Großvater, der der Mutter im Tod entkommen konnte.

Anna spricht ihr Gefühl aus, daß es eigentlich um ein anderes Kind geht, das tote Kind. Jeder Schritt der Verselbständigung ist auf der intrapsychischen Bühne tödlich, entweder für Anna oder für die Mutter. Besonders vermittelt sich dies durch die Angstzustände der Mutter. Durch die generationsverflechtende Verknüpfung der ungelösten Affekte muß Anna ihre seelische Energie für die Mutter verausgaben. (Steck u. Bürgin 1996). Es zeigt sich eine doppelte Identifikation (Küchenhoff 1991). Mit dem toten Kind auf der einen Seite muß Anna verstummen und sich in der Depression in ihrer Vitalität hemmen. Ohne zu wissen warum, stirbt sie einen Tod im Leben. Auf der anderen Seite ist sie mit der Mutter identifiziert, die von ihr Erlösung erwartet und mit der sie auf Kosten der eigenen Entwicklung ein Leben leben darf, das dennoch von Tod gezeichnet ist.

Es wird deutlich, daß Anna durch das Trauma schon in der ödipalen Auseinandersetzung die ambivalenten Triebregungen der Mutter gegenüber nicht angemessen bewältigen konnte. Die aggressiven Impulse mußten abgewehrt werden, um die Mutter in ihrer Trauer zu schützen und um die Funktion eines Ersatzobjektes, das die Mutter befriedigt, zu erfüllen. Statt Differenzierung und Öffnung zur Triangulierung hin mußte hier schon die Bindung an die Mutter verstärkt werden. Dem Vater kann sich Anna aus dieser Position nicht zuwenden und durch seine Schwäche bietet er keine Kompensationsmöglichkeit.

In der Adoleszenz wird Annas innere Vorstellung, ich, Anna, kann das tabuisierte tote Kind für meine Mutter ersetzen, erschüttert. Was zuerst Gewinn war, wird nun zum Defizit. Damit verbunden ist ein narzißtischer Einbruch. Die Depression ist auch als Reaktion auf die Unmöglichkeit zu verstehen, der Mutter zu genügen und sie zu befriedigen. Das narzißtische Defizit führt zu Resignation, Rückzug und innerer Einsamkeit.

Da die adoleszente Entwicklung schon zu Beginn in ihrer Konflikthaftigkeit stagniert, kann eine Einbindung in eine Gleichaltrigengruppe nicht zustande kommen und ihre stabilisierende Wirkung nicht entfalten. So spielen Themen der Geschlechtsidentität und der Entdeckung der Sexualität zunächst noch keine Rolle.

Diagnose

Dysthymia (**ICD 10 F34.1**). Zustand nach Suizidversuch (**ICD 10 X60**).

Therapieverlauf

Es fanden im Verlauf von 11 Monaten 35 Einzelgespräche und Mutter-Tochter-Gespräche statt. In einigen Sitzungen wurden imaginative Techniken des Katathymen Bilderlebens angewendet. Das angestrebte Therapieziel bestand in der Wiederaufnahme der adoleszenten Entwicklungsprozesse.

Ein Schritt dahin war die weitere Erarbeitung von Differenzierung und Distanzierung zwischen Mutter und Tochter, die sich schon in der Wahl des Settings ausdrückt. In vielen Stunden wurde dieses Thema an alltäglichen Beispielen durchgearbeitet. Trennungen, Verantwortlichkeiten, Unterschiede wurden geklärt. Anna setzte sich damit auseinander, welche Bedürfnisse ihrer Mutter sie erfüllen und auf welche ihrer eigenen Wünsche sie bestehen wollte. Im Verlauf gelang es ihr, die Beziehung zur Mutter entspannter zu gestalten, und auch für Annas Mutter waren Trennungen und Unterschiede besser auszuhalten. Alltägliche Konflikte wurden verhandelbar, es gelang beiden, Kompromisse zu finden. Für Anna wurde es zunehmend möglich, auch aggressive Impulse der Mutter gegenüber zu empfinden und auszuleben. So veränderten die Auseinandersetzungen ihren Charakter von einem eher subtilen Zerren aneinander zu offenem Streit und folgender Versöhnung.

In den Bildern des Katathymen Bilderlebens zeigte sich zunächst die depressive Grundstimmung Annas. So imaginierte sie z.B. in der Anfangsphase der Therapie eine Wiese, die von großen und kleinen Bergen umschlossen war, die einerseits Bedrohung auslösten, andererseits aber auch Schutz boten. Die Wiese war feucht und glitschig, das Gehen beschwerlich, verbunden mit der Gefahr, auszurutschen. Das Wetter war regnerisch und kühl, der Himmel wolkenverhangen, zum Teil lag Nebel über der Wiese. Außer Anna gab es keine anderen Lebewesen. Es breitete sich Resignation und Angst aus, da Anna zunächst keinen Weg aus der trostlosen Einsamkeit finden konnte. Mit Hilfe der therapeutischen Begleitung begann sie, nach einem Weg zu suchen. Sie wendete sich von der Wiese ab und erklomm einige kleine Hügel. Plötzlich tauchte ein kleiner Bach auf mit frischem, klaren Wasser, an dem Anna sich erfrischen konnte. Anna folgte dem Bachlauf zur Quelle hin. Der Himmel riß auf und Anna nahm am Ufer des Baches in der Sonne Platz, um sich zu wärmen und auszuruhen. Die Stimmung hatte sich gewandelt. Die Resignation war der Hoffnung gewichen, einen Weg zu finden.

In diesem Bild konnte Anna erleben, daß es in ihr neben der Resignation und Hoffnungslosigkeit, die sich in dem trostlosen Bild der Wiese ausdrückte, auch die Vitalität eines Baches gab. Im weiteren Prozeß des Durcharbeitens wurde dieser Bach in unserem Dialog zu einer Metapher für ihren Wunsch nach Lebendigkeit und der Hoffnung, daß die Suche nach dem eigenen Weg erfolgreich sein kann. In der relativ harmlosen Ausprägung des Baches ist die Aussicht auf Vitalität gleichzeitig nicht so gefährlich.

Die Übertragungssituation war zu Beginn der Therapie davon geprägt, daß Anna zunächst die Verantwortung für den Stundenverlauf ganz an mich delegierte. Ich sollte definieren, was wichtig ist und was nicht. Auf diese Weise wiederholte sie zunächst ihre Anpassung an die Wünsche anderer. Im weiteren Verlauf überprüfte sie, ob ich mich ähnlich übergriffig und eindringend verhalte wie ihre Mutter. Besonders deutlich wurde dies, als sie mir nach kurzer Zeit mitteilte, sie habe keine Lust mehr auf das Katathyme Bilderleben. Ich verstand es als Prüfung, ob die adoleszente Abschirmung der Innenwelt gegenüber Elternfiguren für Anna möglich ist und auch akzeptiert wird. Als sich sich dessen sicher war, wandelten sich die manifesten Themen. Probleme und Konflikte im Zusammenhang mit Gleichaltrigen und der Schule standen nun im Mittelpunkt.

Anna konnte Kontakte zu Gleichaltrigen aufnehmen und gewann wieder Anschluß an Gruppen anderer Jugendlicher. Ihre Beziehungen zu Freundinnen gestalteten sich zum Teil konflikthaft. Hier gewann Anna an der Fähigkeit, diese Konflikte zu bewältigen. Auch in der Schule normalisierte sich ihre Situation, ihre Leistungen steigerten sich.

Nach einem halben Jahr der Therapie kam altersgerecht auch das Thema der Sexualiät ins Gespräch. Anna verabredete sich mit jungen Männern. Gegen Ende der Therapie verliebte sie sich, deutete dieses Thema aber nur an. Sie gab mir aber deutlich zu verstehen, daß sie mit ihren Freundinnen viel und oft darüber sprach. Ich sollte ausgeschlossen sein und bleiben.

Nach 10 Monaten äußert Anna von sich aus den Wunsch, die Therapie zu beenden. Zur letzten Sitzung an einem warmen Spätsommertag kam sie in einem engen weißen T-Shirt und einem superkurzen hellblauen Minirock, die Haare zu einem Pferdeschwanz zusammengebunden, mit einem dezenten Make-up, von dem vor allem der rosa Lippenstift ins Auge fiel.

4. Dissoziation

Neugierig auf den Dritten?

A. Hußmann

Symptomatik

Die 15jährige Esther wirkt freundlich und nimmt im Aufnahmegespräch versiert Kontakt auf. Ein kräftiges, nicht dickes Mädchen mit sehr langen Haaren, meist lächelnd. Man könnte sie auf 17 oder 18 Jahre schätzen. Auffällig ist eine häufig hochgezogene Augenbraue, die eine teils skeptisch amüsierte, teils ironisch distanzierte Haltung vermittelt. Auf der Stirn, deutlich sichtbar, hat sie eine dicke Beule. Ungeachtet des bisherigen dramatischen Krankheitsverlaufs erscheint Esther bemerkenswert fröhlich, aufgeräumt. Sie schildert kompetent, manchmal auch etwas altklug und routiniert wirkend, ihre bisherige Leidensgeschichte und die verschiedenen Behandlungsversuche:
Sie leide seit etwa 1 Jahr an „Anfällen". Begonnen habe alles mit einem unstillbaren Hustenanfall in der Schule, als sie ihrer Klassenlehrerin zum Geburtstag gratulieren wollte. Hustenanfälle seien in der Folge häufiger aufgetreten. Sie hätten schließlich einen kontinuierlichen Schulbesuch unmöglich gemacht. Ausführliche ambulante und stationäre allergologische Untersuchungen hätten keinen Befund erbracht. Auch eine Untersuchung des Klassenraums durch die Umweltambulanz sei ergebnislos verlaufen. Nach einigen Monaten habe sich die Symptomatik verändert. Esther habe in der Schule Schwäche- und Ohnmachtsanfälle erlitten. Mehrfach seien Notarzteinsätze erfolgt, einmal sei sie mit einem Rettungshubschrauber in eine Klinik gebracht worden. Insgesamt sei sie 7mal stationär mit den verschiedensten Diagnosen behandelt worden. Es sei aber „nichts herausgefunden worden". Die weitere Beschulbarkeit habe bereits in Frage gestanden, als man sie zur Diagnose einer seltenen Stoffwechselerkrankung erneut stationär aufgenommen habe. Nach 2wöchiger „anfallsfreier Zeit" sei wieder ein Symptomwandel aufgetreten. Esther habe psychomotorische Anfälle, manchmal auch nachts, von mehreren Stunden Dauer entwickelt. Die Anfälle seien auch durch eine intravenöse, antikonvulsive Medikation nicht zu unterbrechen gewesen. Als sich bei den verschiedenen eingeleiteten Untersuchungen kein Hinweis auf eine organische Erkrankung ergab, hätten die Kollegen dieser Klinik Kontakt zur Jugendpsychiatrie aufgenommen. Die Patientin berichtet weiter, daß sie seither an stuporösen Ausnahmezuständen leide, während derer sie hinstürze und nicht ansprechbar sei. Aufgrund einer bestehenden Selbst- und Fremdverletzungsgefahr bei diesen Anfällen sei eine Sedierung veranlaßt worden, die aber nicht helfe. Einmal habe sie bei einem dieser Anfälle einer Krankenschwester „eine geknallt" – unabsichtlich. Und so, als wolle sie einer möglichen Interpretation zuvorkommen, ergänzt sie triumphierend und wissend, daß sie keine Schwierigkeiten habe, mit ihren Aggressionen umzugehen. Überhaupt wisse sie nicht, was sie auf einer jugendpsychiatrischen Station zu suchen habe. Ihrer Meinung nach sei etwas Körperliches übersehen worden.
    Die Patientin war uns als problematisch, ansprüchlich und fordernd angekündigt worden. Wir wußten von den Vorbehandlern, daß diese sich oftmals ratlos und wütend gefühlt

hatten. Sogar das Zimmer der Patientin auf der Station war leergeräumt und zum Teil ausgepolstert worden, um Selbstverletzungen während der Anfälle zu vermeiden. Diese Vorinformation und die scheinbar geringe Therapiemotivation und Bereitschaft zur Selbstreflexion der Patientin führen zunächst zu einer vorsichtig skeptischen Haltung ihr gegenüber. Als Esther jedoch erzählt, daß ihre Großmutter mütterlicherseits ein „stolzes und kämpferisches Leben" geführt habe, verändert sich das Bild: Die Großmutter sei nach überstandener schwerer Tuberkulose „durch die Unis gereist und dort immer als besonderes Beispiel vorgestellt worden". Im Vergleich zur sonstigen routiniert und abweisend wirkenden Selbstdarstellung ergibt sich hier ein erster Zugang zum Selbstverständnis und Identitätskonzept der Patientin.

Nach dem Gespräch mit Esther nehmen wir mit der Mutter der Patientin Kontakt auf. Bei einer vordergründig freundlichen Fassade erleben wir sie unterschwellig aggressiv und entwertend mit deutlichen Tendenzen zu Spaltung und Projektion. Obwohl sie einer organischen Krankheitstheorie anhängt und keinerlei psychische Problematik bei ihrer Tochter erkennen kann, „unsere Beziehung ist ausgesprochen gut", stimmt sie der Verlegung zu. Esther selbst ist überraschend schnell einverstanden, als wir ihr ein stationäres Angebot machen, „man kann es ja mal versuchen".

Aktuelle Lebenssituation

Zur Zeit der Aufnahme bewohnt die Patientin gemeinsam mit ihrer Mutter ein angemietetes Haus, in dem sie auch ihre gesamte Kindheit verbracht habe. Schon seit Jahren gebe es massive, inzwischen auch gerichtliche Auseinandersetzungen mit dem Vermieter, der im Nachbarhaus wohne.

Anamnese

Die Patientin sei „erstes und einziges" Kind der Mutter. Sie glaubt, daß sie kein Wunschkind gewesen sei. Ihren Vater habe sie kaum kennengelernt. Er sei bei einem Autounfall tödlich verunglückt, als die Patientin 4 Jahre alt war. Die Mutter berichtet von einer „traumhaften" Schwangerschaft. Alles sei „normal" verlaufen. Esther habe alle Meilensteine der Entwicklung altersgerecht erreicht. Mit etwa einem Jahr habe sie laufen und erste Worte sprechen können, sie sei „früh trocken" gewesen. Allerdings habe sie eine heftige Trotzphase durchgemacht. Im übrigen sei Esther ein fröhliches, neugieriges und interessiertes Kind gewesen. Nach dem Besuch eines Kindergartens habe sie ihre Einschulung mit 7 Jahren „problemlos" bewältigt. Während der Grundschulzeit habe es „mit einer pädagogisch ungeschickten" Lehrerin heftige Auseinandersetzungen gegeben. Die Mutter habe damals sogar einen Prozeß gegen die Lehrerin erwogen. Inzwischen besuche Esther die 10. Klasse einer Gesamtschule. Sie sei eine gute Schülerin, die sich in verantwortungsvoller Weise gerade auch um schwächere Mitschüler kümmere. Esther berichtet, daß es auch an der neuen Schule Auseinandersetzungen mit der Klassenlehrerin gebe, einen „regelrechten Machtkampf". Nach dem geplanten Abitur wolle Esther Jura studieren, um später Anwältin zu werden, Schwerpunkt Familienrecht.

Befragt nach Freundschaften erzählt sie, daß sie in ihrer Schule „viele sehr gute Kameraden" habe. Wir erfahren aber auch von einigen ziemlich abrupten Kontaktabbrüchen in Freundschaften mit Jungen. Die Patientin habe sich von den Jungen „schlecht behandelt" gefühlt. Sexualität spiele in ihrem Leben keine Rolle. Von ihrer Mutter sei sie immer soweit aufgeklärt worden, wie sie Fragen hatte. Die Menarche vor etwa 2 Jahren sei für sie nichts besonderes gewesen. Mit intimen Freundschaften wolle sie sich noch Zeit lassen. Es sei aber so, daß sie manchmal mit ihrer Mutter durch die Stadt bummele und dann würden sich beide „Männer angucken". Die Mutter gebe dann ihren Kommentar zur Wahl der Tochter ab, beide hätten viel Spaß daran. Sie seien „wie Freundinnen". Esther liebe und bewundere ihre Mutter sehr.

Familienanamnese

Die Mutter lehnt es weitgehend ab, Fragen zur Familiengeschichte zu beantworten. Sie teilt uns schroff mit, daß sie eine sehr schöne Kindheit gehabt habe. Die Großmutter mütterlicherseits sei in hohem Alter verstorben, als die Patientin etwa 4 Jahre alt war. Zwischen Großmutter und Patientin habe eine gute Beziehung bestanden. Zum Großvater mütterlicherseits sei der Kontakt nach einem Zerwürfnis vor einigen Jahren nahezu abgebrochen. Die Patientin meint, daß er eine „Flasche" sei, er habe sich um nichts gekümmert.

Die Mutter der Patientin, als Akademikerin in einem pädagogischen Bereich arbeitend, sei bei der Geburt der Tochter 38 Jahre alt gewesen. Über den Vater der Patientin können wir nichts erfahren, da dieser nach Auskunft der Mutter „keine Wichtigkeit" für die Patientin gehabt habe. Die Eltern seien nicht verheiratet gewesen, hätten auch nicht gemeinsam gelebt. Die Mutter habe nach dem Tod des Vaters der Patientin keine weiteren Partnerschaften mehr gehabt.

Untersuchungsergebnisse

Betrachtet man die auslösende Situation, fällt auf, daß Esther gerade in dem Moment ihren ersten Anfall entwickelt, als sie ihrer Klassenlehrerin, mit der sie ein „Machtkampf" verbindet, zum Geburtstag gratulieren will. Die Umgangssprache kennt das Idiom, „jemandem etwas husten", wenn Protest oder Mißfallen ausgedrückt werden soll. Die Kennzeichnung der Beziehung zur Lehrerin als „Machtkampf" verweist auf Themen von Macht und Unterwerfung. Auch Fragen der Selbstbehauptung und der Anerkennung des eigenen Anspruchs vor einem anderen sind angesprochen. Das Beziehungsangebot der Patientin im Gespräch greift die genannten Themen nochmals auf. Mit ihrer spöttisch hochgezogenen Augenbraue weist sie herausfordernd, fast „kämpferisch" die Möglichkeit einer psychischen Verursachung ihrer Anfälle zurück. Die Geschichte der „Ohrfeige" für die Krankenschwester und ihr Hinweis, daß sie keinerlei Schwierigkeiten habe, mit ihren Aggressionen umzugehen, unterstreichen dabei ihre Wehrhaftigkeit deutlich. Es ist auffällig, daß Themen aggressiver Selbstbehauptung in der Beziehung zur Mutter völlig fehlen. Obwohl erwartbar, erfährt man nichts von pubertätstypischen Konflikten und altersadäquaten Schritten zur allmählichen Ablösung. Die Beziehung zur Mutter wird idealisiert und so dargestellt, als sei sie frei von jeder Ambivalenz und Konflikthaftigkeit. Vielleicht dürfen die genannten Themen nur in Stellvertreterbeziehungen oder unter der Bedingung eines Anfalls ihren Ausdruck finden? Die Mutter erscheint im Sinne einer Persönlichkeitsstörung deutlich psychopathologisch auffällig. Man kann also annehmen, daß die Ablösung von der Mutter bzw. der gesamte Separations-Individuations-Vorgang für Esther eine besonders schwierige Entwicklungsaufgabe dargestellt hat und darstellt. Dies gilt um so mehr, als der Vater in der dualen Mutter-Tochter-Beziehung offenbar „keine Wichtigkeit" haben durfte. Durch seinen frühen Tod und die erfahrene Entwertung wird er der Patientin in ihrer Entwicklung als „triangulierender Dritter" nicht ausreichend zur Verfügung gestanden haben.

Die Anfallssymptomatik der Patientin läßt sich als konversionsneurotische Abwehr von Konflikten im Zusammenhang mit der nicht bewältigten Separation verstehen. Gemeint ist ausdrücklich nicht eine „reife" hysterische Kompromißbildung, die auf einen ödipalen Konflikt oder eine entsprechende Fixierung verweist, sondern ein „Modus der Konfliktverarbeitung" (Mentzos 1992), bei dem der Körper als Ausdrucksorgan fungiert. Rupprecht-Schampera (1995) hat ein Konzept vorgelegt, nach dem konversionsneurotische Patienten über den Gebrauch ihres Körpers ihre Unabhängigkeit von realen Personen und ihre Unverletzbarkeit gegenüber gefühlsmäßig verletzenden Erfahrungen demonstrieren, indem sie den Körper bzw. eine Körpersymptomatik als „triangulierenden Dritten" einsetzen. Psychogenetischer Hintergrund der späteren hysterischen oder konversionsneurotischen Symptomatik sei eine schwierige frühe Mutter-Kind-Beziehung, in der ein frühes triangulierendes Objekt, das die Separationsbemühungen des Kindes hätte unterstützen können, fehlte. Dieses Konzept scheint zum Verständnis der Psychodynamik der Patientin geeignet. Im Gespräch erscheinen die Anfälle, über die bislang „nichts herausgefunden" werden konnte, als etwas trennendes „Drittes" über das es keine Verständigung geben darf. Indem die Patientin auf einer organischen Krankheitstheorie beharrt, schließt sie ein beziehungsvolles Verstehen ihrer Symptomatik, aber auch eine Konfrontation mit den für sie bedrohlichen Konflikten aus. In Identifikation mit der „stolzen und kämpferischen" Großmutter phantasiert sie sich vielmehr als Rätsel oder Mysterium für die Behandler, als deren „besonderes Beispiel". In diesen Kontext gestellt wirkt die Symptomatik, die die Patientin seit 1 Jahr aus ihren normalen Lebensbezügen reißt, identitätsstiftend und als Auszeichnung. Die innere Not, die zur Ausbildung der Erkrankung führte, ist dagegen verleugnet. Die Patientin präsentiert ihre Leidensgeschichte mit einer „belle indifference"; die Anfälle und die darin enthaltenen schweren Konflikte haben mit dem bewußten Erleben der Patientin nichts zu tun.

Wie zu zeigen sein wird, wird der „Dritte" in der Behandlung der Patientin in mehrfacher Hinsicht eine wichtige Rolle spielen: Als Abstandsregulator in einer im Erleben der Patientin bedrohlich wirkenden dualen Beziehung, als Träger dissoziierter Strebungen, die der idealisierten Beziehung zur Mutter gefährlich werden und schließlich als „verheißungsvoller Dritter", der den Separationsprozeß der Patientin befördern könnte.

Diagnose

Dissoziative Krampfanfälle (**ICD-10: F44.5**).

Therapieverlauf

Allgemeine Charakteristik des Settings

Die Patientin befindet sich für etwa ein halbes Jahr auf unserer psychoanalytisch orientierten Jugendstation. Während dieser Zeit hat sie 2 Gesprächstermine pro Woche von jeweils 45 Minuten, in Notfällen auch 3 Termine. In Ergänzung zum einzeltherapeutischen Angebot und den vielfältigen Gruppenaktivitäten auf der Station erhält sie Schulunterricht. Nach Kenntnis der Vorgeschichte scheint es uns besonders wichtig, die Mutter in die Behandlung mit einzubeziehen. Um der Patientin einen eigenen therapeutischen Raum zu sichern, übernimmt ein Kollege die Durchführung der Mutter- bzw. Mutter – Tochter – Gespräche, die wir in regelmäßigen Abständen einrichten.

Initialphase (1. und 2. Behandlungsmonat)

Während der ersten beiden Behandlungswochen hat Esther täglich „Anfälle", die 30–60 Minuten andauern und stets nach dem gleichen Muster ablaufen: Die Patientin kündigt ihre Ausnahmezustände durch Betätigen der Klingel in ihrem Zimmer an, klagt zunächst über Schwindel und Unruhe und gerät dann zunehmend in einen Zustand, in dem sie nicht mehr ansprechbar ist. Dabei läßt sie sich vom Bett auf die Erde fallen, strampelt mit den Beinen. Der Kopf schlägt hin und her. Die Fäuste sind geballt. Schließlich beginnt sie, um sich zu schlagen. Die Atmung ist teils unregelmäßig und beschleunigt, dann wieder normal und unauffällig. Im Anschluß an einen solchen Zustand kann Esther sich an nichts erinnern.

Auf der Station einigen wir uns darauf, von „Ausnahmezuständen" zu sprechen, um mit der neuen Sprachregelung einen anderen Akzent zu setzen. Während der „Anfall" durch ein quasi autonom und ohne den Willen des Patienten ablaufendes Geschehen gekennzeichnet ist, scheint uns im Begriff „Ausnahmezustand ein höheres Maß an Selbstverantwortung enthalten zu sein. Esther nimmt die veränderte Sprachregelung mit dem für sie typischen ironisch-distanzierten Grinsen zur Kenntnis.

In den Therapiegesprächen ist es anfänglich schwierig, einen Kontakt und ein Arbeitsbündnis herzustellen. Esther äußert sich über die Bedingungen der Behandlung unzufrieden, fragt, was sie denn unter den „Verrückten" zu suchen habe. Sie beharrt auf ihrer somatischen Krankheitstheorie. Allenfalls hätten die langen Krankenhausaufenthalte einen psychischen Schaden verursacht. In recht entwertender Weise äußert sie sich über die Vorbehandler, insbesondere über eine Kollegin, die der Patientin gesagt habe, daß ihre „Anfälle" vielleicht mit aggressiven Konflikten zu tun hätten. Dies lasse sie aber „völlig kalt". Dabei blickt sie die Therapeutin mit einer hochgezogenen Augenbraue spöttisch und herausfordernd an, als wolle sie sagen: „Du kannst mir gar nichts!" Trotz der Massivität der Angriffe wirkt die Patientin nicht eigentlich aggressiv. Die Beschuldigungen und Vorwürfe sind in ihrer Vehemenz zwar beeindruckend, sie scheinen aber eher einen defensiven Charakter zu haben. Dieser Eindruck bestätigt sich, als die Patientin von einem Film berichtet, den sie angeschaut habe. In diesem Film sei es um einen AIDS-Kranken gegangen, der aufgrund seiner Erkrankung sozial diskriminiert und bei seiner Arbeitsstelle gekündigt worden sei. Den Prozeß vor dem Arbeitsgericht habe er zwar gewonnen, jedoch erst nach seinem Tod. Über die Identifikation mit diesem Filmhelden kommen wir ins Gespräch. Die Patientin beginnt über ihr Mißtrauen anderen gegenüber zu sprechen. Ihr Igel, ein Stofftier, fällt ihr ein: Sie habe den Igel von der Großmutter mütterlicherseits geschenkt bekommen als sie 4 Jahre alt gewesen sei. Die Großmutter sei bald darauf verstorben. Der Igel sei für die Patientin ein Sinnbild an Wehrhaftigkeit. Er habe Stacheln, mit denen er Feinde abhalten könne. In der Folge treten die „Ausnahmezustände" der Patientin seltener auf. Schließlich berichtet sie von einem „Riesentriumph": Sie habe einen „Anfall" unterdrücken können! Nachdem sie nochmals betont hat, daß sie durchsetzungsstark und kämpferisch sei, „meine Mitschüler haben einen Riesenrespekt vor mir", setzt sie sich mit ihrer Angst auseinander, nicht verstanden und beschämt zu werden. Sie fühle sich manchmal sehr erschöpft, müsse in letzter Zeit öfter weinen, fühle sich nicht zugehörig. Die Patientin wirkt hier erstmalig spürbar traurig. In einer späteren Stunde, als wir über ihre hochgezogene Augenbraue sprechen können, macht sie der Therapeutin vor, wie enorm gut sie mit den Augenbrauen wackeln kann.

Rückblickend kann die Stunde, in der Esther den Igel einführt, als Wendepunkt gesehen werden. Mit dem Bezug auf einen „Dritten" gestaltet sich für sie der therapeutische Raum. Aus der für die Patientin potentiell bedrohlichen Zweiersituation des Gesprächs entsteht eine Dreidimensionalität, in der sie sich gemeinsam mit der Therapeutin bewegen kann. Der Igel wird von der Patientin im Verlauf der Behandlung mit den verschiedensten Bedeutungen ausgestattet. Bis zum Ende der Behandlung behält er eine wichtige Funktion.

Schicksale „Dritter" (3. und 4. Behandlungsmonat)

Auf der Station während der Besuchszeiten erleben wir immer wieder, wie die Patientin jubelnd und hüpfend auf die Mutter zustürmt, um sie zu begrüßen. Arm in Arm demonstrieren Mutter und Tochter ein Bild großer Einigkeit und Geschlossenheit nach außen. Bislang war eine differenzierende Betrachtung der idealisierten Mutter-Tochter-Beziehung tabuiert. Im folgenden Abschnitt der Behandlung verändert sich diese Situation allmählich.

Zu einer der nächsten Stunden bringt Esther ihren Stoffigel mit und setzt ihn auf das Tischchen, das in der Gesprächsecke steht. Der Igel, dem die Patientin einen männlichen Vornamen gegeben hat, wisse wahrscheinlich alles über sie. Er trage ihre Lebensgeschichte wie „ein Geheimnis" in sich. Er sei ihr bester Freund, mit dem sie über alles spreche.

Die geschilderte Sequenz scheint in verschiedener Hinsicht interessant. In einer früheren Stunde hatte die Patientin „den Igel" bereits als triangulierenden „Dritten" in die Therapie eingeführt, als sie über ihr Mißtrauen anderen Menschen gegenüber sprach. Sie hatte sich damit der eigenen Wehrhaftigkeit versichert und so die für sie potentiell bedrohliche Zweiersituation des Therapiegesprächs kreativ verwandelt. Inzwischen ist eine deutlich positiv getönte Übertragungsbeziehung entstanden, in der Esther die Therapeutin mit freundlich-mütterlichen Zügen ausstattet. Der Hinweis auf ihr „Geheimnis" scheint zugleich eine Einladung zu sein, mit ihr gemeinsam das Geheimnis ihrer Lebensgeschichte zu erforschen als auch die Frage zu enthalten, ob die Patientin vor der Therapeutin ein Geheimnis bzw. eine Beziehung zu einem Dritten haben dürfe. Schließlich taucht in der dualen weiblichen Beziehung (Patientin-Mutter, Patientin-Therapeutin) ein männliches Objekt auf. In den nachfolgenden Stunden beginnt Esther sich intensiv mit „dem Dritten" in der Mutter-Tochter-Beziehung auseinanderzusetzen. Dabei sind mit „dem Dritten" hier alle jene Aspekte gemeint, die im Erleben der Patientin in der Beziehung zur Mutter keinen Platz haben, bzw. aus dieser Beziehung ausgeschlossen werden. Konkret geht es zunächst um den Vater, im weiteren aber auch um andere Repräsentanten des männlichen Geschlechts.

Esther fragt ihre Mutter nach dem Vater aus. Sie möchte wissen, ob sie ihm oder der Mutter ähnlicher sei. Auch besucht sie einige Male das Grab des Vaters. Zu einem Gesprächstermin bringt sie ein Photo von ihm mit und einen Ring, den er getragen habe. Zugleich erleben wir, wie Esther die ihr zugeordnete männliche Bezugsperson aus dem Schichtdienstteam massiv abzulehnen beginnt. In den Einzelgesprächen berichtet sie über vielfältige enttäuschende Erfahrungen mit Männern. Sie denkt an den Vermieter des Hauses, mit dem sie und ihre Mutter seit Jahren im Streit liegen. Die abrupten Kontaktabbrüche in Freundschaften mit Jungen fallen ihr ein. Auch denkt sie an den Großvater mütterlicherseits, der sich seit dem Tod der Großmutter kaum noch um die Familie kümmere und sich nach einem Streit mit der Mutter überworfen habe. Schließlich empört sie sich über einen Bruder der Mutter, der der Patientin, als diese 5 oder 6 Jahre alt gewesen sei, Hilfe angeboten habe, sollte die Mutter sie einmal schlagen. Er habe „keine Ahnung gehabt", die Mutter offenbar nicht für fähig gehalten, sich um die Tochter zu kümmern, „nur Sprüche geklopft". Auch der Vater habe sie durch seinen frühen Tod im Stich gelassen. Auf dem Höhepunkt ihrer Ablehnung eröffnet die Patientin, daß sie im Alter von etwa 4 oder 5 Jahren von dem damals etwa 11jährigen Sohn des Vermieters „sexuell mißbraucht" worden sei. Der Junge habe sie geküßt, mit dem Finger penetriert und die Patientin gedrängt, auch ihn sexuell zu befriedigen. Die Erfahrung des „sexuellen Mißbrauchs" sei der Grund dafür, warum sie keinesfalls mit einer männlichen Bezugsperson sprechen könne. Erstmalig sagt die Patientin einen Besuch der Mutter am Wochenende ab. Als sie die Mutter schließlich doch in ihr Geheimnis einweiht, ist dies für sie „ein wichtiger, schöner, großer Schritt". Gemeinsam mit der Mutter überlegt sie, den Vermietersohn anzuzeigen. Für einige Wochen befindet sich die Patientin in dem Hochgefühl, endlich die Ursache für ihre Beschwerden herausgefunden zu haben.

Ohne grundsätzlich am Wahrheitsgehalt der erinnerten kindlich – sexuellen Beziehung zu zweifeln, möglich scheint neben der behaupteten Nötigung durch den Vermietersohn auch ein kindlich neugieriges Erforschen des anderen Geschlechts, haben wir den Eindruck, daß der „Entdeckung" der Patientin aktuell eine andere als die von ihr angenommene Bedeutung zukommt. Ähnlich wie bei ihren selbst verfaßten Gedichten, die durch eine schöne und metaphernreiche Sprache auffallen, erleben wir eine Dissonanz zwischen Gefühlsausdruck und der diesem Gefühl zugeschriebenen Ursache und Bedeutung. Wir halten es für möglich, daß die Patientin erneut entsprechend dem Vorbild früherer lebensgeschichtlicher Erfahrungen, unliebsame eigene Impulse und Affekte, die sie selbst oder die Mutter-Tochter-Dyade bedrohen könnten, projektiv nach außen verlagert hat. Dabei kann sie sich im gemeinsamen Haß auf den Vermieter (-sohn) zugleich der Ungetrenntheit von der Mutter versichern. Mit dieser Sichtweise enthalten wir uns bewußt eines „wahr oder unwahr" und versuchen, der Patientin einen inneren Raum für die Bearbeitung ihrer Problematik offen zu halten.

Als es erneut zu einem dissoziativen Krampfanfall kommt, reagiert Esther verzweifelt und enttäuscht, daß die Aufdeckung der „traumatischen Erinnerung" nicht zum vollständigen Verschwinden der Symptomatik geführt hat. In der Folge erleben wir eine schwierige Phase, in der die Patientin autodestruktiv und suizidal agiert. Als sie aus ihrer Krise wieder auftaucht, kann sie einen Teil der projizierten Aggression zurücknehmen. Sie beginnt, sich erstmalig konstruktiv mit ihrer Bezugsperson auseinanderzusetzen. In einem Gesprächstermin denkt sie darüber nach, daß sie mit einem in der Familie lebenden Vater sicherlich andere Entwicklungsbedingungen gehabt hätte und wird traurig.

Neugierig auf den Dritten? (5. und 6. Behandlungsmonat)

In der Abschlußphase der Behandlung macht Esther die Beziehung zu ihrer Mutter explizit zum Thema. Die Mutter hat inzwischen ein neues Haus finden können, das sie für sich und ihre Tochter anmieten kann. Als Esther ein eigenes Zimmer beansprucht, das abschließbar und nicht durch eine Glastür, sondern durch eine Holztür vom übrigen Wohnbereich getrennt ist, kommt es zur Auseinandersetzung. Esther fühlt sich in ihrem Anliegen nach klaren Grenzen und einem eigenen Raum nicht ernstgenommen.

In den Gesprächsterminen reflektiert sie ihre Rolle in der Beziehung zu anderen. Ihr fällt auf, daß sie „keine wirklichen Freunde" hat. Tatsächlich hätten die Mutter und sie nur gemeinsame Freunde und zu den „Kameraden" aus der Schule habe sie kaum einen persönlicheren Kontakt. Sie beginnt sich über die Mutter zu beklagen, die sich in alle ihre Belange einmische: Als ein Junge, der von der Mutter gutgeheißen worden sei, sich für Esther interessierte, habe die Mutter Verabredungen arrangiert und damit alles zunichte gemacht! Es kommt zu einer heftigen verbalen Auseinandersetzung, in der die Patientin der Mutter neben den genannten Vorwürfen vorhält, sie immer wieder in ihre Auseinandersetzungen und Probleme hineinzuziehen und sie als Partnerersatz zu mißbrauchen.

Die Patientin ist zunächst stolz, den Mut für eine solche Aussprache gefunden zu haben, bald jedoch beschleichen sie Zweifel, ob sie nicht zu hart gegenüber der Mutter gewesen sei. Nachdem die Mutter sie ermahnt hat, „denen nicht gleich immer alles zu erzählen", fühlt sie sich eines Loyalitätsbruchs schuldig. Überwältigt durch diese Konfliktsituation, in der sie sich plötzlich allein und ohne einen Bündnispartner erlebt, gerät Esther erneut in eine depressiv-suizidale Krise, in der sie das Gefühl hat, „das eigene Leben nicht wirklich selbst gestalten zu können". In einem wütenden und verzweifelten Rundumschlag schreibt sie eine Reihe von Abschiedsbriefen, die sie im Nachttisch ihrer Zimmermitbewohnerin deponiert und verläßt die Station. Der Mutter gegenüber entschuldigt sie sich, daß sie sie im Stich lasse, erklärt zugleich aber in trotziger Selbstbehauptung, daß „unsere Beziehung nicht die war, in der ich hätte leben können".

Nach Einleitung der polizeilichen Fahndung sind wir sind in Sorge, ob wir Esther vor der Wucht ihrer aggressiven Affekte nicht ausreichend geschützt haben. Wir sind sehr erleichtert, als sie sich einige Stunden später telefonisch meldet und kurz darauf auf die Station zurückkehrt.

Ansatzweise kann Esther den aggressiven Anteil ihres Verhaltens erkennen. Sie fürchtet, „die Beziehung zu den Erwachsenen verdorben zu haben, könne selbst nicht leiden, wie sie sich verhalte." Ihr wird deutlich, daß sie große Angst vor ihrer Entlassung hat. Sie fühle sich der Mutter gegenüber manchmal hilflos vor Wut, insbesondere dann, wenn die Mutter die Richtigkeit ihrer Wahrnehmungen in Frage stelle und bestreite, daß es überhaupt ein Problem in der Beziehung gebe. Andererseits brauche sie die Mutter, da „sonst niemand da sei". Als die Patientin überlegt, daß es „nie einen Dritten oder Zeugen gegeben habe, der Streitsituationen schiedsrichterlich hätte beurteilen können", wünscht sie sich ein Familiengespräch. Sie wolle das, was sie der Mutter neulich im Streit vorgeworfen habe, nochmals „unter Zeugen" und in Ruhe sagen. Beim einberufenen Familiengespräch wirkt Esther zugleich sorgenvoll und entschlossen. Sie möchte die Mutter nicht verletzen („fertig machen"), fürchtet aber auch, die Mutter nicht zu erreichen und nicht ernstgenommen zu werden. Zur Vorbereitung auf das Gespräch hat sie eine Liste von 10 Punkten formuliert. Wichtigste Themen dabei sind das eigene abschließbare Zimmer mit Holztür, eine neue Taschengeldregelung, aber auch andere Anliegen, die sich unmittelbar auf Veränderungswünsche der Beziehung richten. Dieses Gespräch ist weder für Mutter noch Tochter leicht. Esther reagiert enttäuscht, als die Mutter sich kontrolliert freundlich zurückhält und kein Problem in beider Beziehung sieht. Zuversichtlicher als die Tochter glaubt sie, daß beide einen Weg finden werden.

Die verbleibenden Wochen bis zur Entlassung dienen der Bilanzierung des bisherigen Verlaufs. Esther möchte wissen, ob sie Spuren hinterläßt und beschäftigt sich nochmals mit der eigenen Geschichte. Beim Aufräumen findet sie einige Photos von sich, die sie in verschiedenen Stadien ihrer Entwicklung zeigen. Sie bringt sie zum Therapiegespräch mit. Darunter sind zwei, auf denen die Patientin in einer verführerisch weiblichen Pose zu sehen ist, auf einem Photo mimt sie ein Teufelchen. Als die Patientin bemerkt, daß der Therapeutin diese beiden Bilder aufgefallen sind, sagt sie, daß auch sie neugierig sei, auf das, was kommen werde. Realistisch schätzt sie ein, daß es sinnvoll ist, die begonnene Therapie ambulant fortzusetzen. Einige Wochen nach ihrer Entlassung ruft Esther an. Sie habe einen ambulanten Behandlungsplatz bei einem Mann (!) gefunden. Sie glaube, dort einen guten Ort für sich gefunden zu haben und bittet, ihren Entlassungsbericht an den Therapeuten zu schicken.

Rückblick

Rückblickend kann die Behandlung der Patientin als erfolgreich angesehen werden. Esther hat ihre Körpersymptomatik, die nach 1 Jahr nahezu chronifiziert war, aufgeben können. Der Hinweis auf die Entdeckung der eigenen Weiblichkeit und die Wahl eines männlichen Therapeuten scheinen ein ödipales Thema anzudeuten. Es ist aber wohl davon auszugehen, daß der Patientin die neugierige und erfolgreiche Hinwendung zu einem „ödipalen" Dritten erst dann gelingen kann, wenn sie die Belastungen und Traumen, die aus der präödipalen, nicht separierten Beziehung zu Mutter resultieren, bewältigt hat. Die weitere Bearbeitung dieser Themen wird der nachfolgenden ambulanten Therapie der Patientin überlassen bleiben.

5. Zwangsstörungen

„Mir kann keiner helfen" – Chronisch rezidivierende Zwangsstörung in der Adoleszenz

U. Knölker

Symptomatik

Der fast 15jährige Gymnastiast entwickelte im Zusammenhang mit einer selbst gewählten Nebentätigkeit als Zeitungsausträger zunehmend Zwangsgedanken: Immer wenn er mit Menschen in Berührung kam, die er für geistig niederstehend ansah, wie die Leser dieser Zeitschriften, aber auch Haupt- und Sonderschüler, habe er an geistig Höherstehende (Akademiker, Gymnasiasten) denken müssen. Alle Gegenstände, die mit solchen Menschen in Berührung gekommen waren (Kleidung, Möbelstücke, Straßen und Wege) habe er als verseucht angesehen, so daß er sich in der Folge zunehmend bis zu 30mal am Tag die Hände waschen mußte. Später entwickelten sich ausgedehnte Duschrituale bis zu mehreren Stunden. In der Folgezeit habe er keine Türklinke mehr berühren können, habe diese mit dem Fuß oder Ellbogen geöffnet. Er befürchtete, daß er durch den Kontakt zu Haupt- und Sonderschülern selbst so werden könnte wie diese, nämlich „ordinär, schleimig, triebhaft, aggressiv und dumm". Da seine jüngeren Geschwister noch die Grundschule besuchten, hielt er bald alle Gegenstände, Möbel, Fußböden, Wände im Elternhaus für verseucht; sein eigenes Zimmer, das auch Familienmitglieder nicht betreten durften, erklärte er noch als unverseucht. Er setzte durch, daß seine Mutter ihn täglich zur Schule brachte und wieder abholte, wobei er von ihr erhebliche Umwege verlangte, um „verseuchte" Gebiete zu umgehen. Alle bisher geliebten sportlichen Aktivitäten gab er auf. Während er in der Schule noch relativ unauffällig erschien, konnte er doch bald seine Schularbeiten nicht mehr machen, da er Schultasche und Schulsachen für verseucht erklärte. Seine Freizeit verbrachte er fast ausschließlich in seinem Zimmer, zum Teil bei abgedunkelten Fenstern und saß stundenlang untätig auf einem Stuhl, war dabei sehr verzweifelt und weinte vor sich hin. Für die Eltern und Geschwister war der Tagesablauf ein „reines Martyrium"; bereits morgens nach dem Aufwachen drängten sich ihm die Namen von sog. verseuchten Personen auf, die er durch Gedanken an gute Menschen (Mutter, Vater, Freunde) „auslöschen" mußte, indem er deren Namen immer wiederholte, zum Teil auch laut aussprechen mußte. Aus Unsicherheit, ob er die „schlechten" Namen durch ausreichend „gute" ausgelöscht hatte, mußte er sich Erinnerungszeichen machen in Form von Punkten mit Zahnpasta am Spiegel oder indem er einzelne Finger ausgestreckt vor sich hielt, die ihn jeweils daran erinnern sollten, daß er an einen „guten" Menschen gedacht hatte. Er war durch diese Zwangsgedanken und die daraus resultierenden Rituale so blockiert, daß er es nicht mehr schaffte, sich zu waschen und anzuziehen. Damit er rechtzeitig zur Schule kam, benötigte er die Hilfe von Vater oder Mutter. Besonders die Mutter wurde zunehmend in seine Zwangssymptomatik involviert. Er verlangte von ihr immer wieder Rückversicherungen, z.B. daß er den als verseucht erklärten Türrahmen tatsächlich nicht berührt hatte. So versuchte die Mutter z.B. den Nachweis zu erbringen, daß er, nachdem er in tief gebückter Haltung durch eine breite Wohnzimmertür gegangen war, tatsächlich nicht mit seinem Kopf den Türrahmen berührt hatte, indem sie mit einem Metermaß den Abstand zwischen Türrahmen und Kopf maß und ihm vor Augen führte. Oder er erklärte seine gesamte Wäsche, obwohl diese frisch gewaschen und gebügelt war, für verseucht und verlangte von der Mutter, daß sie diese nochmals in die Waschmaschine steckte und erneut bügelte. Sie tat dies auch einige Male, versuchte aber dann, seine Forderung dadurch zu erfüllen, indem sie die saubere Wäsche zwar in den Waschraum brachte, dort aber die erforderliche Wasch- und Bügelzeit verbrachte und ihm dieselbe Wäsche als frischgewaschen und gebügelt präsentierte. Besonders schlimm für alle Beteiligten wurden zunehmend seine abendlichen Duschrituale, bei denen er stundenlang duschte und dabei mehrere Flaschen Duschgel verbrauchte, sich die Fingernägel schrubbte bis sie bluteten und die gesamte Haut spröde, rissig und wund wurde. Auch aufgrund der zunehmend hohen Wasserrechnungen versuchten die Eltern ihn am ausgedehnten Duschen zu hindern, worauf er jedoch ausgesprochen aggressiv wurde und Eltern und Geschwister sogar tätlich angriff. Er konnte schließlich keine Zeitungen und Bücher mehr lesen, weil er meinte, darin könnten verseuchte Menschen vorkommen. Auch seine Schulbücher konnte er nicht mehr berühren, so daß es bald zu einem deutlichen Leistungsabfall in der Schule kam, da er keine Schularbeiten mehr machte und auch dem Unterricht nicht mehr folgen konnte. Besonders mit der Mutter, die den Jungen sehr bedauerte und mit ihm litt, führte er endlose Diskussionen über Sinn und Unsinn seiner Gedanken und Handlungen. Auf ihre verzweifelten Versuche, ihm deutlich zu machen, daß eine Verseuchungsangst und die daraus resultierenden Handlungen doch jeder realistischen Begründung entbehren, gab er immer wieder zur Antwort, daß er wisse, daß es Unsinn sei, aber er es einfach tun müsse. Die Geschwister hatten anfangs teils vesucht, ihm zu helfen, teils aber bald resigniert oder auch aggressiv reagiert. Mehrfache Versuche der Eltern, ihn einem Arzt oder Psychologen vorzustellen, scheiterten an seinem heftigen Widerstand. Erst als die Symptomatik so schlimm wurde, daß sowohl der Junge als auch die Eltern vor der Dekompensation standen, fanden Mutter und Sohn den Weg zum Therapeuten.

Induzierte Gefühle und daraus abgeleitete Strategien der Diagnostik

Sowohl der Junge als auch die Mutter signalisierten beim Erstgespräch einen extrem hohen Leidensdruck. Zudem war der Therapeut den Eltern als „Kapazität" avisiert, den sie als „letzte Rettung" ansahen. Da die Diagnose einer Zwangsstörung bereits aus der Symptomatik eindeutig zu stellen war und der Schweregrad so geschildert wurde, daß eine Dekompensation des Jungen mit schulischer und familiärer Desintegration, wie auch eine drohende Dekompensation der Familie gegeben schien, wurde die Indikation zu einer stationären Aufnahme gestellt. Diese wurde jedoch vom Patienten, aber auch von der Mutter aus Angst vor den gesellschaftlichen Auswirkungen für Schule und Elternhaus vehement abgelehnt. Die Ambivalenz der Therapiemotivation bei Patient und Mutter äußerte sich nonverbal etwa so: „Bitte helfen Sie uns, aber so, daß wir dabei nichts tun müssen". Vor dem Hintergrund eines sehr hohen Anspruchs entstanden beim Therapeuten Gefühle von Ärgerlichkeit und Abwehr. Die Zustimmung des Therapeuten, zunächst in eine probeweise ambulante Psychotherapie einzuwilligen, ist als Zugeständnis an die große Erwartungshaltung zu sehen.

Kontext

Das Auftreten der dramatischen Zwangssymptomatik wurde von der Familie als Einbruch in ein bis dahin harmonisches und glückliches Familienleben gesehen. Bis dahin lief alles wie gewohnt, nach Plan. Man lebte in dem Bewußtsein, daß alle in einer glücklichen, harmonischen Großfamilie lebten. Die Großeltern mütterlicher- und väterlicherseits lebten in unmittelbarer räumlicher Nähe und gingen im Elternhaus ein und aus. Die Kinder zeigten im Gymnasium oder der Grundschule gute Leistungen, waren sozial gut integriert. Die Ehe wurde als „normal" beschrieben. Finanzielle oder sonstige Belastungen wurden negiert. Die Mutter war stets halbtags berufstätig gewesen. Vormittags war die Großmutter väterlicherseits im Haushalt und kochte für die gesamte Familie.

Situative Dynamik

2 Aspekte erscheinen für die Entwicklung der Zwangssymptomatik von besonderer Bedeutung:
Der Patient war im Alter von 13 Jahren sehr rasch in die Pubertät eingetreten, begleitet von einem massiven Körperwachstum, das ihn im Alter von 14 Jahren mit einer Körpergröße von 180 cm bereits als jungen Mann erscheinen ließ. Die Pubertät überfiel ihn geradezu, er hatte sich nie mit sexuellen Themen auseinandergesetzt bzw. diese vehement vermieden und abgewehrt. Er war bis dahin immer der „liebe, brave Junge" gewesen, der durch sein angepaßtes Verhalten von den Eltern und Großeltern den Geschwistern gegenüber immer als Vorbild dargestellt wurde. Mit Eintritt der Pubertät wurde er verschlossen, ernst und zurückhaltend. Zeitgleich hierzu stieg der ältere Bruder zum „Star" in der Familie auf. Er wurde deshalb besonders vom Vater, aber auch von anderen Familienmitgliedern bewundert und in den Mittelpunkt gestellt.

Anamnese

Der Patient wurde als zweites von 4 Kindern (3 Brüder, 1 Schwester) geboren.

Schwangerschaft, Geburt und frühkindliche Entwicklung verliefen ohne Besonderheiten. Er war ein ruhiges und freundliches Kind. Mit Eintritt in den Kindergarten habe er anfangs starke Trennungsängste gezeigt, fügte sich aber dann ohne Probleme in den Kindergarten ein. Wegen seiner Bravheit und Freundlichkeit wurde er als „blondgelockter Sonnenschein" besonders von der Mutter und den Großmüttern bevorzugt und verwöhnt. Er sei von klein auf immer sehr ordentlich, hilfsbereit und sparsam gewesen. Nach der Einschulung wurde er bald zu einem ehrgeizigen und fleißigen Musterschüler. Seine Leistungen waren immer über dem Klassenniveau, sein Verhalten wurde als einwandfrei gelobt. Er habe zwar wenige, aber dafür dauerhafte Freundschaften gehabt. Allerdings ließ er seine Freunde ungern in sein Zimmer aus Angst, sie könnten dort Unordnung machen. Zuhause habe er von sich aus gerne Pflichten übernommen, wie etwa jahrelang das Frühstück vorbereiten, abwaschen, abtrocknen, aufräumen, Besorgungen machen, Rasen mähen und andere Gartenarbeiten. Besonders da die Geschwister im Haushalt eher durch Abneigung und Faulheit auffielen, wurde er immer als das Vorbild hingestellt. Nach dem Übertritt in das Gymnasium kam es zu einem leichten Leistungsabfall. Er erlebte diesen (objektiv von sehr guten zu guten bis befriedigenden Leistungen) als Niederlage, obwohl sich seine Eltern damit zufriedengaben. Er habe sich gerne sportlich betätigt (Tennis, Fußball, Radfahren) und sei auch in Vereinen gewesen. Nach einem massiven Wachstumsschub und Eintritt in die Pubertät sei er extrem schamhaft geworden, habe sich verschlossen gezeigt. Fragen der sexuellen Aufklärung habe er nie gestellt, obwohl man mit diesen Themen in der Familie recht freizügig umgehe. Zu seinen Geschwistern habe er eher ein distanziertes Verhältnis. Da er immer als Vorbild dargestellt wurde, sei er oft deswegen gehänselt worden. Er empfinde seine Brüder als zu oberflächlich und zu leichtfertig, allenfalls zu seiner jüngeren Schwester habe er einen Zugang (Tab. **1**).

Familienanamnese

Die 50jährige Mutter sei vaterlos aufgewachsen und sehr leistungsorientiert erzogen worden. Sie habe sich immer nach einer Großfamilie gesehnt. Sie schildert sich als ängstlich, vorsichtig, auch überbehütend, aber auch spontan: „Ich trage das Herz auf der Zunge". Deswegen werde sie häufig auch vom Ehemann gemaßregelt. Sie sei trotz der 4 Kinder immer berufstätig gewesen, da sie ihren pädagogischen Beruf sehr liebe und sie die Kinder durch die Großmutter väterlicherseits gut versorgt wisse. Dennoch seien ihr immer seitens der Großmütter mehr oder weniger deutliche Vorwürfe gemacht worden, daß sie nicht ganz für die Familie da gewesen sei. Sie habe deswegen auch Schuldgefühle, ob dieser Umstand etwas mit der Erkrankung des Patienten zu tun habe. Besonders zu dem Patienten habe sie immer ein sehr enges Verhältnis gehabt, da sie einige Wesensverwandtschaften zu ihm entdeckt habe.

Der 49jährige Vater ist freiberuflich in einem akademischen Beruf tätig. Auch er sei sehr streng und leistungsorientiert erzogen worden. Er schildert sich selbst als Verstandesmensch, sehr ordnungsliebend, vielleicht auch pedantisch und zwanghaft, der sich nur

Tabelle **1** Lebenslauf bis zur Erkrankung

Äußere Entwicklung, Ereignisse	Alter/ Jahre	Verhalten, Psychopathologie, Psychodynamik
Geburt als 2. von 4 Kindern	0	
Aufgrund der Berufstätigkeit der Mutter halbtags immer von der Großmutter versorgt	1 2	altersgerechte frühkindliche Entwicklung
Eintritt in den Kindergarten	3	Trennungsängste, überangepaßtes, „braves Kind" als „blondgelockter Sonnenschein" besonders von Großmutter und Mutter bevorzugt und verwöhnt
Einschulung	6	„Musterschüler", Klassenbester, vorbildliches Verhalten, wenige, aber dauerhafte Freundschaften, ordnungs- und sauberkeitsliebend, sparsam, ehrgeizig
Übertritt in das Gymnasium	10	erlebt „Leistungsabfall" von sehr gut auf gut bis befriedigend als Niederlage
Sportliche Aktivitäten (Tennis, Fußball)	12	Vorbildfunktion in der Familie
Rascher Eintritt der Pubertät Wachstumsschub (auf > 180 cm)	13	extreme Schamhaftigkeit, Verschlossenheit, „unfreundlich"
Eltern und Großmütter mißbilligen sein Verhalten, älterer Bruder steigt zum „Star" der Familie auf	14	erste Zwangssymptome: Waschzwänge aus Angst vor Verseuchung; Weigerung, zum Arzt zu gehen

schlecht über Gefühle äußern könne. Er habe immer von einem sehr engen Familienverband geträumt, in dem alle harmonisch und verständnisvoll miteinander umgehen. Durch die Symptomatik des Patienten fühle er sich stark verunsichert in seinem ganzen Lebensentwurf.

Untersuchungsergebnisse

Psychopathologischer Befund

Der 15jährige körperlich akzelerierte Jugendliche (Körpergröße auf der 97er Perzentile, Körpergewicht auf der 75er Perzentile) wies körperlich-neurologisch keine Besonderheiten auf. Ebenso waren die Laborparameter ohne pathologischen Befund. Psychopathologisch war der Jugendliche stets in allen Qualitäten voll orientiert, Hinweise für inhaltliche oder formale Denkstörungen sowie für psychotisches Erleben ergaben sich nicht. Er konnte sich verbal gut ausdrücken, war dabei stets auf eine korrekte Ausdrucksweise bedacht und war stark verstandesorientiert. Er hatte große Mühe, über sein Gefühlsleben zu sprechen, wehrte Gespräche darüber auch stark ab, fand dieses sowohl bei sich selbst als auch bei anderen Menschen unwichtig. Dem Therapeuten gegenüber war er einerseits sehr devot und unterwürfig, gab sich kooperativ, andererseits konnte er sehr abweisend, negativistisch, abwertend und feindselig sein. Affektiv war er gedrückt bis gleichgültig oder resignierend. Im Hinblick auf seine Zwangsgedanken und -handlungen gab er an, er wisse wohl, daß diese unsinnig seien, er könne sich aber einfach dagegen nicht wehren. Anfangs habe er die Waschrituale als erleichternd oder spannungslösend empfunden, doch dann seien sie zunehmend zu einer einzigen Qual für ihn geworden, unter der er sehr zu leiden habe. Suizidideen wurden aktuell und im weiteren Verlauf zwar gelegentlich angegeben, jedoch nie ernsthaft in Erwägung gezogen, da diese mit seinen Moralvorstellungen nicht in Einklang zu bringen seien.

Die testpsychologischen Befunde ergaben eine gut durchschnittliche Intelligenz ohne Hinweise für Teilleistungsschwächen oder hirnorganisch bedingte Lernstörungen.

Psychodynamischer Befund

Der Ausbruch der Zwangssymptomatik ist unter 2 wesentlichen Aspekten zu sehen. Der Patient war als Kind in dem Bewußtsein aufgewachsen, etwas ganz Besonderes zu sein. Aus dem liebenswürdigen, blondgelockten Kleinkind wurde ein ehrgeiziger Musterschüler, der durch seine Tugenden, wie soziales Wohlverhalten, Zielstrebigkeit, gute Schulleistungen, Helfer im Haushalt für die Familie, zum Vorbild wurde. Der Eintritt in die Pubertät mit raschem Körperwachstum und damit verbundenen sexuellen Triebimpulsen wurde für ihn zu einer Bedrohung, da er bisher sinnliche und sexuelle Triebimpulse weitgehend abgewehrt hatte. Er wurde verschlossen, abweisend und abwehrend, was auf Verständnislosigkeit bei Eltern und Großmüttern stieß. Parallel hierzu war der ältere Bruder durch seine vitale und leichtlebige Art (die Schule schaffte er „mit links", hatte zahlreiche Freunde und Freundinnen, ging auf Partys) zum bewunderten „Star" der Familie aufgestiegen. Durch die Zwangssymptomatik rückte der Patient wieder in den Mittelpunkt der Familie, die er damit beherrschte. Diese Konstellation scheint der Schlüssel dafür zu sein, weswegen es im folgenden Verlauf immer wieder zu Rezidiven kam und die Symptomatik letztlich therapeutisch nicht zu beherrschen war.

Diagnose

Nach der *OPD* sind die 5 Achsen wie folgt zu umreißen:

Achse 1 (Behandlungsvoraussetzungen). Sowohl zu Anfang als auch im weiteren Verlauf ist die Behandlungs- und Änderungsmotivation von ausgeprägter Ambivalenz gekennzeichnet. Einerseits wird ein starker Leidensdruck signalisiert, andererseits stehen massive Widerstände, auch nur in kleinen Dingen an einer Veränderung mitzuwirken, im Vordergrund. Der Widerstand ist jedoch nie so groß, daß die Therapie abgebrochen wird, da dies einer überangepaßten Haltung und einem hohen moralischen Anspruch entgegensteht. Die Darbietung der Symptomatik, der subjektive und objektive Schweregrad ist stark ausgeprägt.

Achse 2 (Beziehung). Die Beziehungen des Patienten zu seinen Eltern, seiner Familie, den Lehrern wie auch zum Therapeuten sind durch starke Entweder-oder-Polarisierungen gekennzeichnet. Sie sind entweder „moralisch hochstehend" oder „minderwertig tiefstehend, also verachtenswert". Es fehlen jegliche Zwischentöne im Sinne von „sowohl – als auch" oder „einerseits – andererseits". Dem Patienten fehlen jegliche Möglichkeiten, aktiv oder aggressiv zu handeln. Dies ist ihm nur über die Zwangssymptomatik möglich.

Achse 3 (Konflikte). Aufgrund einer narzißtischen und anankastischen Persönlichkeitsstruktur können alterstypische Identitäts-, Autoritäts-, Autonomie- und sexuelle Triebkonflikte nicht adäquat bewältigt werden. Vor dem Hintergrund eines extrem hohen Ich-Ideals und starker Über-Ich-Instanzen einerseits und extremen Insuffizienz- und Selbstunwertgefühlen andererseits stellt die Zwangssymptomatik einen Bewältigungsversuch dar, um besonders aggressive Impulse, zumindest zeitweise ohne Schuld ausleben zu können. Andererseits dient sie als Alibi dafür, sich Leistungsanforderungen nicht stellen zu müssen.

Achse 4 (Struktur). Der Jugendliche wies in ungewöhnlicher Weise bereits seit dem Kleinkindalter deutlich umrissene Persönlichkeitsstrukturen auf, die sich im weiteren Verlauf als permanent erwiesen. Im Sinne einer anankastischen Persönlichkeitsstruktur zeigten sich Eigenschaften wie starke Ordnungs- und Sauberkeitsliebe, Sparsamkeit, hohes Selbst- und Über-Ich-Ideal, asketische Wertideale o.a. Fener sind die Kriterien einer narzißtischen Persönlichkeitsstörung (Mittelpunktstreben, Größenphantasien, Kränkbarkeit, Anspruchshaltung, Beziehungen zwischen Idealisierung und Entwertung, Mangel an Empathie) erfüllt. Diese Persönlichkeitsstrukturen zeigen sich besonders in der Art seiner Objektbeziehungen, seinem Bindungsverhalten und in der Art seiner Kommunikation. Die psychischen Strukturen sind starr und unflexibel, deutlich verstandesgesteuert, wobei die Selbst- und Fremdwahrnehmung besonders im Bereich der Gefühlswelt deutlich unterentwickelt sind.

Achse 5 (Diagnose). Nach der *ICD-10* sind die Kriterien von **F42.2** (Zwangsstörungen mit Zwangsgedanken und -handlungen gemischt) erfüllt.

Weitere Diagnosen:

- narzißtische Persönlichkeitsstörung **(F60.8)**,
- anankastische (zwanghafte) Persönlichkeitsstörung **(F60.0)**,
- zeitweise waren die Kriterien einer depressiven Episode **(F32)** erfüllt.

Therapieverlauf

Bereits bei der Erstvorstellung wurde trotz des vom Patienten und seiner Familie signalisierten starken Leidensdrucks eine ambivalente Therapiemotivation deutlich. In den tiefenpsychologisch orientierten Einzelgesprächen mit dem Patienten wurde versucht, die Bedeutung des Widerstands seitens des Patienten, aber auch seitens der Mutter zu ergründen. Hier wurde bald deutlich, daß der Patient durch seine Symptomatik innerhalb der Familie eine starke Machtposition innehatte. Trotz seiner subjektiven Leiden und Nachteile schien er es doch zu genießen, daß sich die gesamte Familie um ihn kümmerte und er das Hauptthema war. Trotz großer signalisierter Bereitschaft seitens der Mutter am Therapiekonzept mitzuwirken, gelang es ihr jedoch nicht, entsprechende Empfehlungen im familiären Alltag (Nichteingehen auf endlose Diskussionen über die Zwangssymptomatik, Unterlassen sinnloser Handlungen im Zusammenhang mit der Zwangssymptomatik usw.) umzusetzen. Hier wurden im weiteren Verlauf deutliche Schuldgefühle der Mutter deutlich, die aus ihrer Berufstätigkeit und den Vorwürfen deswegen seitens der Familie resultierten. Der Jugendliche reagierte auf den Therapeuten, dem er anfangs eher unterwürfig und hilfesuchend begegnete, zunehmend abwertend bis feindselig („Solche dämlichen Fragen hat mir noch keiner gestellt") und drohte mehrfach mit Abbruch der Therapie. Dennoch erschien er regelmäßig zu den vereinbarten Terminen. Im weiteren Verlauf kam es zu einer massiven Verschlimmerung der Zwangssymptomatik. Der Jugendliche zog sich von seinen Freunden und allen sportlichen Aktivitäten zurück, in der Schule kam es zu deutlichen Leistungseinbußen, so daß er und seine Familie in den Sommerferien an den Rand ihrer Belastungsfähigkeit gekommen waren.

Die stationäre Aufnahme erfolgte unter der Bedingung, daß er weiterhin seine Schule besuchen durfte. Im stationären Setting zeigte er weiterhin starke Widerstände bei der Durchführung verhaltenstherapeutischer Maßnahmen. Er begann, die gesamte Familie aggressiv auszugrenzen, indem er sie als verseucht erklärte und folglich Wochenendbeurlaubungen verweigerte. Die Familie und besonders die Großmütter reagierten hierauf außerordentlich gekränkt und verständnislos. Auch die Eltern äußerten erstmals den Wunsch, ihn in ein Heim oder eine Wohngemeinschaft „wegzugeben".

Nach 6 Monaten schließlich, als dem Patienten klar wurde, daß die Eltern fest entschlossen waren, sich von ihm zu trennen, war er bereit, aktiv an verhaltenstherapeutischen Maßnahmen teilzunehmen. Er wurde daraufhin nach relativ kurzer Zeit symptomfrei und konnte entlassen werden. Als er sich zu Hause wieder nahezu „normal" bewegte, waren die Eltern der Meinung, er habe die ganze Zeit mit ihnen nur „gespielt" und waren gekränkt. Er konnte relativ erfolgreich das laufende Schuljahr abschließen. Während der Sommerferien äußerte er in der weiterlaufenden ambulanten Psychotherapie, daß er eigentlich ohne die Zwänge nicht leben könne, und „ich habe so viel Wohlbefinden gar nicht verdient". Es kam zum erneuten Ausbruch und raschen Exazerbation der Zwangssymptomatik. Die Eltern reagierten gekränkt und signalisierten, daß sie nicht mehr bereit seien, ihn weiterhin zu Hause zu ertragen: „Es ist die reinste Tyrannei".

Er wurde daraufhin in eine therapeutische Wohngemeinschaft aufgenommen und ambulant begleitend weiter psychotherapeutisch betreut. Hier gingen die Zwangssymptome zunächst deutlich zurück. Die Schulleistungen besserten sich, und auch das Verhältnis zu den Eltern normalisierte sich. Die Erkrankung des Therapeuten über mehrere Monate wurde vom Patienten außerordentlich beunruhigend erlebt. Obwohl weiterhin telefonischer Kontakt bestand, kam es zu einer Verschlimmerung der Zwangssymptomatik, die sich durch die Verordnung von Antidepressiva nur leicht besserte.

Da sich die Betreuer in der Wohngemeinschaft jedoch außerstande sahen, ihn weiter zu betreuen, erfolgte die zweite stationäre Aufnahme. Mit verhaltenstherapeutischem Setting,

Verordnung von Antidepressiva und tiefenpsychologisch orientierten Einzel- und Familiengesprächen klangen die Symptome ab. Der Patient äußerte jedoch, daß er sich eigentlich auf die Zwänge schon eingestellt habe und erkannte: „Eigentlich brauche ich die Zwänge, ich habe dadurch viele Vorteile". Von der Klinik aus konnte er dennoch die 12. Klasse erfolgreich abschließen.

Auf Drängen des Therapeuten und der Eltern willigte er in eine konsequente stationäre Verhaltenstherapie in einer süddeutschen psychiatrischen Klinik ein, zumal sich gezeigt hatte, daß das regressive Milieu einer jugendpsychiatrischen Klinik ihm nicht gut tat. Nach 4monatiger Behandlung in der Klinik (Verhaltenstherapie, Antidepressiva) wurde er symptomfrei entlassen („Ich wollte die Therapeutin nicht enttäuschen"). Danach Rückkehr in eine eigene Wohnung, ambulante Psychotherapie, Bestehen des Abiturs.

Bei objektiv bestehender Symptomfreiheit (subjektiv: „Es ist noch nicht vorbei") offensichtliches Wohlbefinden bei der Ausführung von Hilfsjobs in einem Kaufhaus. Er engagierte sich in politischen Arbeitskreisen, hatte Kontakte zu seinen Freunden, gab aber an, lieber alleine zu sein. Danach Entschluß zur Aufnahme eines Studiums in Süddeutschland, wobei dieser Studienort gewählt wurde, um seine ehemalige Therapeutin in der Nähe zu haben. Nachdem er feststellte, daß diese nicht mehr an der Klinik arbeitete, gab er sein Studium nach 4 Wochen auf und kehrte ins Elternhaus zurück. Danach Umzug in eine Großstadt und Versuch eines Studiums. Wiederauftreten der Zwangssymptomatik, ambulante Verhaltenstherapie, die jedoch vom Patienten abgebrochen wurde, da er den Therapeuten nicht für kompetent genug hielt.

Erneute stationäre Aufnahme für Monate in Süddeutschland. Dort schwerste Zwangssymptomatik, die teilweise psychosenah erschien. Versuch mit Verhaltenstherapie, Antidepressiva und Neuroleptika wenig erfolgreich, da er kaum Bereitschaft zeigte, aktiv mitzuwirken. Eine empfohlene Rehabilitationsmaßnahme wurde abgelehnt („Ist unter meinem Niveau"). Auf eigenen Wunsch Rückkehr in die Großstadt, um das Studium wieder aufzunehmen. Die Zwangssymptome bestehen unvermindert fort. Er ist kaum in der Lage, am Studium teilzunehmen. Er lebt völlig zurückgezogen in der eigenen Wohnung. Er geht widerwillig auf drängenden Wunsch der Eltern zu einem Therapeuten. „Ich habe schon so viele gute Therapeuten erlebt. Ich finde es ja auch toll, was die alles für mich getan haben, aber mir kann keiner helfen".

Bezeichnend für das subjektive Erleben und die Einschätzung des Patienten in bezug auf seine Krankheit sind seine umfangreichen schriftlichen Ausführungen, die er während eines stationären Aufenthalts formuliert hatte: „Was würde ich an unangenehmen Dingen in meinem Leben ohne Zwänge in Kauf nehmen? Daß ich die Sonderrolle, die mich immer in den Mittelpunkt der Familie gestellt habe, verlieren würde". „Wenn ich keine Zwänge mehr hätte und gesund wäre, würde ich meiner Meinung nach einen erheblichen Identitätsverlust erleiden. Wenn ich die Zwänge nicht mehr hätte, müßte ich befürchten, sehr viel Aufmerksamkeit, Mitgefühl, vielleicht sogar Attraktivität einzubüßen. Weiterhin müßte ich mir eingestehen, daß ich nur ein normaler Durchschnittsmensch ohne besonders große Fähigkeiten in irgendeinem Bereich bin. Vielleicht sogar ein Versager". Er hat große Angst vor der Freiheit, die er als gesunder Mensch hätte. „Wenn es mir aber irgendwann einmal doch gelingen sollte, irgendeinen versteckten Wert in mir zu entdecken, brauche ich vielleicht die Zwänge nicht mehr als Krücke und kann mich auch als gesunden Menschen akzeptieren" (Tab. **2**).

Tabelle 2 Krankheits- und Therapieverlauf

Äußere Entwicklung, Ereignisse	Alter/ Jahre	Verhalten, Psychopathologie, Psychodynamik
Erstvorstellung wegen massiver Weigerung zur stationären Aufnahme, ambulante Einzel- und Familientherapie	15 16	Exazerbation der Zwangssymptomatik massive Abwehr gegen ambulante Therapie, aber regelmäßige Wahrnehmung der Termine; Verschlimmerung der Zwangssymptomatik, Isolation, Aufgabe aller sportlichen Aktivitäten, Leistungsabfall, Tyrannisierung der Familie, die durch Zwangssymptome vollends beherrscht wird
Erste stationäre Aufnahme (7 Monate)		Außenschulbesuch, dort eher unauffällig, starke Widerstände gegen verhaltenstherapeutisches Setting wie auch gegen Einzeltherapie; Ausgrenzung und Ablehnung der Familie außer Ke. Zunehmende Kränkung der Ke, Wunsch ihn „wegzugeben" Nach 6 Monaten Bereitschaft, aktiv an verhaltenstherapeutischen Maßnahmen teilzunehmen, um das Schuljahr erfolgreich abzuschließen; rasche Symptomfreiheit (4 Monate andauernd); Eltern: „Es ist ein Wunder geschehen"
Entlassung in ambulante Psychotherapie; erfolgreicher Abschluß des Schuljahrs	17	Während der Sommerferien zunehmend Zwangsgedanken und -handlungen: „Ich kann ohne das nicht leben", „Ich habe so viel Wohlbefinden nicht verdient" Eltern sind nicht mehr bereit, ihn zu Hause zu ertragen
Aufnahme in eine *therapeutische Wohngemeinschaft*, begleitende ambulante Psychotherapie (5 Monate), Exazerbation der Zwangssymptomatik, Besserung unter Antidepressiva, Abklingen der Symptome; „Eigentlich brauch ich die Zwänge, ich habe dadurch viele Vorteile". Auf Druck des Therapeuten und der Eltern Einwilligung zu einer konsequenten stationären Verhaltenstherapie in einer süddeutschen psychiatrischen Klinik	18	Besserung der Zwangssymptomatik, der Schulleistungen und des Verhältnisses zu den Ke Erkrankung des Therapeuten, trotzdem regelmäßiger telefonischer Kontakt Wohngemeinschaft sieht sich außerstande, ihn zu betreuen, daher: *zweite stationäre Aufnahme* (4 Monate): verhaltenstherapeutisches Setting; Antidepressiva, tiefpsychologisch orientierte Einzelgespräche, erfolgreicher Abschluß des 12. Schuljahrs

Tabelle 2 Fortsetzung

Äußere Entwicklung, Ereignisse	Alter/ Jahre	Verhalten, Psychopathologie, Psychodynamik
Dritte stationäre Aufnahme (4 Monate): Verhaltenstherapie, Antidepressiva	19	starker anfänglicher Widerstand, „aus Zuneigung zur Therapeutin" weitgehend symptomfrei entlassen
Einzug in *eigene Wohnung*, ambulante Psychotherapie Bestehen des Abiturs Hilfsjob im Kaufhaus (Bote, Lagerist)	20	Symptomfreiheit, Wohlbefinden, Engagement in politische Arbeit, gelegentliche Kontakte zu Freunden, aber ist „lieber alleine"
Entschluß zur Aufnahme eines *Studiums* in Süddeutschland	21	Wahl des Studienorts in Süddeutschland, um seine Therapeutin in der Nähe zu haben; Enttäuschung, daß diese nicht mehr an der Klinik ist; Abbruch des Studiums; Wiederauftreten der Zwangssymptomatik, totale Isolation, Unfähigkeit, Studium aufzunehmen
Rückkehr in das Elternhaus (2 Monate) Studienbeginn in Großstadt, eigene Wohnung, ambulante Verhaltenstherapie abgebrochen		
Vierte stationäre Aufnahme (8 Monate) in süddeutscher Klinik (Verhaltenstherapie, Antidepressiva, Neuroleptika)	22	schwerste Zwangssymptome, zeitweise psychosennah; wenig Bereitschaft, an therapeutischen Maßnahmen teilzunehmen; Ablehnung einer empfohlenen Rehabilitationsmaßnahme („Ist unter meinem Niveau")
Rückkehr zwecks erneuter Studienaufnahme in Großstadt	23	Fortbestehen der Zwangssymptome, kaum aktive Studienteilnahme, völlige Isolation in eigener Wohnung; geht widerwillig auf Wunsch der Eltern zu einem Therapeuten, „Mir kann keiner helfen"

Dauer, Effekte, Ende

Es wird über den Lebensweg eines jungen Mannes berichtet, der seit seinem 15. Lebensjahr bis zum heutigen 24. Lebensjahr an einer chronisch rezidivierenden Zwangsstörung leidet. Obwohl von Anfang an über einen erheblichen Leidensdruck mit dramatischen familiären und schulischen Einbußen geklagt wird, zieht sich wie ein roter Faden ein massiver Widerstand gegen alle therapeutischen Bemühungen durch den Therapieverlauf. Die Bedeutung dieses Widerstands wird erst nach den langjährigen ambulanten und stationären (tiefenpsychologischen, verhaltenstherapeutischen, psychopharmakologischen und familientherapeutischen) Therapieansätzen deutlich. Aufgrund einer anankastischen und narzißtischen Persönlichkeitsstruktur werden die Herausforderungen der Pubertät in bezug auf Autonomie, Selbstbehauptung, Integration von aggressiven und sexuellen Triebimpulsen, Individuation und aktiver Lebensbewältigung als bedrohliche und unlebbare Anforderungen erlebt, die er nur in der Fixierung auf die Zwangssymptomatik bewältigen kann. Die vielfältigen Erkenntnisse aus langjährigen Psychotherapien kann er nicht umsetzen, da für ihn die Verlockung zu groß ist, seine Identität und Vorteile aus dem Status des psychisch Kranken und Zwangsneurotikers zu ziehen. Indem er für sich in Anspruch nimmt, alle „renommierten Therapeuten" zur Resignation gebracht zu haben, fühlt er sich stark und überlegen. Er ist wieder der „Star" der Familie, sind doch seine Brüder im Studium wenig erfolgreich und seine Familie in steter Sorge um ihn. Der weitere Verlauf wird zeigen, ob er jemals in der Lage sein wird, die narzißtische Fixierung auf seinen Sonderstatus als Zwangskranker aufzugeben.

„Es ist alles so schmutzig" – Zwangsstörung eines 16jährigen Mädchens

E. Koch

Symptomatik

Seit dem 4. Schuljahr bestehe eine phasisch verlaufende, teils ausgeprägte Zwangssymptomatik, zunächst in Form von ritualisiertem Händewaschen, Duschen und Baden. Hinzugekommen seien Rituale, um Kontamination zu vermeiden, und der Wunsch nach Rückversicherung. Von Anfang an wurde die Mutter in hohem Maße in die Handlungen mit einbezogen und mußte sich ihrerseits z.B. vor dem Wäschewaschen ritualisiert reinigen. Nach 4 Jahren (Tab. 3) dann Verschärfung der Symptomatik und zunehmende Einengung: Anna konnte den öffentlichen Nahverkehr nicht mehr benutzen, es kam zu immer neuen „Kettenbildungen", die ihren Kristallisationspunkt im heimatlichen Ort und dort insbesondere in Form ungepflegt und schmutzig wirkender, aber auch verrucht und in ihren Augen obszön

Tabelle 3 Krankheits- und Therapieverlauf

Entwicklungs-aufgaben						
				Intimität und Sexualität		
			Selbstwertregulation			
			Identität			
				Individualität und Ablösung		
Konflikt		Identifikation			Rollenübernahme	
	Rivalität		Selbstbehauptung			
			(Akzeleration)			
		ödipal-	sexuelle Konflikte			
			Angst vor Triebüberwältigung			
		Unterwerfung gegenüber Kontrolle				
			Versorgung gegenüber Autarkie			
			Über-Ich und Schuldkonflikte			
Alter	3	6	9	12	15	18 Jahre
Symptomatik	Eifersucht	expansives Verhalten	Waschzwang			
	Rivalität		kein Körperkontakt zu den Eltern			
	Trotz		Ritualisierung und Einbeziehung der KM			
			Zählen, rituelles Reinigen			
			Vermeidung von Orten, Rückversicherungen			
				Abbruch des Schulbesuchs		
				Suiziddrohungen		
				Zwangsgedanken (Tod, Trennung)		
				aggressive Auseinandersetzung mit den Eltern		
Live events	Geburt der Schwester			Umzug		
		Krankheit der KM		Tod der KMM		
			Tod des KMV	Wegzug der besten Freundin		
			sexuelle Belästigung			
			„Urszene"			

KM Kindmutter
KMV Kindmutter-Vater
KMM Kindmutter-Mutter

erscheinender Menschen hatte. Über die Vorstellung, was diese Menschen berührt haben könnten und wie diese Berührungen weitergegeben wurden, mied Anna zuletzt vollständig den öffentlichen Raum, konnte keine vor Ort gekaufte Nahrung mehr zu sich nehmen und erlebte sich auch im Elternhaus zunehmend eingeengt (s. situativer Kontext).

Prämorbid wurde Anna als logisch-analytisch, nüchtern, trotzig und willensstark beschrieben.

Strategien der Diagnostik

Das erste Explorationsgespräch beinhaltete im Sinne einer psychodynamischen ... die Einschätzung relevanter Konflikte, wichtiger Beziehungsaspekte und dem Strukturniveau. In den ersten 14 Tagen nach der stationären Aufnahme fand die testpsychologische Untersuchung einschließlich einer ausführlichen Persönlichkeitsdiagnosik statt. Psychophysiologische und biochemische Untersuchungen sowie die Erhebung eines körperlich-neurologischen Status vervollständigten die diagnostischen Untersuchungen.

Kontext

Situative Dynamik

Seit 8 Wochen kam es zu einer Exazerbation der Erkrankung, Anna habe nicht mehr mit dem Bus fahren können, und sei schließlich von der Mutter mit dem Auto in die Schule gebracht worden; zuletzt habe sie sogar das Auto nicht mehr besteigen wollen. Zu Hause habe sie kaum noch etwas gegessen oder getrunken, habe stets darauf geachtet, als erste aus der Spülmaschine ein Glas herauszunehmen, die Getränkeflasche durfte das Glas nicht berühren. Ihre Kleidung habe sie genau geputzt, habe dabei manchmal für einen Schuh 1 Stunde gebraucht, sei so mit dem Putzen beschäftigt gewesen, daß sie es nur noch aus ihrer Sicht „schludrig" habe erledigen können, dies habe dann aber keine Entlastung mehr gebracht. Zuletzt habe sie auch nicht mehr daheim für 2–3 Tage auf die Toilette gehen können, habe in diesem Zusammenhang wohl auch mal in einen Eimer uriniert. Sie habe beim Putzen teilweise auch in rituell-magischer anmutender Weise gezählt, hauptsächlich, wenn sie meinte, dies würde von keinem anderen bemerkt. In der Wohnung habe sie darauf geachtet, nicht an die Türrahmen oder die Wände zu kommen. Wenn die Mutter sich Annas Anordnungen nicht fügen wollte, habe diese auch teilweise mit einem Suizidversuch gedroht.

Durch den Abbruch des Schulbesuchs, die teilweise aggressiv geführten Auseinandersetzungen zu Hause, die Reduzierung der Nahrungsaufnahme und die suizidalen Drohungen waren die Eltern gedrängt worden, Anna kinderpsychiatrisch vorzustellen.

Anamnese

Es lassen sich keine prä-, peri- und/oder postnatalen Risikofaktoren explorieren. Insbesondere finden sich keine Entwicklungsverzögerung und keine rigide Sauberkeitserziehung. Der Kindergartenbesuch erfolgte mit 4 Jahren, und es kam zu einer zeitgerechten Einschulung. Anna besuchte die 11. Klasse eines Gymnasiums und war eine überdurchschnittlich begabte Schülerin.

Familienanamnese

Die 44jährige Mutter ist gelernte Bürokauffrau und arbeitet an 3 Tagen in der Woche in einem Büro. Sie beschreibt sich selbst als ängstlich, unsicher und sowohl ihrem Mann als auch ihrer Tochter unterlegen. Massive Schuldvorwürfe beziehen sich auf ihr Versagen sowohl hinsichtlich der Erziehung als auch der Entwicklung der Krankheit von Anna. Der 3 Jahre ältere KV ist gelernter Wirtschaftsingenieur und arbeitet als Manager in einem großen Bankhaus. Herr K. imponiert als ein sehr korrekter, rationaler und situationsbeherrschender Vater, den mit E. in der Koalition gegen die Mutter eine sehr enge Beziehung verbindet. Die 13jährige Schwester von Anna besucht ebenso wie diese ein Gymnasium (Abb. **8**).

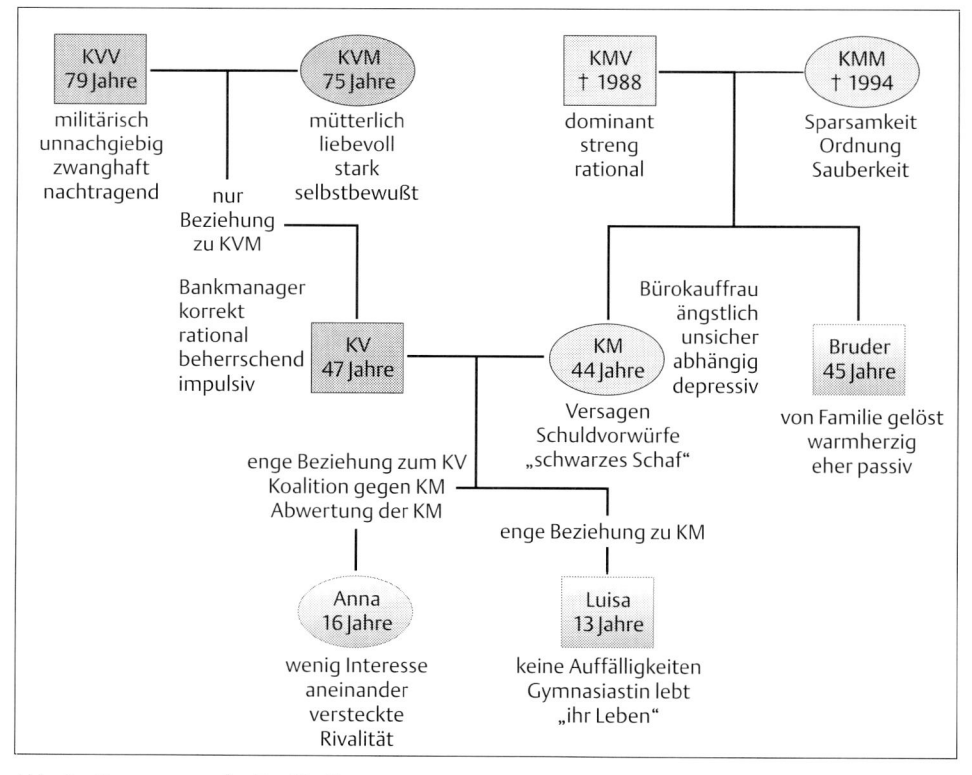

Abb. **8** Genogramm der Familie K.
KVV Kindvater-Vater
KVM Kindvater-Mutter
KMV Kindmutter-Vater
KMM Kindmutter-Mutter
KV   Kindvater
KM   Kindmutter

Untersuchungsergebnisse

- Körperlich-neurologischer Untersuchungsbefund unauffällig.
- EEG-Befund: Altersgemäß rasches EEG ohne konstanten Seitenunterschied, ohne Herdhinweis, ohne abgeleitete hypersynchrone Aktivität.
- Die Laborparameter lagen bei Aufnahme und im Rahmen regelmäßiger Kontrolluntersuchungen bei Anafranilgabe im Normbereich.
- Auch regelmäßig durchgeführte EKG-Ableitungen zeigten einen altersentsprechenden Normalbefund.

Psychologischer Untersuchungsbefund

Im *PSB* (*Prüfsystem für Schul- und Bildungsberatung*), einem differentiellen Intelligenztest, erreicht Anna mit einem Intelligenzquotienten von 128 eine überdurchschnittliche Leistung. Das Profil zeigt keine auffälligen Schwankungen. Besonders gut sind ihre Leistungen im abstrakt-logischen Denken und im räumlichen Vorstellungsvermögen.

Im *Satzergänzungstest* beschäftigt sich Anna hauptsächlich mit dem Zwang. Sie ist sich nicht sicher darüber, ob sie das Problem loswerden kann und fühlt sich sehr eingeschränkt. Sie hat keine Erklärung dafür. Wenn sie überhaupt Angst äußert, nimmt sie dies gleich wieder zurück. Es entsteht der Eindruck, daß sie zu Emotionen wie Angst und Ärger keinen Zugang hat und ihre Gedanken sich nur auf den Zwang konzentrieren, mit dem sie sich dann beschäftigt. Ihre Aussagen zu Familie, Familienbeziehungen und Freunden sind eher beschreibend. Sie spricht zwar Meinungsverschiedenheiten an, betont dann aber gleich, daß dies normal wäre. Zum Vater scheint sie ein eher von Achtung und Respekt geprägtes Verhältnis zu haben und sich ihm ähnlich wahrzunehmen („Wir sind beide Sturköpfe"; „Bei meinem Vater kann ich ein Nein nicht in ein Ja umdiskutieren"). Die Mutter dagegen nimmt E. eher als weich, schwankend und leicht zu manipulieren wahr. In ihren Kommentaren wird deutlich, daß sie sich in der Mutter ein Gegenüber wünscht, mit der sie sich ernsthaft auseinandersetzen könnte. Einerseits fühlt sich Anna sehr mächtig gegenüber der Mutter („weil ich sie kommandieren kann"); andererseits wünscht sie sich, daß die Mutter ihr Grenzen setzt, und es deuten sich Schuldgefühle wegen ihres Verhaltens der Mutter gegenüber an. In der Schule fühlt sich Anna offensichtlich wohl und traut sich viel zu. An Aktivitäten innerhalb der Schule (z.B. Theater-AG) scheint sie viel Spaß zu haben. Die Aussagen zu Sozialkontakten scheinen wenig auffällig. Insgesamt schildert sich Anna als „ganz normal", benennt keine Probleme. Wenn der Zwang nicht wäre, wäre alles aus ihrer Sicht ganz in Ordnung.

Um ein genaueres Bild darüber zu bekommen, wie E. die Beziehung innerhalb der Familie darstellt, sollte sie die Familie mit russischen Puppen stellen. Auffallend hierbei ist, daß sie für sich eine Puppe wählt, die keinen Unterleib mehr hat: sie und Vater; Mutter und Bruder bilden Untergruppierungen.

Zu den *Bildtafeln des TGT* (*Thematischer Gestaltungstest*) werden vom Inhalt her dramatische Geschichten erzählt (Eltern kommen beim Schiffsunglück um, ein Arzt stirbt an Malaria, ein Vater kommt bei einem Grubenunglück ums Leben), es werden aber keine Emotionen der handelnden oder betroffenen Figuren genannt. Auch in der Schilderung wirkt E. unbewegt und unabhängig vom Inhalt gleichbleibend heiter, unbefangen und eloquent. Trotzdem werden auch positive Bezüge zwischen Personen deutlich (Mutter tröstet ein Kind, Junge verrät seinen Freund nicht) und Mißverständnisse lassen sich auflösen.

Diagnose

Chronifizierte, seit 7 Jahren bestehende Zwangserkrankung des Kindes- und Jugendalters mit hauptsächlich rezidivierenden Zwangshandlungen (**ICD-10: F 42.1; DSM-IV: 300.3**).

Therapieverlauf

Unser multimodaler Therapieansatz umfaßte neben einem symptomorientierten verhaltenstherapeutischen Trainingsprogramm (Auflistung und Hierarchisierung der Problemfelder; Exposition in vivo; Responsevermeidung) eine tiefenpsychologisch orientierte Einzeltherapie zum besseren Verständnis und zur Bearbeitung dynamischer und struktureller Aspekte. Regelmäßige Familiensitzungen dienten insbesondere der Bearbeitung der „Verstrickung" der Mutter, der ungelösten ödipalen Konfliktsituation sowie insgesamt der Notwendigkeit, deutlich zu machen, daß die sogenannte „identifizierte Patientin" nicht die einzige hilfsbedürftige Person ist und es sich um eine behandlungsbedürftige Krankheit handelt.

Im Rahmen des therapeutischen Prozesses wurde rasch deutlich, daß die Symptomatik bei Anna neurosenpsychologisch nur unzureichend zu fassen war: Betrachtet man das Struktur-, Entwicklungs- und Ich-Organisationsniveau (Tab. **4**), so stand die Symptomatik des Mädchens auch im Dienst der Ich-Erhaltung, und sie stellte einen Versuch dar, die Beziehung zur Umwelt und zu ihr selbst aufrechtzuerhalten. Es findet sich eine mangelnde Angsttoleranz und neben der instabilen Ich-Struktur ein strenges Über-Ich. Weiter zeigte sich eine tiefe Unsicherheit im Umgang mit sexuellen und aggressiven Triebimpulsen. Die Abwehranalyse ergab sowohl reife Mechanismen wie Isolierung, Reaktionsbildung und Verschiebung, aber auch Idealisierungen, Spaltungen und Projektionen. Es war sehr schwierig in der therapeutischen Beziehung die Konflikte lebendig und spürbar (nicht affektisoliert) werden zu lassen. Kotherapeutische Angebote erlaubten Anna zunächst, nichtsprachlich durch „kreative Akte" eine emotionale Bewußtwerdung. Anna zeigte ein nur mäßig integriertes Strukturniveau mit einem teilweise auch externalisierten strengen Über-Ich, einer Schwäche der Affektdifferenzierung und einer mäßig bis gering integrierten Fähigkeit zur Abwehr.

Der Zwang verunmöglichte die Loslösung vom Elternhaus; die Identifizierung mit dem Vater und die Ablehnung der Mutter und damit auch der weiblichen Rolle konnte im Verlauf der Therapie bearbeitet werden. Im sozio- und milieutherapeutischen Raum wurde der Einbau erlernter Verhaltensmuster in den Alltag trainiert und eine Rückfallprophylaxe erarbeitet. Nach 4monatiger stationärer Behandlung war es noch nicht gelungen, die Symptomatik ausreichend zurückzudrängen, so daß wir eine medikamentöse Unterstützung mit Clomipramin (Anafranil) für sinnvoll erachteten. Obwohl es dabei zu Nebenwirkungen wie starkes Schwitzen und Tremor kam, gelang es Anna, in den nächsten Wochen gute Fortschritte zu machen, und wir konnten sie in deutlich stabilisiertem Zustand und ohne Zwangssymptome nach weiteren 8 Wochen entlassen.

Dauer, Effekte, Ende

Es ist nicht gelungen, die erlernten Verhaltensmuster in ausreichendem Maße auch auf das unmittelbare Lebensumfeld zu übertragen, was insbesondere noch durch die hohe Inten-

Tabelle 4   Funktionsniveaus der Zwangserkrankung (nach Streeck-Fischer)

Funktions-niveau	Neurotisch	Narzißtisch	Borderline	(Prä)-Psychotisch
Konflikt	Triebkonflikt	Angst/Gefahr vor Selbst-/Objektverlust (vorwiegend Objektverlust)	Angst/Gefahr vor Selbst-/Objektverlust (vorwiegend Selbstverlust)	Gefahr der Fragmentation
Struktur	Es-Ich- Über-Ich	gestörte Ich-Selbst-Struktur	gestörte Ich-Selbst-Struktur	Ich-Kerne
Objektbeziehung	Konstanz reife Objektbeziehungen	gute und böse Teilobjekte Beziehungen: flüchtig	gute und böse Teilobjekte Beziehungen: extrem	undifferenzierte Selbst-Objekte
Abwehr	reif (Isolieren, Reaktionsbildung, Verschieben, Verdrängung)	archaisch (Spaltung, Projektion, projektive Identifikation, Idealisierung, Entwertung.	archaisch (Spaltung, Projektion, projektive Identifikation, Idealisierung, Entwertung	Fragmentierung des inneren Erlebens
Realitätsbezug	erhalten	erhalten	teilweise erhalten	Realitätsverkennung
Ich-strukturelle Bedingungen	Funktionsstörung (konfliktbedingt)	Stabilisierung durch Größen-Selbst	Ich-Schwäche: mangelhafte Angsttoleranz, Impulskontrolle, Sublimierung	mangelhafte synte-tisch-integrative Funktionen, mangelhafte Ich-Grenzen

sität und lange Dauer der Störung erschwert wurde. Nach einer mehrmonatigen stabilen Phase mit leichten Zwangssymptomen und Vermeidungsverhalten begann Anna erneut mit ritualisierten Waschungen, Überprüfungen, Rückversicherungen, und es kam erneut zu einer ausgeprägten Einbeziehung der KM. Gleichzeitig mußten wir aufgrund sich verstärkender Nebenwirkungen das Medikament ausschleichen.

Wir nahmen das Mädchen erneut auf, erarbeiteten jedoch rasch eine Perspektive außerhalb der Familie. In einer therapeutischen Wohngruppe konnte Anna zunehmend auf die Symptomatik verzichten, wurde nach 1 Jahr von dort entlassen und begann ein Studium in einer anderen Stadt.

6. Schlafstörungen

„Ich werde schon nicht sterben, ich bin zäh" – Schlafstörungen eines 9jährigen Mädchens

G. Zeller-Steinbrich

Symptomatik

Die 9jährige Anna leidet seit dem Alter von 14 Monaten ohne organische Ursache an Schlafstörungen. Annas Mutter wurde vom Kinderarzt an mich verwiesen. Sie wirkt am Telefon unsicher, spricht mit feiner Stimme und sehr förmlich: „Wir bitten um eine Analysierung, woran es liegen könnte." Im Erstgespräch mit den Eltern werden tägliche Einschlafschwierigkeiten berichtet. Durchschlafschwierigkeiten mit Alpträumen, nächtlichem Aufschrecken oder Schreien wechseln mit Zeiten, in denen sie durchschläft.

Ihre heftigen Stimmungsschwankungen strapazieren die Mutter. Panische Angst habe sie seit dem Alter von 6 Jahren vor Feuer, besonders stark fürchtet sie, das Haus könne abbrennen, wovon sie auch oft angstvoll träumt.

Häufig sei sie appetitlos und esse nicht, oft wolle sie mit niemandem sprechen. In der Schule sei sie ängstlich und leise, wirke übersensibel. Ihre Leistungen seien wechselhaft und stimmungsabhängig.

Zu ihrem Einzeluntersuchungstermin wird Anna von beiden Eltern gebracht. Alle 3 Personen stehen wie Schutz suchend eng beieinander an der Tür. Diese erste Begegnung hat etwas untergründig Dramatisches, ich fühle mich diffus alarmiert, fürchte, die Eltern könnten sie nicht alleine lassen oder sie selbst könnte es ablehnen, alleine zur Untersuchung hereinzukommen. Mutter und Tochter wirken gleichermaßen bedürftig. Anna kommt dann sehr brav herein. Mein untergründiges Alarmiertsein und die Befürchtung, die Patientin könne „Schwierigkeiten" machen oder meine Möglichkeiten überfordern, verstehe ich als Gegenübertragungsreaktionen auf die Angstthematik sowie eine versteckte aggressive Problematik der Patientin, die sie mit Bemühungen um Anpassung zu bewältigen sucht. Möglicherweise haben sich die Eltern bei der Ankunft dieses Kindes ähnlich überfordert gefühlt, wie ich in dieser kurzen Initialsituation.

Kontext

Anna ist bei Behandlungsbeginn $9^{1}/_{2}$ Jahre und lebt mit den Eltern und einer älteren Schwester zusammen. Verstärkt haben sich ihre Schlafstörungen mit dem Kindergarteneintritt im Alter von knapp 4 Jahren. Nach den Ferien, mit Beginn der Schule, verschlimmern sie sich jeweils. Wenn sie unausgeschlafen ist, wirft sie sich manchmal unerwartet auf die Erde, protestiert wild bei Dingen, die sie sonst anstandslos tut. Sie zieht sich völlig zurück, wenn jemand nicht ganz so lieb zu ihr ist. Sie wirkt dann lustlos, freudlos, unbeteiligt.

Annas unausgeglichene Emotionalität und Sorge um die schulischen Leistungen sind der aktuelle Vorstellungsgrund.

Anamnese und Familienanamnese

Die Mutter, eine sehr hübsche, mädchenhaft und zerbrechlich wirkende Frau macht im anamnestischen Gespräch nur kurze Vorgaben. Der Vater führt jeweils das von ihr Begonnene fort. Er zeigt Sorge und Hilflosigkeit. Zu ihm kann ich leichter Kontakt finden als zur Mutter, die lächelt, wenn sie mich ansieht, dabei aber emotionslos und recht distanziert wirkt. Sie kenne Anna als „heiteres Kind", das „die Augen aufmachte und einen anlächelte". So sei Anna „eigentlich". Die berichtete Symptomatik und die weniger angenehme Seite ihrer Tochter scheint die Mutter abzuspalten. Sie überläßt es völlig dem Vater, über Annas Geburt zu sprechen. Reglos sitzt sie daneben auf der Stuhlkante. Als ich frage, wie sie die Geburt erlebt habe, wirkt sie bodenlos traurig: Es schaudere sie, wenn sie daran denke, alles sei so überstürzt gewesen, sie habe sich so überrumpelt gefühlt.

Anna wurde nach normal verlaufener Schwangerschaft zum errechneten Zeitpunkt als zweites Kind geboren. Auch der Klinikkoffer war gepackt, trotzdem kam die Geburt für die Mutter so überraschend, daß der Vater nachts um 4 Uhr plötzlich zu Hause Geburtshelfer sein mußte. Anna war dann ohne Komplikationen bereits geboren, als der Arzt kam und Mutter und Kind in die Klinik überwies.

Der Vater erzählt lebhaft, seine damalige Aufregung wird spürbar und auch sein Stolz. Die Darstellung wirkt auf mich so, als habe er im Grunde die Tochter geboren. Mich überfallen plötzlich Zweifel, vielleicht ist Anna gar nicht das Kind dieser Frau, vielleicht ist es nur sein Kind? Ich werde über die Realität unsicher und bezweifle, was ich gesagt bekommen habe.

Diese Irritation in der Wahrnehmung dessen, was wirklich ist, scheint einen Aspekt des Erlebens der Mutter zu spiegeln: Obwohl es ihre zweite Geburt war und der Zeitpunkt der Geburt bevorstand, verspürte sie keine körperlichen Anzeichen dafür. Sie hätte die Geburt beinahe verschlafen und erlebte sie dann wie einen „Schock". Der eher beiläufig berichtete Tod der eigenen Mutter gewinnt in diesem Zusammenhang zentrale Bedeutung: Während des letzten Schwangerschaftsmonats wurde plötzlich bei der Großmutter mütterlicherseits eine tödliche Erkrankung festgestellt, an der sie starb, als Anna 10 Tage alt war. Sie hatte vermutlich für die Selbstwahrnehmung von Annas Mutter eine große Bedeutung, da ihr Tod zu einem partiellen Ausfall eigener Körperwahrnehmungen geführt hat und sie die Geburtsanzeichen nicht wahrnehmen konnte.

Nach Annas Geburt war die Mutter froh, daß man ihr in der Klinik den Säugling „nur zwischendurch" brachte. Sie habe „keine Milch gehabt"; die Patientin bekam anfangs die Flasche. Mit 6 Wochen lehnte Anna dann jede Milch plötzlich ab und wurde mühsam mit kleinen Mengen Reisschleim gefüttert. Die Mutter hat, wie sie sagt, Anna als „Ablenkung" vom Tod der eigenen Mutter erlebt. Als Baby sei sie „ziemlich munter" und „wohlgemut" gewesen, habe einen angelacht, sobald sie die Augen öffnete.

Auch Annas Vater fühlte sich durch die verstorbene Großmutter im Stich gelassen, nun sei niemand mehr dagewesen, um auf den Säugling „aufzupassen".

Im Alter von 6 Wochen habe Anna nachts durchgeschlafen. Mit 14 Monaten begann sie jedoch, schlecht zu schlafen und „schlecht gelaunt" zu sein. Körperlich und sprachlich entwickelte sie sich ohne Auffälligkeiten. Sie hat im 3. Lebensjahr stark getrotzt.

Mit nicht ganz 4 Jahren ging sie bereitwillig in den Kindergarten, lief oftmals vor der Mutter her. Nach 4 Wochen gab es eine Unterbrechung wegen des Familienurlaubs. Kurzfristig wegbleiben und dann selbstverständlich wieder hingehen zu müssen ertrug sie nicht. Von da an gab es täglich größere Trennungsschwierigkeiten; sie weinte, klammerte sich an den Zaun und schrie. Ihre Schlafstörungen verstärkten sich. Da auch die Mutter nachts störbar war und nicht durchschlief, zog der Vater in das Gästezimmer. Anna schlief längere Zeit bei der Mutter, weil sie ohnehin nachts ankam und störte. Die Mutter konnte ihre eigenen Schlafstörungen besser bewältigen, indem sie nach der Tochter schaute und nicht allein war. Der Vater hilft sich in ähnlichen Situationen mit Schlaftabletten.

Als 6jährige schreckte Anna nachts durch Martinshörner der Feuerwehr aus dem Schlaf, und sie sah wie ein Gebäude in der Nähe abbrannte. Sie zeigte von da an Angst vor Feuer im eigenen Haus.

Mit knapp 7 Jahren kam sie in die Schule. Sie ging ganz gerne hin, außer wenn sie bei Streit niemanden hatte, der sie unterstützte.

Untersuchungsergebnisse

Anna wirkt zerbrechlich, spricht mit leisem Stimmchen, gibt sich sehr lieb und bemüht und geht auf alles bereitwillig ein, was ich ihr vorschlage. Auf die Frage, ob sie wisse, weshalb sie bei mir sei, seufzt sie: „Ach je, weil ich schlecht schlafe". Beruhigend fügt sie gleich an: „Aber ich habe heute schon viel besser geschlafen". Sie redet viel, vermeidet Pausen und Stille. Wenn sie nicht weiß, was sie tun oder sagen soll, wirft sie den Kopf nach links und rechts wie ein Clown oder ein Püppchen. Die Menschzeichnung malt sie dann auch als Clown mit einem kleinen Kreuz an jedem Auge. Tot- und Lebendigsein nehmen in ihrem Erleben eine zentrale Stellung ein. Das Zubettgehen erscheint im projektiven Testmaterial als schwere Strafe. Wenn sie vom Einschlafen erzählen will, kommt sie offen in Angst. In ihrem Selbstverständnis als „Helfvogel" und Clown scheint sich die Vorstellung auszudrücken, dem Vater beim Erhalt des „Hauses" (der Familie) und der Mutter mit heiterer Präsenz gegen Depression und innere Leere zu helfen.

Eine stabile und dauerhafte libidinöse Besetzung des mütterlichen Liebesobjektes und des eigenen Selbst war im 1. Lebensjahr dadurch beeinträchtigt, daß die Patientin hauptsächlich in zugewandten, positiven Stimmungslagen verstanden und beantwortet wurde und die Mutter symbiotische Aspekte aus der eigenen Mutterbeziehung auf die Beziehung zur Patientin übertrug. Indem sie ihr Baby äußerlich auf Distanz hielt, konnte sie die Trauer um die eigene Mutter besser abwehren. Die Patientin reagierte mit einer Ernährungsstörung im Alter von 6 Wochen. Die depressive Grundstimmung und mangelnde emotionale Lebendigkeit der Mutter während der Säuglingszeit prägten die frühen affektiven Identifizierungen der Patientin. Anna scheint wie ein Clown Trauer zu verstecken und fürchtet, sich unlebendig, leblos oder tot zu fühlen. Der Vater kann sie am ehesten in ihren lebendigen Seiten und ihrer Vehemenz bestätigen.

Die Trennung von Selbst-und Objektrepräsentanzen scheint wie die Selbst- und Objektkonstanz unsicher. Sie zeigt starke Furcht, es könne sich plötzlich alles verändern und hält an Übergangsobjekten fest. Im Alter von 14 Monaten, also mit zunehmender Differenzierungsfähigkeit zwischen verschiedenen Personen und zwischen Selbst und Nicht-Selbst, traten die Schlafstörungen und Mißlaunigkeiten der Patientin auf, weil sie nicht sicher sein konnte, ob sie und die Mutter eine Trennung bzw. einen Wechsel ertragen konnten. Als sich mit dem Kindergarteneintritt plötzlich wieder alles geändert hatte, führte ihr narzißtisches Ungleichgewicht zur deutlicheren Schwierigkeit, plötzliche und heftig andrängende Affekte zu kontrollieren und zum Rückzug aus schwierigen ausserfamiliären Beziehungen.

Auf ihre Angst vor Feuer scheint sie die Furcht vor Kontrollverlust und vor Verlust des Identitätsgefühls verschoben zu haben, als sie bei dem Brand aus dem Schlaf gerissen wurde. Sie hat Angst vor Gespenstern (innerlich unlebendigen Menschen, so wie sie die depressive Mutter erlebt haben wird und wie sie sich selbst manchmal fühlt). Trotz der Gefahr durch überwältigende Emotionen und auch auf die Gefahr hin, die anderen zu erschrecken, möchte sie sich aber lebendig fühlen.

Diagnose

Angstsyndrom mit depressiven Verarbeitungen (**ICD-10: F34.1**),
- Störungen der Schlaf-wach-Regulation und phobisch-hysterischen Elementen in der Abwehrstruktur vor dem Hintergrund einer frühen Beziehungsstörung (**ICD-10: F51.2, F51.5**).

Therapieverlauf

Schlafen als Verlassen und Tod. Der Wunsch, sich lebendig zu fühlen und die Kontrolle auch bei starken Gefühlsbewegungen zu behalten, wurde für die Behandlung zentral. Anna tut aber erst einmal alles, um mich und die Eltern zufriedenzustellen. Sie verzichtet auf eigene Wünsche, alle sind hocherfreut, daß sie bereitwillig kommt, wie sie ja auch anfangs bereitwillig in den Kindergarten ging, bis sie den erneuten Wechsel und die Trennung von zu Hause nicht mehr ertrug. Diese traumatische Trennungssituation, das Wegbleiben- und dann klaglos Wiederkommenmüssen, wird sich später vor einer Urlaubsreise von mir so wiederholen, daß ihre Bedeutung und Tragweite verstanden und in der therapeutischen Beziehung durchgearbeitet werden kann.

Anfangs verhält sie sich gleichmütig oder bemüht-heiter und kooperativ. Sie möchte sich nützlich machen (als Helfvogel). Sie bietet an, sich „sehr anzustrengen", um gut zu schlafen und sich so zu verhalten, wie ihre Mutter das wünscht: „Und wenn ich mich anstrenge, um glücklich zu sein und ganz lieb? Und wenn ich so tue, als wäre ich glücklich?" In einer Fülle freundlicher Äußerungen im Konversationsstil – die Mutter hatte ihr gesagt, sie solle mit mir reden – versteckt sie das wichtigste, das ich offenbar suchen soll. Kleine Versprecher, wenn sie z.B. erzählt, sie sei von ihren Eltern vor einem Tiergeschäft „ausgesetzt" worden, wirken wie Versuchsballons und setzen mich gerade durch ihre Beiläufigkeit in Alarmbereitschaft. In oberflächliches Geplauder eingestreute kleine Bemerkungen, wie die von ihren beiden Hamstern, die sterben mußten, bevor sie sich einen neuen kaufen durfte oder von Tieren, die unters Auto kamen, zeigen ihre unbewußte Phantasie, daß erst einer sterben muß, bevor etwas Neues, Lebendiges kommen kann und ihre Angst vor expansiven Wünschen. Diese Themen werden im Laufe der Behandlung u. a. an ihrer Angst, ich könnte weggehen und sterben und anhand ihrer nie versiegenden Wünsche nach Tieren durchgearbeitet.

Nie geht sie von zu Hause weg, ohne etwas mitzunehmen. Sie befragt mich zu unzähligen umfrisierten, umgezogenen Puppen und Stofftieren: „Hab' ich die schon mal mitgebracht?" Ich werde in meiner Wahrnehmungs- und Merkfähigkeit getestet wie ein symbiotisches Objekt, das sie jederzeit abfallen läßt und als Nichts zurückläßt, wenn es unzulänglich ist. In ihrer Art, mit mir umzugehen wird auch deutlich, daß sie sich wünscht, ich solle das mit ihr tun, was sie selbst gerne tun möchte, ihr aber dabei vorausgehen, damit sie sich an mir orientieren kann. Sie zweifelt sofort an meiner Eignung und zeigt sich hoch alarmiert, wenn sie vermutet, ich könnte selbst Schwierigkeiten haben: „ Sie haben ja Schatten unter den Augen! Haben Sie schlecht geschlafen?" Dabei sind die Stundenverläufe diffus und unstrukturiert wie Annas innere Situation, die von magischen Vorstellungen und einer egozentrischen Sicht der Dinge geprägt ist. Daß ich in den ersten Therapieferien zu Hause bleibe, scheint sie zu beruhigen.

Verbal komme ich ihr schnell zu nahe, wenn ich etwas über sie oder unsere gemeinsame Arbeit sage: sie wechselt dann das Thema oder lenkt ab.

Alleine etwas spielen mag sie nicht. Sitze ich in meinem Sessel knapp 3 m von ihr entfernt, ist das schon zu weit weg. „Nicht ganz nah, aber auch nicht zu weit" soll ich sein. Zu den ersten Stunden bringt sie eine Babypuppe mit, die sie auf dem Boden beiseite legt. Diesem „Säugling" wendet sie den Rücken zu und verhindert auch zunächst, daß ich mich ihm zuwende. Stattdessen soll ich im Rollenspiel oft ihr Gast sein. Sie kocht, kauft ein, bewirtet mich, und doch fühle ich mich nicht verwöhnt, sondern angestrengt. Meine Gegenübertragungsgefühle lassen mich an die Wiederannäherungsphase denken: Es ist mir zuviel und ich frage mich, ob sie es wirklich nötig hat, daß ich ihr so ganz und gar zur Verfügung stehe. Dabei fühle ich deutlich ihren Mangel und die große Bedeutung meiner Präsenz.

In der Beziehung zum Vater scheint sie mehr Sicherheit und Rückhalt erlebt zu haben. Aber er hat auch plötzlich „losgedonnert", was sie in ihrer Furcht, bei mir könne der Blitz einschlagen und es könne bei mir im Haus brennen, auf mich überträgt. Auf eine Deutung ihrer Sicherheitswünsche meint sie: „Wenn es brennt, stelle ich mich schnell unter Ihre Dusche, am liebsten unter die warme. Oder ich springe aus dem Fenster." Alles andere verbrenne, nur ihr geschehe nichts, und sie brate im Feuer ein Hähnchen. Sie zeigt mir, daß sie sich durchaus rabiat ausbreiten kann in ihren Feuerphantasien und auch in ihrem Umgang mit mir. Im Gegensatz zu ihren früheren Verlassenheitsgefühlen kann in der therapeutischen Beziehung diese Vehemenz ermöglicht, ausgehalten und als subjektive Erfahrung geteilt werden (Stern 1985).

Es geht ihr um den Rahmen unserer therapeutischen Beziehung auch unter extremen Bedingungen: „Muß ich auch noch kommen, wenn ich tot bin oder wenn Sie tot sind?" – „Du willst wissen, wie sicher das hier mit mir ist." – „Ja, jetzt hab' ich mich schon etwas daran gewöhnt." Sie kommt von da an oft mit lebenden Tieren zur Stunde. An ihnen zeigt und erlebt sie Aspekte ihrer selbst und erprobt, wie ich damit umgehe. Als sie den Hamster zum ersten Mal bringt, seufzt sie z.B behaglich. Bei mir sei „gutes Klima", nicht zu heiß und nicht zu kalt. Sie möchte mir den Hamster vorführen, aber ich merke, der ist müde. Ich gehe auf die Interessen des Tieres so ein, als seien es ihre eigenen. Der Hamster muß nichts tun, er darf bei mir schlafen, wenn er möchte. Anna erzählt daraufhin: „Ich schlafe manchmal mit dem Hamster. Dann kann ich gut schlafen." Einmal habe sie von abends acht bis morgens um halb neun geschlafen. Wir schauen zusammen den schlafenden Hamster an. „Vielleicht ist er tot", sagt Anna. An meinem Gegenübertragungsschrecken merke ich, daß sie den Unterschied zwischen Schlaf und Tod nicht sicher kennt. Sie selbst hat gefürchtet, nicht mehr aufzuwachen. Ich zeige ihr, daß der Hamster atmet.

Affektregulation, Aggression und sichere Grenzen. In der zweiten Behandlungsphase bezieht sich das Austesten meiner Zuverlässigkeit weniger auf meine Wahrnehmungs- und Merkfähigkeiten als auf die Zuverlässigkeit der von mir gesetzten Grenzen.

In Hinblick auf die Therapie und auf ihre Familie beschäftigt sie die Frage, ob sie „rausgeschmissen werden" kann. Während sie mit einem Arm eine ganze Sitzung lang ihre Puppe ganz fest hält, zeichnet sie mit der freien Hand das Kirmesfahrzeug, in dem sie mit dem Vater fuhr. „Du hältst die Moni wie gute Eltern ihr Kind", sage ich. Sie lenkt meine Aufmerksamkeit zur Zeichnung. Das Kirmesfahrzeug sieht aus wie ein Uterus mit Geburtskanal, dessen Ende verschlossen ist. Unmittelbar davor liegt ein winziges nacktes Kind mit großem Kopf und großen Augen. Vom Vater ist sie von Geburt an immer wieder auch gehalten worden. Mir empfiehlt sie nun eine bestimmte Fernsehsendung, das sei „Nerventraining". „Meinst du, ich brauche für dich gute Nerven?" „Ich weiß ja nicht," lächelt sie und erzählt dann von einer etwas wilden Freundin, die der Mutter oft auf die Nerven gehe. In die nächste Stunde bringt sie wieder ihre Puppe Moni mit, die jetzt 2 Jahre alt sei. „Die kann ungeheuer zubeißen", warnt mich Anna. „Kleine Kinder können das", bestätige ich anerkennend.

„Einmal den Finger reingesteckt, schon war er ab", phantasiert sie von der Begegnung mit einem Kleinkind. Kurz zuvor hatte sie erzählt, wie ihr selbst beim Fleischkauen ein Zahn herausfiel („Das Fleisch schmeckte nach Blut") und mir ihren abgebissenen Fingernagel hingestreckt. Sie überschätzt und fürchtet ihre eigenen destruktiven Möglichkeiten. Die ungebärdige Moni, wenn man sie nur anfaßt, beißt einem „die Bude kurz und klein". „Steine zerbeißt die wie nichts. Die beißt ihre eigenen Haare ab." Beim Abschied reicht sie mir nicht nur ihre eigene, sondern auch die Hand von Moni, von der ich mich dann auch respektvoll verabschiede.

Sie erprobt mit Moni, wie ich auf aggressive Tendenzen reagiere, ob ich sie damit halte oder fallenlasse, rauswerfe oder zwinge, all das Wilde zu unterdrücken. Anna versucht, die Beziehung zu mir zu regulieren und probeweise mit ihrer Puppe oder später mit Tieren ihre eigenen Bedürfnisse und Aspekte ihres Selbsterlebens einzubringen, auf die ich mich im Gegensatz zur eher ängstlichen und selbstbezogenen Mutter nun einlassen soll.

Sie nimmt mich in ihren Stunden auf abenteuerliche Phantasiereisen mit, in denen auch Grandiositätsphantasien und die dadurch ausgelöste Angst bearbeitet werden. Sie setzt sich z.B. auf einen umgedrehten Stuhl als Gefährt. Ich soll sie begleiten, was ich in meinem Sessel sitzend zusage. Im Hoch- und Tiefflug entdeckt sie weiße, gelbe, grüne, rote und schwarze Welten. Obwohl sie zuerst mich auffordert, den Steuerknüppel zu halten, steuert sie dann selbst, als sie merkt, daß ich nichts dagegen habe. Ich „fliege" mit und bemühe mich, ihr verbal und emotional eine Begleiterin zu sein. Sie lädt eine Fülle von Eßbarem ein, das in Windeseile von ihr allein aufgegessen wird. Ich staune laut, wie gut das Kind essen kann. Beim Landen gibt es „Sauerstoffmangel", dann sei es besonders schwer, heil zu landen, meint sie. Diese Reisen wiederholen sich über viele Stunden. Reisen in die „Überwelt" wechseln damit, daß wir ins Wasser fallen und tauchen. Dort gibt es Kraken, die gefährlich sind, giftige Gase, durch die wir hindurch müssen, vergiftete Tiere, die in die Koje wollen. Ab und zu versichert sich Anna, ob ich noch da sei, und ich antworte: „Ja, ich bin dabei." Ich bin für „Sauerstoff" zuständig – das ist ihr Symbol für meine Verfügbarkeit und unsere verbleibende Zeit – und soll ihr in schwierigen Situationen die Orientierung erleichtern.

Einmal kommt auch Moni in das schaukelnde Boot. Bei Nacht tobt Sturm. „Ich kann kaum steuern", ruft sie und versucht verzweifelt, Anker auszuwerfen. In Hinblick auf den Sturm und die heftigen Gefühle, die in bezug auf die Puppe schon besprochen wurden, sage ich moderierend: „Ja, das sind Naturgewalten." – „Das kann man wohl sagen", bestätigt sie. Das Boot kentert nicht. Als Anna anschließend an der Tafel die Strecke aufmalt, die wir schon gefahren sind, verstehe ich das als den Teil ihrer seelischen Landkarte, den sie mit mir entdeckt und geteilt hat.

Im Hauptteil der Behandlung gestaltet also die Patientin ihre Spielinhalte und die therapeutische Beziehung so, daß sie der Affekt- und Selbststeuerung in Anwesenheit einer als hilfreich erlebten bedeutsamen Person dienen sowie der Integration von wichtigen Teilaspekten des Selbstwahrnehmung, die aus den Primärbeziehungen ausgeschlossen bleiben mußten (Krause 1990).

In einer Stunde an einem Winterabend macht sie das Licht aus, so daß es dunkel ist, und spielt schlafen. Von ihrer „Kajüte" aus fragt sie mich immer wieder, ob ich schon schlafe, ob ich eine Decke wolle, usw. Sie schaut immer wieder nach mir und spielt damit das nächtliche Verhalten der Mutter, die sehr lärmempfindlich ist und oft nachts durchs Haus geistert. Ich frage sie, wie da denn wohl zu schlafen sei, wenn der Schlaf immer wieder kontrolliert werde. Plötzlich blitzt draußen durch einen Autoscheinwerfer Licht auf. In Identifikation mit der Patientin erschrecke ich zutiefst. Gleichzeitig ruft Anna „Feuer!" Dann tut sie jedoch so, als wolle sie weiterschlafen. Anna wird aufgrund von Fehlabstimmungen in der präsymbolischen Entwicklungsphase von plötzlichen starken Affekten leicht überwältigt.

Nicht erst mit 6 Jahren, als der nächtliche Brand sie aus dem Schlaf riß, sondern bereits in der Frühphase fehlten oft schützende Eltern. Ich antworte deshalb zunächst auf der Handlungsebene, mache kurz Licht und stelle fest, daß alles in Ordnung ist. Anna will wissen, warum, und meint hinterher selig: „Das war schön!" Sie hat mich bei der Schaffung eines zuträglichen affektiven Klimas als hilfreich erlebt (Schulte-Herbrüggen 1995). Mit solchen Funktionen hat sich Anna zunehmend identifizieren können, so daß sie in angstvollen Alltagssituationen besser einen „kühlen Kopf" bewahren kann.

Anna stellt sehr viele Fragen und kann lange nicht mit mir überlegen, was sie dazu motiviert. Wenn ich nicht sofort antworte, ist das für sie gleichbedeutend mit einem Beziehungsabbruch. Sie verliert dann ihre Lebhaftigkeit, wendet sich mit mattem Blick ab und zeigt keinerlei Interesse mehr an der Frage oder einer Antwort. Verbale Interventionen kann sie überhaupt erst nutzen, als sie sich unserer Beziehung sicher ist und weder ein plötzliches Fallenlassen noch unerwünschte Nähe von mir fürchten muß. Wenn ich ihr dann einen Wunsch deute, stellt sie z.B. eine entsprechende Frage an das Kaninchen und „übersetzt" dann die Antwort. Gegenübertragungsgefühle aus der Beziehung zur Patientin nutze ich daher in dieser Zeit ebenso wie solche in bezug auf ihre „Stellvertreter". Zuletzt kann sie direkte verbale Deutungen von Person zu Person verarbeiten.

Im Mittelteil der Behandlung verschafft sie sich mit Hilfe ihres Kaninchens das basale Gefühl des Angenommenseins: Als sie dieses Tier an einer roten Leine mitbringt, hat sie gleich noch eine Ersatzleine dabei, falls es die erste durchbeißen würde. Sie äußert den Wunsch, so ein Kinderzimmer wie mein Therapiezimmer zu haben und legt sich aufs Sofa. Sie will ausprobieren, ob sie bei mir schlafen könnte. Sie macht deutlich, daß ihr Kaninchen für sie selbst steht. Ich soll es streicheln, und sie schaut zärtlich und weich gestimmt zu. Behandle ich aber das Tier nicht ganz so, wie sie es erwartet, vermittelt sie ein Gefühl völliger Beziehungslosigkeit, so daß ich mich frage, was sie eigentlich will. Ich könnte dieses Kaninchen aus dem Fenster werfen, denke ich einmal ärgerlich. (Anna äußerte mehrfach Angst und Unsicherheit, ob ihre Mutter sie aus dem Fenster werfen würde.) Ich fühle mich überflüssig, Anna ist mir fremd, alles was sie tut und sagt wirkt aufgesetzt, unecht. (Wie Annas Mutter denke ich hier auch, „eigentlich" sei Anna nicht so.)

Nach einer solchen prekären Situation baut sie mit Klötzen ein brüchig wirkendes Gebäude mit Lücken und Rissen, einsturzgefährdet wie ihre wichtigen Beziehungen und ihre ganze Entwicklung. Sie schubst ihr Kaninchen in diesen „Stall", der zusammenbricht, als das Kaninchen die Pfoten daraufstützt. Sie lacht kurz auf und zeigt dann Mitgefühl, tröstet das Tier. „Du meinst, es hat sich erschrocken." -„Natürlich, wenn er sich versucht hat aufzustützen, und dann bricht das plötzlich alles zusammen!" Ich sitze nun selbst wie vom Donner gerührt, weil mir ihre entsprechenden früheren Lebenssituationen und ihre aktuelle Enttäuschung über einen unerfüllbaren Wunsch vom Beginn der Stunde einfallen und sage: „Das ist dir sicher auch oft so ergangen, daß du vielleicht gedacht hast, du könntest dich auf etwas stützen, dich auf jemanden verlassen, und dann ist alles zusammengebrochen. Sie lächelt schwach, räumt lautstark die Klötze zusammen. „Hier mit mir hast du das heute vielleicht genau so erlebt". Sie lacht etwas bitter, bleibt bei ihrem Wunsch, ist aber auch in der Lage, meine abweichende Einschätzung nachzuvollziehen.

Angst vor Selbst- und Objektverlust als Angst vor dem Tod. Anna kann die Differenz zwischen uns zwar zunehmend akzeptieren, aber ihr Selbstgefühl ist noch abhängig von der therapeutischen Beziehung und von Enttäuschungen bedroht. 2 Wochen vor einer längeren Reise von mir kommt sie mit der Mutter eine halbe Stunde verspätet, nachdem der Vater sich telefonisch eingeschaltet hatte. Anna sieht erschreckend aus, leichenblaß mit gesenktem Kopf und Haaren über den Augen, die für einen Moment verletzt und blind wirken. Ich bringe ihre Weigerung, zu kommen, mit meinem Wegfahren in Verbindung und verstehe, daß der Vater ihr helfen mußte, weil sie nicht geglaubt hat, daß es gut für sie sein könnte, herzukommen. „Mir haben die Augen wehgetan", dazu ein tieftrauriger Blick, das ist alles, was sie in die Beziehung einbringen kann. Immerhin erreiche ich, daß sie in die nächste Stunde kommt. Als ich ihr sage, mein Wegfahren sei für sie so beunruhigend, daß sie lieber gar nicht mehr kommen wolle, sagt sie in gleichgültig-beruhigendem Ton: „Ich werde schon nicht sterben, ich bin zäh". Ihre Direktheit und ihre spürbare Verlassenheit erschüttern mich. „Du willst mich beruhigen, aber wer beruhigt dich?" – „Nein, nein, ich werde schon nicht sterben." Alle ihre nachfolgenden Fragen richten sich auf Gefahren, die mein Wiederkommen gefährden oder zu meinem Tod führen könnten. Sie würde mich gerne an meinem Urlaubsort besuchen und eine Therapiestunde machen. Trennungsangst und Aggression wehrt sie mit symbiotischen Phantasien ab: „Aber wenn Sie von einem Krokodil gefressen werden, dann komme ich nach und lasse mich auch fressen." Sie fürchtet, wenn einer stirbt, sterben viele. „Man sagt ja, Katzen haben 7 Leben. Die haben's gut", seufzt sie mit Sehnsucht.

Meine Urlaubsvertretung möchte sie nicht beanspruchen, „lieber mache ich alleine Therapie". Lachend erklärt sie mir, sie setze sich zu Hause hin „und dann male ich Ihr Bild an die Wand und schaue das an." Ich erwidere ernst, mit einem Bild könne man Trennungen leichter überstehen. „Und Sie malen dann überall mit Bleistift Bilder von mir an die Wand."

Sie versucht in dieser Zeit, im Gleichgewicht zu bleiben, sich nicht in „Langeweile" selbst zu verlieren und sich das Gefühl des Lebendigseins zu erhalten. Vor den gefürchteten Ferien meint sie, es sei „die letzte Stunde heute". Sie hat Photos von sich und ihren Tieren mitgebracht. Ich sage ihr, daß manche Menschen Photos austauschen, wenn sie sich nicht sehen können und daß ich ein inneres Bild von ihr habe. Ganz lebhaft erwidert sie: „Ich auch von Ihnen! Ich habe mir das gemerkt, ich versuche mir das zu merken, wie Sie aussehen!"

Nach der Urlaubspause begrüßt sie mich freudig und stellt sofort Vergleiche zu meinem vorherigen Aussehen an. Zudem will sie wissen, ob ich an sie gedacht habe. Sie wäre in den Ferien am liebsten bei meiner Praxis vorbeigefahren, „um zu sehen, ob das Haus noch steht." Strahlend erzählt sie, sie habe von mir geträumt: „Ich wußte ganz genau, wie Sie aussehen! Sie hatten Kinder und Katzen und Hunde!" Das Abbild (Lichtenberg 1991), das sie von mir evozieren konnte, half ihr bei Trauer und Angst. Als sie wissen will, ob es da, wo ich geschwommen bin, Piranhas gegeben habe, deute ich ihr direkt, sie würde selbst vielleicht auch gerne manchmal so zubeißen wie ein Piranha. „Dann würde ich mich hier in die Wand beißen, überall durch; hinter dem Bild an der Wand mir ein Loch graben und da mein Nest machen.(...) Überall hin- und herflitzen und alles mitbekommen. Dann könnte ich Mäuschen spielen." – „Dann könntest du hier die Hausmaus sein." Sie lacht erfreut. In die nächste Stunde bringt sie ein grünes Leuchttier mit, das sei ihr Piranha, den sie gezähmt habe. Anna hat Zugang zu ihren aggressiven und vitalen Wünschen gefunden. Als sie im folgenden „Wasserkutsche" spielt, wird deutlich, daß sie alleine sein möchte und kann. Alleine spielt sie verschiedene „Wetterlagen" durch. Sie versucht, ihre autonome Regulation für verschiedene Reize herzustellen.

Integration depressiver Selbstanteile. Anna wünscht immer wieder meinen Besuch bei sich daheim, als könne ich Leben ins Haus bringen. Ihre anfängliche, oft manische Depressionsabwehr hat sie aufgegeben, sie zeigt in einer „Geisterschloßgeschichte", wie gespenstisch ihr das Leben oft vorkommt: Sie und die Mutter geistern nachts durchs Haus, wirkliche Freunde haben sie nicht. Dort kann sie sich nicht geben, wie sie möchte; Langeweile und

Lustlosigkeit muß sie verstecken. Auch in der Therapie macht sie manchmal eine lustige Schau, die ich ihr als Depressionsabwehr deute. Sie kann sich dadurch von den Vorstellungen, die ihre Mutter über sie hat, lösen. Bedauernd stellt sie fest: „Meine Mutter hat mich schon lieb. Aber sie hat mich lieber, wenn ich fröhlich bin." Im Spiel integriert sie zunehmend zugewandt-lustige und passiv-depressive Züge, die früher verbindungslos erschienen. Sie glaubt nun, wie sie sagt, fest daran, „daß man leben kann, auch wenn man schon gestorben ist".

Dauer, Effekte, Ende

Annas Behandlung wurde als psychoanalytische Psychotherapie mit 116 Sitzungen in knapp 2 Jahren bei einer Frequenz von 2 Wochenstunden durchgeführt. Begleitend fanden in 30 Sitzungen psychotherapeutische Gespräche mit den Eltern statt, in denen sie darin unterstützt wurden, Anna in ihren infantilen Wünschen und Bedürfnissen besser zu verstehen, sie dabei aber nicht kleiner zu machen als sie ist und ihr vor allem einen sicheren Beziehungsrahmen zu bieten. Der Mutter wurde geholfen, ihre eigenen Wünsche an die Tochter wahrzunehmen und gleichzeitig Anna, die sich davon oft unterscheidet, so zu nehmen, wie sie sich fühlt, insbesondere ihre Rückzugs- und Eigenregulationsversuche auszuhalten. In der Ehe und im familiären „Haus" konnte ein stabileres Gleichgewicht hergestellt werden. Die Mutter kommt selbst nicht mehr so schnell aus der Balance, wenn Anna ihr nicht zum Stimmungsausgleich zur Verfügung steht.

Anna selbst hat im letzten Behandlungsabschnitt eine sichere Eigenregulation erworben. Sie liegt nicht mehr lange wach und schläft durch. Die Eltern beurteilen sie als ausgeglichen und umgänglich.

Sie hat sich eine bewußte Vorstellung des weiblichen Innenraums und ihrer Körpergrenzen erarbeitet und zu einer weiblichen Identität finden können. Eine ödipal strukturierte therapeutische Beziehung und die Bearbeitung genitaler Wünsche und Ängste waren möglich. Sie kann ihre Kontrollängste meistern, zeigt altersentsprechend präadoleszentes sexuelles Interesse und ist in der Lage, ohne Durchmischung mit genetisch früheren Ängsten Menarche, Schwangerschaft und Geburt als etwas Schönes in Aussicht zu nehmen.

Sie weiß, was sie will und kann das auch planen und koordinieren. Sie hat ihre psychischen und sozialen Schwierigkeiten so weit bewältigt, daß sie den Übergang auf die weiterführende Schule schaffte und sich dort wohlfühlt. Sie ist in der Lage, ihre Schwächen und Stärken wahrzunehmen und Schwierigkeiten vorauszusehen.

Am Ende kommt zur Sprache, wie sie nach einer Trennung, in der Adoleszenz oder wenn ihre Eltern sterben, innerlich Kontakt halten kann. Einschlafen und Trennen ist für sie nicht mehr gleichbedeutend mit Tod. Sie kann sich dabei ihre Vitalität und lebendige Wärme bewahren. Das zeigt sie auch mit einem Abschiedsgeschenk, einer Sonne aus Salzteig von archaischer Ausdruckskraft. Als sie geht, sieht sie mich noch einmal aufmerksam an und sagt: „Ins Gedächtnis malen..."

7. Eßstörungen

„Ich habe Angst vor jedem Krümel" – Anorexia nervosa eines 13jährigen Mädchens

M. Völger und U. Lehmkuhl

Symptomatik

Die 13jährige S. kam in Begleitung ihrer Eltern und ihrer 19jährigen Schwester zur Vereinbarung einer stationären jugendpsychiatrischen/psychotherapeutischen Behandlung in die Klinik. Sie wog 22 kg bei einer Körpergröße von 143 cm. Im Verlauf 1 Jahres hatte sie ca. 10 kg an Gewicht abgenommen. Hierzu sagte sie: „Ich habe Angst vor dem Essen und Angst, zu dick werden. Ich fühle mich wie ein Hefekloß, der immer mehr essen muß, bis er fast platzt, und gefressen werden kann. Ich möchte nicht dick werden. Ich habe Angst, daß Erwachsene und Kinder zu mir »Dicke« oder »Fette« sagen. Ich habe Angst vor jedem Krümel, den ich essen muß, und ich denke, davon nehme ich 10 kg zu. Ich habe auch Angst, daß mich alle mästen wollen. Im Traum höre ich eine Stimme zu mir sagen: »Wir kriegen dich jetzt fett und mästen dich weiter.« Zu ihrem körperlichen Zustand sagte S.: „Ich fühle mich nicht als gefährdet krank, obwohl ich es eigentlich bin." Die Mutter ergänzte, daß S. sich wertlos fühle und sterben wolle. Sie sei eine in sich gekehrte Einzelgängerin und habe keine engeren Freunde. Zu Hause habe sie einen „Ordnungsfimmel". Sie ertrage keine Unordnung, sortiere und ordne alle herumliegenden Gegenstände im Haushalt.

Die Erkrankung von S. war erstmals aufgetreten, als sie 11 Jahre alt war. Damals war die Urgroßmutter mütterlicherseits 92jährig erkrankt und gestorben. S. hatte eine enge Beziehung zu dieser Urgroßmutter gehabt, hatte sie gepflegt und gefüttert. Sie sagte dazu: „Ich wollte mit Omi sterben. Ich habe nie verstanden, warum ich weiterleben sollte. Mutti hatte Schichtdienst und Vati war auf Montage, ich war oft allein und hatte Angst. Nach der Schule ging ich zu Omi." S. hatte, nachdem ihre Erkrankung als solche deutlich geworden war, eine stationäre Behandlung in einer pädiatrischen Klinik sowie 2 mehrmonatige stationäre Behandlungen in einer kinder- und jugendpsychiatrischen Klinik erhalten. Sie berichtete darüber, daß diese Behandlungen zwar zu einer Gewichtszunahme führten, sie jedoch innerlich nicht erreicht hatten. Nach ihrer Entlassung hatte sie jedesmal wieder an Gewicht abgenommen. Die Gewichtsabnahme hatte sie dadurch erreicht, daß sie lediglich Mineralwasser, Brot und Magerquark zu sich genommen hatte, andere Speisen hatte sie nicht mehr angerührt.

S. war, als sie zur Vereinbarung der dritten stationären jugendpsychiatrischen/psychotherapeutischen Behandlung kam, festlich gekleidet; sie trug einen farbigen Pullover und hatte ihre langen Haare mit Bändern und Spangen geschmückt. Sie sprach sehr leise, sagte dazu: „Ich spreche immer leiser vor Angst". Sie sprach auch langsam und bewegte sich wie in Zeitlupe. S. schilderte ihre Krankheitsgeschichte ohne sichtbare affektive Beteiligung.

S. Krankheitsgeschichte und aktuelle Situation löste im Team unterschiedliche Reaktionen aus: einerseits zu helfen und zu beschützen, andererseits jedoch auch im Entsetzen über das Ausmaß der von S. geschilderten Verlassenheit und der Geborgenheitswünsche, die Flucht zu ergreifen. Diese unterschiedlichen Reaktionen wurden nicht als Ambivalenz erlebt, sondern waren auf verschiedene Personen verteilt. S. farbige Kleidung und ihr Schmuck wirkten wie der Versuch, Würde und Selbstwert zu wahren und im Gegensatz zu ihrer körperlichen Verfassung den Wunsch nach körperlicher Schönheit und einem körperlichen Dasein darzustellen. Die affektiv wenig beteiligte Darstellung ihrer Krankheitsgeschichte wirkte weniger als Verleugnung denn als Adaptationsleistung in einer lebensgefährlichen Situation.

Kontext

S. lebte mit ihren Eltern und ihrer 19jährigen Schwester in einem Einfamilienhaus in einer Kleinstadt. Die Familie hatte dieses Haus bis 1990 zusammen mit den Großeltern väterlicherseits bewohnt, die dann in eine eigene Wohnung gezogen waren. S. Vater war von Beruf Elektromonteur, war „immer" berufstätig gewesen. Seit 1990 arbeitete er außerhalb des Wohnorts der Familie auf Montage. Seitdem war er nur noch 14tägig an den Wochenenden zu Hause. Er mußte seither auch „härter" arbeiten, verdiente jedoch auch mehr. Schulden oder finanzielle Sorgen hatte die Familie nicht. Die Mutter war bis 1993 berufstätig gewesen, war dann arbeitslos geworden und seither zu Hause. Sie war Floristin von Beruf, hatte jedoch auch andere Tätigkeiten ausgeübt, zuletzt im Schichtdienst an einer Rezeption. Die Schwester besuchte die letzte Klasse des Gymnasiums und plante, nach dem Abitur auszuziehen, um in einer nahegelegenen Universitätsstadt zu studieren. S. besuchte die 6. Klasse der Grundschule, hatte diese wegen Fehlzeiten aufgrund ihrer Krankenhausaufenthalte wiederholen müssen und hatte eine Realschulempfehlung erhalten.

Ihre Situation in der Familie beschrieb S. so: „Ich habe große Angst, erwachsen zu werden, meine Eltern zu verlieren und nicht mehr geliebt zu werden. Ich möchte, daß mich Mutti und Vati liebhaben und drücken. Mutti hat mich in den letzten Wochen nicht mehr gedrückt. Vor Vati habe ich Angst. Ich habe mich nicht getraut, mit meinen Eltern früher zu schmusen, sie hätten mich weggestoßen". Ihre Situation in der Schule schilderte S.: „Ich gehe sehr gern zur Schule und lerne auch sehr gern. Mit meinen Mitschülern komme ich gut aus, aber nicht so gut, daß es eine echte Freundschaft sein könnte."

Die Mutter sagte: „Ich habe eigentlich gar keine Gefühle, auch nicht für S. Ich weine jetzt aus Mitleid. S. kam ja auch als Kind nicht und hat mich gedrückt. In den letzten Wochen fand ich S. eklig, ich war wütend und wollte sie durch Nichtbeachtung bestrafen. Es war so ein Kampf ums Essen." Über den Vater sagte die Mutter: „Der Vater war zu streng. Die Kinder hatten Angst vor ihm."

Der Vater selbst äußerte: „Ich habe keine Idee, warum S. krank ist. Ich habe auch nicht vermißt, daß sie nicht mit mir kuscheln wollte. Ich wollte am Wochenende ausschlafen. S. steht schon um 5.30 Uhr auf. Ich bin strenger als meine Frau und sage den Kindern oft, wo es langgeht. S. hatte an vielem Interesse, was ich zu Hause gemacht habe, Garten und Spielen. Das vermisse ich jetzt."

Zu ihrer Schwester hatte S. eine enge Beziehung. Sie bewunderte die Schwester und sah sie als ihr Vorbild. S. glaubte, nichts genauso gut oder besser zu können als die Schwester. Die Schwester war sozial expansiver, hatte 1993 ihren Freund kennengelernt und war insgesamt zufrieden. Davor (1991/1992) war sie an Bulimie erkrankt, jedoch nicht stationär behandlungsbedürftig gewesen.

Anamnese

S. wurde 1980 als zweites Kind ihrer Eltern 5 Jahre nach ihrer Schwester geboren, war ein von beiden Eltern zu der Zeit gewünschtes Kind. Schwangerschaft und Geburt verliefen ohne Probleme, ebenso die Neugeborenenperiode. S. wurde 4 Wochen lang gestillt. Die Umstellung auf Flaschennahrung und die weitere Ernährung und Pflege im ersten Lebensjahr ergab keine für die Mutter sichtbaren Probleme. Im Alter von 1 Jahr konnte S. laufen und einzelne Worte sprechen. Die weitere sprachliche und motorische Entwicklung war altersentsprechend. Im Verlauf des 2. Lebensjahrs konnte S. die Ausscheidung von Urin und Stuhl kontrollieren.

Als S. 1 Jahr alt war, ging die Mutter wieder arbeiten und S. kam in eine Krippe. In der Folgezeit war sie oft krank. Im Alter von $1^{1}/_{2}$ Jahren hatte sie 2 Fieberkrämpfe, worauf sie 4 Wochen lang in einer Kinderklinik behandelt wurde. Bis zum Alter von 5 Jahren wurde ihr daraufhin ein Antiepileptikum verordnet. Bis zum Alter von 9 Jahren schlief S. aufgrund der räumlichen Enge im Wohnhaus der Familie in einem Bett am Fußende des elterlichen Bettes. Von Beginn der außerfamiliären Betreuung an war S. in Gleichaltrigengruppen eine Außenseiterin, still und in sich gekehrt, kontaktarm. Die Krippe und den daran anschließenden Kindergarten besuchte sie ohne Freude, weinte viel bei der Trennung von der Mutter. S. wurde zeitgerecht im Alter von 6 Jahren eingeschult. Sie war stets eine gute und fleißige Schülerin. Beide Eltern, besonders der Vater, legten großen Wert auf gute Schulleistungen. S. versuchte auch, durch besondere Ordentlichkeit und Fürsorglichkeit für andere Anerkennung zu erhalten. S. entwickelte besondere Fähigkeiten im Malen, Basteln und Sticken, Tätigkeiten, denen sie auch in ihrer Freizeit nachging. S. durchlief die Klassenstufen 1–6 ohne Leistungsprobleme. Im Klassenverband war sie nur mäßig integriert, hatte keine engeren Freundinnen.

Familienanamnese (Abb. 9)

S. Mutter wurde 1950 im jetzigen Wohnort der Familie als erstes Kind der Großeltern mütterlicherseits geboren. Die ersten Jahre ihrer Kindheit hatte sie als eine glückliche Zeit in Erinnerung. Das Familienleben war harmonisch. Als die Mutter 8 Jahre alt war, starb die Großmutter mütterlicherseits nach der Geburt des Bruders der Mutter. Für die Mutter war dies ein Ereignis, das ihr gesamtes Leben veränderte. Sie äußerte dazu, daß sie diesen Tod „bis heute nicht verkraftet" habe. Vom Alter von 8 Jahren an wuchs die Mutter bei der Urgroßmutter mütterlicherseits auf. Der Großvater mütterlicherseits heiratete zwar wieder, „wollte" die Mutter jedoch nicht in die neue Familie integrieren. Für die Mutter war dies eine große Enttäuschung. Sie entwickelte eine enge Beziehung zu der Urgroßmutter mütterlicherseits, die bis in ihr Erwachsenenalter hinein eine zentrale Bezugsperson blieb. Im Alter von 14 Jahren verließ die Mutter den Haushalt der Urgroßmutter mütterlicherseits, um im Nachbarort eine Lehre als Floristin zu beginnen. Im Alter von 15 Jahren lernte sie den damals 13jährigen Vater von S. kennen, der der Bruder einer Freundin war. Im wesentlichen verbanden die Eltern damals Aktivitäten in der Kirchengemeinde des Orts und gemeinsame Ausflüge. 1974 heirateten die Eltern und zogen zur Familie des Vaters in das Haus der Großeltern väterlicherseits. Von Anfang an bestand in der Ehe ein kühles Klima. Der Vater war streng erzogen worden, war gehemmt und neigte zum Alkoholkonsum. Gespräche führte die Mutter hauptsächlich mit Freundinnen und bei der Arbeit. Zu dem katholischen Pfarrer des Wohnorts hatte die Mutter eine vertrauensvolle „platonische" Beziehung, half ihm bei der Vorbereitung kirchlicher Feste. 1 Jahr nach der Eheschließung wurde die erste Tochter geboren, 5 Jahre später S. 1984 verschlechterte sich die eheliche Beziehung. Der

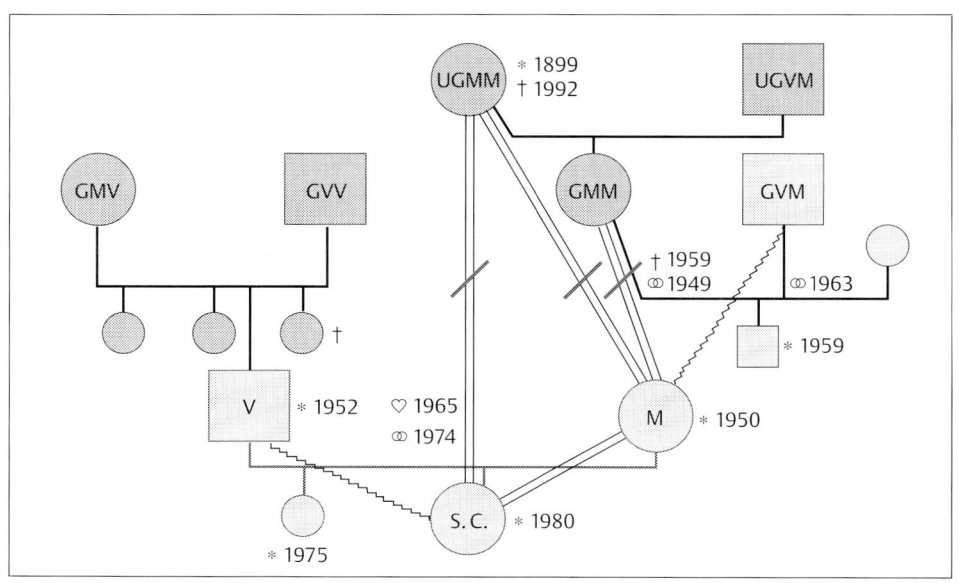

Abb. 9 Genogramm der Familie C.
UGMM Urgroßmutter mütterlicherseits
UGVM Urgroßvater mütterlicherseits
GMV   Großmutter väterlicherseits
GVV   Großvater väterlicherseits
GMM   Großmutter mütterlicherseits
GVM   Großvater mütterlicherseits
V   Vater
M   Mutter
S.C. Initialen der Jugendlichen

Vater „steigerte sich in Eifersuchtsanfälle" hinein, trank vermehrt Alkohol, demolierte die Wohnung und schlug die Mutter im Rausch. 1992, nach dem Wegzug des katholischen Pfarrers aus dem Wohnort der Familie, verringerten sich die Eifersucht und das Mißtrauen des Vaters.

Der Vater von S. wurde 1952 im jetzigen Wohnort der Familie als drittes Kind der Großeltern väterlicherseits nach 2 älteren Schwestern geboren und wuchs bei ihnen auf. Eine später geborene Schwester des Vaters starb im Alter von zwölf Jahren an den Folgen eines Gehirntumors. Die Großeltern väterlicherseits waren Arbeiter. Der Großvater väterlicherseits hatte im 2. Weltkrieg den rechten Arm verloren. Der Vater hatte ihn als unzufriedenen Menschen in Erinnerung. Der Vater besuchte 10 Jahre lang die Schule und machte danach eine Lehre als Elektromonteur. Danach absolvierte er den Wehrdienst. Seit Beendigung des Wehrdienstes arbeitete er in seinem erlernten Beruf.

Untersuchungsergebnisse

Psychopathologischer Befund

Bei der Aufnahme von S. in die Klinik waren der Schweregrad des somatischen und psychischen Befunds als hoch einzustufen. S. war kachektisch, war seit Beginn ihrer Erkrankung nicht mehr gewachsen. Eine altersentsprechende Pubertätsentwicklung hatte nicht stattgefunden. Bei S. bestand ein hoher Leidensdruck, aber kein sekundärer Krankheitsgewinn. Ihr körperlicher Zustand bewirkte in ihrer Umgebung Ablehnung und Ekel. Für eine stationäre Behandlung war sie motiviert, sie hatte im Verlauf ihrer Erkrankung viel Einsicht in somatopsychische Zusammenhänge erworben. Die Eltern und die Schwester unterstützten sie in ihrer Motivation. In der Interaktion war S. überangepaßt, scheu und unsicher. Sie äußerte Trennungs- und Verlassensangst: „ Ich kann nicht lange ohne Kontakt zu Mutti sein. Ich brauche meine Familie ganz doll." S. war depressiv , latent suizidal: „Ich weine ständig. Manchmal möchte ich nicht mehr leben. Ich träume von einem schwarzen Loch." S. berichtete, daß das Aufräumen, Ordnen und Sortieren von Gegenständen ebenso wie das Malen, Basteln und Sticken sie beruhigte und Gefühle von Angst und Traurigkeit minderte.

Weiterführende Diagnostik

- Die *körperliche Untersuchung* ergab eine Größe knapp unterhalb der 3er Perzentile und ein Körpergewicht weit unterhalb der 3er Perzentile bezogen auf die Körpergröße. Die Pubertätsentwicklung von S. befand sich im Stadium I nach Tanner. Ihre Haut war trocken und schuppig, zeigte Lanugobehaarung. Die neurologische Untersuchung ergab einen Befund im Normbereich. Die Hirnnerven waren seitensymmetrisch innerviert. Die grobe Kraft, Motorik, Koordination und Sensibilität waren unauffällig. Die Muskeleigenreflexe waren schwach seitengleich auslösbar. Fremdreflexe waren regelrecht auslösbar. Die Lateralität lag für Auge und Hand rechts. Die Rechts-links-Diskriminierung war sicher.
- Das *EEG* zeigte eine gut ausgeprägte 10/s-α-Grundaktivität, keine diffusen oder fokalen Aktivitätsveränderungen, keine Entladungen.
- Hämatologische und klinisch-chemische *Laborwerte* lagen im Normbereich.
- Die *testpsychologische Untersuchung* von S. ergab eine im oberen Durchschnittsbereich liegende intellektuelle Grundbefähigung bei deutlich reduziertem Aufmerksamkeits- und Konzentrationsvermögen.

Psychodynamischer Befund

Auslösend für S. Erkrankung war an erster Stelle der Tod der Urgroßmutter mütterlicherseits, die eine Holding function für die gesamte Familie gehabt hatte. Weitere weniger bedeutende jedoch psychodynamisch wirksame Trennungen und Veränderungen hatten jedoch auch schon in den Jahren zuvor in der Familie stattgefunden. 1990 waren die Großeltern väterlicherseits aus dem gemeinsam bewohnten Haus ausgezogen. S. verließ das Schlafzimmer der Eltern. Der Vater arbeitete seit 1990 auf Montage. Wenngleich die Beziehungen der Mutter und die der Töchter zum Vater konfliktreich waren, entfiel durch diese Konstellation jedoch auch die Möglichkeit zu positiven Alltagserfahrungen. 1991/1992 verlor die Mutter durch den Wegzug des katholischen Pfarrers aus dem Wohnort eine wichtige Vertrauensperson. 1993 ging S. Schwester eine sexuelle Beziehung ein, womit für S. möglicherweise ein Verlust von Zugewandtheit und Zärtlichkeit verbunden war. Im gesellschaftlichen Umfeld vollzog sich die politische Wende. S. selbst befand sich mit ihrer körperlichen und psychischen Entwicklung am Ende der Kindheit und spürte, daß sie die Eltern in ihrer Kindheitsbedeutung verlieren würde. Eine befriedigende Integration in die Gleichaltrigengruppe hatte sie nicht erreicht. Trennungs- und Schwellenängste als Ausdruck von Abhängigkeits-Autonomie-Konflikten stellten seit der Kindergartenzeit ein überdauerndes Konfliktmuster bei S. dar. Daneben waren Selbstwertkonflikte mobilisiert worden. Die schwere narzißtische Kränkung, die S. Mutter durch den Tod der Großmutter mütterlicherseits und das Verstoßenwerden durch den Großvater mütterlicherseits erlitten hatte, war mit der Erwartung der Wiedergutmachung an S. delegiert worden. S. fühlte sich wertlos, unfähig dieser Erwartung zu entsprechen. In beiden Konflikten verfügte S. über vorwiegend passive Modi der Verarbeitung mit altruistischer Abtretung aller Ansprüche an das Leben.: „Ich wollte mit (d. h. statt) Omi sterben."

Diagnose

Anorexia nervosa mit adäquatem Krankheitserleben und guten Behandlungsvoraussetzungen auf dem Hintergrund überdauernder Abhängigkeits-Autonomie-Konflikte und Selbstwertkonflikte bei insgesamt mäßig integrierter Struktur **(ICD-10: F50.0)**.

Therapieverlauf

S. wurde 7 Monate lang stationär jugendpsychiatrisch/psychotherapeutisch behandelt. Sie erhielt eine tiefenpsychologisch fundierte Einzeltherapie bei dem Therapeuten, der im Erstkontakt auf sie mit dem Impuls zu helfen und zu beschützen reagiert hatte. Hinzu kamen Körper- und Musiktherapie. 14tägig fanden Familiensitzungen statt. S. hatte während der ersten 4 Monate eine Essensvorgabe, unter der sie pro Woche 700–1000 g zunahm. Nach Erreichen des zu Beginn der Behandlung festgesetzten Zielgewichts aß S. schrittweise nach eigenen Vorstellungen und konnte ihr Gewicht halten.

Von Beginn der Behandlung an stand die Auseinandersetzung mit den vorbewußten und bewußten Abhängigkeits-Autonomie-Konflikten für S. im Vordergrund. Immer wieder wurde sie von Trennungsschmerz und Heimweh überwältigt. Sie weinte oft. Wenn sie ein Lebenszeichen von ihrer Familie, ein Telefonat oder einen Brief erhielt, weinte sie vor Freude. In der ihr vertrauten Weise versuchte sie durch Malen und Basteln ihre Affekte zu regulieren. Die körperlichen Veränderungen durch die Gewichtszunahme nahm S. mit Angst wahr. Aber sogar diese Angst trat in den Hintergrund gegenüber der Trauer über die Trennung von der Familie.

S. hatte deutliche Stärken in der Selbst- und Objektwahrnehmung. Sie verfügte über die Fähigkeit zur Reflexion und Introspektion. Gegenüber anderen Menschen war sie empathisch, empfand Sorge und Anteilnahme. Sie konnte ihre Gefühle in Beziehungen investieren. Andere Bereiche ihrer Persönlichkeit waren stärker beeinträchtigt. Die Kommunikation mit Gleichaltrigen war oft durch ängstliche, schamhafte und bedürftige Haltungen gestört. Sie suchte vorwiegend Zweierbeziehungen, die sie anklammernd und altruistisch gestaltete. S. hatte ein strenges Über-Ich und ein hohes Ich-Ideal. Der Selbstwertkonflikt, der oft ihre Reaktionen bestimmte, war ihr weniger bewußt und konnte dementsprechend im Rahmen der Behandlung weniger durchgearbeitet werden als der Abhängigkeits-Autonomie-Konflikt. Bei Zurückweisungen durch Gleichaltrige ebenso wie bei eigenen schulischen Leistungen, die ihren Ansprüchen nicht genügten, reagierte sie mit Selbstentwertung und Wendung von Aggression gegen sich selbst.

Die Fähigkeit in der Selbstwahrnehmung bewirkte schließlich, daß S. sich im Verlauf der Behandlung ihrer bisherigen Rolle in der Dynamik der Familie bewußt wurde. Sie entschloß sich, nach der stationären Behandlung nicht nach Hause zurückzukehren, sondern in eine Einrichtung der Jugendhilfe mit therapeutischer Orientierung zu gehen. Dieser Entschluß war für beide Eltern in unterschiedlicher Weise schmerzlich, wurde jedoch von ihnen akzeptiert. S. entschied sich für eine Einrichtung, die von dem Wohnort ihrer Familie noch weiter entfernt lag, als die Klinik. Da es sich um eine Einrichtung in einer Universitätsstadt handelte, entschloß sich überraschend die Schwester, dorthin zu ziehen, um zu studieren. S. wurde mit einem Gewicht von 38,3 kg bei einer Körpergröße von 150,5 cm entlassen. Sie hatte bei Beginn der Behandlung geäußert: „Ich kann mich nicht selber so annehmen wie ich bin." Am Ende der Behandlung konnte sie dies deutlich mehr. Sie war mit sich und ihrem Körper zufriedener und war motiviert, die Therapie fortzusetzen.

Zohra – Eßstörung als Ausdruck einer Störung in der Objektbeziehungsentwicklung

A. Wittenberger

Ich weiß nicht viel von der Vorgeschichte. Da sind einzelne Bilder:
 Eine Brandnarbe auf Zohras Bauch.
 Die Mutter, die dem Kleinkind ultrascharfes Peperonimus in Augen und Scheide schmiert.
 Das Photo, das Zohra auf dem Arm ihrer lachenden Mutter zeigt, ein unsicheres, verkrampftes Lachen im Gesicht.
 Und immer wieder der Vater: der zugibt, die Kinder geschlagen zu haben, aber nur weil seine Frau ihn verhext hätte; der eines Tages mit 2 Tüten voller Lebensmittel zu der Sozialarbeiterin ins Jugendamt kommt und von ihr verlangt, diese untersuchen zu lassen, seine Frau wolle ihn vergiften; und der schließlich seine fast verhungerten Kinder zum Amt bringt, sie einfach dort abgibt.
 Da ist die 2jährige Zohra, ein Häufchen Elend, abgemagert „bis auf Haut und Knochen", mit dicken Augen, auf einem Spielzeugtraktor im Krankenhaus sitzend, die sich scheinbar willenlos und ohne Gefühlsregung von den Geschwistern trennen läßt und sich gleich „wie ein kleines Äffchen" um den Hals der Pflegemutter klammert, diese sofort „Mama" nennt.
 Die, gerade neu in die Pflegefamilie gekommen, abends einschläft „wie ausgeknipst", kaum daß man sie ins Bett gebracht hat, eng zusammengekrümmt in einer Ecke des Bettchens.
 Und die einfühlsame junge Pflegemutter, die die ersten Alpträume des Kindes mit Erleichterung registriert, als würde sie intuitiv spüren, daß Zohra jetzt mit der Verarbeitung ihrer Erlebnisse beginnt (Segal 1996).
 Da ist – für eine kurze Zeit – eine stille, überangepaßte Zohra.
 Und dann die Hölle, die eine zunehmend mutiger werdende Zohra in der Pflegefamilie inszeniert, mit ungeheurer Vitalität. Damit treibt sie Pflegeeltern und -geschwister zur Verzweiflung und, immer wieder, an den Rand des Erträglichen. „Sie verletzt uns nur." – „Sie macht unsere Familie kaputt." – „Wenn es so weitergeht, können wir sie nicht behalten."
 Beim Jugendamt sind folgende Fakten bekannt:
 Zohra ist das jüngste von 6 Kindern einer Familie aus dem arabischen Kulturraum, die äußerst beengt in ärmlichsten, von Vernachlässigung und Gewalttätigkeit geprägten Verhältnissen gehaust haben. Der Vater war arbeitslos gewesen, die Mutter ist putzen gegangen. Als Zohra 2 Jahre alt war, wurde die Ehe der Eltern geschieden, und beiden Eltern wurde das Sorgerecht für ihre Kinder entzogen, worum es bis heute gerichtliche Auseinandersetzungen gibt. Zur selben Zeit wurde Zohra in einer Erziehungsstelle von einem jungen Ehepaar mit 2 leiblichen Kindern im Grundschulalter aufgenommen. Einen sprachlichen Entwicklungsrückstand holte sie schnell auf. Eine Eßstörung mit erheblichem Untergewicht besteht fort.
 Als Zohra mir begegnet, ist sie 4 Jahre alt, ein winziges, spindeldürres Persönchen mit hellbrauner Haut, Kraushaar, funkelnden schwarzen Augen und tiefer, kräftiger Stimme – ein Temperamentsbündel, das sich blitzschnell bewegt und in allen Ecken des großen Spielzimmers gleichzeitig zu sein scheint.
 Eine Therapie mit einem solchen Kind kann man nicht ungestört durchführen. Ständiges Agieren im Umfeld verursacht ständige Störmanöver, und man hat alle Hände voll zu tun, um den Raum der Therapie freizuhalten, gleichzeitig aber auch Sozialarbeiter, Vor-

mund, Familienrichter – die ja erst die Voraussetzungen schaffen, daß Therapie für ein solches Kind überhaupt möglich ist – nicht vor den Kopf zu stoßen und immer wieder um Verständnis für die Situation des Kindes zu werben.

Da Zohra viele ihrer Probleme in der Pflegefamilie durcharbeitete, versuchte ich die Pflegeeltern darin zu unterstützen, das auszuhalten, das Agieren des Kindes zu verstehen, damit es für sie erträglicher wurde.

Wie geht es mir mit Zohra?

Abrupte Wechsel von Spielen, plötzliche überfallartige Attacken und ständige Übergriffe halten mich in Atem. Im Nu sind Unmengen von Spielzeug aus den Regalen gezerrt und im Zimmer verteilt. Blitzschnell wirft sie die glitschige Seife in den Sandkasten, spritzt mit dem Wasserfarbenpinsel in mein Gesicht, reißt vom Strauß der Marktfraufigur eine Blume ab und wirft sie auf den Fußboden, behauptet dann, sie sei das nicht gewesen, sondern die Mädchenfigur. Es fällt ihr schwer, im begrenzten Raum des Spielzimmers zu bleiben: Fast in jeder Stunde muß sie auf die Toilette, hin- und hergerissen, ob sie mich dabeihaben oder allein zurechtkommen will – also zwischen ihren Wünschen nach intimer körperlicher Nähe und ihrer Angst vor Verletzung im Kontakt. So ging es in der Therapie zunächst um Strukturierung und Grenzsetzung, allmählich auch um die Annäherung an die depressive Position (Klein 1972).

Wie fast alle unsere Patienten litt auch Zohra an einer Störung ihres Kontakts zu ihrem Unbewußten. Frühe Bedürfnisse, Ängste und Phantasien wurden abgespalten, konnten nicht integriert werden (Segal 1990, 1996). Die abrupten Wechsel von Tätigkeiten, die ständigen Handlungsbrüche – Kurts (1993) spricht bildhaft vom „Zappen" in Anspielung auf das Springen zwischen den Fernsehprogrammen mit Hilfe der Fernbedienung – sind Ausdruck des in der paranoid-schizoiden Position vorherrschenden Abwehrmechanismus der Spaltung. Mit seiner Hilfe werden Wahrnehmen und Fühlen vermieden. Das kostet viel Kraft. Wieviel, merke ich am Ende der Stunden, wenn ich mich erschöpft und ausgepowert fühle.

In der depressiven Position entstehen „die Fähigkeit zu symbolisieren, die Wahrnehmungen der inneren und äußeren Realität und die Fähigkeit, ...Getrenntheit zu ertragen", schreibt Segal (1996). So weit ist Zohra noch nicht. Denn dann müßte sie ja die Zerstörungen in ihrer inneren Welt wahrnehmen und die Zerstörungen, die sie tagtäglich in ihrer äußeren Welt anrichtet (die Pflegemutter beneidet mich, daß ich nur 1 Stunde mit dem Kind zusammen bin). Und das würde Zohra noch nicht ertragen. Auch Getrenntheit kann sie noch nicht wirklich aushalten. Kaum hat sie sich dazu durchgerungen, ihr Toilettengeschäft doch allein zu verrichten, kommt sie schon wieder mit heruntergelassenen Hosen auf den Flur gelaufen und kontrolliert, ob ich noch da bin.

Aber die Fähigkeit zu symbolisieren hat sie schon erworben – gut für ihre Therapie, weil sie sich darüber mir mitteilen kann. Zohra zeigt sie schon in der 3. Stunde: Da entdeckt sie den kleinen Puppenschulranzen im Puppenhaus, ist wie elektrisiert und sucht sofort die winzigen Messerchen in der Puppenküche, um sie hineinzupacken. Die neue Errungenschaft der depressiven Position „wird eingesetzt, um mit ... ungelösten Konflikten fertigzuwerden, indem man sie symbolisiert" (Segal 1990). Die Fähigkeit zur Symbolisierung ist eine Ich-Funktion, über die Zorah verfügt, wenn auch noch nicht gesichert, was ich gleich darstellen möchte. In engem Zusammenhang mit der Symbolisierung steht die Fähigkeit zu spielen. Der Bostoner Kinderpsychiater und Psychoanalytiker Herzog (1994) sieht auch im Spiel eine Ich-Funktion, mit deren Hilfe Kinder im Spielraum der analytischen Situation ihre inneren Konflikte durcharbeiten und ihre inneren Schäden heilen.

Zohra greift in der 8. Stunde die symbolische Darstellung aus der 3. Stunde wieder auf: Als sie unter den Spielsachen im Regal einen kleinen Koffer entdeckt, läuft sie sofort damit zum Puppenhaus, sucht die kleinen Messer zusammen und packt sie hinein. Sie nimmt die Möbel aus dem Puppenhaus, stellt sie an verschiedenen, weit voneinander entfernten Stellen im Spielzimmer auf: Schlafzimmer, Eßzimmer, Küche und Bad, jedes für sich. Den messergefüllten Koffer bringt sie zum Ehebett, in das sie die Eltern gelegt hat. Die Kinderbetten rückt sie zu beiden Seiten dicht an das Ehebett, teilweise mit 2 Kindern darin. Sie schüttet alles Geschirr und Besteck auf den Boden, räumt es sorgfältig in Schränke und Kästen, fragt, wo die einzelnen Teile hinkommen. Dann stehen alle Puppen auf und werden an den Eßtisch gesetzt, den Zohra sorgfältig deckt. Ein Döschen füllt sie mit Sand, schüttet ihn auf ein Tellerchen, nimmt ein Gäbelchen und „ißt". Plötzlich dreht sie sich um zu mir und zeigt mir ihre sandbeklebte Zunge, fragt, ob man Sand essen könne, sagt selbst, das sei ungesund. Mehrmals fragt sie, ob die Stunde „alle" sei. Dann „heiraten" Mama und Papa und alle Kinder (es sind ausschließlich Mädchen), nur das Baby nicht, Oma und Opa auch. Sie legt alle auf die Ladefläche eines Autos, übereinander, fährt sie zum „Heiraten". Ich frage, was die da machen. Zohra, kurz und entschieden: „Das verstehst du nicht."

In den bisherigen Stunden hat sie immer wieder im Sand viele Kuchen für mich „gebacken" und mir zu essen gegeben, sich gefreut, wenn es mir schmeckte, und mich geschlagen, wenn ich nicht mehr essen konnte oder mochte.

Die Pflegemutter berichtet, Zohra habe nie freiwillig etwas essen wollen, sie spiele mit dem Essen herum, kaue ausdauernd mit leerem Mund und wenn sie etwas im Mund habe, schlucke sie es nicht herunter. Nur mit Drohungen von Schlägen nehme sie mechanisch zu sich, was vor ihr auf dem Teller liegt. Dann wieder stopfe sie Unmengen wahllos in sich hinein, und zwar solche Nahrungsmittel, von denen es im Moment nur wenig gebe, aber auch Süßigkeiten.

Zurück zu Zohras Spiel: Auch hier setzt sie sich mit dem Essensthema auseinander.

Der messergefüllte Schulranzen oder Koffer symbolisiert das schmerzhaft schneidende Hungergefühl im Bauch, an dem sie in den ersten beiden Lebensjahren so extrem gelitten haben muß. Und er symbolisiert noch etwas anderes: Sie bringt den Koffer zum Ehebett. Zohra stellt ihre frühere häusliche Situation dar: Sie hat damals mit 2 Geschwistern zusammen in einem Bett geschlafen. Jetzt bemüht sie sich um Strukturierung dieser verwirrenden damaligen Welt, die sich ebenso verwirrend und unstrukturiert in ihrem Inneren niedergeschlagen hat: Schlafen, Essen, Ernähren und Ausscheiden werden voneinander getrennt, indem sie die entsprechenden Zimmereinrichtungen weit voneinander entfernt aufstellt. Indem sie mich fragt, wo alles hingehört, zeigt sie mir, daß sie mit meiner Hilfe ihre innere Welt neu ordnen möchte. Aber in dem Moment, wo es um Nahrungsaufnahme geht, kann Zohra plötzlich nicht mehr spielen: Aus dem Tun „als ob" wird konkretes Tun: sie ißt den Sand wirklich. Aus der echten Symbolisierung wird symbolische Gleichsetzung (Segal 1990). Das Symbol Sand verwandelt sich in Nahrung zurück, und zwar in „ungesunde", giftige Nahrung, die im Körperinneren Schaden anrichtet. Hier schießt Zohra ihre zentrale Angst dazwischen, nämlich die, durch in sie eindringende „böse" Objekte – auch das Hungergefühl wird als solch ein in den Bauch eingedrungenes „böses" Objekt oder, mit der Bezeichnung von Klein (1972), als „böse Brust" empfunden – zerstört zu werden, und diese Angst zerstört Zohras Spiel. Indem sie mich nun fragt, ob man Sand essen könne, also wiederum meine grenzsetzende, strukturierende Funktion verlangt, zeigt Zohra, daß in ihrer Phantasie Oralität und Grenzsetzung verlötet sind – ein erster Hinweis auf die intrapsychische Ursache ihrer Eßstörung: ein Mangel in der Abgrenzung zwischen Subjekt und Objekt, zwischen innen und außen.

Auch in der von Zohra selbst geschaffenen Formulierung, die Stunde sei „alle", zeigt sich die orale Thematik: Die Therapie erlebt sie als Gefüttertwerden und das Stundenende als orale Versagung, so als sei das Fläschchen „alle".

Warum trägt Zohra den messergefüllten Koffer ausgerechnet zum Ehebett? Was hat Hunger mit Sexualität zu tun?

Das von ihr erschaffene Symbol erinnert an die von Klein (1972) beschriebene Phantasie der vereinigten Eltern: „Sie erscheint zum erstenmal, wenn das Kind die Mutter zwar als ein ganzes Objekt wahrnimmt, aber den Vater noch nicht gänzlich von ihr unterscheidet; es phantasiert den Penis oder den Vater als einen Teil der Mutter, die es in einem solchen Grade idealisiert, daß sie für das Kind zum Gefäß aller begehrenswerten Objekte wird: der Brust, der Kinder, der Penisse. Diese Figur greift der Neid an, und die Projektionen können aus ihr einen bedrohlichen Verfolger machen" (Segal 1974). Aber bei Zohra kommt noch etwas anderes hinzu.

2 Stunden später – zu Beginn hatte ich ihr mitgeteilt, daß die nächste Stunde ausfällt – verteilt Zohra wieder die Einrichtungen der verschiedenen Puppenräume weit voneinander entfernt im Spielzimmer, das Bett, in dem die Eltern schlafen, zuerst. Alle sitzen beim Frühstück und „heiraten". Ich sage, daß eigentlich nur Mama und Papa heiraten, was sie – etwas widerstrebend – akzeptiert. Ich sage weiter, daß aber manchmal auch Papas so tun, als würden sie ihr kleines Mädchen heiraten, obwohl das noch gar nicht heiraten will. Sie hört ruhig zu. 5 Minuten vor Schluß (sie hat schon ein erstaunlich gutes Zeitgefühl entwickelt) fragt sie, ob die Stunde „alle" ist; will dann nicht mehr Puppenhaus spielen. Beim Aufräumen beschimpft sie mich plötzlich wegen einer Kleinigkeit: „Du spinnst!" Ich spreche ihren Ärger über mich an und bringe ihn damit in Verbindung, daß die Stunde „alle" ist und sie erst in 2 Wochen wiederkommen kann.

Dieses Mal hatte ich ihr auch wirklich viel zugemutet: Ich hatte sie 3mal gekränkt. Zuerst mit der Ankündigung des Stundenausfalls, der für Patienten immer unbewußt bedeutet: die Therapeutin will mich nicht, dann mit der Eindämmung ihres Größenselbst, das ja in der Phantasie, es gebe keine Generationengrenzen, enthalten ist und das vor Kränkung schützt, und schließlich mit dem Entzug der „Nahrung" durch die Beendigung der Stunde. Die erste und die letzte Kränkung spreche ich an, die zweite, tieferliegende, noch nicht. Auch in dieser Sequenz zeigt sich die Verlötung von Oralem, Genitalem und Grenzenlosem: Alle sitzen beim Frühstück und heiraten.

Die Pflegemutter hatte früher schon berichtet, daß Zohra fremde Männer einfach von hinten anspringt. Jetzt erfahre ich von ihr, daß Zohra der Rauswurf aus dem Kindergarten droht: Sie ziehe sich dort ständig aus und stecke sich und anderen Kindern Gegenstände in den Po. Als die Pflegemutter mit Zohra darüber sprach, steckte das Kind sich plötzlich 3 Finger „bis zum Anschlag" in den Mund, würgte und stieß dann hervor: „Weißt du, wie schlimm das ist?! Da muß man kotzen und da fällt einem die Zunge raus!" Auf Mutters Frage, ob der Papa X (der leibliche Vater, der von der Sozialarbeiterin sein Kind zurückforderte mit der Begründung, er wolle wieder mit Zohra im Bett spielen) das mit ihr gemacht habe, antwortete Zohra: „Nein. Red du!" Wenn schon die kindlichen Phantasien so tiefe Ängste heraufbeschwören können, wieviel verstörter muß dann ein Kind sein, das real vergewaltigt wurde?

Nach weiteren 7 Stunden inszeniert Zohra die Vergewaltigung mit mir: Ich bin das Kind, sie ist die Mami. Sie sitzt an der Schreibmaschine. Ich will auch auf der Maschine tippen. Sie verbietet es mir, schlägt mich, schickt mich schließlich in mein Zimmer. Sie schimpft und ist böse mit mir. Nach längerer Zeit wird sie plötzlich extrem liebevoll und sagt, sie werde mich nie mehr einsperren und jetzt immer ganz lieb zu mir sein. Ich darf auf der Maschine tippen. Und jetzt dürfe ich auch immer in ihrem Bett schlafen, und der Papa müsse in meins. Mit blitzenden Augen sagt sie dann, wenn ich schlafe, würde sie heimlich ein Schokoladenei in meine Jacke stecken. Dabei wird sie ganz aufgeregt und greift sich immer wieder zwischen die Beine. Ich „weine" und sage, ich wolle im Schlaf nichts in meine Jacke gesteckt haben, ich wolle meine Ruhe haben. Sie versucht mit vielen schmeichelnden Worten, mich zu beruhigen: nein, sie werde mich nur eincremen, und steckt mir blitzschnell eine kleine Cremedose aus dem Kaufladen hinten in den Ausschnitt. Wieder jammere ich, daß ich das nicht wolle, daß ich Angst hätte, sie würde mir was tun, wenn ich schlafe. Da prügelt sie plötzlich die Handpuppen: den Zauberer, die Hexe, die „nicht so blöd lachen" solle, den Räuber und den Kasper. Alle seien böse. Wütend haut sie dem Kasper einen offenen Filzstift ins Gesicht, ich kann nicht schnell genug eingreifen. Ich breche das Spiel ab und sage, daß wir erst den Kasper saubermachen müssen. Sie gibt sich Mühe, ich auch, die Farbe geht nicht ab. Jetzt will sie etwas anderes spielen, weiß nicht, was. Ich sage: „Du willst jetzt schnell vergessen, was du mit dem Kasper gemacht hast." Sie reagiert nicht darauf, reißt stattdessen die Papierrolle im Kaufladen auseinander, und ich habe das Gefühl, gleich schlägt sie alles kurz und klein. Ich nehme ihr die Rolle weg und sage, daß ich sie wieder aufwickeln möchte. Da gelingt es ihr, mit mir ein Kaufladenspiel zu machen: Ich muß bei ihr einkaufen. Ihre Aufregung klingt allmählich ab.

Deutlich ist hier die Spaltung zu verfolgen: Der abrupte Wechsel zwischen „böser" und „guter" Mutter. Aber auch dem guten Objekt ist nicht zu trauen: Schnell kann die Liebe umschlagen in triebhaft motiviertes Eindringen, und zwar dann, wenn man es am wenigsten erwartet: im Schlaf.

Zohra betritt das Schlafzimmer der Pflegeeltern nicht. Oft werden diese nachts durch einen markerschütternden Schrei aus dem Schlaf gerissen, und Sekunden später steht Zohra, die eine Etage tiefer schläft, an ihrer Tür. Die Pflegemutter: Man könne kaum glauben, daß ein Mensch in solch atemberaubender Geschwindigkeit die Treppe hochflitzen könne. Zohras Alpträume müssen fürchterlich sein, wenn sie in solcher Panik aus dem Schlaf hochschreckt. Aber dann ist sie nicht zu bewegen, ins Ehebett zu kommen, nicht einmal ins Zimmer. Sie steht in der Tür, auf der Schwelle zwischen ihrer schreckenerregenden Innenwelt, symbolisiert in ihren Träumen, und ihrer schreckenerregenden Außenwelt: der Welt ihrer realen Eltern, übertragen auf die Pflegeeltern. Erst nach über 1 Jahr Therapie schafft sie es, der Einladung der Pflegemutter in ihr Bett zu folgen, liegt dann aber so stocksteif und hellwach neben ihr, daß sie Zohra nach 20 Minuten wieder in ihr Bett schickt, wobei sie den Eindruck hat, daß Zohra geradezu erleichtert geht.

Symbolisiert im Spiel vergewaltigt Zohra jetzt mich, indem sie heimlich etwas in mich hineinsteckt, während ich schlafe: ein Schokoladenei. Wieder entstammt das Bild, das sie auf kreative Weise dafür erschafft, aus der oralen Sphäre. Wenn man diese Szene in Zusammenhang sieht mit Zohras Mitteilung an die Pflegemutter nach den Vorfällen im Kindergarten, wo sie in ähnlicher Weise mit sich und anderen Kindern umging, braucht man nicht mehr viel Phantasie, um zu erraten, was dem Kind angetan wurde. Diese Vergewaltigung inszeniert sie nun mit mir, und zwar mit Hilfe des Abwehrmechanismus Identifikation mit dem Aggressor (A. Freud 1980), der eher als Bewältigungsmechanismus zu verstehen ist, in der Verkehrung des Passiven in das Aktive. Was Zohra passiv erlitten hatte, fügt sie mir jetzt aktiv zu. Damit nähert sie sich erstmals ihren mit dem Trauma verbundenen Gefühlen, ihrer Angst und Hilflosigkeit, noch verlagert in mich, um nicht von ihnen überwältigt zu werden. Aber das ist noch nicht Schutz genug, die Trennung zwischen Selbst und Objekt ist noch nicht sicher errichtet, deshalb drohen sie meine Gefühle, die ja die ihren sind, mit zu überwältigen, sie wühlen eigene erlebte Verletzungen zu sehr auf, und so kann Zohra die Rolle im Spiel mit mir nicht mehr halten und sie wendet sich, abrupt wie immer, wenn Angst aufkommt und Spaltung zur Abwehr eingesetzt werden muß, anderen zu, denen, die tatenlos die Vergewaltigung mit angesehen haben, darunter die „böse" Mutter (Hexe), die „nicht so blöd lachen" soll (vielleicht hat sie ja in Wirklichkeit gelacht über die Spielchen des Vaters mit dem schreienden Kind), die älteren Geschwister. Daß keiner ihr geholfen hat, bringt Zohra so außer sich, daß sie nur noch auf alle einprügeln kann. Dabei beschädigt sie den Kasper, wie sie selbst beschädigt wurde:

Die untilgbaren Farbstriche in seinem Gesicht entsprechen den untilgbaren Narben an ihrem Körper.

Das wäre eine mögliche Erklärung. Eine andere wäre: Meine Reaktion im Spiel brachte ihr zum Bewußtsein, daß ihre triebhaft-liebevolle Zuwendung in Wahrheit verletzend für das Objekt ist. Nur gute und nur böse Selbst- und Objektbilder vermitteln ja Orientierung. Das ist der Sinn der Spaltung. Entweder ist der Vater lieb, oder der Vater ist böse. Da weiß man, was man zu erwarten hat. Aber wenn der freundliche, liebevolle Vater plötzlich schmerzhaft in einen eindringt, dann geht jede Orientierung verloren, und man wird von Angst überwältigt. Diese Angst hat sie in mir in meiner Rolle als vergewaltigtes Kind wahrgenommen. Infolge mangelhafter Selbst-Objekt-Grenzen drohte sie selbst von meiner „Angst" mit überflutet zu werden, und sie wehrte sie ab, wiederum durch Identifikation mit dem Aggressor. Sie empfand mich als böses Objekt in ihrem Innern – ich löste ja durch meine Ausgestaltung der Spielrolle die mit dem Trauma verbundenen Gefühle von Angst, Ohnmacht und Hilflosigkeit in ihr aus, verursachte also, daß es ihr schlecht ging -, schaffte es aber, mich vor ihrer diesem bösen Objekt geltenden Aggression zu schützen, indem sie Symbole fand, die sie statt mir attackierte.

Segal (1990) beschreibt diesen Vorgang: „Das Symbol wird gebraucht, um Aggression vom ursprünglichen Objekt zu verschieben und Schuldgefühl und Angst vor dem Verlust auf diese Weise zu verringern. Das Symbol ist hier kein Äquivalent des ursprünglichen Objekts, da das Ziel der Verschiebung darin besteht, das Objekt zu schützen, und die in Beziehung zum Symbol erfahrene Schuld ist weit geringer als jene, die als Folge eines Angriffs auf das ursprüngliche Objekt entstand." Wodurch entsteht der Wunsch, das gute Objekt zu schützen? Durch den Fortschritt von der paranoid-schizoiden Position zur depressiven Position. Segal (1990) erklärt das so: „Wenn die depressive Position erreicht worden ist, besteht das Hauptcharakteristikum der Objektbeziehungen darin, daß das Objekt als ganzes Objekt empfunden wird. In dieser Phase kämpft das Ich mit seiner Ambivalenz, und seine Beziehung zu dem Objekt ist durch Schuldgefühl, Angst vor dem Verlust oder tatsächliche Verlusterfahrung und Trauer sowie das Streben, das Objekt wiederzuerschaffen, gekennzeichnet ... Früher hatte das Ziel darin bestanden, das Objekt vollständig zu besitzen, wenn es als gutes, oder es zu vernichten, wenn es als böses empfunden wurde. Mit der Erkenntnis, daß das gute und das böse Objekt eines sind, werden diese beiden Triebziele schrittweise modifiziert. Das Ich beschäftigt sich zunehmend damit, das Objekt vor seiner Aggression und seinem Besitzanspruch zu schützen."

Indem Zohra nicht mich attackiert, sondern – symbolisch – die Kasperpuppen, zeigt sie, daß sie die depressive Position hier erreicht hat. Ihr Bemühen, gemeinsam mit mir, den Kasper zu säubern, zeigt ihren Wunsch nach Wiedergutmachung – auch dieser Wunsch entsteht in der depressiven Position, wenn der Schmerz, den man dem Objekt zugefügt hat, als von einem selbst verursacht wahrgenommen wird. (Ganz zu Beginn war das noch nicht möglich: da schob sie die Schuld an dem beschädigten Blumenstrauß der Marktfraufigur auf die Mädchenfigur.) Aber als die Wiedergutmachung mißlingt, droht Zohra von depressiver Angst, das gute Objekt zerstört zu haben, überwältigt zu werden. Sie pendelt zurück auf die paranoid-schizoide Position und setzt den Mechanismus der Verleugnung zur Angstabwehr ein. Jetzt halte ich sie aber mit meiner Deutung ihrer Abwehr in der depressiven Position fest, indem ich sie ausdrücklich auf die realen untilgbaren Folgen ihre Aggression hinweise, und sie wird von Angst überflutet, kann in ihrer Panik nur noch um sich schlagen.

Man könnte hier zu Recht fragen, ob ich mit meiner Deutung nicht zu weit gegangen bin. Ich habe mich das auch gefragt. Andererseits haben wir uns beide wieder beruhigt, und in dem ruhigen, von gegenseitiger oraler Versorgung geprägten abschließenden Spiel machte sie die Erfahrung, daß das Objekt den Angriff überlebt hat und sie mit ihm.

Ich kann im Rahmen dieses Beitrags leider nicht darstellen, wie sich Zohra in der Therapie weiterentwickelt, wie sie etwa im Spiel gemeinsam erlebte Oralität genießen kann ohne Angst, das Objekt mit ihrer Gier zerstört zu haben, oder wie sie ihre Freude darüber, daß das Objekt die Zerstörung überlebt, lustvoll aggressiv ausdrücken kann (Winnicott 1983, Wittenberger 1994, 1997). Aber ich möchte doch noch schildern, wie sie nach etwa 15 Monaten Therapie mit mir (und sich) umgeht:

Nach einer 5wöchigen Pause (ich war in Urlaub) kommt Zohra mir auf dem Dreirad entgegengefahren und verkündet freudestrahlend, während sie mit dem Dreirad nach hinten kippt, daß sie eine Überraschung für mich habe: Sie könne jetzt Schlittschuh laufen. Sie ist äußerlich deutlich größer und reifer geworden.

Sie fragt nach den Barbiesachen, führt das Spiel die ganze Stunde hindurch. Sie macht für das Baby liebevoll ein Bettchen zurecht, sucht nach Schlafmöglichkeiten auch für die Erwachsenen. Allmählich wird sie hektischer und unruhiger, erteilt mir die widersprüchlichsten Anweisungen, was ich den Puppen anziehen soll. Als sie über Barbies „dicke Brust" schimpft, setze ich die Brust von erwachsenen Frauen in Beziehung zu der von kleinen Mädchen. Darauf spricht sie stolz von ihrer Mama, die ein kleines Baby habe – was nicht den Tatsachen entspricht, aber vermutlich dem derzeitigen Wunsch der Pflegeeltern nach einem weiteren leiblichen Kind, von dem Zohra angeblich nichts wissen könne, entspringt. Ich sage, daß Mamas die Babys mit ihrer Brust füttern. Die Vorstellung ist ihr offensichtlich angenehm. Als ich dann aber große Schwierigkeiten habe, der Barbie einen engen Pulli anzuziehen, und sie es auch nicht schafft, wird sie immer ärgerlicher. Sie guckt mich an und schimpft: „Guck nicht so, als ob du im Himmel gewesen wärst!" Ich antworte, daß ich nicht im Himmel, aber im Urlaub war. Ich spreche weiter darüber, daß sie wohl auch deshalb ärgerlich auf mich ist. Sie zeigt mir einen Stinkefinger und droht, sie werde nicht mehr zu mir kommen, dann könne ja ein anderes Kind zu mir! Ich antworte, daß sie mich dann spüren läßt, wie es ist, wenn man so allein gelassen wird. Am liebsten würde sie es so mit mir machen, wie ich es mit ihr gemacht habe. Sie versucht mit Gewalt Barbies Arm in den Ärmel zu zwängen, phantasiert darüber, wie sie die Puppe kaputt macht. Nachdem sie die Vorstellung ausgekostet hat, sagt sie, das dürfe man nicht. Ich antworte, daß man dann nicht mehr mit der Barbie spielen kann. Sie gibt sie mir zum weiteren Anziehen, was mir schließlich, wenn auch mit Anstrengung, gelingt. Dann möchte sie, daß ich dem Baby noch einen zweiten Anzug über den ersten ziehe, was ich nicht schaffe. In relativ ruhigem Ton fordert sie mich nachdrücklich auf, es weiter zu versuchen; „Du hast viel Zeit, sei nicht so unruhig", sagt sie mir wiederholt. Ich verbalisiere mein Gefühl des Überfordertseins. Sie bleibt hart. Dann deute ich, daß es ihr manchmal wohl auch so geht wie mir jetzt, daß sie die gleichen Ermahnungen hören und sich anstrengen muß, obwohl sie das Gefühl hat, daß es zu schwer für sie ist. Schließlich, nachdem wir die Szene intensiv ausgespielt haben, meint sie, ich könne die Puppe weglegen, wenn es wirklich nicht gehe.

Unterbrechungen der Therapie bewirken oft Fortschritte. Zohra, die über eine erstaunliche motorische Geschicklichkeit verfügt, konnte in der Zeit der Trennung weitere Fertigkeiten erwerben, was sie mir stolz berichtet. Mit ihrem gleichzeitigen Sturz vom Dreirad zeigt sie mir aber auch die Kehrseite, die sie anschließend in ihrem Spiel mit den Barbiepuppen symbolisiert: Zohras Schimpfen auf Barbies „dicke Brust" enthält ihren Ärger auf die „böse Brust" der Therapeutin, die deshalb „böse" war, weil sie die Patientin nicht mit der guten Nahrung der Stunden fütterte. Und prompt spricht Zohra den in mich projizierten Ärger aus und setzt ihn selbst mit meiner Abwesenheit in Verbindung: „Guck nicht so, als ob du im Himmel gewesen wärst!" Die Pflegefamilie ist sehr religiös, und sicherlich wird darüber gesprochen, daß Tote in den Himmel kommen. Eine 5wöchige Pause muß für Zohra sehr schwer auszuhalten gewesen sein, fast so, als wäre ich gestorben. Dieses schmerzliche Verlustgefühl versucht sie nun wieder manisch abzuwehren, indem sie es verleugnet: Sie selbst werde mich verlassen, und es werde ihr überhaupt nichts ausmachen, wenn ein anderes Kind an ihrer Stelle komme. Damit agiert sie die von Klein (1972) beschriebene manische Abwehr, die sie in ihrer Pflegefamilie bis zur Unerträglichkeit praktiziert: Zur Vermeidung depressiver Ängste wird die Bedeutung des Objekts verleugnet, der andere mit Hohn und Verachtung überschüttet (Segal 1974). Ihre Phantasie, durch die Trennung zerstört zu werden, äußert sie im Umgang mit der Puppe, wiederum abgewehrt durch Identifikation mit dem Aggressor. Gegen diesen destruktiven Impuls tritt aber nun ihr, inzwischen weitgehend internalisiertes, Über-Ich auf den Plan. Ihr Unvermögen infolge Überforderung externalisiert Zohra in mich, indem sie mich spüren läßt, wie es einem dabei geht. Daß sie schließlich mir die zu schwere Aufgabe erläßt, zeigt, daß Zohra nicht nur die depressive Position erreicht hat (Schuldgefühle wegen ihrer Destruktivität), sondern daß das ursprünglich archaisch-sadistische Über-Ich bereits gemildert ist.

Wenig später gelingt es Zohra selbst Verbindungen herzustellen: Sie beginnt mit einem Kartenspiel, läßt mich austeilen, weil ich es besser könne, probiert es aber auch selbst. Als ich einen Fehler beim Austeilen mache und den benenne, sagt sie: „Du bist ja nicht bescheuert." Ich antworte: „Nein, man ist nicht gleich bescheuert, wenn man mal einen Fehler macht." – „Manchmal bist du aber bescheuert. Als du in Urlaub warst, das fand ich schade." – „Da fandest du mich bescheuert, weil du nicht zu mir kommen konntest." – „Nein, nicht bescheuert. Ich wär gern mit dir in Urlaub gefahren." Sie phantasiert darüber, wie ich sie im Wohnwagen mitgenommen hätte.

Sie verbindet aktuellen Ärger auf mein Versagen mit vergangenem Ärger wegen meines Urlaubs. Sie erinnert sich, daß sie mich damals ebenfalls als versagendes Objekt erlebt hat, in viel größerem Ausmaß. Sie erinnert sich aber auch an das Gefühl von Traurigkeit über den Verlust der „guten Brust". Und sie ist mittlerweile stark genug, bei diesem Gefühl zu verweilen, auch als ich nur auf den Ärger eingehe, zu verweilen und ihre Sehnsucht zu spüren nach Kontakt mit mir. Die Bedürfnisse und Phantasien sind hier nicht mehr abgespalten. Zohra kann sie wahrnehmen und fühlen. Sie hat Kontakt zu ihrem Unbewußten aufgenommen.

Natürlich hat sie diese Errungenschaften der depressiven Position noch nicht sicher erreicht, und auch im weiteren Verlauf der Therapie wird sie in Belastungssituationen immer wieder auf die paranoid-schizoide Position zurückpendeln – so wie Klein (1972) dies generell für den Entwicklungsprozeß beschreibt: Die paranoid-schizoide Position wird nie ganz von der depressiven Position aufgehoben, der Mensch pendelt ständig zwischen beiden Positionen hin und her, paranoide und depressive Ängste bleiben ständig innerhalb der Persönlichkeit aktiv. In der späteren Entwicklung gehen lediglich die Integrationsprozesse weiter, eine relativ sichere Realitätsbeziehung wird hergestellt durch das Durcharbeiten der depressiven Position, und die Ängste werden modifiziert und gemildert.

Schon jetzt konnten wir beobachten, wie Zohra sich zunehmend mehr der depressiven Position annäherte und diese ausbaut – Voraussetzung zur konstruktiven Nutzung ihrer Vitalität und Intelligenz.

Dies ist nur ein kleiner Ausschnitt aus Zohras Therapie. Sie ist noch nicht beendet, und Zohra hat noch nicht sehr viel zugenommen. Aber sie arbeitet weiter intensiv an der Ordnung ihrer inneren Welt, der Integration von guten und bösen Teilobjektrepräsentanzen zu ganzen, kohärenten Selbst- und Objektrepräsentanzen, der Trennung zwischen Subjekt und Objekt, Innen und Außen, der Errichtung und Stabilisierung von Objektkonstanz. Vielleicht ist hier schon deutlich geworden, wie dadurch die Auswirkung der Traumatisierung, die Angst vor der Nahrung, allmählich gemildert, und wie damit die Ursache für Zohras Eßstörung, nämlich ihre innere, sie enorm ängstigende Konfusität, verringert werden kann.

8. Posttraumatische Belastungsstörungen (PTSD)

„Flexible Wahrheit" – Zum Suizidversuch einer 16jährigen Jugendlichen im Exil

H. Adam, J. Walter und P. Riedesser

Symptomatik

Die 16jährige aus Kambodscha stammende Meihua wurde nach einem Suizidversuch aus der chirurgischen Notfallambulanz eines umliegenden Krankenhauses auf die jugendpsychiatrische Station verlegt. Die Patientin hatte dort berichtet, daß sie seit Jahren „deprimiert" sei. Sie verfolge das politische Tagesgeschehen und sehe sich den bedrückenden Problemen wie Arbeitslosigkeit, „Ellenbogengesellschaft", Naturkatastrophen und Kriegen hilflos ausgesetzt. Sie fühle sich minderwertig und sehe „schon lange" keinen Sinn mehr darin, weiterzuleben.

Bereits mit 14 Jahren unternahm sie einen Suizidversuch mit Tabletten, von dem sie allerdings nur ihrer Schwester erzählte. Am Abend des jetzigen Suizidversuchs habe sie, wie so oft, über die vielen Kriege und die weltweit bedrohliche Umweltsituation nachgedacht. Sie sei darüber sehr verzweifelt gewesen und habe insgesamt 10 g Paracetamol in der Absicht eingenommen, zu sterben. Nachdem bis spät in die Nacht „nichts passiert" sei, habe sie sich zusätzlich mit einem scharfen Messer Stichwunden in den linken Oberarm zugefügt, sich aber nicht „mutig genug" gefühlt, das Messer auch in die Brust zu stoßen. Sie sei dann zu ihrer Schwester gegangen, um noch mehr Tabletten zu suchen. Ihre Schwester sei schließlich auf die nur oberflächlich verborgenen Verletzungen aufmerksam geworden, habe den Krankenwagen alarmiert und eine stationäre Aufnahme veranlaßt.

Die Eltern, die einen oberflächlich freundlichen, fast demütigen ersten Eindruck auf der Station hinterließen, schienen großen Wert auf den äußeren Zusammenhalt des Familiensystems zu legen. Sie betonten, daß sie eine „ganz normale Familie" seien und sich nicht vorstellen könnten, warum ihre Tochter sich das Leben habe nehmen wollen. Die Ursachen suchten sie wie Meihua selbst in der Umwelt: Meihua könnte evtl. durch Probleme ihrer deutschen Mitschüler in eine Krise gezogen worden sein.

Strategien der Diagnostik

In den Mittelpunkt der Überlegung rückten folgende Fragen:
Welche Bedeutung besitzt die bikulturelle Problematik der Patientin bei der Entwicklung der Suizidalität? Phänomenologisch waren eine Feindseligkeit gegen das Selbst, ein permanenter Konflikt mit der Umwelt und sie notwendigerweise überfordernde Ziele zu beobachten.

- Ist dies als Ausdruck von Konflikten zu verstehen, die sich aus der bikulturellen Problematik ergeben oder stehen eher die oberflächlich verdeckt wirkenden familiären Beziehungsmuster im Vordergrund?
- Welche Rolle spielen intrapsychische, unbewußt ablaufende Vorgänge?

Kontext

Aktuelle soziale Situation:
Die Familie lebte zum Zeitpunkt der stationären Aufnahme 6 Jahre in einer deutschen Großstadt und nach der Aufnahme als „boat people" insgesamt 15 Jahre in Deutschland. Als jüngstes von 6 Kindern lebte Meihua mit ihrer Schwester, 21 Jahre, und ihrem Bruder, 19 Jahre, bei ihren Eltern. Mit der Schwester teilte sie sich ein Zimmer. Die älteste Schwester, 26 Jahre, lebte in Paris, ein Bruder, 24 Jahre, studierte in München und eine 22jährige Schwester studierte in Taiwan. Meihua schien sich mit ihren Geschwistern gut zu verstehen. Insbesondere die Schwester, mit der sie sich ein Zimmer teilte, war ein wichtiger Ansprechpartner für sie. In der Schule beschrieb sie sich als Einzelgängerin, aber auch als „Kummertante", die von vielen Mitschülern aufgesucht wurde. Sie wollte von den gleichaltrigen Jugendlichen nicht viel wissen; deren Probleme fand sie oberflächlich. Das Gymnasium habe sie als subtilen Protest gegen die „Ellenbogengesellschaft" freiwillig nach der 10. Klasse verlassen und dann die Realschule besucht. Ihre Geschwister hätten alle das Abitur bestanden, insbesondere die Schwester in Paris sei sehr erfolgreich und der Stolz der Eltern.

Das Familienklima wird von ihr als rigide und überfürsorglich, aber auch als gefühlskalt und vernachlässigend beschrieben. Normale adoleszente Wünsche der Kinder nach außerfamiliären Beziehungen, auch sexueller Art, seien innerhalb der Familie ein Tabuthema gewesen. Die Eltern, die ursprünglich aus China stammten, bestanden einerseits auf Erhalt der chinesischen Identität, deren Charakter aber unklar blieb, andererseits bemühten sie sich um Flexibilität und Adaptation an die deutsche Gesellschaft. Meihua selbst bezeichnete sich als deutsche Chinesin, meinte aber, daß es für sie bisher noch kein Problem gewesen sei und sie sich über die kulturellen Schwierigkeiten keine Gedanken gemacht habe. Innerhalb ihrer Peer-Group habe es praktisch keine ausländischen Jugendlichen gegeben.

Die Familie hatte als sog. Kontingentflüchtlinge einen gesicherten Aufenthaltsstatus mit unbegrenzter Aufenthaltsdauer in Deutschland.

Entfaltung der Beziehungsdynamik zu Beginn der stationären Zeit:
Meihua berichtete auf der Station, daß „Mei", ihr deutscher Rufname, so etwas ähnliches wie ein Spitzname sei. Dieser sei ihr schon ganz früh in Deutschland im Kindergarten gegeben worden, da man dort ihren richtigen Namen nicht habe aussprechen können. Außerdem gefalle ihr richtiger Name ihr nicht, sie wisse auch nicht genau, was er bedeute. Ihre Eltern hätten ihr dies zwar erklärt, sie könne sich aber nur noch dunkel daran erinnern: Er bedeute angeblich etwas Gutes, Optimistisches. So besaß sie eigentlich keinen Namen. Der Teil, den sie akzeptieren konnte, repräsentierte dazu die Hoffnung und Aufgabe der Eltern an sie, gut und optimistisch zu sein.

Das Einlassen auf den stationären therapeutischen Prozeß bereitete ihr zunächst enorme Schwierigkeiten. Für sie stellte dies eine neue Integrationsaufgabe dar, die sie lösen mußte, der sie sich aber nicht gewachsen fühlte. Sie verschloß und zog sich zurück. Implizit ließ sie die anderen wissen, daß es ihr egal sei, was diese von ihr dächten und ob sie verstanden werde oder nicht. Verdrängte Aggression und Wut waren aber nur in der Gegenübertragung spürbar. Der Therapeut hatte den Eindruck, sie führen und zurechtweisen zu wollen, ihr damit aber auch einen Weg vorzuschreiben. Damit drohte eine Identifikation mit den rigiden, gefühlskalten Anteilen der Eltern.

Nach den zunächst oberflächlichen therapeutischen Kontakten berichtete Meihua in der 2. Woche nach der stationären Aufnahme, daß sie wenige Monate vor ihrem letzten Suizidversuch bei einem Familienabend gehört habe, daß sie eigentlich abgetrieben werden sollte. Die Verhältnisse seien für die Familie in Phnom Phenh damals sehr schwierig gewesen: Es habe geheißen, Säuglinge würden die Flucht über das Meer nicht überleben. Die Mutter habe daraufhin 2 Abtreibungsversuche, einen davon mit „ärztlicher Hilfe", unternommen. Sie sollte durch die Abtreibung vor späteren Bedrohungen geschützt werden, aber auch der Familie die Flucht ermöglichen, indem sie nicht zu leben beginne. Nach der Geburt habe sie bei Verwandten oder Freunden abgegeben werden sollen, um evtl. später nachgeholt werden zu können. Schließlich, als sie 1 Jahr alt gewesen sei, habe die Mutter gemeint, daß Meihua nun alt genug sei, die Flucht zu überleben. Sie meinte: „Es war haarscharf, daß ich überlebt habe" – ähnlich wie bei dem Suizidversuch, der zur Aufnahme führte.

Dies berichtete sie zu Beginn der 5. Stunde; der Rest der Stunde verstrich schweigend. In der Gegenübertragung entstanden Gefühle von Einsamkeit und Trauer. In der nächsten Stunde meinte sie, daß sie sich in der Zeit des Schweigens gefragt habe, ob ein Bezug von der Geburtssituation zu ihrer heutigen Situation herzustellen sei. Sie habe diese Verbindung nicht herstellen wollen und letztendlich deshalb auch nicht geredet.

In der darauffolgenden Zeit war es für Meihua leichter, sich im stationären Rahmen einzuleben und auch leichter, Kontakt mit anderen Jugendlichen zu finden. In der therapeutischen Beziehung konnte eine Phase beginnen, in der sie sich langsam darauf einlassen konnte, Verbindung zwischen ihrer äußeren Welt und den innerfamiliären und innerpsychischen Schwierigkeiten herzustellen.

Im Rahmen der therapeutischen Beziehungsaufnahme war diese Schweigestunde ein wichtiger Meilenstein, da sie den mit sich selbst (und der Familie) geschlossenen Schweigepakt (über das Unerwünschtsein) auch vom Therapeuten akzeptiert sah. Nur durch diese primäre Akzeptanz und das therapeutische Zugeständnis, selbst das „Tempo" bestimmen zu können, war es möglich, in einen schließlich fast 11 monatigen therapeutischen Kontakt zu treten, in dem sie langsam lernte, ihr intrapsychisches Erleben zu verbalisieren.

Anamnese (bzgl. Flucht und Migration)

Die Eltern berichteten, daß beide 1948 von China nach Kambodscha auswanderten. Der Vater war damals 10 Jahre alt, die Mutter noch ein Kleinkind. Erinnerungen an China habe nur der Vater. Für den Vater war es sehr wichtig gewesen, seine Herkunftsfamilie nicht zu verlieren und es war für ihn auch eine Herausforderung, die chinesische Kultur in Kambodscha aufrechtzuerhalten. Im damaligen Phnom-Penh lebten sich beide Familien der Eltern im chinesischen Viertel gut ein. Meihuas Eltern führten schließlich ein gut gehendes Geschäft für Elektroartikel. Später sah der Vater für sich und seine Familie keine Perspektive mehr und investierte viel Geld, um sich ein kleines Boot zu kaufen. Damit wagte er sich mit seiner Familie und Freunden auf das offene Meer, in der Hoffnung, von einem westlichen Rettungsschiff aufgenommen zu werden. Der Vater beschrieb insbesondere die Jahre von 1975 – 1978 als „sehr hart", in der Zeit zuvor hätten sie von dem Krieg in Kambodscha, da sie direkt in Phnom-Penh gelebt hätten und als Chinesen nicht in die Armee eingezogen worden seien, nicht viel mitbekommen.

Nach der Flucht wurden sie auf dem offenen Meer von Piraten überfallen. Es sei ihnen jedoch außer Wertsachen nichts abgenommen worden. Die Eltern verneinten körperliche Übergriffe der Piraten, für Meihua sei die Flucht lebensbedrohlich gewesen, als die Mutter sie kaum noch habe stillen können. Sie strandeten schließlich auf einer kleinen Insel; im dortigen Lager wurden sie ausgelost und nach Deutschland gebracht. Zunächst wohnten sie in der Nähe von Hannover, schließlich, 1989, sind sie nach Hamburg gezogen, da der Vater Möglichkeiten sah, eine bessere Arbeit als Packer in einer Fabrik aufzunehmen.

Meihua selbst berichtete, daß sie schon immer große Probleme innerhalb der Familie gehabt habe. Ihre Eltern hätten ihr Bedürfnis, sich auch außerhalb der Familie Orientierung zu suchen, nicht verstanden und immer versucht, Kontakte nach außen zu verhindern. Dadurch seien auch Beziehungen zu Jugendlichen gleichen Alters immer sehr schwierig gewesen. Dies habe auch dazu geführt, daß sexuelle Kontakte auch der älteren Geschwister den Eltern gegenüber verschwiegen worden seien. Die Geschwister unterstützten sich untereinander und bauten Lügengewebe gegenüber den Eltern auf. Für Meihua war dies dadurch problematisch, da sie sich einerseits Gedanken über die Zustände in der Welt machte und die Lüge verabscheute, während dies auf der anderen Seite in ihrer Kernfamilie an der Tagesordnung war.

Untersuchungsergebnisse

Psychopathologischer Befund

Zum Zeitpunkt der Aufnahme war Meihua ein 16½jähriges, hübsches, verzweifelt und hoffnungslos wirkendes chinesisches Mädchen, das sich in den ersten Gesprächen in ihren Stuhl kauerte und offensichtlich niemanden zu nah an sich herankommen lassen wollte. Sie fühlte sich durch die stationäre Aufnahme deutlich entlastet und distanzierte sich von weiteren Suizidgedanken. Es war möglich, mit ihr in eine Gesprächsbeziehung einzutreten und sie konnte sich vorstellen, von dem stationären Aufenthalt zu profitieren. Dabei imponierte sie als eine sehr differenzierte Jugendliche, die eine hohe sprachliche Ausdrucksfähigkeit aufwies. Der formale Gedankengang war geordnet, es bestand kein Anzeichen für ein psychotisches Geschehen. Das gesellschaftliche Gesamtgefüge empfand sie als etwas sehr Bedrückendes und sie war sich nicht sicher, ob es besser sei zu leben oder zu sterben. Sie verleugnete jede familiäre Problematik und führte ihre depressive Symptomatik der letzten Jahre auf allgemeine Probleme in der Welt zurück.

Verhalten auf der Station

Zu Beginn des stationären Aufenthalts war Meihua noch sehr isoliert und zurückgezogen. Ihr Geburtstag, an dem sie 17 Jahre alt wurde, wurde beinahe vergessen, erst am späten Nachmittag war es möglich, zumindest einige „Geburtstagsrituale" der Station durchzuführen. Sie schien eine ähnliche Situation wie zu Hause induziert zu haben, wo ihr Geburtstag angeblich auch nie genügend gewürdigt wurde. Erst mit der Zeit konnte sie Interesse an anderen Mitpatienten gewinnen und sich in Gruppen vermehrt einbringen, wobei sie allerdings ihren spezifischen kulturellen Hintergrund deutlich ablehnte. In der Kochgruppe war sie z.B. diejenige, die gerade nicht chinesisch kochen wollte und auch in ihren Vorlieben bei Musik und Kleidung versuchte sie sich als „typisch großstädtische Jugendliche" darzustellen. Nach einigen Monaten auf der Station fiel es ihr wesentlich leichter, diese alleine zu verlassen. Sie ging schließlich eine lang dauernde Beziehung mit einem 20jährigen Mann ein, der in der nahegelegenen psychiatrischen Klinik für Erwachsene kurzfristig, wegen ähnlicher Problematik wie sie selbst, stationär behandelt wurde. In der Beziehung zu ihm, der vom äußerlichen Erscheinungsbild der „Punk-Szene" zugerechnet werden konnte, strich sie den Wunsch einer Distanzierung zur eher bürgerlich angepaßten chinesischen Exilfamilie deutlich heraus.

Psychodynamischer Befund
Krankheitserleben und Behandlungsvoraussetzungen

Der zuletzt durchgeführte Suizidversuch ist als lebensbedrohlich einzustufen; darüber hinaus waren in der Vorgeschichte weitere Suizidversuche eruierbar. Es war daher von einem latent suizidalen Zustand auszugehen, unter dem die Patientin sehr litt. Wenn sie auch nicht wußte, wo sie sich im deutschen Gesundheitssystem Hilfe holen konnte, konnte sie sich schließlich doch ihrer Schwester bemerkbar machen, die die Rettung einleitete. Auch in extremen Situationen fand kein völliger Verlust der Selbstkontrolle statt. Einerseits war ihr bewußt, daß sie „nicht wie andere", krank ist, konnte sich aber – sei es aufgrund des engen familiären Beziehungsmusters, sei es aufgrund der fehlenden medizinischen Orientierung – keine Hilfe suchen. Auch traditionelle chinesische bzw. kambodschanische Wege, sich Hilfe zu holen, konnte sie nicht finden.

Meihua konnte zunächst nicht die subjektive Entwicklung ihrer Störung beschreiben und nur sehr zögerlich Zusammenhänge zwischen seelischer Belastung und der Symptomatik erkennen. Sie konnte zunehmend die Psychotherapie als hilfreich in der Bewältigung ihrer Probleme annehmen und zeigte eine hohe Compliance. Die Familie erkannte auch in der vor dem Suizidversuch vorherrschenden depressiven Stimmung den Krankheitscharakter.

Beziehungsdynamik

Meihua selbst erlebte sich als jemand, die sich in der Vergangenheit immer angepaßt, unterworfen und schließlich resigniert aufgegeben hatte. Die stationäre Aufnahme verstand sie als weitere Flucht vor den Problemen der Welt. Im Suizidversuch schienen sich bestimmte Aspekte in Meihuas Leben widerzuspiegeln: Ihr Lebensrecht wurde ihr praktisch zu Hause erneut dadurch in Frage gestellt, daß ihr die Mitteilung gemacht wurde, es hätten Abtreibungsversuche stattgefunden. Sie fühlte sich daraufhin mißverstanden und ungeliebt, fand jedoch in der stationären Aufnahme die Hoffnung auf neuen Lebensmut, so wie die Mutter die Hoffnung gehabt hatte, Meihua dadurch zu retten, daß sie versuchte ihr auch den „letzten Tropfen Muttermilch" auf der Flucht zu geben.

Diese undifferenzierten Gefühle von Hoffnung an den psychotherapeutischen Kontakt, das „subjektive Exil", wie sie sich in ihrem Namen und in Teilen ihrer Identität wiederfinden, konnten aber zunächst nur zögerlich in die therapeutische Beziehung eingebracht werden. Die in der Gegenübertragung gespürte Aggression war als abgespaltener Anteil ihrer Schuld zu verstehen, die Abtreibung und die Flucht überlebt zu haben.

Konflikte und strukturelle Entwicklung

Die Lebenssituation in Kambodscha mit anschließender Flucht nach Deutschland ist als eine aktuell äußere Lebensbelastung zu sehen und ihre depressive Entwicklung auch im Rahmen einer Belastungsreaktion und chronischen Anpassungsstörung zu gewichten. Sie wurde in eine „nicht genug haltende Umgebung" geboren.

Meihua gewann Zugang zur intrapsychischen und intrafamiliären Problematik. Sie erfand den Begriff der „flexiblen Wahrheit", und verstand darunter, daß ihre Eltern für sie nicht greifbar waren. Sowohl Vater als auch Mutter versagten in den Augen der Tochter einerseits als chinesisch/kambodschanische Eltern dadurch, daß sie als „Hilfs-Ich" nicht präsent waren. Es wurde eine Anpassung an Deutschland vorgelebt und traditionelle Rollenbilder eigentlich abgelehnt. Andererseits konnte Meihua im Zuge ihrer Adoleszenz erkennen, daß vom Standpunkt einer deutschen Chinesin aus die Eltern doch sehr traditionellen Bildern verbunden waren. Eine adäquate Lösung des Adoleszenzkonfliktes war ihr versperrt, da die Eltern, wie im Vexierbild „flexibel" waren, damit aber auch eine Auseinandersetzung mit ihnen unmöglich war. Die Objektbeziehungen waren auf wenige Muster beschränkt und die zentrale Angst weiterhin vorherrschend, das wichtigste Objekt, die Mutter, zu verlieren. Diese unternahm einerseits 2 Abtreibungsversuche und sprach ihr damit das Lebensrecht ab; Meihua versuchte dies schließlich in ihrem Suizidversuch zu vollenden. Andererseits existierte die Mutter als gutes inneres Objekt, die sie gerettet und auf dem Fluchtboot „den letzten Tropfen Milch" für sie gegeben hatte, dem bedrohten Leben dann doch eine „Aufenthaltserlaubnis im Körper" geboten hatte.

Ihr Identitätskonflikt wird insbesondere in dem Abschiedsbrief deutlich, den sie vor ihrem Suizidversuch geschrieben und in den therapeutischen Prozeß eingebracht hat. Sie schrieb diesen Brief in hochverdichtetem Deutsch, in Reimform. Sie zeigte darin ein enormes Sprachverständnis, aber auch eine „flexible Identität". Sie kündigte im Land der „Dichter und Denker" einen Selbstmord in pathetischen Bildern an. Im Gedicht vereinte sie die lange chinesische Tradition des Gedichteschreibens mit der deutschen. Aggressive Gefühle den Eltern gegenüber, die in der chinesischen Wertvorstellung nicht tolerierbar sind, wurden durch die Reimform, aber auch die für die Eltern weniger verständliche fremde Sprache abgeschwächt. Dieses gelang aber nur mit Hilfe perfekter Deutschkenntnisse. Der Abschiedsbrief stellte somit für Meihua einen ambivalenten Lösungsversuch des intrapsychischen Konflikts dar, die internalisierten Wünsche der chinesischen Eltern (chinesische Identität) mit eigenen Phantasien über die Zukunft (deutsche Identität) in Einklang zu bringen.

Die ambivalente „flexible Wahrheit" der Mutter, das Kind abtreiben zu wollen, aber ihr einen optimistischen Namen zu geben, war für sie nicht aushaltbar und die dadurch entstehende Aggression wurde verdrängt. Es resultierten intrapsychisch Schuldvorwürfe an die Mutter, aber auch sich selbst gegenüber, denen um ständige Kohärenz bemühte und daher geschwächte Ich-Anteile zu wenig entgegen zustellen hatten. Eine herabgesetzte Selbststeuerung führte zu archaischen, destruktiven Impulsdurchbrüchen und zu autoaggressiven Tendenzen, sich zerfleischen zu wollen. Ein Versuch diese Impulse zu neutralisieren war die Depression, das „Kaltmachen der Gefühle". Teile fanden sich im Gegenübertragungsgefühl des Therapeuten, sie ebenfalls gefühlskalt zu behandeln.

Altersnormale Wünsche, sich selbst von zu Hause zu lösen und nach eigenständigen Beziehungen zu suchen, um auch emotional unabhängig von der Mutter zu werden, konnte Meihua an sich selbst nur eingeschränkt erlauben, sondern projizierte diese auf die Mutter. Diese sollte sich vom Vater lösen, sich mehr emanzipieren. Ihre eigene Individuation fürchtete sie. Sie konnte diese nur dann erfolgreich abschließen, wenn die Eltern ihr zumindest im Rahmen des kulturellen Anpassungsprozesses keine Steine in den Weg legen und sie auf ihrem Weg von einer deutschen Chinesin zu einer chinesischen Deutschen begleiten würden. Im Erleben von Meihua mußte sie dabei ihre Eltern quasi erneut aus China „vertreiben" und im deutschen Exil ansiedeln. Sie mußte befürchten von den Eltern mit den kommunistischen Verfolgern identifiziert zu werden, denen diese 2mal entflohen waren; einmal in China als Kind und später in Kambodscha. Vor diesem Hintergrund sind auch die Aggressionen und Wutgefühle der Eltern Meihua gegenüber, die von Meihua erlebte Demütigung und das „Kleinhalten" zu verstehen. Die Eltern versuchten unbewußt, Individuationsprozesse von Meihua zu verhindern.

Diagnose

Zustand nach schwerem Suizidversuch durch Tablettenintoxikation (Paracetamol) und Messerstiche. Depressive Symptomatik bei krisenhafter Identitätsentwicklung vor dem Hintergrund der Ablösung aus der Familie nach extremer psychischer Traumatisierung und Flucht im Säuglingsalter (**ICD-10: F43.20; Z65.5; X60**).

Therapieverlauf

Meihua konnte einen Zugang zu ihren psychischen Konflikten finden und sich vermehrt mit den familiären Problemstellungen auseinandersetzen. So wurde es ihr selbst schließlich deutlich, das es für sie ein Weiterleben innerhalb der Familie nicht geben kann, sondern sie von zu Hause ausziehen mußte. Die damit verbundene Problematik wurde in 2 Familiengesprächen, an den nahezu die gesamte Familie teilnam, ausführlich besprochen. Insbesondere die Unterstützung durch die Geschwister trug dazu bei, daß es auch von den Eltern zumindest toleriert wurde, als Meihua in eine Jugendwohnung einzog. Dieser Prozeß war für Meihua sehr schmerzhaft, sie konnte jedoch während des stationären Verlaufs die Trennung adäquat betrauern, benötigte aber noch weiterhin psychotherapeutische Unterstützung.

Zum Zeitpunkt der Entlassung kamen noch einmal Zweifel an der Richtigkeit ihres Wegs bei ihr auf, das Angebot aber, sie zunächst von unserer Jugendstation aus ambulant weiter zu betreuen bis ein ambulanter Psychotherapieplatz gefunden worden ist, half ihr, die Phase der Trennung von der Station zu meistern.

Katamnese

Meihua „testete" schließlich, ob die Station auch das in sie gesetzte Vertrauen erfüllte. 2 Monate nach der Entlassung mußte sie für 10 Tage im Rahmen einer Krisenintervention erneut aufgenommen werden. Erneut waren suizidale Gedanken aufgetreten, die aber insbesondere dadurch verschwanden, daß ihr bei der sozialen Bewältigung des Umzugs vermehrt Hilfe zuteil wurde. Sie lebte schließlich fast 2 Jahre in der Jugendwohnung, zog dann aus und ging mit einem neuen Freund auf Weltreise.

„Zerbrochener Spiegel" – Sexueller Mißbrauch

H. Rohse

Zum Problem der Dokumentation: Fallbericht als Kontraindikation?

Folge ich meinem Wunsch, die Geschichte der Patientin darzustellen, gebrauche ich sie für meine Interessen und wiederhole ihre zentrale Erfahrung: als *Objekt* für die Bedürfnisse eines anderen mißbraucht worden zu sein – und was schwerer wiegt: gerade von jemandem, mit dem das unerhörte Wagnis einer emotionalen Öffnung im therapeutischen Prozeß geglückt ist. Die im Trauma erstarrte Fähigkeit zu fühlen ist, wenn sie aufbricht, verknüpft mit der Erwartung, wiederum benutzt und seelisch vernichtet zu werden. Widerstand und Übertragung gruppieren sich um die Abwehr dieser Bedrohung. Heilung geschieht, wenn dennoch gewagt werden kann, aus der Unwirklichkeit jenseits der Gefühlsverbindung zum Leben in die Wirklichkeit einer gefühlten Beziehung zurückzukehren. Bedürftig zu sein, Liebe und Zuneigung zu brauchen, hatten als Kind in die Arme des Mißbrauchers geführt. Dieser Sehnsucht gefolgt zu sein, hatte schuldig gemacht und wurde zugleich Gegenstand tiefer Scham. Rückzug von Menschen, emotionale Isolation und, als Überlebenskorsett, ein freundliches Gesicht schaffen einen leblosen inneren Raum, in dem Leben nur als Leistung möglich ist. Werden nun lebendige Gefühle einem Menschen gegenüber wiederbelebt, wird nicht nur die Sicherheit des „falschen Selbst", die immerhin eine schwer errungene Lebensleistung ist, in Frage gestellt, sondern ist dieses Wiederbeleben verbunden mit unsagbarem Schmerz über das Geschehene und aufblühender Hoffnung auf ein Leben in Beziehung zu Menschen. Werden die fernen Welten „out of body" verlassen, in denen Schmerz und Sehnsucht ausgelöscht sind, ist ein Zurückfinden in den Körper als ureigenster Berührungsfläche mit der Wirklichkeit möglich, werden Schmerz und Sehnsucht im geschützten Raum einer therapeutischen Beziehung wieder fühlbar, so ist das ein zutiefst intimes Geschehen. *Objektivierend* davon zu schreiben, käme einem Verrat gleich, der dem ersten strukturell gleicht. Deshalb habe ich die Patientin gebeten, als *Subjekt* ihrer Geschichte ihre Therapie selbst aufzuschreiben. Zu Beginn der Therapie war die Patientin 17 Jahre alt. Den nachfolgenden Bericht schrieb sie 2 Jahre nach Ende der Therapie.

Bericht der Patientin

Zerbrochener Spiegel August 1997

4 Jahre lang eisernes Schweigen, 11 Jahre lang völliges Vergessen, 2 Jahre Kampf mit einer zerbrochenen Wahrnehmung und gegen die Sehnsucht zu sterben... Wie soll ich berichten?

Ich liege nachts wach und grübele, ich enteise den Kühlschrank und putze die Wohnung, ich sitze am Tisch, zerwühle mein Haar, ich stehe wieder auf. Ich sage mir, daß es wichtig ist, setze mich wieder. Ich zerkaue einen Kugelschreiber und 10 Fingernägel. Ich zünde eine Kerze an und fange an zu schreiben:

Ich kam in die Therapie mit Gefühlen und Symptomen, die ich selbst nicht einordnen konnte.

Ich litt unter psychischen Zusammenbrüchen und Verzweiflungsanfällen und hatte, seit ich 14-15 Jahre alt war, regelmäßig Suizidgedanken. In den letzten Jahren hatte ich mich

3- bis 4mal mit Scherben und Rasierklingen verletzt. Außerdem besaß ich ein zwanghaftes Ordnungsbedürfnis innerhalb meiner eigenen Räume, verbunden mit Panikgefühlen, wenn jemand diese Ordnung durcheinanderbrachte. Da mir eine Erklärung und Benennung für diese Zustände fehlte, konnte ich mich mit diesen Gefühlen kaum mitteilen und zweifelte sie ob ihrer scheinbaren Grundlosigkeit als echt an. Nach außen hin verlief mein Leben seit jeher vollkommen normal: Ich war seit etwas über 1 Jahr von zu Hause ausgezogen und besuchte das Gymnasium, das ich mit überdurchschnittlichen Leistungen abschloß. Finanziell wurde ich weiterhin von meinen Eltern unterstützt.

Ich wurde mit großem zeitlichen Abstand ($7^{1}/_{2}$ und $9^{1}/_{2}$ Jahre) zu meinen beiden älteren Brüdern geboren, entgegen dem Wunsch meiner Mutter, deren letztes Kind kurz nach einer sehr schweren Geburt gestorben war und die keine Kinder mehr wollte. Obwohl die wegen ungeplanter Schwangerschaft geschlossene Ehe bereits am Ende war und von vor meiner Geburt bis nach meinem Auszug heftige Auseinandersetzungen zwischen meinen Eltern stattfanden, wollte mein Vater noch ein Kind. Im Gegensatz zur Botschaft meines Vaters: *sei da!*, lautete die Botschaft meiner Mutter von Anfang an: *sei nicht da!* So war ich denn auch in unserer stark zur Parteienbildung neigenden Familie in den ersten Jahren hauptsächlich sein Kind, was von meiner Mutter und meinen Brüdern mit starker Eifersucht quittiert wurde.

Diese Konstellation änderte sich erst, als ich etwa 9 oder 10 Jahre alt war. Meine Brüder zogen aus, und als meine Eltern nach kurzer Trennung (ich blieb bei meinem Vater) wieder zusammenzogen, wuchs ich bei ihren fortgesetzten Streitereien mehr und mehr in die Rolle der Vermittlerin hinein. Ich ergriff vorwiegend die Partei meiner Mutter, da sie mir in dieser Funktion das lang ersehnte Beziehungsangebot machte. Ich wurde zu ihrer Verbündeten, der sie bis lange nach meinem Auszug ihre Schwierigkeiten und Probleme mit meinem Vater erzählte. Von den lautstarken, teilweise von seiten meines Vaters bis zu Gewalttätigkeiten führenden Auseinandersetzungen, der offenen und später verdeckten Ablehnung meiner Mutter mir gegenüber und von meiner Überforderung durch meine Vermittlerrolle drang wenig nach außen. Sozial etabliert, wohnten wir in einem schönen Haus mit Garten, ich hatte selbst in der Pubertät nie Streit mit meinen Eltern und wurde oft um die freundschaftliche Beziehung zu meiner Mutter beneidet.

Therapieverlauf:
Die Gefahr der ersten Therapiezeit (ca. des 1. Jahres) lag darin, daß sich die Kämpfe in mir auf einer Ebene vollzogen, die mir bewußt und sprachlich zunächst nicht zugänglich war. Dadurch verlor ich den Einfluß auf das, was mit mir passierte. Die verdrängten Teile meiner Geschichte wieder ins Bewußtsein zu holen und wieder handlungsfähig zu werden, den Weg vom Objekt zum Subjekt meiner eigenen Biographie zu finden, das wurde ein roter Faden der 2 Therapiejahre. Obwohl ich ständig mit meiner Angst vor Ablehnung zu kämpfen hatte, als die ich die Neutralität meiner Therapeutin schnell auslegte, registrierte ich trotzdem durch die Angst hindurch, daß sie mir glaubte und meine Gefühle bestätigte.

Als ich erwähnte, daß Film- und Buchszenen, in denen (sexuelle und sonstige) Gewalt gegen Frauen dargestellt wurde, sich tage- und wochenlang quälend in meinem Kopf zu drehen begannen, ohne daß ich wußte, warum, stellte meine Therapeutin mir die Frage, ob mir etwas derartiges denn mal passiert sei. Ich verneinte und wechselte das Thema; aber die Möglichkeit, die sie mir durch ihre Frage eingeräumt hatte, nämlich zu bejahen, rüttelte an den eingefrorenen und verdrängten Gefühlen und Ereignissen meiner Kindheit. Stück für Stück verschwamm die Gegenwart, verschwamm meine bisherige Wirklichkeit. Ich sah Schwärme von zerfetzten und in Fallen gefangenen Vögeln in mir aufsteigen, verbrannte Landschaften (Abb. **10**) und abgeschnittene Hände, hatte nachts Angst, jemand könne in meinem Zimmer sein, hatte Angst vor schwarzen Schatten, die nicht da waren.

Abb. 10 Verbrannte Landschaft (Original farbig/Acryl auf Papier).

Wenn ich es schaffte, daran zu glauben, daß ich irgendeine Form von sexuellem Mißbrauch erlebt hatte, war ich erleichtert, aber der Beweisdruck (ich hatte keine konkrete Erinnerung) und das Gefühl, meinen Vater (er war von Anfang an für mich der einzige, der als Täter in Frage kam) zu Unrecht zu beschuldigen, sowie heftige Zweifel an der „Echtheit" meiner Zustände führten zu schnellen Rückzügen.

Ohne es zu wissen, schwebte ich zwischen 2 Todesmöglichkeiten: Der Todesangst, gegen das absolute Schweigegebot zu verstoßen und meinen Vater zu verraten, die Angst, daß meine eigene Mitschuld an seinen Übergriffen, von der ich überzeugt war, herauskäme, die Scham und die Unmöglichkeit, Worte zu finden für das, was passiert war, ballte sich in meinem Unterbewußtsein zusammen und verschloß mir den Mund. Andererseits konnte ich hinter der Fassade des harmonischen netten und begabten Mädchens aus behütetem Elternhaus, hinter der nichts von meiner Verzweiflung mehr sichtbar war, auch nicht mehr weiterleben.

Hielt ich an der Aussage fest, mein Vater habe mich mißbraucht, hatte ich das Gefühl, nirgends Glauben zu finden, und die Zweifel und Gefühle des Verrats wurden übermächtig. Gab ich die Aussage auf, verlor ich den Lebenswillen. In dieser Zeit scheiterte eine sehr nahe Beziehung, die mich innerlich zu meinem Grundgefühl in Verbindung brachte, nicht da sein zu sollen. Dies löste heftige Suizidgedanken aus. Ich schnitt mir mit Scherben oder Rasierklingen die Haut auf. Im Abklingen dieser Krise nahm ich durch die Nebel, die mich seit dem Aufbrechen des Traumas zu Therapiebeginn umgaben, erstmals wahr, daß meine Therapeutin *da* war, daß sie während der ganzen Zeit den Kontakt zu mir gehalten hatte.

Von Therapiebeginn an wurden nun die Bilder, die ich zu Hause malte, immer wichtiger für mich. In der Therapie wurden sie zu Vermittlern. Auf ihnen wurde sichtbar, was ich selbst nicht sagen durfte. Hier zeigte sich das Grauen hinter der Fassade, erst versymbolisiert, dann mit zunehmender Deutlichkeit. Über die Bilder kamen Erinnerungen zurück, über sie fand ich mühsam wieder eine unvollständige Sprache, die mitzuteilen versuchte, was passiert war. Unvollständig, weil zwischen den „erwachsenen" Wörtern „Vergewaltigung" oder „orale Vergewaltigung" und dem, was ich 4- bis 6- oder 8jährig in diesen Situationen empfand, ein Abgrund liegt, den ich mit Bildern besser füllen konnte als mit Sprache (Abb. **11**).

Ich lernte, meine eigenen Gefühle wieder wahrzunehmen und ihnen zu vetrauen, ich war dankbar, als ich merkte, wie mein Körper durch seine Symptome meine Wahrnehmung bestätigte, merkte, wie ich meinen inneren Prozessen folgen konnte, und ich lernte dies alles, weil meine Therapeutin mir den Raum gab, in dem ich, von ihr gespiegelt, mich selbst wieder ergreifen konnte.

Ich ergriff mich und ich ergriff die Beziehung in der Therapie: Ich konnte wahrnehmen, daß meine Therapeutin mir glaubte, und delegierte an sie, den Glauben an von mir geschilderte Ereignisse zu bewahren, wenn ich selbst wieder zu zweifeln begann. Ich malte Bilder, die ich kaum aushalten konnte, und gab sie ab zur Aufbewahrung, oder ich erzählte Ereignisse auf Probe, um sie sofort nach dem Aussprechen zurückzunehmen.

In der Therapie gelang es mir zu erklären, was fast nie jemand verstand und versteht: Ich wollte aus dem Grauen, in dem ich mich befand, nicht durch Ratschläge oder Ermutigung herausgeholt werden. Ich wollte darin sein dürfen, in etwas, was ich über 13 Jahre lang weder erinnern noch verstehen durfte. Ich wollte es kennenlernen und ich wollte Beistand und Begleitung bei der Erforschung.

Hinter dem Grauen lag meine Lebendigkeit und ich konnte die Erfahrung machen, daß jemand dablieb und zuhörte und es aushalten konnte, auch wenn ich nichts verschwieg.

Abb. **11** Objekt (Ton/Farbe/Holz/Folie).

Es war und ist schwer, mit diesen Erfahrungen in Beziehung zu gehen, schwer, darüber zu reden, ohne das Gefühl zu überfordern, und schwer, darüber zu schweigen, ohne zu verschweigen, und ich lerne mühsam zu akzeptieren, daß mir immer noch und vielleicht für immer Erinnerungen fehlen.

Trotzdem ist durch die Therapie ein ungeheures kreatives Potential freigeworden und die harmonisch-leblose Fassade, die mein Überleben möglich machte, gibt es nicht mehr. Weder meine Bilder noch ich selbst, nichts ist mehr glatt und nichts ist mehr heil, nichts ist schmerzfrei und unkompliziert, aber die Bruchstücke zusammen ergeben wieder ein Ganzes: mich selbst.

Bericht der Therapeutin

„Unsagbares" (Abb. **12**): Ist es möglich, über etwas zu reden, über das zu reden nicht möglich ist? – Die Redende kennt die Leidende nicht und umgekehrt. In diesem Dilemma half der Patientin ihre kreative Begabung, die vom bewußten Erleben dissoziierten Phantasien in Bilder umzusetzen, die mir lange, bevor sie sie zu sich selbst in Beziehung setzen konnte, zeigten, um was es ging. Rückblickend sagt die Patientin anläßlich einer Austellung ihrer Bilder: „Schloß ich die Augen, sah ich Schwärme von Vögeln aufsteigen, die erschossen wurden oder im Flug in Drähten hängen blieben (Abb. **13**). Von weißen Wänden begann Blut zu laufen. Erstaunlich war im nachhinein, daß zwar in meinem Bewußtsein ein Bruch besteht zwischen der Zeit, in der ich vieles vergessen hatte, und einer Zeit, in der ich mich zu erin-

Abb. **12** Unsagbares. Gesicht IV (Kohle/Ölkreide/Original teilweise farbig).

Abb. 13 Vögel III (Bleistift und Tusche).

nern begann, daß dieser Bruch aber in den Bildern fehlt. In ihrer Form teilen sie von Anfang an mit, was passiert war."

Im Dialog über die Bilder, die zudem in ihrer triangulierenden Funktion die Nähe-Distanz-Balance hilfreich unterstützten, spiegelte sich das Übertragungsgeschehen in seiner paradoxen Struktur: „Sie sollen sehen, was mir geschehen ist – aber wehe, Sie sehen es!" Darüber hinaus übernahm der Gestaltungsprozeß einen Teil der inneren Auseinandersetzung, die der Patientin Raum für ihren Rhythmus der Annäherung an das Ungeheuerliche ließ: „So verwendete ich lange Zeit Gold als Rahmen oder deckende Übermalung. Nach Monaten erkannte ich darin den Versuch, Grauenhaftes zu verschönern." Die Kontrolle über diesen Prozeß ermöglichte darüber hinaus, in der stets gefürchteten Abhängigkeit von mir sich eigener Autonomie zu vergewissern. Stellte doch schon das therapeutische Setting für die Patientin ein ungleiches Machtgefälle dar, das fatal an die traumatisierende Beziehung von Macht und Ohnmacht, Täter und Opfer erinnerte. Um so existentieller waren Autonomie und Mitbestimmung über das, was in der Therapie geschieht. Unerträgliche Angst, verzweifelte Ohnmacht, überflutende Wut, die die Fühlfähigkeit des Menschen übersteigen, ihn also traumatisieren, sind verbalem Ausdruck nicht zugänglich, können deshalb nicht mitgeteilt werden, sind aber in *symbolischem Gestalten* sehr wohl ausdrückbar. Von dieser Möglichkeit hat diese Therapie profitiert. Vielleicht könnte man sagen, diese Bilder wären nicht entstanden ohne Therapie, aber die Therapie wäre auch nicht gelungen ohne diese Bilder. Sicher sind die besonderen künstlerischen Fähigkeiten der Patienten keine verallgemeinerbare Voraussetzung für ein Gelingen von Therapien mit traumatisierten Patienten. Zentral ist vielmehr, daß jeder traumatisierte Patient seine individuelle symbolische Ausdrucksebene findet, da weder die Übertragungsinszenierungen noch die Alltagssprache allein adäquate Mitteilung von Unsagbarem ermöglichen. – Zum Ende des Prozesses konnten Worte gefunden werden, die den Weg aus Sprachlosigkeit über Symbole zu einfachem Ausdruck der schrecklichen Wirklichkeit bezeichneten.

Im Kampf mit dem Nichterinnernwollen entwickelt sich die Übertragungsbeziehung als „Double bind": „Sie glauben mir nicht, niemand glaubt mir. Wehe, Sie glauben mir, denn dann wird das Schreckliche wirklich." Vergessen und Nichtreden stehen im Dienst derselben Abwehr. Solange *es* nicht ausgesprochen war, war *es* geschehen, aber nicht wirklich. Sprache lieferte an die Wirklichkeit aus und mit ihr an das Entsetzen. Mittels projektiver Identifizierung spürte ich lange Zeit das Entsetzen in mir, fühlte das Grauen an Stelle der Patientin, bis sie sich ihre Fühlfähigkeit zurückerrungen hatte. Schmerz war das erste Zeichen, daß das Leben aus dem Jenseits von Körper (Depersonalisation) und Wirklichkeit (Derealisation) zurückkam (Abb. **14**). Mit ihm begann bereits das leise Zusammenwachsen der voneinander gespaltenen Personen zu *einem* Menschen, dem Entsetzliches geschehen ist.

Immer wieder glitt dieser Prozeß zurück in das „Doubting": Zweifeln wurde zum Versuch, wieder in Frage zu stellen, was war; ihm Wirklichkeit zu entziehen. Ich war dabei,

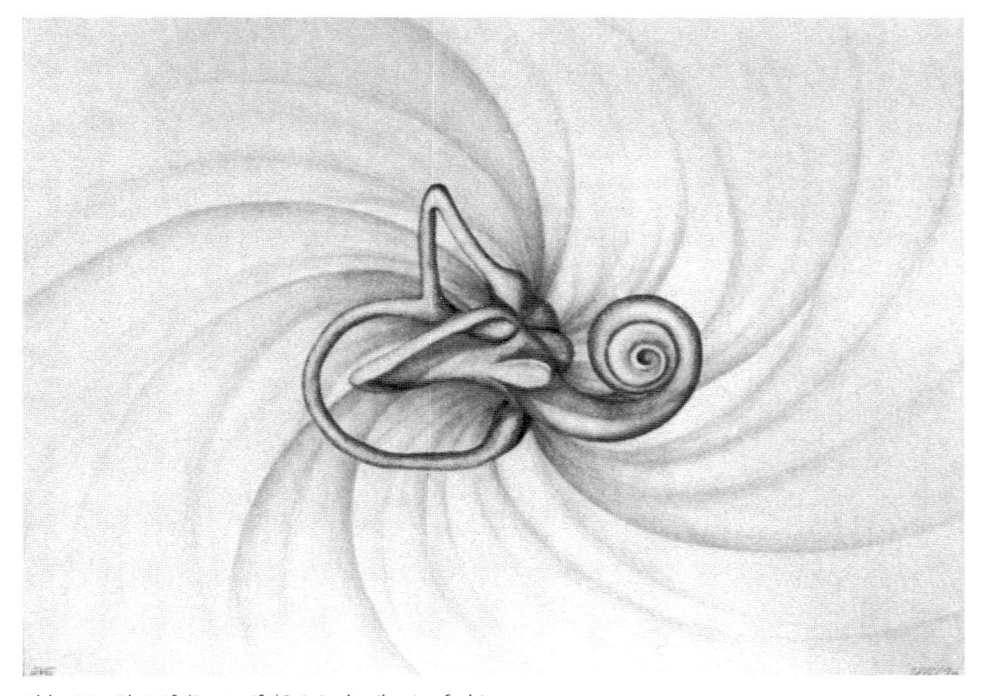

Abb. **14** Bleistift/Buntstift/Original teilweise farbig.

aber nicht wirklich da. Also war alles nicht *wirklich* wirklich. Auf diese Weise wurde die eigene Wahrnehmungsfähigkeit zerstört. „Wer weiß, ob ich wirklich bin." Von hier aus ist es nicht weit, sich selbst zu verletzen. Das fließende Blut ist wirklich, also bin ich es auch. Wie ein cantus firmus zieht sich durch die Übertragung die Frage: „Lassen Sie mich in die Zweifel weglaufen, solange es nötig ist, holen Sie mich zurück und halten Sie für mich an der Wirklichkeit fest." Ich hatte es leicht, diese Delegation anzunehmen, weil sowohl meine traumatisierte Gegenübertragung als auch die Bilder der Patientin orientierende Führer waren.

Eine ähnliche Balance erforderte der Umgang mit den abgespaltenen, zunächst Ich-fremden Phantasien, in denen es immer um Frauen ging, die sich selbst nicht schützen können, die Vergewaltigung ertragen müssen, ohne weglaufen oder sich wehren zu können, Frauen, die sich wertlos, seelisch und körperlich vernichtet fühlen. Am schlimmsten für die Patientin war, daß sie in der Phantasie weder den Frauen helfen noch aufhören konnte, sich das vorstellen zu müssen. In diesem Zusammenhang spürte ich als Übertragungsangebot: „Belassen Sie meine Wirklichkeit in der Phantasie und begreifen Sie, daß die Phantasie Wirklichkeit ist." In das Verhältnis von Phantasie und Wirklichkeit konnte erst Bewegung kommen, als die Patientin die Angst, mit solcher Wirklichkeit nur Verurteilung, Unglauben und Ablehnung hervorzurufen, in die therapeutische Beziehung bringen konnte. Der bis an die Grenzen gehende Kampf mit Schuld und Scham, der aufreibende Widerstand gegen den Sog zu sterben, wenn nur Ekel, Selbsthaß und das brennende Gefühl, wertlos zu sein, spürbar wurden, konnte sich nur in einer Übertragungsbeziehung entfalten, die den inneren Raum, sich mit diesen Gefühlen dazustellen, ermöglichte. Dabei war es unabdingbar, daß ich als Therapeutin emotional präsent, sie in ihrer inneren Wirklichkeit spiegelnd erlebt werden konnte, ohne in den inneren Aufruhr hineingezogen zu sein.

Um diesen *Spiegel* ganz bleiben zu lassen, kann ich nicht objektivierend, sondern muß personal schreiben. Heilung begann, als die schreckliche Wirklichkeit und die mit ihr verbundenen Gefühle von Ohnmacht, Angst, Schmerz und Haß eine innere Repräsentanz erhielten, als die Exkommunikation (Spaltung) der furchtbaren Erfahrung wenigstens überwiegend aufhörte. Was die Patientin zurückbekam, bleibt ein verletztes, ein schmerzhaftes Leben – aber es wird ihr eigenes sein können. Auf dieser Basis konnte ein mit sich identisches Selbst wachsen. Davon zeugt ihre künstlerische Arbeit. Gefährlich erschien nicht mehr vorrangig vergangene Wirklichkeit, sondern gefährlich wurden die wieder gespürten Wünsche nach Nähe, die Sehnsucht nach Liebe; gefährlich wurde die eigene Lebendigkeit, in der sexuelles Begehren möglich ist. Die Übertragung hatte sich in diesem Zusammenhang entwickelt und verändert: vom Bedürfnis der Patientin, mir zeigen zu wollen, daß sie jederzeit nach einer Trennung auf das Gefühl von Beziehungslosigkeit zurückgreifen konnte, über die Gewißheit, daß es zu gefährlich war, zu merken, daß ich ihr fehlte, bis zum Halten des inneren Kontakts und der Freude über das Wiedersehen. Dennoch liegt in den realen Beziehungen zu Menschen, in der Verwirklichung eigener Wünsche, dem Zutrauen zur eigenen Wahrnehmungsfähigkeit, der Abgrenzung des Selbst wie dem Aushalten von Nähe, der Begegnung mit eigener und fremder Aggression sowie eigenem und fremdem Begehren, eine große Herausforderung für die Zukunft.

9. Selbstverletzendes Verhalten

„Ines weiß selbst nicht, wer sie ist"

B. Friedrich

Symptomatik

Ines wird mit 5¹/₂ Jahren zur Therapie gebracht. „Sie weiß gar nicht, wer sie eigentlich ist", sagt die Mutter, und: „sie dreht hochtourig im Leeren". Sie setzt sich überall in Szene, nimmt rasch oberflächlichen und geradezu lästigen Kontakt zu wahllos jedem auf; sie fängt alles an und bringt nichts zu Ende – höchstens für eine „beliebte Leitfigur" wie die Erzieherin; sie kennt weder Rücksicht noch Einfühlungsvermögen; sie reagiert unangemessen aggressiv bei Zurückweisung. Sie hat noch nie schmusen mögen und sich immer entzogen. Starkes Nägelbeißen besteht „schon immer". Unter Druck und vor dem Einschlafen beißt sie die Fingernägel wie auch die Fußnägel bis in das Fleisch ab und reißt Hautfetzchen herunter, die sie aufißt. Deswegen hat sie stets kleine blutende Wunden.

Zum ersten Gespräch kommen beide Eltern. Frau Busch, etwa 40 Jahre, wirkt reduziert, gebremst; hinter Erschöpfung und Resignation ist nur in Spuren Attraktivität und Lebendigkeit zu ahnen.

Herr Busch, etwas älter als seine Frau, sitzt steif auf der Sesselkante. Er hält eine Aktentasche auf dem Schoß, die er während der ganzen Stunde nicht losläßt. Sein Nadelstreifenanzug verleiht ihm ein Aussehen von Korrektheit – ich spüre jedoch keine distanziert-förmliche Kühle, sondern Verkrampfung.

Die emotionale Not der Mutter „fällt mich an" wie eine Hungerattacke. Nach dem Gespräch ist mir übel, ich bekomme Heißhunger auf etwas Süßes und durchsuche meinen Schreibtisch nach etwas Eßbarem. Meine Muskeln sind verspannt, ich sitze auf der Kante meines Schreibtischstuhls, während ich mir Notizen mache. Meine Beine sind angespannt, „auf dem Sprung", mein Schultergürtel ist steif, als trüge ich eine Last und müßte mich dem Niedergedrücktwerden widersetzen.

Meine Süßigkeitengelüste deuten auf einen großen „Hunger" im übertragenen Sinn: zumindest Frau Busch und wahrscheinlich auch Ines scheinen psychisch „unterernährt". Das fundamentale Erleben, in einem umfassenden Sinn geborgen und „satt" zu sein, scheint beeinträchtigt.

Meine Muskelverspannungen verstehe ich auch als Anteil des Vaters: Welche Lasten trägt er in dieser Familie? Wie sehr überfordert er sich mit dem, was ihm aufgebürdet wird und was er von sich aus schultert? Und wie sehr sitzt er innerlich „auf dem Sprung", alarmbereit, in abgewehrter Aufbruchstimmung?

Anamnese

1 Jahr nach einem spontanen Abort erfolgte die sehr frühe Geburt eines Mädchens, das nur wenige Stunden überlebte. Unter dem Tod dieses Kindes litten beide Eltern sehr; „so schnell

wie möglich" wollten sie endlich ein Kind haben. Mit der erneuten Schwangerschaft 3 Monate später machten sie das abrupte Ende der vorangegangenen Schwangerschaft quasi ungeschehen. Ines ist also ein Wunschkind.

Schwangerschaft und Geburt verliefen regelrecht; über die ersten Lebensjahre wissen die Eltern kaum etwas zu berichten. Mit etwa 1$^1/_2$ Jahren wurde sie „extrem trotzig", und das habe bis heute kaum nachgelassen. Als Ines 2 Jahre alt war, wurde ein Bruder geboren. Von Anfang an hat sie das Baby gehaßt und war äußerst eifersüchtig: Sie baute sich „kalt lächelnd" mit einem gewissen Abstand vor der stillenden Mutter auf, irgendetwas in der Hand, das der Mutter wertvoll war. Dann schaute sie „provozierend" zur Mutter und ließ „völlig ungerührt" das Teil „geradezu genüßlich aus der Hand gleiten". Die Mutter gab das Stillen auf. Zeitweise brauchte Ines gleichzeitig 2 Schnuller.

Mit 3 Jahren kam Ines in den Kindergarten, auf den sie sich sehr gefreut hatte. Sie war jedoch bald enttäuscht, weil sie von den Kindern wie auch den Erzieherinnen abgelehnt wurde. Unter anderem aufgrund ihrer ruhelosen Getriebenheit wurde eine Therapie empfohlen.

Die medizinische Anamnese ergibt außer Windpocken häufige Erkältungskrankheiten und „öfter mal blaue Flecken". Ein Verdacht auf Pseudokrupp (3 Jahre) bestätigte sich nicht; auch ein EEG im selben Jahr wegen Bewegungsunruhe und aggressiver Durchbrüche war ohne Befund.

Familienanamnese

Herr Busch wurde in den ersten 6 Jahren seines Lebens von seiner Großmutter betreut, die im Nachbarhaus lebte, da seine Eltern beide arbeiteten. Er hat eine 6 Jahre jüngere Schwester. Seine Mutter beschreibt er als fürsorglich, aus heutiger Sicht eher überfürsorglich. Der Vater sei „sachlich" gewesen, „wenig emotional"; er starb mit 55 Jahren nach langer Krankheit.

Frau Busch bezeichnet die Ehe ihrer Eltern als „Bilderbuchehe". Ihren Vater erlebte sie verschlossen, „ein Prinzipienreiter". Zur Mutter hatte sie ein „Nichtverhältnis". Kurz nach ihrer Geburt war ihre Mutter über 1 Jahr hospitalisiert – vermutlich aufgrund einer Schizophrenie (diese Erkrankung war in ihrer Familie tabuisiert, es wurde niemals darüber gesprochen). In dieser Zeit wurde Frau Busch von den im Hause lebenden Großeltern versorgt, und auch später hat sie mehr Zeit dort verbracht als bei der Mutter, von der sie sagt, sie habe kein Interesse an ihr gehabt. Als sie 10 Jahre war, kamen die Eltern mit ihr nach Deutschland; die Großeltern hat sie nicht wiedergesehen. Mit 18 Jahren zog sie zu Hause aus – das Verhältnis war zu gespannt. 2 Jahre später kamen die Eltern bei einem Unfall ums Leben.

Untersuchungsergebnisse

Ines ist ein stämmiges Mädchen, sprachlich gewandt, lebhaft und außerordentlich hübsch. Einen Baum zeichnet sie gern; ihre Strichführung ist kräftig, fast gewaltsam. Den Sceno lehnt sie sehr bestimmt ab und wendet sich dem Sandkasten zu. Sie baut wilde Urtiere auf, die von einem Schäferhund bewacht werden müssen „damit die nicht streiten und kämpfen". Die Frage, was ohne den Hund passieren könnte, ist so angsterregend, daß sie alles abbaut und nur harmlose Tiere aufstellt, die gar nichts mehr tun. Ihre zunächst gezeigte Stabilität kippt ins Irritierte, Bedrohte und weicht einer traurigen Hilflosigkeit.

Vor dem Hintergrund der problematischen Elternerfahrungen beider Eltern ist der Kinderwunsch als Reparationsversuch eigener Mangelerlebnisse zu verstehen. Zugleich war

„Mutterschaft" durch die erlebte Nähe zur Schizophrenie für Frau Busch zutiefst angstbesetzt; die daraus resultierende Ambivalenz scheint sich in dem Abort und der Frühgeburt auszudrücken. Durch die Leugnung des vorangegangenen Todes wurde Ines nicht nur als sie selbst wahrgenommen, sondern auch als die verstorbene Schwester, an deren Stelle sie trat, deren Leben sie stellvertretend führen sollte.

Die Augen der Mutter sahen durch Ines hindurch auf das tote Mädchen, das in Ines zu neuem Leben erweckt war: ein >*Reset*<-Kind. (Ich habe den Ausdruck >Reset<-Kind geprägt und damit auf die Computerterminologie zurückgegriffen, weil der Begriff „Ersatz-Kind" nicht ausreicht, um etwas von der vermeintlichen (oder auch tatsächlichen) „Machbarkeit" des Lebens zum Ausdruck zu bringen, etwas von der abrupten Gewalttätigkeit, die das Betätigen der Reset-Taste hat, selbst wenn es aus psychischer Not und Hilflosigkeit dem eigenen Leid gegenüber entsteht.) Wenn die Mutter Ines berührte, berührte sie in ihrer unbewußten Phantasie den anderen Körper – auf diese Weise konnte Ines nicht erfahren, wer sie selbst ist.

Sie schaffte sich mit Hilfe der Sensationen beim Nägelbeißen ein Gefühl für ihre Existenz und für ihre Identität. Sie verwandte viel Energie darauf, sich selbst wahrzunehmen; um wahrgenommen zu werden, stellte sie sich selbst buchstäblich in den Mittelpunkt, um das tote Kind zu „übertönen" – später dann den nachgeborenen Bruder, der, auch durch sein anderes Geschlecht, niemanden ersetzen mußte, sondern er selbst war. Im gleichzeitigen Gebrauch von 2 Schnullern scheint sich denn auch eine merkwürdige Quasiverdopplung ihrer Existenz zu zeigen, wenn man hier nicht nur eine besondere orale Bedürftigkeit sehen will.

Ines blieb emotional bedürftig, kämpfte jedoch nach außen agierend im ständigen Versuch, ein Objekt zu erreichen, um wahrgenommen und „gefüttert" zu werden. Wenn sie allein gesehen und beachtet wird, kann sie für eine Weile zur Ruhe kommen und etwas fertigstellen; d.h. nichts anderes, als daß sie in einer Beziehung eine „Heimatbasis" finden kann, die ihr Ruhe und Sicherheit gibt – eine wichtige Voraussetzung für die Therapie.

Diagnose

Selbstverletzendes Verhalten in Form extremer Onychophagie als kindlicher Versuch, einer schweren, aufgrund einer narzißtischen Störung beeinträchtigten, Identitätsentwicklung zu begegnen und sich selbst zu bemuttern (**ICD-10:X83**).

Therapieverlauf

In der ersten Stunde erzählt sie, daß der Vater Tierpfleger in der Wilhelma ist, wo er in der Aufzuchtstation der Menschenaffen arbeitet. Mit Wärme, lebhaft und anschaulich berichtet sie von den Schimpansenjungen, die Pampers tragen, gefüttert, gewickelt und getragen werden wie Menschenbabys. Sie hat den Vater schon oft begleitet und kennt sich gut aus. Mit diesen Zooerlebnissen erreicht sie mich sehr tief in eigenen alten Berufsträumen und bringt damit etwas in mir zum Klingen. Zwar weiß ich, daß der Vater kaufmännischer Angestellter bei einer Versicherungsgesellschaft ist, bin aber dennoch beeindruckt von der überzeugenden Darstellung.

Sie berichtet dann noch, daß sie sich schon häufiger den Arm und das Bein gebrochen habe und beschreibt anschaulich die Bewegungsschwierigkeiten mit dem Gips usw. – aber sie hat sich nie den Arm oder das Bein gebrochen. Diese Phantasien drücken vielleicht aus, daß etwas Wesentliches in ihr „kaputt" ist: Handlungsfähigkeit und Bewegungsmöglichkeiten sind eingeschränkt. Hermann (1977) hat über ein „bisher vernachlässigtes Triebgegensatzpaar" geschrieben: über das Anklammern und das Auf-die-Suche-Gehen. 2 Tendenzen, die in jedem Menschen bestehen, die im Gleichgewicht zu halten für Ines nahezu unmöglich ist: ihr unerfülltes und deswegen weiterbestehendes Anklammerungsbedürfnis verhindert ein Auf-die-Suche-gehen und Sich-auf-die-Welt-Einlassen; ihr Aufbruch wird durch Verlustängste und den Nachholhunger gebremst: „Anklammerungs-Arme" und „Aufbruchs-Beine" sind gebrochen.

Ich habe den Eindruck, es mit 2 Kindern zu tun zu haben, die sich seltsam „überlappen": Ich erlebe zutiefst irritiert die von den Eltern benannte Identitätsunsicherheit.

Anfangs sind die Stunden für mich schwer verständlich und schwer zu ertragen: eine chaotische Aneinanderreihung abgebrochener Tätigkeiten, unbeendigter Bilder, unfertiger Erzählungen. Kaum habe ich mich in ein Thema hineingedacht, ist es schon wieder weg, und ich sehne mich nach einem Halt. Erst als ich aufhöre, hinter ihr herzustolpern, und Abstand bekomme, verstehe ich: ihr Tun hat etwas Präschöpferisches. Fragmentarisches kann probeweise auftauchen, dann wieder fallen gelassen werden; es wird „an-geschöpft", darf unvollendet wieder versinken, um einem fernen Später entgegenzureifen. „Jetzt mach ich eine Burg" und „jetzt mach ich ein Meer – oder nee, lieber einen Spielplatz..." (einen Bauernhof... eine Stadt... nur Matsche). „So vieles fällt dir ein... Du machst den Anfang davon. Dann kannst du spüren, ob du das wirklich willst, oder ob etwas ganz anderes besser zu dir paßt..."

Sie scheint einen Sack Puzzleteile ihres kleinen Selbst, der wahren wie der „un-eigentlichen" Persönlichkeit vor mir auszuschütten. Nun werden wir gemeinsam diese Teile ansehen, sie wird sie unter meiner Obhut „anprobieren".

Nach einigen Wochen ändert sich etwas im Stundenverlauf. Ines setzt sich zu Beginn jeder Stunde mir gegenüber an den Tisch, malt, schaut konzentriert auf ihr Blatt. Derweil führt ihr Fuß unter der Tischplatte ein Eigenleben: Er tastet durch den Raum unter dem Tisch als beginne er etwas wie die Suchwanderung eines Märchenhelden. Ihr Gesicht zeigt keine Regung. Erst als ich diese Fußreise anspreche, die ich eher hörend ahne als etwa sehe, grinst sie mich verlegen an und zieht den Fuß zurück. „Jetzt hat er einen Schrecken gekriegt. Vielleicht hat er gedacht, ich habe ihn erwischt. Vielleicht traut er sich noch gar nicht, wirklich auf die Suche zu gehen."

In einer späteren Stunde trifft der Fuß, der „Reisende zwischen 2 Ichs", mein Knie, stupft es nur an und zieht sich gleich wieder zurück. „Oh, grüß Gott", sage ich, „da hat der Fuß wohl jemand getroffen... jemand Fremdes... Ob der lieb ist? – Oder bös? – Muß er mal ausprobieren..."

In winzigen Etappen geht die Reise fort bis zur Begrüßung: Ihr Fuß berührt mein Knie, meine Hand darf ihren Fuß umfassen. Jetzt können wir einen Augenblick still innehalten und uns spüren. 2 Haut-Ichs (Anzieu 1991) begegnen einander. Es ist ein Moment atemloser Spannung, dieses erste Erkennen: „Das bist du!"

Von da an sind Verstecken und Wiederfinden ängstlich-lustvolle Themen. Wir verbergen uns und finden einander wieder, später werden Teile von uns, ihr Silberring und mein Trauring, im Sand vergraben und wiederentdeckt, mit staunender Freude beim Auftauchen begrüßt: „Nichts von uns geht verloren, wir bleiben beide heil!" Inszenierung des Wiedergeborenwerdens. Ein Neubeginn.

In der nächsten Etappe geht es um Grenzziehung zwischen Ines und mir. Sie läßt mich Dinge raten, die ich nicht erraten kann: „Welche Farbe nehm ich als nächstes? Was male ich als nächstes?" Immer wieder braucht sie die Versicherung, daß ich nicht in sie hineinschauen kann, daß ich nur wissen kann, was sie mich wissen läßt, daß sie nicht nur „wasserdicht wie die Haut" ist, sondern auch „blick- und gedankendicht", bewahrt vor Eindringlingen von außen, geschützt vor Vereinnahmungen durch das Nicht-Ich.

Im Schutz einer immer wieder bestätigten, in ihrer Existenz von mir anerkannten und geförderten „Mauer" kann Ines in sich selbst hineinwachsen. Sie allein kann darüber entscheiden, was sie mir zeigt oder mitteilt. Die Augenblicke, in denen ich nicht nur Begleiter, sondern eingeladener Gast in ihrer Innenwelt bin, sind seltene, kostbare Geschenke.

Während einiger Stunden geht es um andere Qualitäten ihrer Grenzen. Sie stopft Zucker, Haferflocken und Kakaopulver in sich hinein, braucht „Hochäuser voll Kakao" – dann wieder ist ihr alles „eklig" und sie muß es wieder ausspucken. Sie kann und darf kontrollieren, was und wieviel sie in sich hineinläßt oder ausspuckt, ob Nahrung gut und bekömmlich für sie ist oder nicht. Im übertragenen Sinn verstehe ich es so: Die primären Bezugspersonen sind grundsätzlich „gute psychische Nahrung". Durch eine Häufung unglücklicher Umstände können diese ersten Beziehungen jedoch psychotoxisch wirken – dann muß das Kind sich davor schützen. So wie sich Ines durch ihre Symptomatik geschützt und einen Ersatz für Entbehrtes geschaffen hat. Ich deute ihr Tun „am Bild entlang": „So großen Hunger hast du, du brauchst so viel. Manchmal ist es gut, was du zu essen kriegst. Dann macht es dich satt und fühlt sich schön an. Manchmal ist es eklig. Dann spuckst du es wieder aus, weil sowas Ekliges nicht in deinen Bauch rein darf."

Nun beginnt eine Zeit der Bindfäden. Was immer anbindbar ist, bekommt eine Schnur angeknüpft (Geldbörse, Schubladen, Teddy usw.), wird aus dem Dachfenster geworfen, wieder hochgezogen. Die Strippen werden verlängert und verkürzt, verknotet, gelöst. Ines geht mit dem Nähe-Distanz-Problem spielerisch um, kontrolliert das Weggehen. Sie verwandelt das passive Verlassenwerden in das aktive Wegmachen. Zugleich „straft" sie damit die Objekte: Sie werden weggemacht.

In diese Thematik mischen sich Todesvorstellungen, zunächst von außen herangetragen: Ein Mann aus der Bekanntschaft der Eltern ist gestorben; die Katze ist fortgelaufen und wahrscheinlich überfahren worden. Dann erinnert sich Ines beschämt, daß die vorherige Katze starb, weil Ines ihr eine Schnur um den Hals geknüpft hatte, mit der sie sich in einem Baum strangulierte. Der destruktive, erstickende Aspekt von Bindung drängt sich auf.

Um diese Zeit wird auch das Thema körperliche Nähe zu Hause besprochen. Beglückt erzählt die Mutter, daß Ines sich verändert habe, ausgeglichener sei und sogar zuweilen ein bißchen schmusen möge. Eltern und Kind erkennen einander zögernd. Im Sandkasten entsteht eine Insel, umschlossen von einer Mauer, die nur an einer Stelle durchbrochen ist: Dort beginnt eine Brücke, die über das Wasser zum Kastenrand, zum Ufer führt. Eine Straße in die Welt, ein Pfad zum Du; endlich, nach 70 Stunden, eine Brücke, die Entferntes verbindet!

Innenräume sind das folgende Thema. Das Innere fremder Häuser fasziniert sie. Wie sieht es in fremden Häusern aus? Bei den Römern? In einer Burg? Sie baut sich Höhlen, wohnt darin, während ich davor sitze und mit ihr spreche: Sprache als Brücke. Schließlich meint „das Innere" Psychisches: Sie vergleicht, was sie empfindet mit dem, was ich empfinde. Sie eignet sich eine neue Sprache an und übt Sprachmuster aus der Grammatik der Gefühle.

Ines reagiert verwundert, wenn es mir Schmerzen bereitet, was sie tut: Etwa, wenn sie mit den Kuppen ihrer malträtierten Finger über den Metallboden des Sandkastens reibt – ein Kratzgeräusch, das mir die Nackenhaare hochstellt. Ihr macht das nichts aus, sie spürt keinen Schmerz – ich erlebe es an ihrer Stelle und bin Sammellager ihres immer noch ausgelagerten Fühlens.

Aus Ines Schilderungen ihrer Einschlafgewohnheiten und dessen, was sie dabei erlebt, entsteht ein Bild ihres Leitsymptoms: Müde liegt sie im Bett und kann sich nicht fallenlassen in den Schlaf. Sie rollt sich unter der Decke zusammen, taucht in ihr „Riechtwiech" (so hat Ringelnatz sein Bett genannt), kriecht in eine vertraut riechende Urhöhle. Das Beißen und Rupfen an ihren Körpergrenzen vermittelt ihr sinnlich erfahrbaren Halt: Da durch Ines hindurch ein nicht mehr existentes Kind gemeint ist, muß wenigstens sie sich selbst meinen und sich vergewissern, daß sie sie selbst ist, lebendig, mit einem eigenen Körpergeruch, der nur ihr allein gehört, ungeteilt, unverwechselbar. Der Eigengeruch ist Prototyp ihrer Identität.

Die Haut begrenzt diese Identität, „enthält" sie, und die Zähne geben diesem labilen Bündel die bestätigende Rückmeldung der vorhandenen Begrenzung. „Die autoaggressive Handlung ist wahrscheinlich ebenso wie manche autoerotischen Handlungen ein Versuch des Kindes, die Grenzen des Körper-Selbst abzustecken" (Mahler 1972). „Der Schmerz bildet für das Selbst eine Grenze, die für das Selbstgefühl, das Gefühl von Kohärenz und Existenz notwendig ist, ähnlich wie man sich die Funktion des Körperkontakts mit der Mutter für einen in Panik geratenen Säugling vorstellen kann" (Hirsch 1989).

In der von Ines haltlos erlebten Ungeborgenheit ist das Zerbeißen ihrer Hauthülle, die Selbstverletzung, „die zentrale Möglichkeit der Selbstfürsorge" (Sachsse 1996). Der selbstinduzierte Berührungsreiz, der Schmerz, ist für sie etwas Angenehmes: ein Ausgleich für Entbehrtes, ein Selbstheilungsversuch.

Ines repräsentiert in sich, in bzw. mit ihrem Körper die 2 Partner der frühen Mutter-Kind-Choreographie von Nähe und Distanz:
Einerseits ist sie das Baby, das Berührung empfängt. Über die Schmerzen an Fingern und Zehen erlebt sie sich selbst, die Existenz ihres individuellen Körpers und ihrer Körpergrenzen. Andererseits ist sie die Mutter, gibt sich mit ihren Beißakten Nähe: Das selbstinduzierte Körpererleben vermittelt die vielfältigen Erfahrungen des Haltens, des Hautkontakts und des Schaukelns in der Mutter-Kind-Aktion. Besser: es soll diese Erfahrungen ersetzen, kann dies jedoch nicht vollwertig. Indem sie die Nägel abbeißt und Hautfetzchen aufißt, handelt Ines mit Mund und Zähnen aktiv an ihrem Körper und verhilft sich zur Entspannung und Beruhigung – wie eine Mutter es für ihr Kind tut. Der Körper repräsentiert Mutter und Kind gleichzeitig.

Ines erschafft sich durch ihr Beißen in ihrem Körper (in ihrem Mund, in ihren Zähnen) ein symbolisches Mutterobjekt, ein „pathologisches Übergangsobjekt" (Hirsch 1989). Durch das Aufessen der abgerissenen Hautfetzen verleibt sie sich sowohl das symbolische Mutterobjekt ein als auch, symbolisch, die Mutter-Kind-Dualunion.

Ines' Erleben, nicht selbst gemeint zu sein, stellt eine Kränkung dar. Der ausgelöste Affekt ist tiefe Scham darüber, nicht „richtig" zu sein. Diese Scham macht sich nun an den verunstalteten Fingerkuppen und Zehenspitzen fest, die sie meist sorgsam vor Blicken zu verbergen sucht. Daneben besteht jedoch auch eine Tendenz, die Wunden demonstrativ vor sich her zu tragen, etwa wie eine Mutter dem Arzt ihr krankes Baby präsentiert. Es wirkt als Appell: „Sieh, das bin ich, es geht mir schlecht!"

Ines entdeckt im letzten Therapieabschnitt die Babypuppe, die wir versorgen und pflegen – stellvertretend für das Baby, das sie einmal war. Und schließlich kann sie wirkliche Mutterfunktionen für sich übernehmen: Sie lernt, sich auf angemessene Weise zu trösten oder zu beruhigen. In ihrer letzten Stunde soll ich den Tisch decken; sie bereitet uns ein kleines Festmahl.

Ich frage sie, wie das denn für sie sei, daß sie jetzt nicht mehr komme. „Och – ein bißchen schön! Weil ich dann mehr Zeit habe. Aber auch blöd. Weil ich so dran gewöhnt bin. Und du?" „Ich muß mich erst dran gewöhnen, daß du nicht mehr kommst. Ich bin ein bißchen traurig." „Aber dann kommt doch ein anderes Kind zu dir!" „Ja, schon. Das andere Kind bist aber nicht du, es ist ein anderes. Und ich kann dich nicht einfach austauschen wie einen kaputten Gegenstand." „Nee – nich? Das geht doch gar nich!"

Dauer, Effekte, Ende

Ines Therapie dauerte 130 Stunden. Nach der Kindergartenzeit gönnten die Eltern ihr noch eine Pause: Sie besuchte 1 Jahr lang die Vorschule, und im letzten Behandlungabschnitt zeigte sich dann, daß sie rundum schulreif war. Das Nägelbeißen hatte sie fast vollständig aufgegeben; nur wenn sie unter großer Anspannung stand, wanderte ein Finger in den Mund. Die Wunden an den Fingern und Zehen waren vollständig verheilt. Kurz vor Beginn des 3. Schuljahrs sah ich sie zufällig im Schwimmbad: Eine selbstbewußte kleine Persönlichkeit, die sich offensichtlich wohlfühlte in ihrer Haut.

„Ich schneide immer so tief, bis das Blut fließt"

M.-L. Petersen

Die nachfolgende Fallgeschichte basiert auf realen Therapieerfahrungen. Aus Gründen des Schutzes der Anonymität wird jedoch keine authentische Therapiesituation dargestellt. Dennoch erhält man anhand dieses Beispiels einen Einblick, um welche Art von Therapiesituation es sich handelt und welches Verständnis seitens der Therapeutin entwickelt wurde. Der in diesem Beispiel genannte Name Manuel wurde rein zufällig ausgewählt.

Symptomatik

Der 15jährige Manuel saß mir gegenüber, schob den Ärmel seines Sweatshirts hoch und zeigt seinen von Narben und frischen Wunden gezeichneten linken Arm: „Das finden meine Eltern nicht gut. Aber Kreuze sind doch cool." Diese Szene ereignete sich zu Beginn unseres ersten Zusammentreffens.

Den Termin hatte ich mit der Mutter vereinbart. Die Mutter hatte die Therapie sehr dringlich gemacht, gesagt, der Sohn sei sehr schwierig geworden. Sie kämen nicht mehr an ihn heran. Früher habe er sich eher lieb und zurückgezogen verhalten. Allerdings habe er immer etwas merkwürdig gespielt (zwanghafte Rituale).

Der Jugendliche erzählte des weiteren, daß er in der Schule „nur Scheiße" baue. Es wurde aus dieser und weiteren Äußerungen deutlich, daß er in seinem Leben keinen Sinn mehr sah, suizid- und suchtgefährdet war, dies aber hinter „coolen" Sprüchen und Verhaltensweisen vor sich selbst und anderen versteckte. Er sagte, er sei gekommen, weil seine Eltern es wollten, aber er brauche keine Therapie. Ich merkte, daß das nicht so klar war, wie er es darstellte, denn in manchen Momenten blitzte durch, daß er eigentlich oft gern das tun würde, was die Eltern wollten, denn er war sich eben gerade nicht sicher, ob sie nicht doch Recht hatten.

Mir wurde im Zusammensein mit dem Jungen unwohl. Ich fragte mich, ob ich diesen Patienten und die therapeutische Verantwortung übernehmen konnte. Ich bezweifelte, ob er mich akzeptieren würde, ob es zur Zusammenarbeit kommen könne, ob ich ihn würde erreichen können. Meine innere Auseinandersetzung gipfelte darin, daß ich ihn einerseits abweisen wollte und mir andererseits Sorgen um ihn machte und mich kümmern wollte. Ich realisierte dann, daß sich ein der häuslichen Situation vergleichbares Szenario sofort eingestellt hatte. Der Junge signalisierte nämlich beides: „Kümmere Dich um mich, aber laß mich bloß in Ruhe." Bezogen auf die aktuelle Therapiesituation vermutete ich, daß dieser Junge nicht wußte, wie er mich einschätzen sollte und deshalb verunsichert war. Anfangs hatte ich nicht mit ihm, sondern mit seiner Mutter einen Termin für ihn verabredet. Dies führte möglicherweise zu Mißtrauen und Ablehnung auf seiner Seite. Dann ermutigte ich ihn aber, über sich und seine Probleme zu sprechen und sicherte Vertraulichkeit zu. Er entwickelte Interesse und das Bedürfnis nach Hilfe. Dieser situative Konflikt wurde verstärkt durch seine eigene Verwirrung bzgl. der Frage, ob er sich nach den Eltern richten sollte oder nicht. Diese Verwirrung und die damit verbundene Angst und Depression nahm er nicht bewußt wahr; in seinem Verhalten und bewußten Erleben manifestierte sich nur die Abwehr: Er erzählte, daß ihn alles „cool" lasse (Abspaltung, projektive Identifikationen).

Mir wurde deutlich, daß er seine aktuellen Probleme nicht allein bewältigen konnte und Hilfe brauchte. Ich entschloß mich dann, für eine Therapie zur Verfügung zu stehen.

Kontext

Mit dem Beginn der Pubertät gab es verstärkt Schwierigkeiten im Elternhaus. Während er bis dahin alles widerspruchslos befolgte, vertrat er nun des öfteren beharrlich Meinungen, die niemand mehr nachvollziehen, geschweige denn akzeptieren konnte. Zum Beispiel ließ er ab und zu die Bemerkung fallen, Trinken bis zur Bewußtlosigkeit sei toll und müsse sein. Er versetzte die Eltern damit in Panik. Die Eltern kamen weder mit guten Worten noch mit Strafen weiter. Als er dann in der Schule auffällig wurde und sogar der Abschluß trotz guter Intelligenz gefährdet war, wollten die Eltern alles in Bewegung setzen und wurden schließlich an mich verwiesen.

Mir wurde deutlich, daß dieser Junge Schwierigkeiten hatte, sich zwischen den Polen von Selbst- und Fremdbestimmung zurechtzufinden. Er war verwirrt und hielt sich für unfähig, sich allein zurechtzufinden. Er wehrte Angst und Depression durch Abspaltung und Projektion ab. Durch seine „coolen" Sprüche versetzte er die Eltern in Angst, Wut und Depression und erreichte so, daß diese ihn einsperrten (Hausarrest, Verbote usw.). Einerseits war er damit zufrieden, denn er erfuhr Begrenzung und Halt, andererseits rebellierte er aber auch, denn diese Art von negativer Zuwendung war zum großen Teil Übergriff und Aggression. Diese Konfliktlösung bzw. Kompromißbildung war instabil.

Anamnese

Der Bruder (+ 2 Jahre) starb als Baby unerwartet an einer Krankheit. Die Geburt des Patienten verlief ohne Komplikationen. Kennzeichnend für die Baby- und Kleinkindzeit war, daß die Mutter ihn immer auf dem Arm trug und nachts beim kleinsten Laut zum Bett ging. Die Geburt der Schwester (+ 1 Jahr) wurde von ihm als eher störend erlebt.

In den Kindergarten wollte er nicht gehen. In der Grundschule hatte er gute Noten, fiel aber durch Zurückgezogenheit auf.

Mit 9 Jahren erfolgte ein Umzug in eine 300 km entfernte Stadt wegen des Berufs des Vaters. Damit ging auch die räumliche Trennung von der Verwandtschaft väterlicherseits einher. Der Umzug wurde vom Patienten als sehr einschneidend und schmerzhaft erlebt. Insbesondere die Großmutter väterlicherseits vermißte er sehr. Zur Verwandtschaft mütterlicherseits bestand ein distanziertes Verhältnis.

Ungefähr 1 Jahr später wurde der Vater aufgrund von Depressionen in die Psychiatrie eingewiesen. Depression tauchte sowohl in mütterlicher als auch väterlicher Linie auf. Trauer und Verlust, insbesondere um das erste Kind, konnte in der Familie nicht kommuniziert werden. Jeder war damit allein; bei der Mutter drückte es sich in ständiger Angst und Sorge aus; der Vater suchte Sicherheit in strengen Erziehungsvorstellungen. Im Resultat war das Erziehungsverhalten beider Eltern einengend-überbehütend. Zur Mutter hatte der Junge ein liebevolles, zum Vater ein eher ängstlich-distanziertes Verhältnis. Über die Schwester sagte er abwertend-herablassend: „Die macht alles, was meine Eltern wollen." Es wurde aber deutlich, daß er im Grunde neidisch auf das „sorgenfreie" Leben der Schwester war.

Untersuchungsergebnisse

Im Erstgespräch wurde deutlich, daß der Junge bewußt keinen Leidensdruck empfand und auch kein Erleben von Bedrohtheit hatte, z.B. bzgl. Schule, Zukunft, seiner körperlichen Unversehrtheit. Er zeigte sich nicht direkt motiviert zur Therapie, sagte, daß er nur gekommen sei, weil seine Eltern es wollten.

Ich stellte dann fest, daß er meinen Therapievorschlag sofort akzeptierte und in Folge regelmäßig und pünktlich kam. Auffällig war, daß er die Grundregel der freien Assoziation nahezu pedantisch einhielt. Er begann mit dem Erzählen, sobald er sich gesetzt hatte und hörte erst auf, wenn ich sagte, daß die Zeit um sei. Dann stoppte er aber auch sofort. Im Gegensatz zu seiner pedantischen Einhaltung der „Therapieregeln" erzählte er von chaotischen Ereignissen außerhalb. Fast monoton und emotionslos trug er vor, was sich ereignet hatte in der Schule, zu Hause, mit Freunden. Immer hatte es mit Reinlegen, Trinken, Zerstören, usw. zu tun.

Ich merkte in diesen Sitzungen, daß ich zwischen Langeweile und Sorge hin- und herpendelte. Es dauerte eine Weile bis ich begriff, daß er mir zwar alles erzählte, was ihm einfiel, daß ich aber nichts deuten konnte, da ich keinerlei Anhaltspunkte hatte, wie er selbst fühlte und auf welche Auslöser er sich bezog. Unter einem Auslöser bzw. adaptiven Kontext verstehe ich ein Ereignis, das sich in der externen Realität ereignet und intrapsychische Antworten hervorruft (Smith 1991). Im Zusammenhang mit Therapie ist damit meist eine Intervention des Therapeuten gemeint. Intervention ist dabei im umfassenden Sinn zu verstehen; Schweigen, Unterlassungen, Mimik, usw. gehören auch dazu.

Da ich wie erwähnt von dem Patienten keinen Hinweis auf einen aktivierten Auslöser erhalten hatte, ordnete ich sein Verhalten diagnostisch als Beziehungsabwehr ein. Er wollte (unbewußt) keine bedeutungsvolle Kommunikation entstehen lassen und spaltete deshalb seine Gefühle ab („attacks on linking" im Bion-Sinn).

Insgesamt zeigte sich als zentraler Konflikt die Suche nach Beziehung und Halt gegenüber der Angst vor Vereinnahmung und Enttäuschung. In Beziehung zu den Eltern erlebte er, daß sie selbst Angst hatten (u. a. seit dem Tod des ersten Kindes) und ihm keinen ausreichenden Halt geben konnten. Er erfuhr trotz Überbehütung keine Geborgenheit. Es ist zu vermuten, daß emotionaler Rückzug die Folge war, der sich letzten Endes in dem distanzierten Verhältnis zu Eltern, Lehrern, insgesamt allen anderen Menschen manifestierte. Da er zu dem Zeitpunkt noch sehr klein war, hatte der emotionale Rückzug auch die Konsequenz, daß er sich selbst nicht ausreichend kennenlernte. In seiner Kindheit hielt er das innere Chaos mit zwanghaften Ritualen unter Kontrolle. In der Pubertät lebte er die Distanzierung vom Objekt und seine gleichzeitigen Versorgungswünsche als Sucht nach Alkohol und Drogen. Sein innerer Schmerz (z. B. Trauer über den Tod des Bruders, über die räumliche Trennung von seiner Großmutter), seine Gefühle von Alleinsein und Verlassenheit und sein Chaos konnte er nicht sprachlich ausdrücken (in diesem Bereich hatte kein „affect attunement" stattgefunden). In Situationen von großer Überforderung kam es dann zur Selbstverletzung (Aufritzen des Armes) als einem Versuch, den unerträglichen Gefühlen Ausdruck zu verleihen, Erleichterung zu finden und andere aufmerksam zu machen. Diese symptomhafte Konfliktbewältigung konnte keine dauerhafte Entlastung bringen, weil von ihm immer 2 Signale gesendet wurden: „Laßt mich in Ruhe, aber guckt auf mich."

Mit dieser Art der Kompromißbildung zeigte er u. a. auch, wie er Beziehung erfahren hatte. Seine Eltern hatten sich zwar ständig um ihn gekümmert und waren in Sorge um ihn, dennoch hatten sie ihn emotional nicht versorgen können. Diesen Mangel konnte er weder sprachlich noch symbolisch mitteilen, denn er hatte nie erlebt, was er vermißte.

Diagnose

Selbstverletzendes Verhalten, Ausleben zwanghafter Rituale, Suizid- und Suchtgefährdung sowie dissoziales Verhalten als Ausdruck unbewußter Phantasien über nicht-haltende Beziehungsfiguren, von denen er einerseits versorgt werden möchte und sie deshalb mittels Symptomatik an sich bindet, von denen er sich andererseits enttäuscht fühlt, an denen er sich rächen möchte und die er auf Distanz halten möchte (**ICD-10: F92.8**).

Therapieverlauf

Die erste Phase war äußerst schwierig. Wie erwähnt hielt Manuel alle Vereinbarungen wie Termine, Grundregeln usw. pedantisch ein, erzählte ohne sichtbare innere Beteiligung oder Gefühlsregung, was sich ereignet hatte oder was bevorstand. Ich erfuhr dabei, daß er sich in einem äußerst problematischen Freundeskreis bewegte. Zwar hätte ich einiges zu dem von ihm Erzählten sagen können. Diese Kommentare wären aber moralisierend und wertend gewesen. Da ich vermutete, daß er das Erleben von Angst und Bedrohung mit dieser Art von Spaltung abwehrte, sprach ich ihn nicht direkt und sofort auf seine Gefühle an.

Auch unabhängig von diesem konkreten Beispiel interveniere ich in der Regel erst dann, wenn mir in der Situation vom Patienten ein (Hier-und-Jetzt-) Auslöser genannt wird. Bei Patienten, die eher versuchen nicht zu kommunizieren bzw. Kommunikation zu zerstören, führt dieses Vorgehen dazu, daß nicht gedeutet werden kann. Wenn solche Phasen andauern und die Gefahr des dynamischen Stillstands besteht, deute ich dem Patienten seinen Widerstand unter Hinzufügung der Bemerkung, daß dieser Widerstand sich „aus irgendwelchen Gründen" (Anspielung auf einen Auslöser) zeige.

Manuel gegenüber zeigte ich anfangs nur, daß ich zuhörte und aufmerksam war, deutete aber nicht. Erst als ich merkte, daß er begann, sich darüber zu wundern, daß ich seine Berichte nicht kommentierte, wartete ich auf einen geeigneten Moment. Als er davon erzählte, daß Eltern und Lehrer seine Vorstellungen und Handlungen bestrafen und ablehnen würden, hakte ich ein. Ich sagte ihm: „Du bist anscheinend gewohnt, daß deine Äußerungen abgelehnt werden, vielleicht meinst du auch, daß ich genauso denke. Aber du hast auch gemerkt, daß ich nichts dazu gesagt habe. Ich habe weder Zustimmung noch Ablehnung zum Ausdruck gebracht. Ich vermute, du weißt, daß ich bereit bin zu erfahren, was dich bewegt. Du erzählst deshalb, was passiert ist oder geplant ist, aber ich merke auch, daß du mir aus irgendwelchen Gründen nie sagst, was du empfindest." Er erzählte daraufhin von Lehrern, die ihn fordern, die ihm gestohlen bleiben können. Da er von normalen, angemessenen Anforderungen wie dem Erledigen von Hausaufgaben, dem Mitbringen von Büchern usw. sprach, ging ich davon aus, daß meine Deutung richtig dosiert war. Ich vermutete, daß er meine Intervention unbewußt als durchaus angemessene Aufforderung zur Zusammenarbeit verstanden hatte, eine Zusammenarbeit die er andererseits (noch) nicht akzeptieren wollte.

Nach dieser Intervention änderte sich die therapeutische Situation, aber auch außerhalb zeigten sich Auswirkungen. Er achtete darauf, wie es ihm selbst ging, wie andere sich fühlten und wie andere auf ihn reagierten. Insbesondere war er nun auch daran interessiert, positive Reaktionen zu fühlen und bei anderen wahrzunehmen. Ein Teufelskreis war gebrochen.

Erwartungsgemäß entdeckte er die Angst und Depression der Eltern. Es wurde ihm deutlich, daß er sie mit seiner Symptomatik auf Trab gehalten hatte. Er verschloß sich aber noch vor seinen eigenen Ängsten, Bedürfnissen und Enttäuschungsgefühlen. In dieser Phase versuchte er sich mit Alkohol, Hardrockmusik und Zigaretten zu betäuben. Es kam auch zu einem Ladendiebstahl. Dabei spielte es immer weniger eine Rolle, daß andere damit schockiert werden sollten. Ich merkte, daß er mir nicht mehr so starr gegenübertrat, daß ich mittlerweile auf seiner Seite deutliche Reaktionen auf meine Interaktionen hin registrieren konnte.

Eine Situation erwies sich als zentral. Ich war einige Minuten zu spät gekommen. In der Sitzung stellte ich mit Erstaunen fest, daß er wieder so roboterhaft wie zu Anfang sprach und keinerlei emotionale Regung deutlich wurde. Da ich nicht sicher war, ob dieses Verhalten mit der Verspätung in Zusammenhang stand, intervenierte ich nicht. Zu Beginn der nächsten Sitzung erzählte er von seinem Freund, auf den er sich nicht verlassen könne. Er berichtete von Situationen, in denen er vergeblich auf seinen Freund gewartet habe. Es wurde deutlich, daß er mittlerweile Abstand zur Clique hatte. Unvermittelt schob er seinen Hemdärmel hoch: „Hier, das habe ich vorgestern gemacht. Ich schneide immer so tief, bis das Blut fließt. Ich denke immer, genauso wie der Schmerz irgendwann aufhört, so muß es doch auch für mich mal besser werden. Dann werde ich ruhiger." Es waren zwar keine eindeutigen Hinweise, aber ich vermutete, daß er mit der Unzuverlässigkeit des Freundes meine Unpünktlichkeit der letzten Sitzung portraitierte. Zum einen gab es meines Erachtens keine anderen aktiven Auslöser, zum anderen fand das Schneiden am Tag der vorherigen Sitzung nach unserem Treffen statt. Ich deutete ihm diesen Zusammenhang; sagte ihm auch, daß er zuverlässige Beziehungen wolle, daß er durch meine Verspätung enttäuscht, verletzt worden sei und sich dann selbst verletzt habe, um ausdrücken zu können, wie weh ihm das getan habe. Erst später wurde mir klar, daß er danach seinen Arm nicht mehr aufritzte.

In der folgenden Zeit trat eine immer größere Distanz zu der Clique auf. Er traf sich schließlich nicht mehr mit ihnen, weil er seine Zeit für etwas anderes brauchte. Er suchte sich eine Praktikumstelle und dachte darüber nach, was er beruflich anstreben wollte. Damit einhergehend wurden seine schulischen Leistungen besser.

Nun kam eine ruhige Phase, in der u.a. die Themen Abgrenzung und Beziehungsgestaltung durchgearbeitet werden sollten. In der Therapie ging es z.B. um die Ausfallregelung. Außerhalb der Therapie war er sehr mit der Beziehung zu den Eltern beschäftigt. Diese Phase wurde vom nahenden Ende der Kostenübernahme durch die Krankenkasse unterbrochen (Ende der Kostenübernahme bei Jugendlichen 180 Sitzungen). Es war sehr deutlich, daß Manuel sich mit der Frage der Beendigung auseinandersetzen mußte, als sie sich noch gar nicht stellte. Ich fragte mich, ob in diesem Fall die Beantragung von Sitzungen über das Regelkontingent hinaus erfolgen sollte, behielt meine Frage jedoch für mich und wartete ab, welche Abkömmlinge der unbewußten Verarbeitung der Patient nun liefern würde.

Er hatte realisiert, daß die Kostenübernahme durch die Krankenkasse nur noch für 8 Sitzungen gesichert war: „8 Stunden! Wenn die Krankenkasse nicht mehr bezahlt, dann kann es nicht weitergehen. Ich verdiene ja kein Geld und mit einem Job, das würde nicht reichen. Aber, vielleicht könnte ich meine Eltern fragen." Er guckte mich fragend an. Ich schwieg. „Bei meinem Freund, na ja, jetzt sind wir eigentlich keine Freunde mehr, da bezahlen die Eltern alles, was er will. Erst dachte ich, daß der es richtig gut hat. Aber mittlerweile habe ich gemerkt, daß der sich total daran gewöhnt hat. Ich glaube, selbst wenn er wollte, könnte der nicht sein eigenes Leben führen, weil er an so viel Geld gewöhnt ist. Der könnte gar nicht mehr auf Sachen verzichten. Ich glaube nicht, daß der von seinen Eltern loskommt. Die versuchen sich auch in alles einzumischen. Ob der deswegen soviel trinkt? Ich möchte nicht an seiner Stelle sein, auch wenn er mehr Möglichkeiten hat durch das, was ihm seine Eltern alles geben."

Ich verstand seine Einfälle folgendermaßen: Bewußt hatte er sich selbst die Frage gestellt, ob er seine Eltern um das Geld für die Therapie bitten sollte. Seine anschließenden Gedanken habe ich als unbewußte, d. h. abkömmlingshafte Antwort verstanden. Er malte sich aus, wie es wäre, wenn seine Eltern bezahlen würden. Er könnte sich zwar vieles leisten, u. a. auch die Therapie, würde jedoch in unangemessene Abhängigkeit von seinen Eltern geraten, und es würde schlechte Auswirkungen auf ihn haben, weil sie sich einmischen würden. Er würde möglicherweise wieder trinken. Ich bot ihm dieses Verständnis in einer Deutung an. Er reagierte sehr knapp: „Meine Eltern werde ich nicht fragen." Dann nach kurzem Schweigen: „Aber wie ist das bei der Krankenkasse. Könnte man nicht ausnahmsweise mehr beantragen?" Ich schwieg. „Warum sagen Sie jetzt nichts. Sie wollen wohl wieder, daß ich selbst drauf komme." Nach kurzer Pause erzählte er u. a. von einem Mitschüler, der sich wegen jedem Kopfschmerz oder jeder Übelkeit gleich ins Krankenzimmer der Schule zurückziehe. Dieser Mitschüler nehme in Kauf, daß die ganze Schule wisse, was er habe und wie oft er krank sei. Es sei für diesen Jungen sicherlich nicht ruhmreich, häufiger als andere krank zu sein. Er selbst würde das nicht so handhaben. Ich verstand diesen Einfall als unbewußte, ablehnende Antwort auf die Frage der Beantragung von Sitzungen über das Regelkontingent hinaus und deutete, daß er war kein Notfall mehr war. Jetzt weiterhin zu kommen, wäre ihm peinlich, denn dann würden viele wissen, daß er häufiger kommt als andere.

Es folgten sehr konzentrierte Abschiedssitzungen. Er zog Bilanz in einer der Sitzungen: „Bevor ich hierher kam, war ich irgendwie wie im Schlaf; ich habe nichts mehr gemerkt, wollte auch nichts mehr merken. Ich war dumm. Jetzt sehe ich klarer. Na ja, mit meinen Eltern, das ist nicht einfach, aber ich weiß jetzt, was ich von meinen Eltern erwarten kann und was ich später mal will. Aber irgendwie wäre ich gerade jetzt gern noch weiter zur Therapie gekommen. Na ja, geht ja nicht."

In meinen Ausführungen zum Therapieverlauf habe ich außertherapeutische Aspekte, insbesondere genetische Bezüge, weitgehend außer acht gelassen und habe den Fokus auf die aktuelle Therapiesituation gerichtet. Unabhängig von diesem hier gewählten Schwerpunkt wähle ich, wie bereits erwähnt, in der Regel immer das Hier-und-Jetzt, insbesondere den Auslöser, als Ausgangspunkt für Deutungen und beziehe dann außertherapeutische und genetische Aspekte ein (Petersen 1996). Dieses Vorgehen entspricht wohl am ehesten der sog. kommunikativen Technik (Langs 1988, 1989, 1992). Gedeutet wird entsprechend dieser Technik, wenn 3 Bestandteile im Material und/oder Verhalten des Patienten sich gezeigt haben:

- Repräsentation des Auslösers, in der Regel die Darstellung der auslösenden Intervention des Therapeuten
- Abkömmlinge der unbewußten Verarbeitung dieses Auslösers (gemeint sind Erzählungen, Bilder, genetische Bezugnahmen, Aktivitäten, usw., die erhellen, auf welche Aspekte der Intervention der Patient sich vorrangig bezieht, wie er diese bewertet, ob es ggf. Korrekturvorschläge gibt).
- Symptomatik oder Widerstand.

Wenn der Auslöser allerdings gar nicht oder immer erst zum Schluß einer Stunde genannt wird, und ich glaube, daß es einen aktivierten Interventionskontext gibt, mache ich Ausnahmen. Wenn ich mir z. B. über den Auslöser im klaren bin und Symptomatik oder Widerstand so stark sind, daß Hilfe gegeben werden muß, führe ich den Auslöser selbst ein. Kenne ich den Auslöser nicht, beschreibe ich Symptomatik oder Widerstand in der Hoffnung, daß der Patient dann weitere Informationen gibt (vgl. erste Therapiephase).

10. Störung des Sozialverhaltens

„Nicht nur so tun!" – Tötungsimpulse bei einem 8jährigen[1]

G. Romer

Symptomatik

Der 8jährige Marcel wird von seiner alleinerziehenden Mutter wegen tätlicher Angriffe auf Mitschülerinnen ambulant vorgestellt. Einmal habe er einem Mädchen mit einem Baseballschläger gegen den Kopf geschlagen. In einer anderen Situation habe er ein kleineres Mädchen auf den Boden geworfen und ins Gesicht getreten. Als Rechtfertigung diene ihm das berichtete Gefühl, von anderen Kindern „fertiggemacht" zu werden, wofür es nach Eindruck der erwachsenen Beobachter keinen Anlaß gebe. Nach diesen Impulsdurchbrüchen sei er „wie besinnungslos", vermeide jeden Blickkontakt und halte sich die Ohren zu.

Nach Auskunft der Lehrer fühle er sich rasch angegriffen. Er verkenne versehentliche Rempeleien als gegen ihn gerichtete Aggression. Im Unterricht verhalte er sich provozierend, indem er sich beispielsweise auf den Tisch lege.

Die Vorfälle stehen im zeitlichen Zusammenhang mit einem heftigen Streit, den die Mutter 2 Wochen zuvor in Marcels Beisein mit ihrem Partner ausgetragen habe. Zu Hause bringe den Jungen „nichts aus der Ruhe."

Die Mutter äußert spontan, sie habe Marcel von Geburt an abgelehnt. Liebe lasse sie ihm materiell zukommen. Sie ist mit einer stationären Aufnahme einverstanden, fügt jedoch an, daß sie dieses Kind keinesfalls ins Heim geben werde, was sie mit den Worten, „Nur über meine Leiche!" unterstreicht.

Erste Hypothesen

Die grenzenlose Aggression mit realer Gefährdung der Opfer ebenso wie die Mitteilungen der Mutter („nur über meine Leiche") legen nahe, daß es psychisch „um Leben und Tod" geht, d.h. archaische Ängste vor Vernichtung den beschriebenen Verhaltensweisen zugrundeliegen könnten.

Die von der Mutter in einem Atemzug genannte Ablehnung Marcels bei gleichzeitigem Festhalten läßt eine hochgradig belastete Mutter-Kind-Beziehung erahnen, in der Marcel einem Wechselbad zwischen den agierten Extrempolen mütterlicher Ambivalenz ausgesetzt ist.

Hieraus ergeben sich folgende Fragen an die Diagnostik:

- Wie ist die außerfamiliär auftretende Aggressivität des Jungen im Kontext seiner Beziehungen zu primären Bindungspersonen zu verstehen?
- Welches sind die intrapsychischen Vorgänge, die zu dem genannten Verhalten führen?
- Wie zugänglich bzw. Ich-nah sind Marcel die Ursprünge seiner Aggressivität?

---

[1] Dank an Frau Dipl.-Psych. Claudia Wlczek für viele wertvolle Anregungen im Rahmen der Fallsupervision.

Kontext

Aktuelle soziale Situation

Marcel lebt allein mit seiner Mutter, die als Verkäuferin arbeitet. Er geht in eine Regelschule. Er sei dort ungeachtet seiner Übergriffe bei den anderen Kindern beliebt. Durch seine gute Auffassungsgabe und Konzentrationsfähigkeit gelinge es ihm, in der Schule gute schulische Leistungen zu erbringen. Seit wenigen Monaten wird er im Rahmen einer Hilfsmaßnahme des Jugendamts in einer Tagesgruppe betreut, zu der er jeden Tag nach der Schule gehe. Eine erwachsene Person werde dort von ihm die meiste Zeit in Anspruch genommen. Für kreative Betätigungen sei er leicht zu gewinnen, gehe sorgsam mit von ihm gestalteten Sachen um. Er könne gut mit anderen Kindern spielen, am besten zu zweit oder zu dritt. In größeren Gruppen habe er Schwierigkeiten, sich zu orientieren. Am liebsten baue er Höhlen.

Entfaltung der Beziehungsdynamik in der Aufnahme- und Erstgesprächssituation

Bei der stationären Aufnahme, als die Mutter zu einer kurzen Begrüßung in das Arbeitszimmer des Therapeuten gebeten wird, stürzt Marcel zur Tür herein. Er wendet sich wortlos den Spielsachen im Wandregal zu. Offensichtlich will er den Kontakt zwischen seiner Mutter und seinem künftigen Therapeuten kontrollieren.

Als der Therapeut ihn später verabredungsgemäß zu einem Kennenlerngespräch abholen möchte, verweigert er sich. Er rennt in sein Zimmer und läßt lediglich zu, daß der Therapeut, sozusagen unter den Augen der Station, im Türrahmen stehend mit ihm spricht. Er vergräbt sein Gesicht in sein Kopfkissen, achtet jedoch angespannt aus den Augenwinkeln auf jede Bewegung des Therapeuten. Das Angebot, Tischtennis zu spielen, ist er nur bereit anzunehmen, wenn ein anderes Kind als dritter Spielpartner mitkomme. Die Begleitung durch einen erwachsenen Betreuer lehnt er dagegen ab. Als der Therapeut die von Marcel definierte räumliche Distanz („bis unter die Tür, aber keinen Schritt weiter") einhält, wird ein Dialog möglich, bei dem Marcel Fragen zu Regeln und Abläufen stellt. Das Setting für folgende Gespräche kann so erklärt werden.

Marcel muß offensichtlich den Zweierkontakt kontrollieren. Es verbindet sich eine Abschottung gegen außen mit gesteigerter Vigilanz. Eine Möglichkeit, die potentiell bedrohliche dyadische Situation zu entschärfen, sieht er darin, einen Dritten einzubeziehen, wobei er einem kindlichen Beobachter den Vorzug vor einem Erwachsenen gibt. Mit seinem Wunsch nach einem festen Rahmen scheint er sich und seinen Beziehungspartner vor unberechenbarer Bedrohung schützen zu wollen.

Am Folgetag kommt Marcel bereitwillig und neugierig in das Zimmer des Therapeuten. In der darauffolgenden Stunde gestaltet er mit Spielfiguren in der Sandspielkiste (Kalff 1979) eine reichhaltige und kohärente Spielhandlung.

Ein Wildschwein wird darin von anderen Tieren umzingelt. Da schlägt es wild um sich, und seine „Feinde" fliegen in hohen Bogen aus der Szene. Auf die Frage, ob er das Gefühl, umzingelt zu sein, kenne, deutet Marcel spontan auf das Wildschwein und sagt „das bin ich". Im Anschluß daran muß das Wildschwein lange gegen einen mächtigen Wolf kämpfen, den es schließlich besiegt. Allein durch diese Stärke gelingt es ihm in folgenden Abenteuern, Freunde zu gewinnen.

Am Ende der Stunde verlangt Marcel, daß die Figuren beim nächsten Mal in unveränderter Aufstellung wieder vorzufinden sein müssen. Ansonsten sei der Therapeut ein „Betrüger."

In der Gegenübertragung stellt sich ein Wunsch ein, Marcel behutsam, „wie ein rohes Ei," zu behandeln aus Furcht, eine Geste könne leicht zu intrusiv für ihn sein. Dies scheint vordergründig betrachtet nicht zu der von Marcel dargebotenen eher robusten Selbstdarstellung zu passen.

Marcel kann sein innerseelisches Erleben symbolisch mitteilen. Er zeigt sich bereit, mit dem Therapeuten in Beziehung zu treten. Paranoide Ängste, seine aggressive „Gegenwehr" sowie sein Wunsch nach Stabilität und Vorhersehbarkeit eines Beziehungsangebots sind ihm bewußt.

Weiterführende Hypothesen

Symptomatik und situative Dynamik deuten darauf hin, daß hinter Marcels Aggressivität eine paranoid übersteigerte Angst vor grenzüberschreitenden Beziehungserfahrungen zu stehen scheint. Der bei seinen Angriffen auftretende Verlust der „Als-ob-Ebene" sowie die Bedrohlichkeit seiner Übergriffe lassen real traumatische Beziehungserfahrungen vermuten. Sein Drang, die dyadische Situation durch Öffentlichkeit oder Einbeziehung eines Dritten zu „verdünnen," legen neben den Äußerungen der Mutter nahe, daß er in der Bindung zu ihr ein ausgeprägtes Urmißtrauen entwickelt hat.

Anamnese

Marcels Mutter, 31 Jahre, sei unter schwierigen Verhältnissen aufgewachsen. Von ihrer eigenen Mutter sei sie stets abgelehnt worden. Ihre 3 Geschwister seien in Heimen aufgewachsen. Vor Marcels Geburt habe sie ebenfalls 3 von verschiedenen Vätern stammende Töchter in öffentliche Erziehung gegeben.

Der leibliche Vater von Marcel sei jähzornig, gewalttätig und drogensüchtig gewesen. Sie habe sich in der Schwangerschaft von ihm getrennt. Vor der Geburt habe sie für den Fall, daß es ein Mädchen werde, die Freigabe zur Adoption vorbereitet. Sollte es ein Junge werden, habe sie fest beschlossen, dieses letzte Kind „um jeden Preis" zu behalten. Während der Säuglings- und Kleinkindzeit habe die Mutter unter Alkoholproblemen gelitten und das Kind nur unzureichend versorgen können. Wegen rezidivierender Hautinfektionen habe sie sich vor ihm geekelt und ihn deshalb nicht berühren wollen.

Marcel, der seinen leiblichen Vater nur vom Hörensagen kenne, habe im Laufe der Jahre mehrere Nennväter gehabt. Seit seiner frühesten Kindheit sei er wiederholt Zeuge von gewalttätigen Auseinandersetzungen zwischen der Mutter und ihren Partnern gewesen, bei denen es auch zu Tötungsdrohungen gekommen sei. Die Mutter habe ferner 2 Suizidversuche durch Tabletteneinnahme in ihrer Wohnung hinter sich. Beide Male habe Marcel Hilfe herbeigeholt.

Für eine tätliche Kindesmißhandlung ergibt sich in der Vorgeschichte kein Hinweis.

Bei der Mutter ergeben sich nach den DSM-IV-Kriterien (APA 1994) deutliche Hinweise darauf, daß eine Borderline-Persönlichkeitsstörung in Verbindung mit einer Alkoholabhängigkeit besteht. Ihr Bindungsstil erscheint in Phasen eigener Stabilität durchgängig dismissiv („Da muß er durch!") (Main et al. 1985). Im Rahmen ihrer brüchigen Persönlichkeitsstruktur kam es in den ersten Lebensjahren Marcels wiederholt zu feindseligem, unberechenbarem und vernachlässigendem Verhalten, ein Muster, welches als typisch für das Entstehen einer desorientiert bzw. desorganisierten Bindung beim Kind gilt (Main u. Hesse 1990).

Untersuchungsergebnisse

Psychopathologischer Befund

Marcel ist ein 8jähriger adipöser Junge mit Igelhaarschnitt. Im Gespräch senkt er den Blick und beugt seinen Oberkörper nach vorne, als wolle er sich „einigeln." Er achtet wachsam auf seinen Gegenüber und äußert offen sein Mißtrauen. Affektiv wirkt er ausgeglichen bis lässig-cool, was im Widerspruch zu den durch sein Verhalten deutlich werdenden Beziehungsängsten steht. Bei durchschnittlicher Intelligenz zeigt Marcel vordergründig einen guten Bezug zur Realität, allerdings steigert sich sein Mißtrauen in paranoides Erleben („umzingelt werden"). Die aus dieser subjektiven Bedrohung entstehende Fremdaggression ist ihm erinnerbar, wobei er reale Tötungswünsche („nicht nur so tun") sowie Impulse äußert, die Körper seiner Opfer zu zerstören („zerquetschen," „zerhacken"). Er scheint keine empathische Regung für seine ihm unterlegenen Opfer zu empfinden.

Mit Hilfe seines guten Gedächtnisses bringt er eine gedankliche Ordnung in seine chaotisch verlaufende Lebensgeschichte, wobei ihm alle abhanden gekommenen Geschwister und Stiefväter als zu seinem Leben gehörig präsent sind. Von bedrohlichen Situationen berichtet er ohne emotionale Beteiligung. Seinem bewußten Erleben zugänglich sind 2 getrennte Seiten seiner Person („liebe Seite," „böse Seite"), die er nicht in ein zusammengehöriges Selbsterleben integrieren kann.

Weiterführende Diagnostik
Projektives Material (in der Reihenfolge der angenommenen Bewußtseinsnähe)

Wenn er *3 Wünsche* frei hätte, wären dies:

- „eine Kettensäge,"
- „eine Axt,"
- „ein lieber Junge sein."

Als *Menschzeichnung* entsteht eine grimmig dreinschauende, dämonisch anmutende Figur mit scharfen Zähnen, deren Körperhälften durch eine senkrechte Linie voneinander getrennt werden, die mit „lieber" und „böser" Seite bezeichnet werden.

Im *Szenospiel* bekämpfen sich die erwachsenen Figuren gegenseitig und mehrere Kinder geraten zufällig in Gefahr, beispielsweise durch Einklemmen des Kopfes in der Tür. Ein Kind ist besonders stark und schafft es, sich und alle anderen Kinder zu retten. Die Erwachsenen vernichten sich im Kampf gegenseitig. Die Kinder gründen gemeinsam mit den Tieren einen neuen Bauernhof, auf dem sie ohne Erwachsene friedlich leben können.

Ein *gezeichnetes Haus* ist bewohnt und beheizt, es gibt jedoch nur im Dach Fenster. Die Wände sind gänzlich vermauert und die Tür verschlossen, so daß niemand von außen in das Innere des Hauses blicken kann.

Im *Sandspiel* dominiert in verschiedenen Varianten das Erleben „umzingelt zu sein" bzw. „umschlungen" zu werden. In Folgesitzungen wird das Wildschwein von einer übermächtigen Schlange umkreist, die es nicht entkommen läßt, so daß es „um Leben und Tod" gehe.

Beobachtungen auf der Station

Die anfänglich große Scheu legt Marcel nach wenigen Tagen ab. Durch seine sanfte Art induziert er bei den Betreuern vorwiegend Regungen, sich ihm liebevoll zuwenden zu wollen („knuddeln"). Er kann Nähe und Distanz nur unzureichend regulieren. Ohne klare Anleitung fällt es ihm schwer, sich in die Gruppe einzufügen. Aggressive Verhaltensweisen kommen über Wochen nicht zum Vorschein.

Psychodynamischer Befund

Krankheitserleben und Behandlungsvoraussetzungen (OPD, Achse I)

Die vorliegende Neigung zu fremdaggressiven Handlungen ist als schwerwiegend einzustufen. Marcels subjektive Beeinträchtigung erscheint insofern unangemessen, als sich sein Leidensdruck nicht auf seine Störung, sondern auf eine vermeintliche Bedrohung durch Gleichaltrige bezieht. Seine Mitteilungsbereitschaft sowie seine Fähigkeit, sein innerseelisches Erleben symbolisch mitzuteilen, stellen ebenso wie seine hohe Motivation, den therapeutischen Dialog fortzusetzen, wichtige persönliche Ressourcen im Sinne eher günstiger Behandlungsvoraussetzungen dar, auch wenn die familiären Ressourcen gering sind.

Beziehungsdynamik (OPD, Achse II)

Bewußt erlebt Marcel seine Umwelt als bedrohlich, in seinem Selbsterleben anderen Kindern gegenüber überwiegen Impulse, diese zu beschuldigen und anzugreifen. Weniger bewußt scheint ihm seine vom Therapeuten wahrgenommene Neigung, sich abzuschotten und den anderen wachsam zu kontrollieren. Die beim Gegenüber induzierten behutsam beschützenden Impulse sind ein Hinweis auf Marcels weniger bewußte Ängste vor Intrusion bzw. unberechenbarer Grenzüberschreitung. In der beschriebenen Gegenübertragung drückt sich möglicherweise zudem eine induzierte Angst vor der abgespaltenen und daher im Kontakt nicht spürbaren Aggressivität Marcels aus.

Konflikte und strukturelle Entwicklung (OPD, Achse III und IV)

Marcels Lebenssituation ist seit Jahren durch ihn umgebende familiäre Konflikte, die in archaischer Weise „auf Leben und Tod" agiert werden, extrem belastet. Aus dem projektiven Material wird eindrücklich deutlich, daß auf der Ebene internalisierter Beziehungsrepräsentanzen die erlebte Bedrohung nicht von anderen Kindern ausgeht. Diese werden im Gegenteil als hilfreiche Objekte angesehen (Szeno). Hier sind es die Erwachsenen, die als bedrohlich und unzuverlässig erlebt werden. In der bewußtseinsferneren Tiersymbolik (Sandspiel) geht die Gefahr vom mütterlichen Objekt aus, gegen das sich die Aggression richtet.

Um die unberechenbaren Impulsdurchbrüche seiner Bindungspersonen psychisch zu bewältigen und um die Loyalität zur realen Mutter aufrechtzuerhalten, projiziert Marcel die Introjekte seiner bedrohlichen Objekte auf andere Kinder, auf die er seine abgespaltenen aggressiven Regungen verschiebt. So gelingt es ihm, in real angstauslösenden Situationen ruhig zu bleiben. Sein schwaches Ich versucht so, sich vor Vernichtung zu schützen. Auch nach einem Suizidversuch der Mutter vor seinen Augen handelt Marcel besonnen. Die traumatischen Szenen haben dazu geführt, daß seine Grenzen zwischen Phantasie und Realität eingebrochen sind. Die „Als-ob-Ebene" steht als intrapsychischer Schutzraum für aggressive Phantasien nicht hinreichend zur Verfügung, was zu der Bereitschaft beigetragen hat, die aggressiven Impulse auf schwächere Kinder rücksichtslos auszuagieren.

Es herrschen die Abwehrmechanismen der Spaltung sowie der Externalisierung durch Projektion und Verschiebung vor. Durch die paranoid verzerrte labile Realitätskontrolle und das wenig kohärente Identitätsgefühl wird eine bestehende Ich-Schwäche deutlich. Überdies ist die Empathiefähigkeit schwer beeinträchtigt. All dies weist auf ein gering integriertes Strukturniveau im Sinne einer Borderline-Entwicklung mit schizoiden Zügen hin (Kernberg 1978, 1982, Pine 1982, Diepold 1994 a, b).

Diagnose

Störung des Sozialverhaltens mit gerichtet fremdaggressiven Impulsdurchbrüchen bei gestörten sozialen Bindungen (**ICD 10: F91.2**) vor dem Hintergrund traumatischer Beziehungserfahrungen und einer durch eine Persönlichkeitsstörung der Mutter schwer belasteteten Mutter-Kind-Beziehung.

Die vorhandene Störung ist als prognostisch ernst im Hinblick auf eine spätere Gewaltdelinquenz einzustufen. Insbesondere das wenig integrierte strukturelle Entwicklungsniveau begründet die Indikation für langfristig angelegte therapeutische und pädagogische Maßnahmen.

Therapieverlauf

Die 4monatige Phase der stationären kinderpsychiatrischen Behandlung konzentriert sich auf 3 Schwerpunkte:

Soziotherapie

In der pädagogischen Betreuung liegt ein Schwerpunkt darin, Marcel vorhersehbare und verläßliche Strukturen zu vermitteln. Nachdem sich über Wochen fast ausschließlich die angepaßt freundliche Seite seiner kindlichen Persönlichkeit zeigt, kommt es nach und nach bei konflikthaften Auseinandersetzungen zu Wutausbrüchen, bei denen Marcel insoweit die Kontrolle über sich behält, als er die Grenze körperlicher Unversehrtheit einhält. Das „Sichzeigen" der abgespalteten aggressiven Seite im Rahmen des geschützten Milieus der Station wird als therapeutischer Fortschritt verstanden. Marcel muß, um seine neu geknüpften Beziehungen zu schützen, seine zerstörerische Impulsivität nicht mehr „außen vor" lassen. Er kann sie abgestuft ausleben, ohne die Kontinuität seines Identitätsgefühls zu verlieren. Parallel hierzu zeigt er zunehmend fürsorgliche Verhaltensweisen gegenüber anderen Kindern.

Begleitung der Mutter

Im Zuge der sich abzeichnenden Trennung von Marcel, die mit der abrupten Trennung von ihrem Partner einhergeht, gerät die Mutter in eine suizidale Krise und muß vorübergehend stationär psychiatrisch behandelt werden. Sie äußert Gedanken an einen erweiterten Suizid, bei dem sie Marcel „mitnehmen" werde. Auf eine entschlossene Haltung der Behandler, Marcel vor den Stimmungsschwankungen der Mutter zu schützen, indem sie Besuchskontakte nur noch unter Beobachtung zulassen, reagiert die Mutter mit Verständnis. Ihre eigenen beschützenden Impulse Marcel gegenüber werden besprechbar. Es gelingt schließlich, sie von der Notwendigkeit einer langfristigen institutionellen Erziehungsmaßnahme zu überzeugen und die Ablösung stützend zu begleiten. Sie plant erstmals für sich eine längere stationäre Behandlung.

Psychotherapie

Es finden 2mal wöchentlich tiefenpsychologisch orientierte Einzelsitzungen statt, in denen Marcel die Vorgänge in seiner von Tötungs- und Zerstörungsimpulsen überschwemmten

Innenwelt auf real ungefährliche Weise ausdrücken lernt. Nach vielen Stunden variantenreich gespielter „Massaker", bei denen der Therapeut darauf achtet, daß die „Als-ob"-Grenzen sorgsam gewahrt bleiben („nichts darf kaputtgehen"), drückt Marcel eines Tages in einem gezeichneten Bild seine Angst aus, daß er, wenn er in einer Beziehung emotionale Nähe zulassen würde, von einem „Flächenbrand" vernichtet würde. Nachdem er zu Beginn der Behandlung einmal äußert, er habe „nichts Gutes" (= Liebenswertes) in sich, beginnt er im Laufe des Prozesses nach entsprechenden Selbstanteilen zu suchen. Behandlungstechnisch wird darauf geachtet, ihm seine liebenswerten Seiten ebenso wie seine „bösen" und „gefährlichen" Anteile immer wieder als Gesamtwahrnehmung seiner Person widerzuspiegeln. Gegen Ende der Behandlung zeichnet er Bildergeschichten, in denen die von ihm phantasierte „Rettung" in der positiven Identifikation mit einer schützenden Vaterfigur Thema wird. Dies hilft ihm, die bevorstehende Trennung von der Mutter zu verarbeiten. Daß in seiner Vorstellung eine Hoffnung darauf entstanden ist, daß das „männliche Gute" stärker werden kann als das „Böse" in ihm, drückt Marcel in den letzten Stunden vor seinem Abschied eindrucksvoll durch eine Bildergeschichte aus:

Grausame Werwölfe wohnen in einer hochgerüsteten Burg. Aus der verborgenen Tiefe des Burgkellers steigen plötzlich „gute Ritter" auf, die anfangs noch hoffnungslos unterlegen sind, jedoch stetig mehr werden, bis sie schließlich die Werwölfe besiegen (Abb. 15), deren gestohlenen Schatz befreien und diesen in eine neue Burg bringen. Von dort aus müssen sie jedoch die weiterhin gefährlichen Werwölfe in Schach halten.

Die Phantasiegeschichten werden vom Therapeuten „so wenig wie möglich, so viel wie nötig" gedeutet. Phantasie wird nicht mit Realität gleichgesetzt, jedoch stellt der Therapeut klar, daß er um die real bedrohliche („werwolf-ähnliche") Seite Marcels weiß und sie mit seinen Phantasien in Beziehung setzen kann.

Abb. 15 Ein „guter Ritter" im erbitterten Kampf mit dem „Anführer der Werwölfe". Der Werwolf blutet aus mehreren Wunden, die der Ritter ihm mit Streitäxten zugefügt hat.

Katamnese

Nach 4 Monaten Therapie kann Marcel in eine Jugendwohngruppe entlassen werden, in der eine psychotherapeutische Weiterbehandlung gewährleistet ist. 2 Jahre später sind nach wie vor intensive Betreuungsmaßnahmen erforderlich. In der Regelschule ist er nur durch umfangreiche zusätzliche Einzelbetreuung zu halten. Eine Einzelpsychotherapie ist weiter indiziert und wird fortgeführt. In der Gruppe ist es ihm gelungen, zunehmend tragfähige Beziehungen zu anderen Kindern aufzubauen. Es treten nach wie vor Wutanfälle auf, die jedoch zunehmend seltener geworden sind. Marcel richtet hierbei seine zerstörerischen Impulse vorwiegend gegen Gegenstände. Ernsthaft bedrohliche Situationen sind bislang nicht wieder aufgetreten.

„Ich hasse alle"

D. Stolle

Symptomatik

Der 15jährige Jan wurde in Handschellen als Notfall von 2 Polizisten zur stationären Aufnahme gebracht. In einer schweren Erregungsphase habe er Morddrohungen gegen einen 8jährigen Jungen ausgestoßen. Die Familie des Kindes habe Jan aufgrund des sexuellen Mißbrauchs angezeigt. Jan wirkte aggressiv-gespannt und abweisend. Er warf dem Betreuerteam der Jugendlichenstation die Wortbrocken an den Kopf: „Ich hasse alle! Scheißbullen!"

Jans Symptomatik wird durch einen Bericht verdeutlicht, der von der zuständigen Sozialpädagogin des Jugendamts vor einigen Wochen gemacht wurde: Schon beim Betreten der Wohnung der Familie fällt auf, daß überall Kleidungsstücke, Spielzeug, Zeitungen und „Dreck" liegen. In der Küche sitzt die Großmutter mit müden Augen, Jan sieht fern, und die Mutter fordert ihn mit meinem Erscheinen auf aufzuräumen. Jan grummelt: „Nö." Daraufhin die Mutter: „Jan, mein kleiner Liebling, für dich ist das alles zuviel, nur die Heime haben Schuld, räum' aber bitte auf." Jan daraufhin lauter: „Halt's Maul!" Frau N. springt hoch, schreit laut und schrill: „Jetzt ist aber Schluß!" und versucht, Jan eine Ohrfeige zu geben. Daraufhin tritt und schlägt Jan schreiend auf seine Mutter ein, schmeißt alle Gegenstände vom Tisch. Es kommt zum Handgemenge zwischen Mutter und Sohn, die Mutter bricht weinend zusammen: „Ich kann nicht mehr, hau ab, hau ab." Daraufhin Jan: „Halt dein Maul, du fette Kuh!" Er rennt dann in die Küche zur Großmutter, hält ihr eine Schutzgassspraydose direkt an ihre halbgeöffneten Augen und brüllt zur Mutter: „Keinen Schritt weiter oder ich mache die Alte kalt!" Die Großmutter kann kaum sehen und wispert: „Was macht er, was macht er?" Obwohl wir uns nicht bewegen, sprüht Jan das Gas in die Augen seiner Großmutter. Diese schreit auf, während sich seine Mutter und ich auf Jan stürzen. Ich halte ihn fest und nehme ihm ein Feuerzeug, Sprengkörper, Messer und Streichhölzer ab. Es gibt kein Wort des Vorwurfs. Großmutter und Mutter tätscheln den völlig erschöpft am Boden hokkenden Jan mit den Worten: „Wir lieben dich doch, kleiner Junge."

Überlegungen zur Psychodynamik

Diese geschilderte Situation macht deutlich, daß bereits objektiv geringe Belastungen ausreichen, um zu der sog. Problemsymptomatik – gestörtes Sozialverhalten, Aggression – zu führen.

Jans Antworten auf Konflikte zeigen, daß bei ihm eine schwere Selbstwertproblematik, eine strukturelle Ich-Störung vorliegt. In Belastungen erlebt er sich hilflos. Jan sagt selbst: „Ich habe das Gefühl, ich stehe auf einem rutschigen Eisberg, er schmilzt wahnsinnig schnell, und ich ertrinke in seiner Welle." In diesen Momenten erlebt er sich selbst nicht als Person, sondern als Fragment, als Teilchen, das als Welle verspült werden kann. Die panische Angst, die ihn überfällt, projiziert er als Aggression nach außen.

Konflikt und Ich-Struktur verhalten sich bei Jan wie Figur und Hintergrund. Sie stehen in Wechselwirkung und bedingen sich gegenseitig.

Bezogen auf die aktuelle stationäre Aufnahme erlebte Jan die Beschuldigung, sexuell auffällig zu sein als Bedrohung. In seiner Selbstvorstellung als angehender Mann darf er sie nicht zulassen, ein derartiger Vorwurf führt nicht zur Wut, sondern zur Panik.

Jans Symptomatik wird zu einem sehr großen Teil durch die Dynamik seiner Familie unterhalten. Die Impulsivität der Mutter, ihr fast gleichzeitiges Strafen und Verwöhnen setzen Jan einem ständigen Wechselbad nicht verträglicher Gegensätze aus. Angreifen und Beschützen sowie Ausstoßen und Klammern erfährt er innerhalb einer Handlung.

Kontext und Familienanamnese

Jan (geb. 1982) lebt mit seiner Mutter und seinem 1 Jahr älteren Bruder in dem Vorort einer Großstadt, der als soziales Krisengebiet eingestuft wird. Die Familie ist isoliert und hat die gesamte Nachbarschaft zum Außenfeind erklärt. Jan wird seit seinem 2. Lebensjahr vom Jugendamt betreut, das zur Zeit auch sein Vormund ist. Er sagt von sich selbst: „In der Wut bin ich eben wie mein Vater, und die Impulsivität habe ich von meiner Mutter."

Jan bezeichnet seine Eltern als „das Wichtigste der Welt". Vater und Mutter lernten sich über eine Annonce kennen, da der Vater zu der Zeit im Strafvollzug saß und Kontakt wünschte. 1 Jahr später (1979) wurde die Ehe geschlossen, aber nach der Entlassung des Vaters aus dem Strafvollzug kam es zu so heftigen und häufigen Auseinandersetzungen, daß der Rest der Familie, also die Mutter und die beiden kleinen Jungen, massive Verletzungen davontrugen. Der Vater wurde wiederum inhaftiert. In der Folgezeit habe er sich anderen Frauen zugewandt, woraufhin sich seine Frau 1984 von ihm scheiden ließ.

Die Mutter Jans wird von der Sozialpädagogin des zuständigen Jugendamts als beratungs- und erziehungsunfähig beschrieben. Sie rede wie ein Wasserfall, kaufe alles, worauf sie Lust habe, grenze sich nicht ab, sei übermäßig impulsiv sowohl in ihrer Sorge für die Kinder als auch in aggressiven Reaktionen diesen gegenüber. Häufig reagiere sie auch depressiv-mißgestimmt, verlagere ihre gesamten Probleme auf andere, meistens auf „schuldige" Behörden. Sie werde ständig von ihren Gefühlen überwältigt, könne sich aufgrund der hohen Impulsivität kaum steuern, zusätzlich falle ihr schwer, Zusammenhänge zu erfassen, um planvoll handeln zu können.

Im Zuge der ehelichen Entwicklung sei sie häufig verzweifelt gewesen und habe auch in krisenhaften Zuständen suizidale Handlungen begangen.

Trotz der erheblichen Probleme, die die Mutter des Jungen in ihrem Erziehungsverhalten zeigte, erkämpfte sie sich das Sorgerecht für ihre Kinder.

Der Vater wurde aufgrund einer schweren Straftat mit Todesfolge erneut verurteilt und verbüßt seit 1987 eine lange Haftstrafe. Zwischendurch versöhnten sich die Eltern, der Vater drängte auf eine erneute Heirat. Sein Lieblingskind sei der ältere Bruder Jans, der bei ihm alles erreichen könne. Jan selbst dagegen sei weiterhin häufig vom Vater auch bei kurzfristigen Beurlaubungen schwer mißhandelt worden. So habe er ihn in seiner Wut einmal gegen den Heizkörper geworfen.

Die Mutter sei in ihrer Beziehung zum Vater lange Zeit hin- und hergerissen gewesen. Sie habe versucht, einen anderen Mann kennenzulernen, der sich auch im Hause der Familie einquartiert habe. Jedoch auch dieser sei ihr gegenüber massiv gewalttätig geworden und habe die Kinder schlecht behandelt. So habe er z.B. diesen gegenüber gedroht, ihre Mutter werde „plattgemacht", wenn sie ihm nicht gehorche. Dieser Bekannte suizidierte sich, indem er von dem Balkon der Wohnung sprang.

1990 heirateten die Eltern wieder, diesmal unter dem Mädchennamen der Mutter. Diese beschreibt sich selbst als einen Menschen, der unter dem ständigen Druck der Behörden leide, jetzt noch zusätzlich unter der Verleumdung der Nachbarn. Sie fühle sich oft bedroht. In ihrer eigenen Familie seien gehäuft Erkrankungen wie Krebs und Tuberkulose vorgekommen. Sie selbst habe wegen der vielen Sorgen und Belastungen Anfang des Jahres eine schwere Depression gehabt. Aufgrund eines Selbstmordversuchs sei sie ca. 3 Wochen in der Psychiatrie gewesen. Im Gegensatz zur Familie ihres Mannes sei ihre eigene Herkunft gut bürgerlich. Sie habe Geschäftsleute und Beamte in der Verwandtschaft. Ihr Schwiegervater habe sich zu Tode getrunken, und ihre Schwiegermutter, eine „Putzfrau", sei häufig garstig gewesen. Sie müsse sagen, daß ihre Familie, die beiden Jungen, ihre Mutter, die mit ihren 88 Jahren auch in ihrem Haushalt wohne, und eigentlich jetzt auch wieder ihr Mann, der regelmäßig Urlaub aus der Haftanstalt bekomme, ihr ein und alles seien.

Eigenanamnese

Jan wurde als Frühgeburt mit Kaiserschnitt und einem Gewicht von 2000 g geboren. Er sei etwas blau angelaufen gewesen und habe nach Angaben der Mutter wegen seiner Atemprobleme in ein Sauerstoffzelt gelegt werden müssen. Jan sei schon im Säuglingsalter aufgrund eines Nabel- und Leistenbruchs im Krankenhaus gewesen, dann im Kleinkindalter wegen häufiger Harnwegsinfekte.

In der statomotorischen Entwicklung fiel eine deutliche Verzögerung auf, Jan stolperte sehr viel. Die Sprachentwicklung war verlangsamt. Jan hatte häufig Mittelohrentzündungen, im Alter von 4 Jahren wurde eine Beeinträchtigung des Hörvermögens festgestellt. Er sprach lange Zeit agrammatisch, neben Stammeln fiel auch gelegentlich tonisches Stottern auf.

Ernsthafte Erkrankungen seien jedoch nicht aufgetreten. Bei Jan sind eine Adipositas und eine Brustkyphose bekannt. 1996 wurde er nach einem pädagogischen Projekt in Indien Typhusausscheider, was eine längere Behandlung nötig machte.

Zur sozialen Entwicklung des Kindes wird berichtet, daß Jan schon im Kindergarten durch ungesteuertes und unkonzentriertes sowie auch recht ungeschicktes Verhalten auffiel.

Er sei altersgerecht eingeschult worden, zunächst in die Sprachheilgrundschule, dann in die Förderschule, die er jetzt in der 8. Klasse sporadisch besuche.

Schon im Alter von 4 Jahren erfolgte die erste Heimunterbringung zusammen mit seinem Bruder. Das Sorgerecht ging auf das Jugendamt über. Daraufhin entwickelte die Mutter enorme kämpferische Energien, sie mischte sich in die Heimerziehung ein, störte durch Impulsivität, Nichteinhalten von Versprechungen, unangemessene Verwöhnungen usw. Aufgrund ihres enormen „Engagements" gelang es ihr trotzdem, 1 Jahr später wieder das Sorgerecht zu erhalten. Der ältere Bruder kam zurück zur Mutter, während Jan aufgrund seiner Impulsivität, verbunden mit Aggressionen und motorischer Unruhe, in ein anderes Heim verlegt wurde. Er besuchte immer wieder seine Familie und kam durch den Einsatz seiner Mutter in eine teilstationäre Erziehungsmaßnahme. Aufgrund ständiger Streitereien, die die Mutter mit den Erziehern hatte, wurde Jan immer aufsässiger und weigerte sich bald, die Strukturen im Heim zu akzeptieren. Daraufhin kam er in eine Pflegefamilie, die ihn wegen seiner Symptomatik, die sich jetzt auch in Zerstörungen und Körperverletzung darstellte, bald darauf wieder abgab. Jan wechselte in das nächste Heim. Da die Probleme eskalierten, übernahm das Jugendamt wieder das Sorgerecht. Jan kam in das fünfte Heim, und im Rahmen dieser Förderung lebte er bei einer Pflegefamilie auf Mallorca. Hier wurde dann zum 1. Mal gegenüber Jan der Vorwurf des Mißbrauchs an Kindern geäußert.

Daraufhin erfolgte die erste stationäre Aufnahme in der Kinder- und Jugendpsychiatrie im Dezember 1994. Die damalige Diagnose lautete: Störung des Sozialverhaltens und der Emotionen (ICD-10: F92.8). In der Zusammenfassung wird u. a. festgehalten: „Wir lernten Jan als einen intellektuell unterdurchschnittlich begabten Jugendlichen kennen, der erhebliche allgemeine Ängste im persönlichen Bereich verbunden mit psychosomatischen Beschwerden sowie ein reduziertes Selbstvertrauen aufweist, das sicherlich durch die schwierige familiäre Situation bedingt ist."

Nach diesem Aufenthalt nahm Jan an 2 pädagogischen Intensivprojekten teil. Der erneute stationäre Aufenthalt wurde notwendig, als Jan, zurück von einer pädagogischen Projektfahrt nach Indien, in einer Universitätskinderklinik aufgrund seiner Typhusinfektion behandelt werden mußte. Er habe während des stationären Aufenthalts in einem Wutausbruch seiner Mutter Desinfektionsmittel in das Gesicht geschüttet, sie gegen das Schienbein getreten und sei weggelaufen. Die Familie wird jetzt durch eine sozialpädagogische Familienhilfe betreut. Die letzten stationären Aufnahmen erfolgten aufgrund des Vorwurfs, daß Jan einen 8jährigen Jungen mißbraucht haben soll. Jan wollte sich deswegen vom Balkon stürzen und suizidieren, einige Wochen später dagegen habe er in einem panikhaften Wutausbruch gedroht, diesen Jungen umzubringen.

Die graphische Darstellung (Tab. **5**) der Entwicklung Jans in zeitlicher Beziehung zu Familiendaten und Institutionsleistungen macht deutlich, daß Jans Verhalten u.a. Teil eines Prozesses zwischen zahlreichen Akteuren ist. Neben Jan wirken seine Familie, Anwälte, Fachleute aus Institutionen wie Kindergarten, Schule, Jugendhilfe und Jugendpsychiatrie mit.

Die „Gemeinschaftsleistung Dissozialität" ist sicher nicht im Sinne einer bewußten Zielsetzung entstanden; sie war bei Jan trotz hohen persönlichen und kostenintensiven Engagements aller Fachleute nicht zu verhindern, da die chaotische Familienstruktur dem schon somatisch und intellektuell beeinträchtigten Jungen kein psychisches Wachstum ermöglichte. Sein Bruder habe mit seiner guten Intelligenz eine Nische für sich finden können. Er zeige „lediglich" psychosomatische Auffälligkeiten.

Untersuchungsergebnisse

Der 15jährige Jan ist mit einer Länge von 168 cm und einem Gewicht von 96 kg deutlich adipös. Jan trägt gerne eine Bomberjacke, hochgeschnürte Stiefel und Jeans. Die kurzen blonden Haare betonen die noch etwas glatte und kindliche Ausdrucksform des Gesichts. Sein Mund ist häufig leicht geöffnet. Aufgrund seiner Adipositas und des Rundrückens bewegt sich Jan behäbig, etwas „seebärartig", breitbeinig mit schwenkenden Armen. Die Fingernägel sind abgekaut. Er sucht die Nähe der Betreuer, umwirbt sie mit kindlichem Geplapper.

In Belastungssituationen, wie in der Schule oder beim Sport, gerät Jan schnell in aggressive Abwehr, er kneift dann seine Augen zu, zieht die Schultern hoch, rennt wie ein Stier gegen seine vermeintlichen Angreifer.

Psychopathologischer Befund

Durch die Selbsteinschätzung Jans und die Beurteilung des Untersuchers werden insbesondere Störungen des Sozialverhaltens, der Impulskontrolle, des Affekts und des Angsterlebens hervorgehoben. Als stark und deutlich ausgeprägt fielen folgende Merkmale auf:

- Unsicherheit,
- Herumkaspern,
- Dominanzstreben,
- oppositionelle Verweigerung,
- Lügen,

10. Störung des Sozialverhaltens

Tabelle 5 Entwicklung von Jan in zeitlicher Beziehung zu Familiendaten und Institutionsleistungen

Zeitraster	Jugendhilfemaßnahmen	Station, Kinder- und Jugendpsychiatrie	Familiendaten	Auffälligkeiten bei Jan
1979			Heirat der Eltern	
1981			Geburt des Bruders	
1982			Geburt Jans	
1984			Scheidung, Sorgerecht an KM	Entwicklungsverzögerung
1986	Heim A		Sorgerecht zum Jugendamt	motorische Unruhe
1987 ff.			Sorgerecht an KM, KV wegen Totschlags in Haft KM lebt mit Bekanntem; gewalttätig gegen sie und die Kinder; Bekannter suizidiert sich	Impulsivität aggressives Verhalten Weglaufen
1990 ff.	Heim B Heim C (teilstationär) Pflegefamilie		Wiederheirat unter dem Familiennamen der KM	Lügen, Diebstähle Wutausbrüche mit Zerstörungen und Körperverletzungen
1993	Heim D		Streit der KM mit Erziehern	
1994	Heim E Pflegefamilie auf Mallorca	12.12.1994–30.05.1994	Sorgerecht Jugendamt	Vorwurf des Mißbrauchs an Kindern
1995	Heim F Segelschiffprojekt Projektfahrt nach Indien	15.07.1996–06.05.1996	Regelmäßiger Hafturlaub des KV Streit mit Jugendamt, Erziehern, Nachbarn, Schule	
1996		29.04.1996–06.05.1996	Suizidversuch der KM, stationäre Behandlung in der Psychiatrie	erneuter Vorwurf des Mißbrauchs an Kindern Suizidversuch
1997	ambulante sozialpädagogische Familienhilfe	23.04.1997–14.05.1997 19.06.1997–04.07.1997		Morddrohungen

KM Kindmutter
KV Kindvater

- Stehlen,
- Impulsivität und motorische Unruhe.

Jan spricht hastig und übermäßig viel (Logorrhö).

Auf die Frage, ob er manchmal Angst spüre, bejaht Jan Leistungsangst in der Schule. Es komme auch häufig vor, daß er plötzlich, überfallartig in Panik gerate, dabei Erstickungsgefühle habe und fürchte, verrückt zu werden.

Seine Stimmung sei manchmal tief traurig und gereizt, er habe dann das Gefühl, nichts wert zu sein und könne glatt vom Balkon springen und sich umbringen. An anderen Tagen halte er sich für den Größten und sei „gut drauf", manchmal gelinge das nur mit Alkohol.

Jede Nacht schlafe er sehr schlecht ein und leide häufig unter Bauch- und Herzschmerzen. Es wird beobachtet, daß Jan abstrakte Dinge schlecht behalten kann, seine Gedanken scheinen ihn gelegentlich wie eine Flut zu bedrängen, dann wiederum kann der Gesprächsfaden abrupt abreißen.

Im Zusammensein mit anderen neigt Jan häufig dazu, sich zu überschätzen und mit übermäßigen Kräften und Fähigkeiten ausgestattet darzustellen. An anderen Tagen ist er jedoch überzeugt, daß er bestraft werden müßte, habe regelrecht fremde Stimmen im Kopf, die schlecht über ihn reden würden.

Die ausgeprägte Ambivalenz, das Nebeneinander von Größenphantasien und Häßlichkeitsängsten macht Jan in einem Bild deutlich (Abb. 16).

Der psychodiagnostische Befundbericht bestätigt in wesentlichen Teilen diese Erhebungen. Im *Persönlichkeitsfragebogen für Kinder (PFK 9–14)* wird deutlich, daß Jan in hohem Maße existentielle Angst erlebt, dagegen steht eine überdurchschnittlich hoch ausgeprägte egozentrische Selbstgefälligkeit im Sinne von Selbstaufwertung. Jan besitzt eine unterdurchschnittliche intellektuelle Kapazität, gemessen mit dem *Intelligenztest Cattell/Weiss (CFT 20)*, zusätzlich wurde eine psychomotorische Verarbeitungsschwäche deutlich.

Psychodynamischer Befund

Jan empfindet sich nicht als krank. Es sind immer die anderen, die meinen, daß es gut sei, stationär in die Klinik zu kommen. Und für diese anderen sind es die spektakulären Ausbrüche im Sinne einer Fremd- oder Eigengefährdung, die eine Behandlung notwendig machen. Seine Mutter hält ihn nur gelegentlich für therapiebedürftig, meistens ist sie jedoch der Ansicht, daß Jan zu Recht auf Verleumdungen oder Mißhandlungen durch andere reagiere. Die zuständigen Mitarbeiter des Jugendamtes schätzen Jan als dissozialen Jugendlichen ein, der aufgrund seiner familiären chaotischen Situation und evtl. auch genetischer Belastungen (Gewalttätigkeit des Vaters, Impulsivität der Mutter) kriminell gefährdet ist. Jan selbst sagt, daß er auf keinen Fall krank sei, es aber für einen gewissen Zeitraum als angenehm empfindet, Therapie zu bekommen, wobei er offensichtlich die Zuwendung und den von Empathie getragenen Behandlungsrahmen meint.

Die Kindheitsgeschichte Jans ist durch Chaos und Gewalt gekennzeichnet. Er ist im Vergleich zu seinem intelligenten Bruder diesen Traumen besonders ausgesetzt, da er aufgrund seiner Entwicklungsverzögerung und niedrigen Begabung über weniger Ressourcen verfügt. Die unberechenbare Impulsivität seiner Mutter und die Gewalt seines Vaters, der ihn wie einen Gegenstand gegen die Heizung „klatschte", sind so massive Traumen, daß sie kaum noch mit neurotischen Abwehrmechanismen kompensiert werden können. Infolge des Fehlens verläßlicher Identifikationsobjekte mißlang die Bildung eines funktionsfähigen Ichs, es konnte nicht zur Ausdifferenzierung des Ich-Selbst-Systems kommen. Da Jan sehr eingeschränkt in seinen Abwehrmöglichkeiten ist, scheint er darauf angewiesen zu sein, Inter-

Abb. 16 Nebeneinander von Größenphantasien und Häßlichkeitsängsten.

aktionen so zu gestalten, wie er sie kennt, auch wenn die Vergangenheit zeigte, daß sie schlecht verliefen. Der Aufbau und die Gestaltung von Beziehungen ist ihm kaum möglich, da er keine adäquate Wahrnehmung über Wünsche und Bedürfnisse anderer besitzt. Jan ist ständig mißtrauisch und kann kaum zwischen innerer und äußerer Realität unterscheiden.

Selbstwahrnehmung und -steuerung sind bei ihm herabgesetzt und damit seine Fähigkeit zur Kommunikation und auch die Möglichkeit, tragfähige Beziehungen aufzubauen und Bindungen einzugehen.

Diagnose

Kombinierte Störung des Sozialverhaltens und der Emotionen (**ICD-10: F92.8**) bei niedriger Intelligenz, Adipositas und psychomotorischer Verarbeitungsschwäche. Ich-Struktur-Störung mit sowohl aggressiver als auch depressiver Symptomatik (Abb. 17).

Therapieverlauf

In der Psychotherapie soll Jan einerseits gehalten und gestützt werden, um wachsen zu können, andererseits müssen ihm Grenzen gesetzt werden. Oberflächlich akzeptierte Jan klare Rahmenbedingungen, durch sein häufiges oppositionelles Agieren machte er jedoch deutlich, daß dies sein erprobter Handlungsstil ist, der ihm eine gewisse Sicherheit verleiht. In der Therapie mußte die Gegenübertragung bearbeitet werden, die gelegentlich dazu verführte, Jans Handeln mit einem Gegenagieren zu beantworten. Es waren kontinuierlich Reflexionen notwendig, wann die haltende Funktion mit möglichst wenig Reglementierung angebracht war und wann das Grenzensetzen, Struktureneinhalten, Regelnbeachten eine wichtige Rolle einzunehmen hatten. Die Spaltungsmechanismen, die Jan im Team hervorrief, mußten durch tägliche Besprechungen bearbeitet werden.

Durch seine gelegentlich drollig-tapsige und auch charmante Art machte es Jan möglich, daß eine empathische Grundhaltung dominierte. Dadurch lernte er Wertschätzung auch in seiner Schwäche und seiner Angst kennen, die er im Verlauf der Therapie in der Ein-

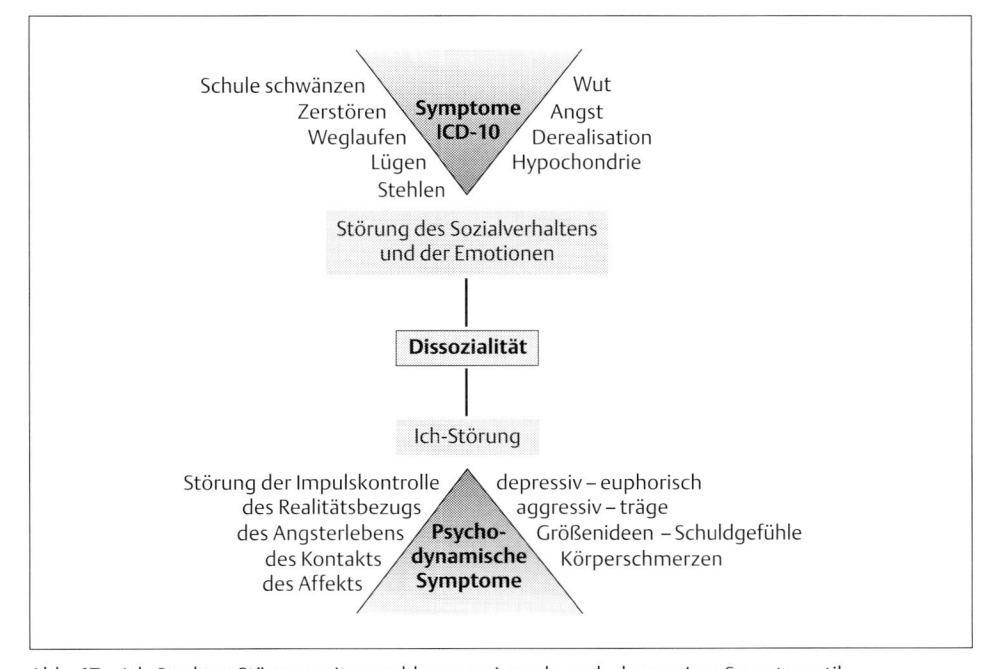

Abb. 17   Ich-Struktur-Störung mit sowohl aggressiver als auch depressiver Symptomatik.

zelsituation auch beschreiben konnte. Die Arbeit in Bildern und Symbolen war ihm möglich. Während Jan noch zu Anfang seine Angst als rasend schnell schmelzenden Eisberg schilderte, auf dem er sich nur schwer halten kann und der die bedrohliche Flutwelle hervorruft, die ihn wegspült, konnte er sich später als Pferdesechserzug sehen, der trotz der hohen Anzahl kaum vorwärts kommt, da er lahme, dicke, faule, wilde und ängstliche Pferde noch nicht in Einklang bringen kann. Jan begann, eigene Anteile zu benennen und machte den Versuch, seine innere Fragmentierung zu einem angedeuteten Ganzen zusammenzubringen.

Als besonders bedeutsam für ihn erwiesen sich auch die Heilpädagogik, Bewegungs- und Musiktherapie.

Durchgängig wird beschrieben, daß Jan bei allen Aktivitäten sehr impulsiv ist, sich nur begrenzt Regeln merken konnte und im Spiel versuchte, diese positiv für sich zu verändern.

In der Bewegungstherapie war das große Trampolin für Jan ein motivierendes und herausforderndes Gerät. Seine Sprünge waren kraftvoll, jedoch neigte er dazu, ständig an seine Grenzen zu gehen. Hilfen zur Impulskontrolle waren notwendig, insbesondere mit dem Ziel, eine eigene Mitte zu finden.

In der Musiktherapie sollte Jan ermuntert werden, auch seine Gefühle zu zeigen. Zunächst schien es, daß Jan die Dinge, die er mochte, spontan vernichten mußte. Es gingen mehrere Trommelstöcke entzwei. Dieses Verhalten veränderte sich, als Jan es schaffte, seine bedürftige Seite zu zeigen. So schaltete er für sich laute Technomusik an, legte sich vor dem Lautsprecher auf den Boden und spielte „Alle meine Entchen" auf der Melodika. Die Musikstunden wurden ruhiger, und Jans Traurigkeit kam in den Vordergrund. Immer wieder ging er zum Klavier, um diese Gefühle auszudrücken.

Jan profitiert von den stationären Behandlungen. Eine Fehlentwicklung im Bereich der Sexualität konnte bisher nicht objektiviert werden. Aufgrund der Ausprägung seines Störungsbilds muß diesem Bereich jedoch große Aufmerksamkeit zukommen.

Dissoziale Kinder und Jugendliche sind Grenzgänger sowohl in ihrer Psychodynamik, die Nähe zur Borderline-Struktur haben kann, als auch in ihrem Wandern zwischen den Bereichen der Pädagogik und der Kinder- und Jugendpsychiatrie. Durch ihre Regelverstöße, sozial schwer erträgliches Verhalten neigen sie dazu, die Geschichte ihrer eigenen Ablehnung immer wieder aufs neue zu inszenieren. Diesen Circulus vitiosus zu durchbrechen, ihnen also auch ohne das gestörte Verhalten Aufmerksamkeit zukommen zu lassen, ist eine wichtige Komponente in der Behandlung.

„Mein Vater war mein einziger Freund!"

A. Streeck-Fischer

Symptomatik

Der knapp 17jährige P. kommt zur stationären Behandlung, da die Gefahr besteht, daß er aus familiären und sozialen Bezügen herausfällt und kriminell wird.
Als Probleme werden genannt:

- Lügen,
- Stehlen (Jugendhaftstrafe auf Bewährung),
- Spielsucht,
- schwere Brandstiftung mit 14 Jahren,
- Wutausbrüche mit Tätlichkeiten,
- süchtiges Verhalten wie süchtiges Rauchen,
- Alkohol- und Haschischmißbrauch,
- häufige Regelverstöße,
- mehrere Abbrüche beruflicher Ausbildung.

Strategien der Diagnostik

Es ist nicht ganz klar, ob P. aus freien Stücken zur Behandlung kommt, ob er unter den vielfältigen Problemen leidet – innerlich und äußerlich etwas ändern möchte – oder lediglich an den eingetretenen Folgen der sozialen Perspektivlosigkeit, der Gefahr einer Haftstrafe und aufgrund der Reaktionen der ihn ausgrenzenden Umgebung. P. macht von seiner äußeren Erscheinung her einen deutlich jüngeren Eindruck. Er wirkt unverwahrt, mangelhaft versorgt, mit seinem geringen Bartwuchs und seiner schmächtigen Gestalt löst er Mitleid, jedoch wenig Sympathie aus. Sein effeminiertes Verhalten weckt Assoziationen, daß er auch als Strichjunge tätig sein könnte. Er scheint keine eindeutige männliche Geschlechtsidentität entwickelt zu haben. Es stellt sich zu ihm vordergründig ein guter Kontakt her. P. präsentiert sich als erwachsenhaft, vorgereift und bereit, an inneren Problemen zu arbeiten, erweckt jedoch deutliches Mißtrauen und vermittelt das Gefühl, viele wichtige Details von sich zu verbergen. Aufgrund der vielen Unklarheiten in seinen Darstellungen gewinnt man den Eindruck, nicht wirklich informiert und zugelassen zu werden, evtl. sogar belogen und an der Nase herumgeführt zu werden. Wichtig ist ihm offenbar, als ein guter Patient zu erscheinen, der motiviert ist, an sich zu arbeiten. Dabei redet er nach dem Munde des anderen (Papageiendialog). Seine desolate Situation wird gefühlsmäßig nicht erkennbar zum Ausdruck gebracht. Er erscheint flach, leer, unterentwickelt und verloren.

Aufgrund der unklaren Daten erscheint eine Fremdanamnese erforderlich, eine genaue Darstellung der lebensgeschichtlichen Situation – dabei ist wichtig, ob von der Mutter ähnlich unklare Angaben gemacht werden. Eine genaue Diagnostik der aktuellen Lebenssituation und Beziehungsgestaltungen innerhalb der Familie soll Klarheit darüber geben, inwieweit betrügerische und vernachlässigende Bedingungen im Umfeld vorliegen. Aufgrund des komplexen Störungsbilds mit fraglichen Teilleistungsschwächen ist eine genaue Lern- und Leistungsdiagnostik erforderlich. Eine Diagnostik seines sozialen Verhaltens in der Gruppe durch Verhaltensbeobachtung soll deutlich machen, inwieweit er in der Lage ist, sich an soziale Regeln und Normen zu halten, inwieweit er in seinen Verhaltenweisen abrupt wechselt und ob er destruktive Aktionen heimlich oder offensichtlich zeigt. Diese Beobachtungen sollen Hinweise für seine Fähigkeiten zur Objektkonstanz und seinen Ich-strukturellen Fähigkeiten geben.

Kontext

Erst nachdem P. die Lehrstelle gekündigt worden ist, vor allem wegen seiner größeren und kleineren Diebstähle und eine Anzeige gegen ihn mit sozialen Folgen erfolgt ist, ist bei der Mutter und ihm die Vorstellung entstanden, es müsse nun etwas geschehen. Die Problematik des Stehlens besteht seit dem 5. Lebensjahr. Damals begann er zunächst im Familienkreis, Geld zu entwenden, um sich damit etwas Gutes zu tun. Auch sein Lügen scheint ein Problem zu sein, das seit jeher bekannt war. Er habe nie erzählt, wenn es ihm schlechtgegangen sei, wenn er etwas angestellt oder Schlimmes erlebt habe. Seine Diebstähle habe er immer abgestritten. Hinter einer lieben Fassade sei er völlig verschlossen gewesen. Die süchtigen Neigungen, wie Spielsucht, süchtiges Rauchen und Alkoholtrinken, werden mit den ungünstigen Arbeitszeiten an seiner Lehrstelle erklärt, wo er in Schichtdiensten arbeiten mußte. Obwohl er vordergründig im Kontakt gute kognitive Fähigkeiten und Umgangsformen im zwischenmenschlichen Bereich zu haben scheint, bleibt unklar, weshalb er schon immer ein schlechter Schüler war, der gerade eben nur die Hauptschule abgeschlossen hat. Seine Neigung zu gewalttätigen Durchbrüchen kann er selbst mit seiner extremen Kränkbarkeit und mangelhaften Fähigkeit, sich selbst zu steuern, in Verbindung bringen. Ursprünglich als Besonderer in der Familie eingestuft, fühlt er sich heute häufig degradiert und mißachtet.

P. selbst bringt seine verschiedenen Probleme mit dem Verlust des Vaters, der sein einziger richtiger Freund gewesen sei, in Verbindung. Der Vater starb, als P. 12 Jahre alt war. Es war vier Jahre zuvor eine Krebserkrankung festgestellt worden. Nach dessen Tod sei das Gefühl entstanden, kein Zuhause mehr zu haben, indem er sich aufgehoben fühlen konnte. Der Vater habe auch noch während seiner Erkrankung viel mit ihm unternommen und sich ganz auf ihn eingestellt.

Psychodynamik

Auch wenn deutlich gemacht wird, daß sich Vater trotz Erkrankung fürsorglich um den Sohn gekümmert hat, so scheinen doch insgesamt vernachlässigende Bedingungen vorgelegen zu haben, die die kriminelle Karriere in Gang gesetzt haben. Verschärfend kommt in den letzten 2 Jahren hinzu, daß P. nach der erneuten Heirat und Schwangerschaft der Mutter vor 2 Jahren seinen Platz als zu bemutterndes Sorgenkind verloren hat. Infolge mangelnder Fähigkeiten in sozialen Bezügen zurechtzukommen, droht P. sich per Sofort- oder Ersatzbefriedigungen bessere Verhältnisse zu schaffen, die außerhalb von Recht und Ordnung stehen.

Anamnese

Schwangerschaft und Geburt waren unauffällig. Als Kind sei er angeblich erwünscht gewesen. Als erster Junge in einem von Traditionen geprägten Milieu wurde er besonders hoch besetzt vom Vater und Großvater, der ihn als Erbe eines Familienbesitzes ansah. In der frühen Zeit sei er ein braves Kind gewesen, er hatte keine Krankheiten. Nach der Geburt eines Vetters wurde er angeblich als Erbe abgesetzt. Mit 5 Jahren hat er dem Großvaters erstmals Geld gestohlen, nachdem er sich von ihm immer wieder zurückgesetzt fühlte. Im Alter von

3–5 Jahren trat erneut Einnässen, nach einer vorherigen trockenen Phase, auf. Im Kindesalter zeigten sich erste Schwierigkeiten bei der sozialen Einordnung. Von Anfang an bestanden Schulprobleme. Die erste Klasse mußte er wiederholen, da er durch Konzentrationsschwäche und Lernprobleme auffiel. Als der Vater erkrankte – P. war damals 9 Jahre alt – seien die Schulleistungen massiv schlechter geworden. Er habe sich in der Schule als Klassenclown hervorgetan. Während er sich draußen mit Gleichaltrigen prügelte, zündelte und Diebstähle beging, erschien er zu Hause immer fröhlich und lieb.

Nach dem Tod des Vaters habe er sehr getrauert. Während der Erkrankung des Vaters und auch danach mußte die Mutter arbeiten, um für den Lebensunterhalt der Familie zu sorgen. P. sei in diesem Zusammenhang mit seinen Belangen nicht sehr beachtet worden. Man habe von ihm erwartet, daß er irgendwie funktioniere und nicht noch zusätzliche Probleme mache. In den letzten beiden Jahren sei die Problematik in ihrem Ausmaß erst richtig sichtbar geworden.

Die blande unauffällige Lebensgeschichte ist für vernachlässigende Bedingungen charakteristisch. P. mußte sich offenbar mit einer Notreifung stabilisieren, um sich an die schwierigen Verhältnisse zu adaptieren. Eine solche Notreifung geht mit Dissoziationen im Denken, Fühlen und Handeln einher und führt zu einer Pseudostabilisierung bis in die beginnende Adoleszenz.

Familienanamnese

P. wurde als zweites Kind und erster Junge in eine Familie geboren, die auf ihren Besitz und ihren gesellschaftlichen Status großen Wert legte. Der Vater wurde offenbar von seinem eigenen Vater als Erbe nicht für würdig befunden. Er erschien dem Großvater verweichlicht, anspruchlich und wenig in der Lage, geschäftsführende Aufgaben zu übernehmen, stattdessen suchte dieser einen Erben in der dritten Generation. Dieser Erbe sollte zunächst P. sein, später wurde er jedoch von dem jüngeren Enkel, dem Sohn des Bruders des Vaters in dieser Position abgesetzt. Mit der Geburt von P. wurden nicht nur die Hoffnung zu erben aktiviert. Die angeheiratete Mutter konnte sich auch vorübergehend eine bessere Position innerhalb der Familie des Vaters sichern. Sie befand sich bis dahin als mitteloses Flüchtlingskind in einer schwierigen und nicht anerkannten Position. Die Mutter war wenig verwurzelt. Sie war Einzelkind und ihre eigenen Eltern waren früh verstorben. Bei der Erkrankung des Vaters an Krebs stellt sich die Frage, inwieweit diese auch mit der Diskriminierung des eigenen Vaters zusammenhängt. Nach dem Tod des Vaters und der Enterbung fällt die Familie, das sind Mutter, Schwester und P., aus den bisherigen großfamiliären Bezügen heraus und wird damit mittellos von dem angeseheneren und besitzenderen Teil der großväterlichen Familie abgetrennt und fallengelassen. Hier scheint P. als 'Krimineller' für den Vater und das Recht eines Enterbten zu sorgen, der sich mit Einbrüchen das ihm eigentlich Zugehörige von den Besitzenden nimmt.

Untersuchungsergebnisse

Es liegt bei P. ein massives und chronifiziertes Störungsbild vor: Aufgrund der Ich-Defizite im Bereich der Wahrnehmung von sich selbst, anderen und der Umweltbedingungen zeigen sich tiefgreifende Störungen in der Persönlichkeitsentwicklung, der kognitiven und der körperlichen Entwicklung. Auf diese soll im einzelnen eingegangen werden:

Es finden sich keine Hinweise für psychotische Störungen, keine groben Bewußtseins-, Denk- oder Affektstörungen. Es zeigen sich jedoch geringere Bewußtseinsspaltungen, die mit Amnesien, Depersonalisations- und Derealisationserleben und plötzlich wechselndem Verhalten (Putnam 1997) einhergehen. Sein Denkvermögen scheint wechselnd von äußeren Bedingungen zu fluktuieren. Er zeigt einen Wechsel zwischen Unruhezuständen, latent depressiven Affekten, Affektflachheit und mangelnder Bezogenheit.

Sein körperliches Erscheinungsbild, seine schmächtige Gestalt und sein unsaniertes Gebiß sprechen für Vernachlässigungen, auch hinsichtlich der körperlichen Pflege und Versorgung. Bei Belastungen kommt es häufiger zu kleineren Unfällen, er reagiert mit grippalen Infekten, klagt häufiger über Kopf- und Bauchschmerzen. Ein Drogenscreening war negativ, ohne daß damit ein Drogen- oder auch Alkoholgebrauch ausgeschlossen werden konnte.

Die Lern- und Leistungsdiagnostik ergibt, daß bei P. eine insgesamt knapp durchschnittliche Begabungsausstattung vorliegt. Dabei ist der Verbalteil des Hawie-R (Hamburg-Wechsler-Intelligenztest für Erwachsene in der revidierten Fassung von 1991) ausgeglichen, während der Handlungsteil mit großen Schwankungen verbunden ist. Allgemeinwissen, Lösen von Rechenaufgaben im Kopf sowie rasches Zuordnen von Symbolen zu Zahlen sind unterdurchschnittlich. Er hat eine extreme Rechtschreibschwäche (PR unter 0,1)[1] mit Fehlerschwerpunkten im Regelbereich (groß/klein, zusammen/getrennt, Speichern von Fehlern, akustische Differenzierung). Diese Einschränkungen erklären seine anhaltenden Lern- und Leistungsstörungen in der Schule. Bei einer massiven Versagensangst, Ausblenden von Mangelhaftigkeit und bei Mißerfolg starke Resignation und Suche nach Sofortbefriedigungen bestehen ausgeprägte Mängel in den kognitiven Stützfunktionen, die von Bion (1962) als 'negativ capability' beschrieben wird. Kinder, die spannungsvolle Ungewißheit nicht als eine positive Erfahrung gespeichert haben, können die Fähigkeit, ungewisse Situationen durchzustehen – ob angenehm oder auch unangenehm –, nicht entwickeln. Neurokognitive Defizite sind als Versagen der frühen Mutter-Kind-Einheit und des Übergangsraums zu verstehen. Die mangelhaft entwickelte Fähigkeit, Ungewißheit zu ertragen, führt zu einer Abwehr gegen die Sinngebung von Wahrnehmung. Selbstreflexivität und andere Strukturen werden nicht aufgebaut, stattdessen wird den unerträglichen Gefühlen von Leere Unruhe und spannungsabführendes Agieren entgegengesetzt.

Auch wenn von der Mutter angegeben wird, er sei ein erwünschtes Kind gewesen, narzißtisch als Erbe und Prinz besetzt, scheinen im Vordergrund vernachlässigende Bedingungen eine Rolle gespielt zu haben. P. wurde nicht mit seinen primären Wünschen und Bedürfnissen wahrgenommen und erkannt, vielmehr mußte er sich offenbar an die Bedingungen, die durch die Mutter vorgegeben wurden, anpassen. Es handelt sich um eine Mimikryentwicklung, die eine Anpassungsentwicklung, eine Notreifung an eine existentiell bedrohliche Situation darstellt. Mimikry wird durch Schutz- und Abwehrmechanismen erreicht, die der Selbsttäuschung und Täuschung eines gefährlich-bedrohlichen Objekts dienen. Er hat dadurch vordergründig Entwicklungen machen können, die allerdings bei Abwesenheit des primären Objekts, an das er sich angleicht, immer wieder aufgegeben werden. P. stellt falsche Selbstobjektbeziehungen her, die deshalb lebensnotwendig sind, weil damit Vernichtungs- und Zerfallsängste abgewehrt werden können. Solchen Entwicklungen fehlt die empathische Sorge durch ein mütterliches Objekt. Die Versorgung war vermutlich überwiegend auf die notwendige Triebbefriedigung reduziert. Die Mutter hat offenbar Container-Funktionen verweigert und das Kind gleichsam mit einer negativen Container-contained-Beziehung konfrontiert. Eine solche noxische Erfahrung führt zu einem traumatischen Bruch im frühen Dialog zwischen Mutter und Kind und zu Brüchen, Dissoziationen und Abspaltungen im rudimentären Selbst. Dies hat eine stabile, wenn auch falsche Strukturbildung zur Folge (vgl. Winnicott 1965 „Falsches Selbst"), die mit einer vordergründig guten

---

[1] Normalbereich: Prozentrang 25–75, unter 15 = Schwäche.

Anpassungsfähigkeit, jedoch mit einer Unfähigkeit zur Identifikation und mit einer Unfähigkeit, in Beziehungen zu lernen, einhergeht. Eine rahmengebende Struktur des Selbst, die ermöglicht, Vorgänge des Denkens, Handelns und Fühlens mental zu erfassen und zu interpretieren, ist bei einer solchen Strukturbildung mit abgespaltenen Selbstanteilen nicht gegeben. Dies hat weitreichende Folgen für P. und die Gestaltung seiner Beziehungen, seines Affektlebens, der kognitiven Fähigkeiten und des Handelns. Infolge mangelnder verinnerlichter bedeutsamer und ausreichend guter Objekte sind Schuldgefühle und Gewissen allenfalls rudimentär entwickelt. Im Vordergrund stehen Strafängste, die aber zumeist nur beim Ertapptwerden bedeutsam werden, da Bedürfnisbefriedigung und Selbstversorgung vorrangig sind.

Hinter der vordergründigen Angleichung bzw. dem Mechanismus der Identifikation mit dem Angreifer (besser: Angleichung an den Angreifer) wird in der Regel eine Stabilisierung per Größenselbstkonfiguration verborgen, die mit Hilfe von schnellen Befriedigungen und Ersatzbefriedigungen (Drogen, süchtiges Rauchen, sexuelle Verwahrlosung, Diebstahl) noch gestützt wird. Winnicott (1965) sieht im antisozialen Verhalten die Suche nach dem mütterlichen Objekt. Man könnte darin auch eine „Plombe" zur Selbststabilisierung sehen.

Als Erbe war P. in der Familie narzißtisch hoch besetzt und in dieser Hinsicht narzißtisch mißbraucht worden. Inwieweit darüber hinaus Mißbrauchserfahrungen vorliegen, ist unklar. Die Phantasien, er könne als Strichjunge arbeiten, sind ernstzunehmen. Möglicherweise könnten der Großvater oder auch der Vater bzw. später männlich-väterliche Objekte einen solchen orientierungslosen und verführbaren Jungen mißbraucht haben und damit zu einer unsicheren Geschlechtsidentität mit beigetragen haben. In der Regel verhindern massive Beschämungs- und Schuldgefühle, daß über solche Erlebnisse gesprochen wird. Traumatische Erfahrungen liegen häufig vor. Sie stellen in der Regel grundlegende Ordnungs- und Orientierungssysteme in Frage und setzen oft gerade in der frühen Adoleszenz dissoziale Entwicklungen in Gang. So ist denkbar, daß P. nach dem Verlust des Vaters besonders anfällig für Beziehungsangebote durch männlich-väterliche Objekte war, die ihn mit ihrem Verhalten aus der Bahn und der Orientierung an soziale Normen und Werte geworfen haben. Auch ist das Ausmaß des Kontakts zur Drogenszene nicht klar.

P. präsentiert sich mit verschiedenen Zuständen – abhängig vom Umfeld –, die ihn zu einer Abteilungspersönlichkeit (Shengold 1989: Kompartmentalisierung) machen. Abhängig von äußeren Auslösern und strukturgebendem oder -losen Kontext zeigt er unterschiedliche, voneinander dissoziierte States – etwa den vordergründig angepaßten braven, notgereiften Jungen oder den gierigen, süchtigen, ungesteuerten, gewaltbereiten und kaltschnäuzigen Bösewicht. Dementsprechend pendelt er zwischen vordergründigem Mitarbeitswunsch und Desinteresse, verschiedenen Wahrheiten von sich selbst, die als Lügen und Täuschungsmanöver erscheinen, die Mißtrauen und Gefühle erwecken, 'verarscht' zu werden.

Bei P. liegt – orientiert an den OPD-Klassifikationskriterien – ein gering integriertes Entwicklungsniveau vor. Allenfalls in einem Umfeld, das stützende Funktionen mit übernimmt, gelingt es ihm, mäßig integriert zu sein, wobei aber die eigentliche Störung kaschiert ist. Passager kann er in desintegrierte Zustände abgleiten, vor allem dann, wenn er mit seinen Angleichungsbereitschaften keine ausreichende Stabilität erfährt. Sein seelischer Binnenraum und seine psychischen Substrukturen sind wenig entwickelt. Regulierende Funktionen sind deutlich reduziert. Konflikte spielen sich äußerlich ab. Selbstreflexive Fähigkeiten fehlen weitgehend. Affektäußerungen bewegen sich zwischen Wut, Verachtung und Leere oder Entfremdung. Sein Verhalten ist impulsiv, mit fremddestruktiven Tendenzen. Es liegt eine sehr fragile Selbstwertregulation vor, verbunden mit einer Intoleranz gegenüber negativen Affekten. Er greift zu primitiven Abwehrmechanismen wie Spaltung, projektive Identifizierung, Idealisieren und Entwerten und neigt zu Ersatzbefriedigungsagieren. In seinen Beziehungen fehlt die Fähigkeit, sich in den anderen hineinzuversetzen, der andere wird mit eigenen Rechten und Absichten nicht anerkannt. Vielmehr dient er als bedürfnisbefriedigendes Objekt bzw. wird bei Frustration zu einem verfolgenden Objekt. Die Fähigkeit, sich mitzuteilen, Konflikte zu erfassen und zu verbalisieren, ist beeinträchtigt. Es zeigen sich Schwierigkeiten im Verstehen affektiver Signale des anderen. In der Kommunikation entstehen Abrisse, Verwirrungen und Mißverständnisse. Es besteht eine ausgeprägte Abhängigkeit von äußeren Objekten, bei wenig verinnerlichten guten Objektrepräsentanzen. Die inneren Objekte werden vorrangig als strafend und entwertend erlebt.

Sowohl Abhängigkeit als auch Autonomie sind für ihn bedrohlich, da sie mit Selbst- oder Objektverlust einhergehen. Einerseits besteht die Gefahr regressiver Wiederverschmelzung, andererseits von Objektverlust bei fehlender Objektkonstanz. Die Beziehungen sind durch submissive Verhaltensweisen, die in der Angleichungsbereitschaft zum Ausdruck kommen, und gleichzeitige Kontrolle über ein bedrohliches, weil potentiell vernichtendes Objekt gekennzeichnet. Im Vordergrund stehen selbstversorgende Bestrebungen, da äußere Objekte als unzuverlässig erfahren werden. Massive Selbstwertkonflikte führen zu Stabilisierungen per Größenselbstkonfiguration. Über-Ich- und Schuldkonflikte werden verleugnet oder umgangen, weil sie als bedrohlich und vernichtend wahrgenommen werden. Im Vordergrund steht die Strafangst, die nur bei Ertapptwerden bedeutsam wird. Täuschungs- und Beschwichtigungsmanöver verweisen auf ein defektes Über-Ich. Da die sexuelle Identität unklar ist und fragliche homosexuelle oder promiskuöse Bestrebungen vorliegen, konnte die ödipale Situation nicht aktiv und in Identifikation mit dem Vater bewältigt werden. Es liegen ausgeprägte Identitätskonflikte vor, die bishin zu Identitätsdiffusion reichen.

Diagnose

Es liegt bei P. eine Störung des Sozialverhaltens mit weitgehendem Fehlen sozialer Bindungen vor (**ICD-10 F91.1**). Seine chronifizierte Symptomatik geht mit einem handlungsmäßigen Inszenieren seiner Konflikte, Frustrationsintoleranz, Störung in den Realitätsbezügen, Einsatz primitiver Abwehrmechanismen, Fehlentwicklungen im Bereich der Sexualität und Aggressivität, narzißtischen Größenselbststabilisierungen und einer defekten Über-Ich-Entwicklung einher. Es liegt ein niedriges Entwicklungsniveau im Bereich seiner Ich-Entwicklung und seiner Objektbeziehungen vor.

Therapieverlauf

Grundsätzlich ist bei solchen Störungen von einer zweifelhaften Behandlungsprognose auszugehen. Da es immer wieder auch erstaunliche Entwicklungen während der Behandlung gibt, sollte ein ambulanter oder stationärer Behandlungsversuch in jedem Fall durchgeführt werden. Es handelt sich dann immer um längerfristige Behandlungen, die evtl. auch mit einer längeren Unterbringung in einer Institution verknüpft sein sollten. Der Behandlungsansatz sollte immer mehrdimensional mit Sozialtrainings, psychomotorischer Behandlung, Lerntrainings, Ausgleich von Lerndefiziten und der analytischen bzw. tiefenpsychologisch fundierten Psychotherapie ausgerichtet sein.

In den Absprachen zur Behandlung ist wichtig, die Täuschungs- und Anpassungsmanöver frühzeitig als ein störungsspezifisches Symptom zu benennen, das eine Folge ungünstiger Beziehungserfahrungen ist.

Behandlung im stationären Setting:
P. zeigte sich in den ersten Wochen im Alltag vor allem mit seiner vordergründigen Anpassungsbereitschaft. Hier und da ließ er allerdings auch seine massive Entwertung und Verachtung für andere erkennen. Sehr bald zeigte sich, wie wenig er in der Lage war, sich an Absprachen und Regeln im stationären Alltag zu halten. Hier waren vielfältige Strukturierungsangebote notwendig:

- Taschengeldregelung,
- Ausgangsregelung,
- Überprüfung der Wahrnehmung und Einhaltung von Terminen.

Es wurde nach selbstbestätigenden Aktivitäten gesucht sowie an früheren Interessen, wie z. B. die Musik, angeknüpft, um mit ihm nach positiven Entwicklungsanreizen zu suchen. Es wurde ein Arbeitsbelastungsversuch in einem geschützten Rahmen (in der Nähe der Klinik mit intensiver sozialarbeiterischer Betreuung) gesucht. Hier sollte er regelmäßiges Arbeiten und Belastungssituationen durchstehen lernen. Im sozialen Kompetenztraining und Rollenspiel sollten soziale Umgangsformen gestützt und gefördert werden. P. konnte unter diesen Bedingungen eine gute Entwicklung durchmachen. Dennoch blieben Mißtrauen und Gefühle, von ihm nicht wirklich eingeweiht zu werden, aufrechterhalten. Auch wurde die Frage, ob er Alkohol und Drogen auf die Station miteinschleuse, immer wieder im Team gestellt. Er wurde häufiger mit diesem Verdacht konfrontiert, stritt jedoch alles ab.

Folgende Behandlungsprobleme stellen sich im Umgang mit solchen Störungen immer wieder, insbesondere dann, wenn sie in das soziale Umfeld reintegriert werden:
Können keine ausreichend sicheren Beziehungen etabliert werden, und dies ist in der Regel der Fall, wenn zu frühzeitig reintegriert wird, folgt der vordergründigen Anpassung ein betrügerisches antisoziales Agieren, das überwiegend im Verborgenen gehalten wird. Jugendliche wie P. finden sehr rasch im sozialen Umfeld außerhalb entsprechende Personen, die sie zu dissozialem Agieren verführen bzw. darin unterstützen. Die jetzt vermehrt auftretenden geringeren Übertretungen erwecken bei den Mitarbeitern Mißtrauen. Es entsteht ein paranoides Klima, das zur Folge hat, entweder solchen Jugendlichen nachzustellen oder sie mehr sich selbst zu überlassen. Werden sie sich selbst überlassen, so geraten sie in eine haltlose und sich verschärfende dissoziale Situation, die zu einem Therapieabbruch führt. Werden sie vermehrt kontrolliert, entwickeln sich heftige aggressive Szenarien.

So gerieten die Mitarbeiter der Station immer wieder in Verwirrung mit Fragen, ob das, was sie ihm angeboten, noch ausreichend gut oder eher böse und gegen ihn gerichtet war, ob es hilfreich oder zerstörerisch war, ob das, was er mitteilte, Realität oder Phantasie war, ob wahr oder gelogen. Sobald er damit konfrontiert wurde, konnten Mitarbeiter in böse verfolgende Objektpositionen geraten, wurde das Dilemma nicht angesprochen, unterstützten sie Papageiendialoge, Dialoge, die keinen gemeinsamen Sinn schaffen. Solche Gut-böse-, Falsch-richtig-Konfusionen haben mit der Doppelgesichtigkeit des introjizierten Objekte zu tun. Im ungünstigen Fall konnten unausgesprochene Übereinkünfte zwischen Mitarbeitern und P. entstehen, nicht genau hinzuschauen oder gemeinsam geteilte betrügerische Arrangements vorzuschreiben.

P. war in der Lage, im normalen Alltag der Station zunehmend authentischer und konfliktbereiter Beziehungen einzugehen. Mit einem Arbeitsbelastungsversuch in einem neuen Umfeld, das seinen Interessen entsprach, geriet er jedoch mehr und mehr in alte Bewältigungsmuster, nämlich krank zu feiern, zu schwänzen, zu vagabundieren und Geld am Spielautomaten zu verschwenden. Es stellte sich heraus, daß dieser Schritt für ihn zu groß war, da er den Belastungen der neuen Arbeitssituation noch nicht genügend gewachsen war. Er wurde daraufhin im Rahmen einer Intervallbehandlung beurlaubt. Im zweiten Behandlungsabschnitt war er deutlich depressiver und belastungsfähiger. Er konnte gezielt seine Vorhaben in Angriff nehmen. Er wollte von der Mutter getrennt in einer therapeutischen Wohngemeinschaft leben und eine neue Berufsausbildung beginnen. Seine kriminellen Tendenzen konnte er weitgehend abbauen, wenngleich sie als nicht überwunden angesehen werden können, jedoch war er in der Lage, seine Konflikte jetzt mehr zu verbalisieren und auszutragen, konnte seine Wünsche und Vorstellungen benennen, ohne nach Sofortbefriedigungen zu greifen und schaffte es mit einer gewissen Regelmäßigkeit, sich einer Praktikumsituation zu stellen.

In der tiefenpsychologisch fundierten Psychotherapie stand bei P. die Bearbeitung der schweren Beziehungsstörung im Vordergrund. Die Erklärung, daß er hinter einer Fassade von Anpassung sein wahres Gesicht, seine wahren Gefühle, verbergen müsse, war für ihn Entlastung, und er konnte mehr und mehr seine massiven Kränkungen und daraus folgenden Abwertungen und Verachtungen anderen Personen gegenüber zeigen. Die ursprüngliche narzißtische Erhöhung, die er als Prinz und Auserwählter in der Familie erfahren hatte, und sein reales Scheitern waren in vielfältiger Hinsicht Bestandteil der Therapie. Der Therapeut antwortete P. in der Position eines ihn ob seines Muts und seiner Fähigkeiten, seine Situation zu beleuchten, bestätigenden und ihn bewundernden Objekt. Gleichzeitig achtete er sehr darauf, inwieweit es Hinweise für positive Entwicklungen im Alltag gab, ob er zu authentischeren Dialogen in der Lage war oder er die Therapie infragestellende bzw. zerstörende Aktionen unternahm. P. war es möglich, den Verlust seines Vaters und seines Zuhauses zu betrauern und mit seinen aktuellen Problemen in Verbindung zu bringen. Vermutete andere traumatische Erfahrungen verbarg er jedoch hinter einer Maske, die von Schamgefühlen, Ängsten, sich preiszugeben, und Vernichtungsängsten bestimmt war. Je wichtiger der Therapeut für P. wurde, um so mehr entwickelte er depressive Gefühle, die er nur schwer ertragen konnte. In diesem Zusammenhang wurde deutlich, daß er mehr und mehr gefährdet war, dissoziale Aktionen zu unternehmen. Von sich aus wollte er die Therapiepause, die ihm gewährt wurde, um zu verhindern, daß er auf alte Mechanismen zurückfallen mußte. Im zweiten Behandlungsabschnitt konnte und wollte er sich nur begrenzt einlassen. Mit dem Gefühl, daß vieles an Problemen weiterhin im verborgenen geblieben ist, wurde er entlassen.

Die Symptomatik hat sich gebessert, jedoch ist keine strukturelle Änderung seiner Persönlichkeitsstörung eingetreten. Die Behandlung erstreckte sich insgesamt über einen Zeitraum von 6 Monaten.

11. Psychosen

„Manchmal hab ich so ein Durcheinander im Kopf" – Forensische Aspekte einer nicht erkannten Psychose

M. Bachmann

Symptomatik

Der 21jährige Heranwachsende polnischer Herkunft wird durch Beschluß des Amtsgerichts dem forensisch-psychiatrischen Gutachtendienst der Klinik zur Beurteilung der Verantwortungsreife und der Schuldfähigkeit vorgestellt. Der Angeklagte hatte im Verlauf einer Jugendstrafe von 9 Monaten, die auf 2 Jahre zur Bewährung ausgesetzt worden war, einen Walkman gestohlen.
Die Jugendstrafe wurde aufgrund schweren Diebstahls in 2 Fällen ausgesprochen.

Der Proband (im forensischen Sprachgebrauch ist es üblich den zu Begutachtenden „Proband" und nicht „Patient" zu nennen) bleibt dem ersten Termin trotz des Kontakts zu der informierten Bewährungshelferin unentschuldigt fern. Ein zweiter Termin wird als Hausbesuch vereinbart. Der Proband fehlt erneut, die 16jährige, sehr gut Deutsch sprechende Schwester sowie der Vater sind anwesend. Beide sind afghanischer Herkunft, der Vater versteht die deutsche Sprache kaum.

Der Proband kommt schließlich mit 40minütiger Verspätung. Er spricht sich nach Rückfrage der Gutachterin gegen das Verlassen des Zimmers durch die Familienangehörigen aus. Zunächst wirkt er durch die Anwesenheit der Gutachterin irritiert, entschuldigt sich dann für die 10minütige Verspätung, behält die dicke, sehr verschmutzte Daunenjacke (die Außentemperatur beträgt ca. +8 C°) an und setzt sich zur Gutachterin auf das Sofa. Der Vater und die Schwester werden nicht begrüßt. Während ihm der Sachverhalt und die Fragestellung des Gutachtens erläutert wird, greift er zu seiner Post, öffnet diese und beginnt zu lesen. Der Aufforderung dies zu unterlassen kommt er widerwillig nach, beginnt nach 2 Minuten jedoch erneut sich dem Brief (eine Mahnung der öffentlichen Verkehrsbetriebe wegen Schwarzfahrens und ausbleibender Zahlungen von Bußgeldern) zuzuwenden. Der Proband gibt an, die deutsche Sprache gut zu verstehen, er selbst spricht Deutsch, Polnisch und Afghanisch. Er bejaht die Frage nach dem Verständnis über den Sachverhalt der Gutachtensituation.

Der Proband ist unruhig, wirkt getrieben, bleibt im Blickkontakt haften und nestelt nervös mit den Händen den Brief hin und her. Er gibt an, den ersten Termin versäumt zu haben, da er keine eigene Wohnung habe „und wegen der Geschwister". Worin hierin der Zusammenhang bestehe, kann er nicht erläutern. Es sei häufiger zu „vergessenen" Terminen gekommen. Die derzeitige Tätigkeit und der Tagesablauf werden mit „nichts tun, herumfahren" angegeben. Der Proband spricht in kurzen, abgehackten Sätzen, er muß oft aufgefordert werden zu antworten. Ohne konkrete Fragen kommt es zu keinem Dialog. Er kann nicht erläutern, worin dieses „Nichtstun" seit seinem Hauptschulabschluß vor 5 Jahren besteht. Zunächst bleibt unklar, ob die mangelnde Kooperation, die in gutachterlichen Situationen häufiger angetroffen wird, bewußt durch den Probanden herbeigeführt wird.

Plötzlich und ohne erkennbaren Grund dreht er sich abrupt zu seiner links neben ihm sitzenden Schwester herum und fragt sie in zischendem Ton: „Was kackst Du Dich so an!?" Die Schwester reagiert nicht und auf Nachfrage gibt der Proband an, daß die Schwester gegrinst habe.

Der Proband habe Schwierigkeiten mit den öffentlichen Verkehrsbetrieben, ansonsten gebe es keine Probleme. Warum er bisher häufiger mit dem Gesetz in Konflikt gekommen sei, wisse er nicht. Irgendwie sei sein Leben aber doch nicht so normal, er wolle ein eigenes Zimmer und Arbeit und wisse nicht, warum dies nicht „funktioniere". Oft sei er vergeßlich.

Auf Aufforderung der Gutachterin verlassen die Familienangehörigen das Zimmer.

Häufiger komme es zu Konzentrationsstörungen, gelegentlich habe der Proband das Gefühl, daß seine Gedanken plötzlich „weg" seien. Die Frage, ob er diese Gedanken als fremd erlebe, beunruhigt den Probanden offensichtlich. Plötzlich wirkt er sehr angespannt, schaut die Gutachterin mit zusammengekniffenen Augen feindselig an, steht abrupt auf, spricht von einem wichtigen Zahnarzttermin und davon, daß er jetzt keine Zeit mehr habe. Der Wechsel zu unverfänglicheren Themen beruhigt den Probanden zunächst, so daß eine kurze Weiterführung des Gesprächs möglich ist.

Im Verlauf des Gesprächs fallen bei der Bitte die Bedeutung bekannter Sprichwörter (z. B. „Reden ist Silber, schweigen ist Gold" oder „Der Apfel fällt nicht weit vom Stamm") zu erklären Denkstörungen auf. Defizite im Kurzzeitgedächtnis (Zahlennachsprechen) werden deutlich. Der Proband spürt seine Unzulänglichkeiten, reagiert darauf sehr ärgerlich und beginnt laut und ungehalten zu werden: „Das find' ich echt Schwachsinn. Das die Richterin da. Die sollen doch die Leute operieren, nur weil ich einen Walkman geklaut habe. Der Typ war eh so breit." (Damit ist der adipöse Kaufhausdetektiv gemeint.) Nunmehr ist der Proband nicht mehr zu halten, ein neuer Termin wird vereinbart, er sichert zu zu kommen (was er dann aber nicht einhält) und verläßt schnell den Raum.

Gegenübertragung und Strategien der Diagnostik

Affektive Ausbrüche und „merkwürdige" Verhaltensweisen bei dem Probanden waren durch die Lektüre der Gerichtsakte und des Bewährungshefts im Vorfeld bekannt gewesen. Mangelhafte Kooperationsfähigkeit, innere Unruhe und Getriebenheit sowie ein extrem ungepflegtes Äußeres sind bei delinquenten Jugendlichen in Gutachtensituationen häufiger zu beobachten. Zunächst bleibt einige Zeit unklar, ob darüber hinaus noch Auffälligkeiten bestehen.

Der Affektausbruch gegenüber der Schwester, die feindselige Stimmung bei der Frage nach Denkstörungen und das plötzliche Weglaufen sind in der Folge weitere Symptome, die eine psychiatrische Erkrankung vermuten lassen. Der Proband berichtet auf Nachfrage selbst von Vergeßlichkeit und Konzentrationsstörungen und wundert sich darüber, daß sein Leben nicht „normal" funktioniere.

Von hoher Diskrepanz ist das Verhalten der Familienangehörigen gekennzeichnet. Der Vater verhält sich gleichbleibend freundlich, scheint Zusammenhänge und die Situation nicht zu erfassen. Die Schwester benimmt sich merklich distanziert, reagiert auf den Affektausbruch kaum, da sie „dies gewohnt sei". Mit großer Ruhe spricht sie später von weiteren, massiven Bedrohungen.

In der Gegenübertragung wird ein sehr beklemmendes, ängstliches Gefühl spürbar, ein hohes aggressives Potential wird dem Probanden zugetraut. Nach dem Erstkontakt ohne die folgenden Informationen durch die Schwester besteht eine diagnostische Unsicherheit sowie eine gewisse Erleichterung als der Proband geht. Der Kontakt mit ihm ist unangenehm, verbunden mit dem Gefühl sich schützen zu müssen.

Später als der Proband die Wohnung bereits verlassen hatte, zeigt der Vater der Gutachterin einen (angeblich geladenen) Revolver, der seit einiger Zeit im Besitz seinen Sohnes sei. Er berichtet dies mit dem selben Lächeln, mit welchem er nach Kaffee fragt.

Als es zu einem erneuten Gutachtentermin in den Räumen der Klinik kommt, ist die Atmosphäre völlig anders, obwohl die Gutachterin mit dem Probanden alleine in einem abseits gelegenen Zimmer sitzt, herrscht eine entspannte Stimmung, von dem Probanden geht nichts feindseliges mehr aus. Affektive Ausbrüche bleiben aus.

Kontext

Der Proband wird als Erstgeborener des Elternpaares in Warschau geboren. 1 Jahr später kehren die Eltern, der Vater ist afghanischer Herkunft, die Mutter Polin, mit ihrem Sohn nach Afghanistan zurück, Gründe für die Rückkehr sind nicht bekannt. Als der Proband 4 Jahre alt ist, wird in Afghanistan sein Bruder geboren. Auch dieser lebt heute noch bei den Eltern, er absolviert derzeit eine Ausbildung als Bauzeichner. Als drittes Kind wird 2 Jahre später die Schwester geboren. Sie besucht mittlerweile die 12. Klasse des Gymnasiums, plant nach dem Abitur einen Auslandsaufenthalt als Au-pair-Mädchen und will später einen Beruf mit guten Verdienst- und Zukunftsaussichten ergreifen.

Der 50jährige Vater arbeitet als Küchenhelfer in einem Hotel. Er hat bis heute erhebliche Probleme mit der deutschen Sprache. In der Vergangenheit sind bei ihm immer wieder heftige aggressive Ausbrüche vorgekommen. Er wird als unberechenbar und unzuverlässig geschildert. Vor Fremden benimmt er sich stets sehr kontrolliert. Seit 3 Jahren verweigert die Tochter jegliche Kommunikation mit ihrem Vater, sobald er den Raum betritt, verläßt sie das Zimmer. Anlaß hierfür ist ein langjähriger Konflikt, der seinen Höhepunkt in der Verschleppung des Hundes der Tochter durch den Vater während ihrer Abwesenheit hat.

Die 39jährige Mutter arbeitet am Fließband und spricht ebenfalls kaum Deutsch. Sie versucht trotz der delinquenten Entwicklung zu ihrem Sohn zu halten, versucht ihn zu schützen, geht einige Male mit ihm zu unterschiedlichen Psychiatern. Der Kontakt zu ihren anderen beiden Kindern wird als „gut" beschrieben, die Geschwister fühlen sich jedoch auch benachteiligt, da die Mutter annimmt, sie werde von ihnen weniger gebraucht, da die beiden Jüngsten „normal" seien. Die Ehe ist seit vielen Jahren von ständigen Konflikten gekennzeichnet. Während die Mutter mittlerweile die Scheidung mit Wissen ihres Mannes eingereicht hat, sieht er keinerlei Grund für eine Trennung, da alles in Ordnung sei.

Auch beide jüngere Geschwister pflegen kaum Kontakt zu dem Probanden, vor allem die Schwester distanziert sich zunehmend. Sie hat sich bei den ersten Veränderungen des bis dahin völlig unauffälligen, als intelligent beschriebenen Probanden vor 5 Jahren zunächst sehr für ihn eingesetzt. Erst allmählich realisiert sie, daß sie ihm nicht helfen kann, die häufigen Beschimpfungen durch ihn, seine Drohungen und sein Drogenkonsum führen schließlich zu einem völligen Zerwürfnis. Die Schwester glaubt bis heute nicht an eine Erkrankung ihres Bruder, vielmehr hält sie die inkonsistente Erziehung ihrer Eltern, die Verwöhnung durch die Mutter sowie den aggressiven Vater für verantwortlich.

Die 5köpfige Familie lebt in einer kleinen 4-Zimmer-Wohnung, der Proband teilt sich mit dem Vater ein Zimmer, die Tochter mit der Mutter, der zweite Sohn hat ein eigenes Zimmer.

Situative Dynamik

Die Stimmung in der elterlichen Wohnung des Probanden ist angespannt. Scheinbar leben die Familienmitglieder völlig distanziert und ohne Interesse füreinander auf engstem Raum zusammen. Der Vater bietet der Gutachterin einen Platz auf dem Sofa an, noch bevor er verstanden hat, wer sie ist und was ihr Besuch zu bedeuten hat. Er lächelt freundlich, wirkt devot und strengt sich sehr an, höflich zu sein. Während des gesamten Kontakts verändert er seine Mimik kaum, er spricht nicht, ist zurückhaltend und zeigt keine Affekte. Mehrmals wird er zu Beginn des Gesprächs von seiner Tochter herrisch angefahren, er reagiert nicht darauf. In bezug auf seinen Sohn wirkt er hilflos und desorientiert, die Schwester erklärt in seinem Beisein, daß er vieles aus der Vergangenheit des Probanden nicht wisse, dieser habe aus Angst vor den Wutausbrüchen des Vaters z.B. von dem Aufenthalt in der Untersuchungshaft nichts erzählt. Der Vater glaubt sein Sohn sei wieder einmal mehrere Wochen „weggewesen".

Eine Störung der Kommunikation, der nonverbalen Interaktion und der Affektlage innerhalb des Familiensystems wird deutlich. Der Vater ist offensichtlich durch eine Spaltung seines äußeren Erscheinungsbilds Dritten gegenüber und einer impulsiven Affektlage innerhalb der Familie gekennzeichnet. Dies führt zu Verheimlichungen ihm gegenüber und zur Einstellung jeglicher Kommunikation durch die Tochter.

Auch die Tochter ist einerseits durch äußerliche Anpassung, klare Zukunftsorientierung und deutliche Distanzierung von der Familie gekennzeichnet, andererseits wirkt sie aggressiv „erhaben" und dabei enorm kraftvoll. Der „Knick" in der Beziehung zum Vater geschieht im Alter von 14 Jahren.

Völlig „gesichtslos" bleiben der jüngere Bruder und die Mutter. Der Bruder zieht sich völlig zurück, die Mutter versucht verzweifelt, den „nicht normalen" Sohn zu stützen, vernachlässigt dabei die anderen Kinder und trennt sich von ihrem Mann, bezieht jedoch auch hier keine eindeutige Position.

Einige wichtige Hintergründe über die frühe Entwicklung des familiären Systems, die Umsiedlung von Polen nach Afghanistan und schließlich nach Deutschland und die Integration dort bleiben in der Gutachtensituation unklar.

Anamnese

Der Proband wird in Afghanistan geboren. Über Schwangerschaft, Geburtsverlauf und die Kleinkindentwicklung ist nichts bekannt. Der Proband muß häufig auf die beiden jüngeren Geschwister aufpassen. Aufgrund der schwierigen politischen Verhältnisse siedelt die 5köpfige Familie mit dem damals 8jährigen nach Deutschland um. Er besucht täglich die Schule und zeigt wenig Anpassungsprobleme. Ein Jahr später zieht die Familie in eine andere Großstadt. Der Proband besucht dort die Grund- und später die Gesamtschule. Er spricht 3 Sprachen, erhält gute Zensuren. Die Schwester erinnert sich an ihn als fürsorglichen, völlig „normalen" Bruder.

5 Jahre nach dem Umzug, der Proband ist 14 Jahre alt, beginnt eine rückblickend von der Mutter und der Schwester deutlich wahrzunehmende Veränderung bei ihm. Die schulischen Leistungen werden schlechter, er hält sich in einem delinquenten Freundeskreis auf, es werden Drogen (vor allem Haschisch) konsumiert. Es kommt zu einer deutlichen Gewichtsabnahme. Die erste Eintragung in das Erziehungsregister wegen Diebstahls erfolgt ca. 1 Jahr später. Er hört oft die ganze Nacht extrem laute Technomusik, läuft nachts durch die Wohnung und erfährt eine Veränderung in seinem Rechtsempfinden. Die Schrift wird „chaotischer". Die Schwester spricht von einer kontinuierlichen „Rückwärtsentwicklung in das Stadium eines 6jährigen".

Er beendet die Schule noch mit dem Hauptschulabschluß, bricht später 2mal eine Lehrstelle nach wenigen Tagen ab.

Mit 16 Jahren begeht der Proband einen Diebstahl in einem besonders schweren Fall sowie einen Diebstahl unter Verwendung von Waffen. Arbeitsleistungen sind zu erbringen. Knapp 1 Jahr später erhält er nach einer begangenen schweren Körperverletzung eine richterliche Weisung. Der Proband ist 17 Jahre alt, als die damals 14jährige Schwester nach jahrelangem Konflikt mit dem Vater die Kommunikation mit diesem einstellt. Die Ehe der Eltern ist bereits stark belastet. Nach eigenen Angaben beginnt zu dieser Zeit der tägliche Drogenkonsum. (Fremdanamnestisch wird von einem Haschischkonsum seit dem 15. Lebensjahr berichtet.) Mehrmals täglich sei Haschisch geraucht worden, Heroin habe der Proband damals ebenfalls geraucht (10-20 g im Monat), jedoch nie gespritzt. Des weiteren habe er 4-5 g Kokain und 2-3 Tabletten Ecstasy im Monat eingenommen. Andere Drogen oder Alkohol in größeren Mengen seien nicht konsumiert worden. 2 Jahre später wird bei dem 19jährigen von einer Strafverfolgung bei dem Verstoß gegen das Betäubungsmittelgesetz abgesehen, vermutlich wurde Kokain konsumiert. Im selben Lebensjahr wird der Proband aufgrund schweren Diebstahls in 2 Fällen zu 9 Monaten Jugendstrafe verurteilt, die für 2 Jahre zur Bewährung ausgesetzt wird. Der Mutter fällt ca. 5 Monate später ein „komisches Lachen", z. B. beim Tod des Großvaters, verschiedene Ängste sowie eine Fortlauftendenz auf. Ihr Sohn „verschwindet" mehrere Tage, wird in einer benachbarten Kleinstadt aufgefunden, er selbst kann sich nicht erklären, wie er dorthin gekommen war. Mit der Bewährungshelferin wird aufgrund des weiterhin bestehenden Haschischkonsums eine Drogenberatungsstelle aufgesucht. Außerdem wird 2mal ein niedergelassener Psychiater konsultiert. Dort erscheint der Proband affektiv gereizt und zeigt wiederum ein unangebrachtes Lachen. Denkstörungen oder eine Wahnsymptomatik sind nicht festzustellen. Ein verordnetes Neuroleptikum nimmt er ein. Noch während der Bewährungszeit begeht der Proband erneut einen Diebstahl. Kurze Zeit später „verschwindet" er erneut für 4 Wochen und berichtet später, daß er „auf einer Bank gesessen und Leute beobachtet habe". Der Haschischkonsum wird aufgrund finanzieller Schwierigkeiten angeblich eingestellt, seit vielen Monaten zuvor sei nur noch Haschisch geraucht worden.

Nach seiner Rückkehr wird er dem Sozialpsychiatrischen Dienst vorgestellt, eine stationäre Behandlung wird empfohlen, jedoch nicht veranlaßt, da kein Leidensdruck und keine Krankheitseinsicht zu erkennen gewesen sei. Eine psychiatrische Begutachtung für den Fall erneuter Straftaten wird empfohlen.

5 Monate später wird erneut ein niedergelassener Psychiater aufgesucht. Erstmalig wird die Diagnose „akut paranoid-halluzinatorische Psychose" mit Denkzerfahrenheit, wahnhafter Verkennung bzgl. sexuellen Verhaltens von Familienangehörigen und affektiver Gespanntheit gestellt. Ein angebotenes Depotneuroleptikum wird abgelehnt. Erneut kommt es nicht zu einem empfohlenen Wiedervorstellungstermin.

Fast zeitgleich erfolgt der Beschluß des Amtsgerichts einer kinder- und jugendpsychiatrischen Begutachtung bzgl. der Frage der Schuldfähigkeit und Verantwortungsreife wegen des oben aufgeführten schweren Diebstahls in 2 Fällen im Alter von 19 Jahren, der Proband ist zum Begutachtungszeitpunkt 20 Jahre alt.

Aufgrund der begangenen Straftaten ist die Aufenthaltsgenehmigung noch 6 Monate ab dem Begutachtungszeitpunkt gültig.

Familienanamnese

Familienanamnestisch sind keine psychiatrischen Erkrankungen bekannt. Die Angaben hierzu sind spärlich.

Untersuchungsergebnisse

Psychopathologischer Befund

Der Heranwachsende wirkt äußerlich sehr ungepflegt, körperlich altersgemäß entwickelt, psychisch und kognitiv deutlich eingeschränkt. Er sitzt in schlechter Körperhaltung, den Kopf stets auf die Hand gestützt und halb liegend auf dem Stuhl der Gutachterin gegenüber. Im Kontakt zeigt er sich mißtrauisch und oberflächlich freundlich, häufiger kommt es zu negativistischen Verhaltensweisen sowie zu einer mangelhaften Kooperationsfähigkeit. Von häufigen affektiven Ausbrüchen wird berichtet, vor allem die Schwester wird bedroht, teilweise mit einem Messer und den Worten: „Ich stech' gleich zu". Einmal habe der Proband der Schwester einen nicht geladenen Revolver an die Schläfe gehalten und abgedrückt.

Je nach thematischem Inhalt der Befragung entsteht eine gereizt-dysphorische Stimmung, vor allem bei der Frage nach bestehenden Denkstörungen. Der Proband wirkt unkonzentriert, er spricht wenig, bricht seine Sätze teilweise ab und wirkt zerfahren. Es bestehen keine Sprech- oder Sprachstörungen und, soweit beurteilbar, keine Sprachverständnisschwierigkeiten der deutschen Sprache. Die Bewußtseinslage ist wach, die Orientierung zur Situation nur fraglich vorhanden. Es zeigt sich eine Störung des Kurzzeitgedächtnisses. Es bestehen keine Auffälligkeiten der Motorik, keine Koordinationsschwierigkeiten sowie keine Stereotypien. Der Muskeltonus ist leicht erhöht. Der Antrieb wirkt etwas vermindert, nach ca. 30minütigem Gespräch kommt es einmalig zu einer plötzlichen Steigerung des Antriebs, der Proband wirkt unruhig und getrieben, steht auf, geht im Zimmer hin und her, setzt sich wieder und wirkt sehr angespannt.

Das Denken erscheint verlangsamt und gehemmt, abstrakt-logische oder komplizierte Zusammenhänge können nicht nachvollzogen werden. Ich-Störungen müssen stark vermutet werden. Wahrnehmungsstörungen, Halluzinationen und Wahnsymptome können nicht sicher festgestellt werden, sind jedoch wahrscheinlich vorhanden. Vor allem bzgl. seiner Schwester kommt es zur Verkennung, er mutmaßt, daß diese „schlechte Dinge auf der Straße macht". Er erzählt der Bewährungshelferin, daß „die Leute vom Hauptbahnhof nachts in sein Zimmer kommen". Er ist nicht in der Lage sich adäquat selbst zu versorgen, so stellt er leere Töpfe auf den heißen Herd, durchwühlt fertiggekochte Nudeln mit der Hand und kann sich keine Spiegeleier zubereiten. Er berichtet davon, gelegentlich ein „Durcheinander" im Kopf zu haben. Hebephrene Symptome sind zum Begutachtungszeitpunkt nicht festzustellen, müssen anamnestisch jedoch vermutet werden.

Weiterführende Diagnostik

Eine weiterführende Diagnostik wird aufgrund der Dringlichkeit des Gutachtens nicht durchgeführt.

Psychodynamischer Befund

Es wurde berichtet, daß der Proband angebotene Behandlungsversuche in der Vergangenheit ablehnte, er kann nicht erkennen, daß er an einer Krankheit leidet. Die einzige Krankheit, die er habe, sei sein Hunger nachdem er Kokain zu sich genommen habe. Vielleicht ist dieser Hunger u.a. auch bezeichnend für sein Bedürfnis nach Anerkennung durch den, real nicht hinter ihm stehenden, Vater, nach einer äußeren Struktur und Ordnung in seinem Leben. Jegliche sexuelle Komponente in seinem Leben wird negiert, Lustvolles und Schönes kann nicht benannt werden. Familienangehörigen und Bekannten werden sexuelle Vergehen unterstellt, auch in deren Welt wird dieses Thema als bedrohlich erlebt.

Eine Therapiebedürftigkeit wird nicht richtig eingesehen, es formt sich jedoch die vage Vermutung, daß er in einem Krankenhaus Hilfe erhalten könnte.

Die Beziehungen zu seinen Mitmenschen sind durch mißtrauische Kontrolle, Beschuldigungen und Anklage aber auch durch Abschottung, Resignation und Flucht gekennzeichnet.

Der einzige klare Wunsch den der Proband äußern kann, ist der nach Autonomie und Aufbau einer emotionalen Unabhängigkeit. Der Selbstwertkonflikt wird in der fast verzweifelt gestellten Frage deutlich: „Warum kann ich keine Arbeit, keine Freunde und keine eigene Wohnung finden?" Tatsächlich scheint ihm diese Unzulänglichkeit ein völliges Rätsel zu sein. Kompensatorisch versucht er Situationen zu dominieren. Am meisten Qual bereitet dem Probanden offensichtlich der ausgeprägte Identitätskonflikt der zur psychotischen Desintegration und Fragmentierung seiner Person wird. In diesem Zusammenhang sind auch die massiven Störungen der Selbststeuerung mit Triebdurchbrüchen zu sehen, vermutlich auch z. T. die ihm vorgeworfenen Straftaten.

Die ausgeprägte Bindungsstörung führt schließlich zur völligen Isolation, Morddrohungen werden ausgesprochen. Regeln zur normalen Integration sind verloren gegangen. Es bestehen keine feste Bindungen innerhalb und außerhalb der Familie.

Diagnose

Deskriptiv: Über Jahre sich schleichend entwickelte schizoaffektive Psychose, möglicherweise vom hebephrenen Typ mit ca. zeitgleich auftretender Störung des Sozialverhaltens mit vielfachen Straftaten und regelmäßigem Drogenkonsum. Welche dieser Störungen zuerst auftrat kann nicht rekonstruiert werden.

Formal: Verdacht auf hebephrene Schizophrenie (**ICD-10: F20.1**).

Differentialdiagnose: Schizophrenia simplex (**ICD-10: F20.6**).

Schädlicher Gebrauch psychotroper Substanzen (**ICD-10: F19.1**).

Therapieverlauf

Aufgrund der Dringlichkeit des Gutachtens sowie des häufigen Fernbleibens des Probanden kann nur 2mal ein persönlicher Kontakt hergestellt werden. Die Exploration sowie die fremdanamnestischen Angaben führen dazu, daß in dem Gutachten von einer „krankhaften seelischen Störung" ausgegangen wird, so daß eine Schuldunfähigkeit nach §20 StGB besteht. Die hier nicht näher wiedergegebene Exploration zur Verantwortungsreife ergab keine Einschränkung des §3 JGG.

Es wurde dringend eine stationäre Diagnostik und Therapie empfohlen, notfalls auch unter Zuhilfenahme einer Betreuung oder im Rahmen des Maßregelvollzugs (Bejahung des §63 StGB).

Die Entscheidung des Gerichts steht zum jetzigen Zeitpunkt noch aus.

„Jochen C. ... mit den Wurzeln ausgerissen"

R. du Bois

Symptomatik

Der 16jährige Jochen kommt aufgrund einer atypischen phobischen und zwanghaften Symptomatik, einer Enkopresis, einer Wesensveränderung, sozialen Rückzugs und Schulversagens zur stationären Aufnahme. Alle Veränderungen haben sich seit 2 Jahren allmählich und fast unmerklich ergeben. Jochen wäscht sich nicht mehr, hat schwarze Füße, stinkt „wie ein Esel", berührt keine Türklinken und keine Lichtschalter, benutzt den Ärmel des Pullovers zum Anfassen der Türen, uriniert heimlich in das Eßgeschirr, versteckt den Urin im Kühlschrank, in Bettkästen, Schränken. Er schmiert mit Kot, wechselt ständig die Unterwäsche, verwahrt aber die verschmutzen Hosen im Zimmer, stapelt Klopapier unter dem Bett, meidet die Toilette, berührt die Klosettbrille nicht mehr, spült die Toilette, bevor er sie benutzt, berührt den Badevorleger nicht, behält nachts im Bett Schuhe und Strümpfe an. Jochen lebt „wie ein Tier" in seinem Zimmer, züchtet dort zum Beispiel Krebse, wirft Obstschalen und Essensreste auf den Boden. Er verbarrikadiert sich in seinem Zimmer, er trägt einen Streifen Toilettenpapier an der linken Brust, wo er eine geringe Gynäkomastie hat, und ißt fast nur noch Süßigkeiten, auch hier nur ganz bestimmte Produkte aus bestimmten Herkunftsländern. Jochen idealisiert seinen entfernt lebenden Onkel, nur von diesem läßt er sich noch etwas sagen, nur dieser darf ihm z. B. Kleider kaufen. Jochen liefert in der Schule nur noch leere Zettel ab. Er behandelt den Stiefvater, den er früher akzeptierte, mit Haß und Verachtung. In letzter Zeit fallen heimliche Zerstörungen auf: ein Loch in der Zimmerdecke, im Wasserkasten, in der Türfüllung, zertrümmerte Lichtschalter.

Situative Dynamik

Obwohl wir keine ausdrückliche Bestätigung erhalten, gehen wir davon aus, daß die Berührungsängste auf die Mutter bezogen sind. Wir achten auf Hinweise, die uns bestätigen könnten, daß Jochen von inzestuösen Phantasien in den Bann gezogen wird. Wir sind fasziniert von der provokativen Wucht der Symptomatik und fragen uns, ob die Familie vielleicht wegen vermeintlicher Verfehlungen bloßgestellt werden soll oder Grund zum schlechten Gewissen haben könnte, d.h. ob es „Leichen im Keller" gibt.

Gibt es z.B. eine Geschichte, die erklären könnte, warum sich Jochen wie ein verwahrlostes Kleinkind aufführt? Es taucht im Team die Phantasie auf, daß es sich bei Jochen um eine Art Kaspar Hauser handeln könnte. Wir sind verwundert, wie lange die Eltern stillgehalten haben, ohne irgend jemanden in ihre Notlage einzuweihen. Die Mutter hält ihren Sohn eigentlich nicht für „krank", sondern schlichtweg für unerträglich. Sie fühlt sich von Jochen unter Druck gesetzt. Wir fragen uns also, ob hier ein ehemals verwahrlostes Kind auf das Niveau eben dieser Verwahrlosung zurückgekehrt ist. Dies würde bedeuten, daß Jochen in relativ „gesunder" Weise die Erinnerung an eine traumatische Kindheitserfahrung zu bewältigen versucht und hierbei regressive Mechanismen in Anspruch nimmt.

Andererseits fühlen wir uns durch das Verhalten von Jochen zutiefst befremdet. Wir vermuten, daß die Verhaltensauffälligkeiten in ihrer Gesamtheit nur mit der Annahme einer autistischen Wesensveränderung erklärbar sein dürften. Wir suchen nach Hinweisen auf einen frühkindlichen Autismus, nehmen aber aus der Anamnese zur Kenntnis, daß ein entscheidender Teil der autistischen Wesensveränderung sehr viel jüngeren Datums ist und dem Typus des Bleuler-Autismus entspricht. Damit stünden wir diagnostisch vor der Vermutung, daß hier eine schleichende symptomarme schizophrene Psychose eingesetzt hat.

Einige Mitarbeiter, denen das Verhalten von Jochen in der Aufnahmekonferenz beschrieben wird, sind von ihm fasziniert. Sie sehen in ihm das hilflose verlorene Kind und möchten ihn retten und beschützen. Andere sehen Jochen als Jugendlichen, der hinter der scheinbar intakten Fassade eine heimtückische Veränderung erlitten hat, und der nun seinen primitiven Triebwünschen ausgeliefert und schwer berechenbar ist. Sie empfehlen vorsichtige Distanz, jedenfalls kein Mitleid. Allgemein wird die Mutter als gefährdet angesehen. Wir möchten sie vor Übergriffen des Sohnes warnen und schützen. Es wird bedauert, daß der Stiefvater als Puffer und Barriere unwirksam geworden ist und im Zusammenspiel von Mutter und Sohn nicht mehr als triangulierender Dritter tauglich ist. Angesichts der Entwertung des Stiefvaters und der Idealisierung des Onkels wird vermutet, daß Jochen auf der Suche nach seinem leiblichen Vater und seiner eigenen Herkunft sein könnte.

Kontext

Jochen ist das erste Kind der Mutter aus deren erster Ehe. Seit seinem 4. Lebensjahr ist die Mutter wieder verheiratet. Als Jochen 6 Jahre alt war, wurde der jetzt 10jährige Halbbruder geboren. Die Mutter ist Hausfrau, der Vater Lehrer an einer Berufschule. Der leibliche Vater wohnt und arbeitet in der Nachbarschaft und ist wieder verheiratet. Die Ehe der Eltern wurde geschieden, als Jochen 3 Jahre alt war. Es hat zwischen Vater und Sohn nie geregelte Besuche gegeben, stattdessen formlose Begegnungen auf der Straße. Der Vater hat ein Ladengeschäft im Nachbarort. Jochen ging dort früher hinein und sagte „Hallo". Seit 2 Jahren weicht Jochen dem Vater aus, „sieht" ihn angeblich nicht mehr. Diese Veränderung fällt äußerlich mit einem Umzug der Hauptschule in ein anderes Gebäude zusammen. Das alte Gebäude lag in der Nähe des väterlichen Geschäfts. Gleichzeitig verzog die Familie in ein anderes Wohngebiet. Damit wäre eigentlich ein Schulwechsel verbunden gewesen. Jochen blieb aber auf seinen Wunsch in der alten Schulklasse. Er lebt aber nun nicht mehr in der Nachbarschaft seiner Klassenkameraden.

Zur gleichen Zeit begann Jochen von dem Onkel, dem jüngeren Bruder der Mutter, zu schwärmen. Er spricht äußerst penetrant nur von diesem Onkel und von den nächsten Ferien, die er dort verbringen will. Als in der Famillie des Onkels ein Baby geboren wird, reagiert Jochen auffallend aggressiv und regressiv. Er will z. B. den Kopf auf den Schoß der Mutter legen und läßt sich von der Mutter nur widerstrebend wegdrängen. Oder er drückt ihr plötzlich von hinten den Brustkorb oder den Bauch zusammen oder gibt ihr eine Kopfnuß.

Er behandelt den Stiefvater, der früher von ihm hoch geschätzt wurde, wie Luft. Dies ist um so widersinniger, als der Stiefvater im Gespräch mit uns zeigt, wie viel er für den Stiefsohn übrig hat und daß er ein gutes Gespür und eine gute Beobachtungsgabe für dessen Eigenarten besitzt. Die Mutter hingegen weiß kaum, was sie über ihr Kind sagen soll. Einige Einzelheiten der Vorgeschichte scheinen ihr peinlich zu sein. Sie benutzt einen Zettel, um sich ihre Beobachtungen wachzurufen.

Jochen hat sich aus den meisten sozialen Kontakten zurückgezogen. Vater, Mutter und Bruder sagen, sie werden „von Grausen gepackt", wenn sie mit Jochen zusammen sind. Der Onkel hingegen erlebt Jochen bei den Besuchen bis zuletzt als niedliches, harmloses, fröhliches Kind. Offenbar kann er sich dort „zusammenreißen". Jochen wird nicht in die 9. Klasse der Hauptschule versetzt. Er hätte eigentlich schon die 8. Klasse wiederholen sollen und wird nun ohne Zeugnis aus der Schule entlassen. Hierüber sind die Eltern sehr beunruhigt. Sie haben es bis zuletzt nicht wahrhaben wollen, daß die schulische Situation so ernst sei.

Was soll aus dem Kind werden? Man steht vor dem Nichts. Dies ist aus Sicht der Eltern der wichtigste Anlaß für die Vorstellung in der Jugendpsychiatrie. Die Eltern sind darüber hinaus besorgt, daß man denken könnte, sie seien eine unharmonische Familie und wären deshalb in der Psychiatrie gelandet.

Situative Dynamik

Die äußeren Umstände, die mit der Erkrankung parallel laufen, sind nicht besonders auffallend. Die seelischen Veränderungen müssen sehr langsam vor sich gegangen sein. Die Anpassungsprobleme, die durch die körperliche Pubertät ausgelöst werden, die veränderte Wohnumgebung und das bevorstehende Schulende könnten eine Rolle gespielt haben. Die seelische Stabilität muß jedoch schon lange an einem seidenen Faden gehangen haben. Die Anamnese wird erweisen, wo und in welchem Alter seelische Belastungen und Beschädigungen und eine allgemeine Brüchigkeit der Struktur schon früher sichtbar geworden sind. Die frühere Ehe der Mutter mit dem leiblichen Vater Jochens war jedenfalls längst kein Thema mehr. Sie tauchte erst wieder auf, als Jochen durch sein ungewöhnliches Verhalten die Frage nach seiner Herkunft zu stellen begann. Die Frage wird paradox eingeführt, denn Jochen wendet sich vom leiblichen Vater ab, statt sich ihm zuzuwenden. Die Verherrlichung des Onkels zeigt aber, daß Jochen sein Interesse an einer Vaterfigur keineswegs verliert, sondern in widerspruchsvoller Weise um die Klärung seiner Beziehung zum Vater ringt.

Gleichzeitig verändert sich die Beziehung zur Mutter: sie wird von Jochen als inzestuös-verführerisch und zugleich bedrohlich erlebt. Der Stiefvater als Partner der Mutter wird „rausgeschmissen". Die Familie setzt trotz dieser Erschütterungen ihr bürgerliches, geordnetes Leben fort. Dem ungewöhnlichen Verhalten von Jochen begegnen die Eltern mit ungläubigem Erstaunen. Sie verhalten sich zunächst nachgiebig und tolerant. Die immer schlimmeren Verrücktheiten machen ihnen jedoch immer mehr zu schaffen. Es fällt ihnen schwer, sich hierzu auszudrücken. Die Eltern wirken teilweise erstarrt und wie gelähmt, vor allem die Mutter.

Anamnese

Asphyktische Geburt aufgrund eines protrahiertem Geburtsverlaufs. Apgar-Index: 7-9-10.

Affektkrämpfe im Säuglingsalter. Die Großeltern nahmen das Kind einige Wochen zu sich. Dadurch hörten die Affektkrämpfe auf.

Wenig anschaulich geschilderte Säuglings- und Kleinkinderzeit. Sie verlief unter heftigen Ehestreitigkeiten, die schließlich zur Trennung der Eltern führten, als Jochen 3 Jahre alt war. Die Mutter soll diejenige gewesen sein, die der Ehe entfliehen wollte. Der Vater soll sich an die Frau, aber auch an das Kind geklammert haben. Die Beziehung des leiblichen Vaters zum Kind soll eng gewesen sein.

Folgende von der Mutter schuldhaft verarbeitete rätselhafte Begebenheit anläßlich der Trennung:

Der Vater soll den 3jährigen Jochen heimlich „entführt" und in ein Kinderheim eingewiesen haben. Dort blieb Jochen 1/4 Jahr, bis ihn die Mutter zusammen mit dem neuen Partner wieder zu sich nahm. Die Verbringung und der Verbleib des Kleinkinds im Heim ist ein so einschneidender Vorgang, daß er nur mit Wissen und unter Billigung des Jugendamts vonstatten gegangen sein kann. Hieraus muß geschlossen werden, daß die Mutter tatsächlich vorübergehend nicht in der Lage war, ihr Kind selbst zu versorgen, und daß auch der Vater nicht zur Verfügung stand.

Die Sauberkeitsentwicklung wurde im Kinderheim abgeschlossen.

Der Mutter fiel nach der Rücknahme von Jochen in ihre neue Familie eine Phobie vor Wasser auf. Später wurde Jochen zum begeisterten Schwimmer.

In dem ersten Kindergarten fand er sich zurecht. Dieser Kindergarten wurde streng und autoritär geführt. Es folgte ein Wechsel des Kindergartens aufgrund des Umzugs in eine größere Wohnung und die bevorstehende Geburt des Halbbruders. Im neuen Kindergarten fiel Jochen als Einzelgänger auf. Er soll in einer Ecke gesessen und starrsinnig seine Spielsachen verteidigt haben. Jochen sei mit den freieren Umgangsformen dieses Kindergartens nicht zurecht gekommen.

Es erfolgte eine Rückstellung von der Einschulung um 1 Jahr. Die Einschulungsuntersuchung habe einen Entwicklungsrückstand von 2 Jahren ergeben.

Jochen hatte keine Freunde in der Schule, er war ein Einzelgänger, spielte aber in Gruppen am Rande mit.

Bis zur 7. Klasse der Hauptschule waren seine Leistungen befriedigend, in Mathematik schlecht. Jochen war an Naturphänomenen interessiert.

Mit 14,5 Jahren erfolgte der Eintritt in die Pubertät mit Stimmbruch und Körperwachstum. Gleichzeitig trat ein Nachlassen der Schulleistungen und ein stärkerer Rückzug ein.

Jochen weigert sich nun den Vater zu sehen und lehnt den Stiefvater ab, er will zu seinem Onkel in dessen Familie umziehen. Dieser Wunsch wird aufgrund der Geburt eines Kindes von der Familie des Onkels abgelehnt.

Familienanamnese

Die Mutter ist emotional etwas spröde. Sie war ein Einzelkind und hat wenig Kontakt zu ihrer Herkunftsfamilie. Die Großeltern scheinen eher kontaktarm und, trotz ihrer Rettungsaktion im Säuglingsalter, später wenig interessiert am Enkelkind gewesen zu sein. Der leiblicher Vater von Jochen ist weich, subdepressiv. Er stammt aus einer kinderreichen Familie. Über die Großeltern väterlicherseits ist nichts bekannt. In beiden Herkunftsfamilien sind keine psychischen Erkrankungen vorgekommen.

Situative Dynamik

Die Anamnese weist aus, daß die Mutter-Kind-Beziehung schon in der frühen Versorgung in dramatischer Weise mißlang und von Trennungen und Verlusten bedroht war (Affektkrämpfe, Verschickung zu den Großeltern). Ersatzweise könnte schon der Säugling und das junge Kleinkind am Vater emotionalen Halt zu finden versucht haben. Im Mittelpunkt einer denkbaren Traumatisierung des Kindes steht die Trennung der Eltern, wobei das Kind in ungewöhnlich krasser Form im Stich gelassen wurde. Die hier sichtbar gewordene Hilflosigkeit der Eltern und ihre mangelnde Fähigkeit, das Kind zu „halten", dürfte sich auch zu anderen Zeitpunkten auf das Leben des Kleinkindes ausgewirkt haben. Mit 3 Jahren befand sich Jochen in einer Phase hoher Vulnerabilität für Trennungen.

Mit der Gründung der neuen Familie tauchte die Mutter wieder auf und übernahm das Kind in die neue Familie. Bis auf eine Wasserphobie werden aus dieser Zeit keine Störungen bekannt. Oberflächlich paßte sich Jochen zunächst an die neue Situation an. Die Traumen wurden vorerst „vergessen". Jochen war allerdings stets kontaktarm. Er wurde nicht für schulreif gehalten und erschien damals wenig eigenständig und unflexibel, an Vorgaben orientiert, die ihm von außen gemacht wurden. Eine Ich-Schwäche zeichnete sich deutlicher ab. Veränderungen lösten Irritationen aus, z.B. reagierte er auf die Einschulung mit Enuresis. Konflikte wurden starr abgewehrt. Die Angst vor Wasser wurde z.B. durch deren Umkehr in das Gegenteil überwunden.

Untersuchungsergebnisse

Jochen ist ein 170 cm großer, zierlich gebauter, drahtiger Jugendlicher. Er ist voll pubertiert und sieht der Mutter im Gesicht sehr ähnlich. Jochens körperlicher Eindruck ist der eines 14jährigen. Er hat Ausstrahlung eines zarten, rührenden, zerbrechlichen Kindes. Die Mimik hält den manirierten Ausdruck ständiger Verblüffung fest. Kindliches Neugierverhalten an der Grenze zur Distanzlosigkeit. Die Gedankenentwicklung ist assoziativ aufgelockert mit syntaktischen Fehlern und logischen Brüchen. Der innere Zusammenhang bleibt aber annähernd gewahrt. Wenn man mit ihm zusammen ist, „leiht" man ihm gewissermaßen das eigene Verständnis und versteht daher, was er meint. Das ganze Ausmaß der logischen Konfusion bei Jochen wird erst deutlich, wenn man mit Tonträgern aufgezeichnete Gespräche später abhört, wenn man sich also außerhalb des Zwiegesprächs befindet. Jochen spricht leise mit durch den Stimmwechsel häufig brechender, alt und müde wirkender Stimme und monotoner Sprachmelodie. Die Alltagssprache enthält eine Fülle gefährlicher Andeutungen, zu denen Jochen einnehmend lächelt. Formal sind die kognitiven Prozesse am Rande einer psychotischen Denkstörung einzustufen. Jochen hat bisweilen einen steifen und staksigen Gang und nimmt verkrampfte Körperhaltungen ein. Vor allem dann, wenn ihn aggressive Phantasien innerlich bewegen, verschlechtert sich die Körperkoordination. Meistens bewegt er sich flink und gewandt.

Inhaltlich

Unberechenbare Übergänge von Niedlichkeit zu plötzlicher Wut ohne begleitende Stimmungsänderung. Jochen hat die Realität nicht voll im Griff. Er spricht über seine Erlebnisse in stereotypen Wendungen, die bildhaft verdichtet sind. So wird er z.B. von Natur und Kreatur magisch angezogen, wobei er ständig dasselbe, nämlich „Entwurzelung", „Zerstörung" oder „Verletzung" erkennt. Er fühlt sich zum Schutz der Natur berufen. Insgesamt spricht Jochen eher von inneren Zuständen als von der Außenwelt. Er ist sich des Unterschieds zwischen dem Innen und dem Außen, Ich und Nicht-Ich nicht voll bewußt.

Im einzelnen beschäftigt er sich mit Regenwürmern, Ameisen, Blumen, Vogelnestern, Wespen und Hornissen. Er beobachtet die Tiere hingabevoll, tief auf den Boden gebeugt. Er erklärt endlos, daß er sie vor Gefahren bewahren will. Dabei hantiert er so lange mit ihnen herum, bis er ihnen selbst zur Gefahr wird. Er plant z.B., ein Vogelnest zu schützen. Daraufhin werden mehrere tote Jungvögel gefunden. Blumen, die die Mutter bei einem Besuch für ihn gepflückt hat, läßt er trotz ständig geäußerter Sorge verdorren. Er stellt sie viel zu spät ins Wasser, hofft aber inständig, sie mögen sich erholen. Er meint kaum noch die Blumen, sondern schwenkt allmählich auf die Person der Mutter um. Die Blumen seien „mit den Wurzeln ausgerissen". Das sei genau, als werde er „selbst zerrissen". Blumenabschneiden sei wie „Köpfen". Jochen sammelt Moos und Flechten und fühlt sich dabei „skalpiert". Es sei so, als werde ihm „die Haut bei lebendigem Leibe heruntergerissen". Er begründet seine Weigerung sich zu waschen damit, daß er sich den „Säureschutzmantel erhalten" müsse. Jochen sagt solche schwerwiegenden Dinge mit großer Beiläufigkeit.

Auf Frauen hat er eine versteckte Wut. Er stellt sich hinter sie, setzt zum Würgen an, springt mit markerschütterndem Brüllen auf sie los, läßt dieses Brüllen urplötzlich in ein unterwürfiges Miauen oder Winseln einmünden; beim Helfen in der Küche nimmt er ein Schälmesser und fuchtelt damit herum. Er hebt ein schweres Podest über den Kopf und droht dieses auf eine Betreuerin fallen zu lassen, „nur zum Spaß". Jochen schießt beim Fußballspielen den Ball gezielt gegen den Körper einer Betreuerin. Er findet im Klinikmüll eine alte Puppe und wickelt sie in ein Handtuch, trägt sie immer bei sich, schlägt und bespuckt sie, wenn er bei einem Brettspiel verliert, liebkost sie, wenn er gewinnt.

Jochen malt und kritzelt immer wieder Bilder: bizarre, aufragende Felswände, Schluchten, Risse in der Erde, herabstürzende Wasserfälle, futuristische Wolkenkratzer, zusammengesunkene, zerteilte Menschen. Die Bilder laufen am Rand über. Die Menschen verlassen das Bild oder kommen herein, sind nur halb abgebildet.

Weiterführende Diagnostik

- Testpsychologie: Hawie-R-(Hamburg-Wechsler-Intelligenztest für Erwachsene)IQ 90 mit diskrepantem Profil, schlechtem Handlungs-IQ, Ermüdbarkeit, Merkstörungen, besserem Verbal-IQ. Rorschach: drohender Verlust des Deutungsbewußtseins, Ganzdeutungen und Kleindetaildeutungen mit gelockerter Sukzession, wechselnde insgesamt niedriger Fomschärfe, 3 schlechte Originaldeutungen, vermehrte Helldunkel-Deutungen als Angstzeichen, lebhafte, konfabulatorische Deutungen bei den Farbtafeln. Auffällig sadistische Anatomiedeutungen.
- TAT (Thematischer Apperzeptionstest): Ein verlassenes Kind taucht auf. Viele unmotivierte Todesfälle. Leugnungen der Mutterfigur. Realitätsfremde Deutungen. Übersehen wichtiger Bildteile. Wiederum Verlust des Deutungsbewußtseins. („Das bin ich". „Diesen Mann kenne ich").
- Schädelcomputertomographie: unauffälliger Befund.
- EEG : Normaler Kurvenverlauf. Keine Krampfpotentiale.

Psychodynamischer Befund

Gleich bei der ersten Begegnung, in den ersten Bemerkungen vergleicht Jochen seine Aufnahme in der Klinik mit seiner Verbringung in das Kinderheim im Alter von 3 Jahren. Er gibt vor, sich präzise an diesen Vorgang erinnern zu können und beginnt umständlich zu erklären, daß ihn der Vater damals von der Mutter weggenommen habe. Die Erzählung wird jedoch sehr viel dichter und bewegter, als er die anschließende Trennung vom Vater schildert. Daß sich alle Geschichten im Grunde mit dem Vater beschäftigen, deutet sich schon im allerersten Satz an. Der Arzt dürfe von seinem Vater nicht als „Stiefvater" sprechen, es müsse Pflegevater" heißen. „Stiefvater" dürfe man nicht sagen, weil der leibliche Vater ja nicht tot sei, er lebe ja noch.

Jenseits ihrer Verschrobenheit und Sinnwidrigkeit enthält diese Bemerkung die verschlüsselte Botschaft, daß der Stiefvater nicht das Recht gehabt habe, die Mutter zu heiraten, solange der echte Vater noch existiere. Eine weitere Botschaft könnte sein, daß Jochen seinen Vater als den lebenden Beweis für seine Herkunft und seine tatsächliche Existenz anführen möchte. Jochen beschäftigt sich also mit Sein oder Nichtsein, mit der Gültigkeit von Beziehungen, letztlich auch mit seiner eigenen Daseinsberechtigung und mit der Bedrohung durch Objektverluste.

Jochen stellt immer wieder Zustände von Zerbrechen, Absturz und Vernichtung dar. Er sieht die Welt um sich herum als Abbild seines eigenen Inneren. Aggressive, destruktive Impulse ergreifen ihn mit großer Heftigkeit und beeinträchtigen sogar die Psychomotorik. Gleichzeitig ist sein Gefühlserleben losgelöst von seinen Affekten. Alle Lebensäußerungen und Eindrücke sind hochambivalent: er ist greisenhaft alt und doch kleinkindlich, aufsässig und doch angepaßt, niedlich und gefährlich.

Diagnose

Deskriptiv: schleichende autistisch-psychotische Wesensveränderung mit regressiver, zwanghafter und phobischer Symptomatik, ohne psychotische Produktivsymptome. Beginn in der Pubertät auf der Grundlage einer seit früher Kindheit erkennbaren Ich-Labilität, Kontaktstörung und traumatischer Objektverlusterfahrungen.

Formal: Verdacht auf hebephrene Psychose. Differentialdiagnose: Verdacht auf Schizophrenia simplex mit frühem Beginn (**ICD 10: F 20.1, 20.6**).

Therapieverlauf

Entsprechend der von Jochen selbst vorgetragenen Idee, daß die Einweisung in die Psychiatrie eine Wiederholung und Weiterbearbeitung seiner traumatischen Erfahrung im Alter vor 3 Jahren sei, fühlt sich das Betreuungsteam, bestehend aus einer männlichen und einer weiblichen Bezugsperson im Betreuungsdienst und dem Stationsarzt, dazu aufgefordert, Jochen bei der Wiederannäherung an den leiblichen Vater zu helfen. Darüber hinaus werden ihm auf der Station Ersatzväter zur Verfügung gestellt, die seine bedrohte Existenz absichern und die Wahrnehmung der Realität befestigen können. Die destruktive und inzestuös gefärbte Übertragung auf Frauen wird abgesichert, indem die männlichen Betreuer den weiblichen Betreuern besonders eng zur Seite gestellt werden, wenn sie mit Jochen zu tun haben. Er soll im Rahmen des Aufenthalts auf der Station seine Realität wieder besser verstehen und klären und ihren zerstückelten Sinn zusammensetzen.

Es wird auch konkret versucht, den leiblichen Vater heranzuholen und ihn mit Jochen zusammenzuführen. Der Vater erweist sich bei mehreren Besuchen als einfühlsam und kontaktfähig. Jochen wirkt im Beisein des Vaters überraschend ruhig und zufrieden.

Nach der Aufnahme gelingt es Jochen erst einmal ohne erkennbare Mühe, den größten Teil der provozierenden Symptomatik abzuwerfen (z.B. die Enkopresis und die Sauberkeitszwänge). Er behauptet auch selbst, daß er nun von allem frei sei, was zuhause Anstoß erregt habe. Daher wolle er auch wieder nach Hause. Die Jugendpsychiatrie wird in ihrer wirklichen Bedeutung beharrlich ignoriert: Er will nicht sehen, daß er in Schwierigkeiten steckt, und er will keine Hilfe. Die Klinik wird von Jochen als Ort betrachtet, wo sich jeder aufhalten dürfe, der sich ein selbständiges Leben aufbauen wolle und auf der Suche nach einer eigenen Wohnung und einem Arbeitsplatz sei. Jochen wünscht, seine zukünftige Wohnung im Haus des Onkels zu nehmen. Dieser verweigert sich. Es kommt zum offenen Zerwürfnis zwischen Jochen und dem Onkel. Er will nun definitiv wieder nach Hause.

Der Versuch, in Einzelgesprächen mit der Mutter deren Leidensgeschichte mit dem ersten Ehemann noch einmal aufzugreifen und die Schuldgefühle gegenüber Jochen zu bearbeiten, scheitert an der rigiden Abwehr der Mutter.

Es werden Weichen für ein Berufsvorbereitungsjahr oder für ein Berufsförderungswerk gestellt und Formen des Wohnens in beschützten Wohngruppen bei enger Zusammenarbeit mit der Jugendpsychiatrie vorgeschlagen. Jochen drängt stattdessen beharrlich auf eine Entlassung, die keine Pflichten und Zukunftspläne beinhaltet. Er spricht davon, daß er seine Freiheit suche. Ohne Erlaubnis kauft er bei einem Ausgang einen Vogel in einem Käfig. Dieser Vogel wird in der Folgezeit vernachlässigt, dann wieder überversorgt, teils eingesperrt, teils freigelassen. Jochen läßt keinen Zweifel, daß er in dem Vogel sich selbst erkennt.

Zum Zeitpunkt der überhasteten Entlassung nach 3monatigem Aufenthalt haben sich alle Vereinbarungen mit ihm oder den Eltern verflüchtigt. Für ihn und für die Eltern wird durch die Wiederaufnahme in das Elternhaus die Angst zerstreut, daß er dort vielleicht ausgestoßen werden könnte. Die gleiche Reparatur, die schon im Alter von 3 Jahren versucht wurde, soll sich erneut bewähren. Jochen hat während des Aufenthalts keine Medikamente erhalten.

Katamnestische Nachfragen 5 Jahre später ergeben, daß Jochen nach 2 weiteren Aufenthalten in Kliniken für Erwachsene in einer Wohngruppe für seelisch Kranke aufgenommen wurde und von dort aus einen beschützten Arbeitsplatz erhalten hat. Die Eltern teilen uns auf eine Anfrage hin mit, daß sie zu viele schlimme Dinge mit dem Kind und mit den Kliniken durchgemacht hätten und an einem Gespräch nicht interessiert seien, weil sie an das Vergangene nicht erinnert werden möchten.

Behandlung von psychotischen Patienten in der Adoleszenz: ambulant oder stationär?

H. Meng

Symptomatik

Die 17½jährige Agnes, wie wir sie nennen wollen, wurde von den Eltern gegen ihren Willen zur stationären Behandlung gebracht. Mit prinzessinnenhaftem Mona-Lisa-Lächeln, flackrigem Blick und ängstlich-scheuer, fast erhabener Zurückhaltung machte sie jedem, der es sehen wollte, ihr Unwohlsein deutlich. Agnes zögerte, die Koffer hinzustellen und legte die Violine oben auf das übrige spärliche Gepäck. Sie würde ja ohnehin mit ihren Eltern gleich wieder nach Hause fahren. Es war etwas Geschick seitens der Eltern und den bereitstehenden Mitarbeitern notwendig, mit Agnes etwas Zeit zum gemeinsamen Überlegen zu erhalten, bevor sie wieder weggehen würde. Vielleicht der Nachdruck, die Schnelligkeit und die Entschlossenheit, mit der Agnes ihre Entscheidung mitteilte, ließen den Eingeweihten erahnen, welches Leiden die Familie hinter sich hatte. Andere Hinweise auf die Hektik in der jüngsten Vergangenheit waren derzeit nicht erkennbar.

Im kurzen Vorgespräch einige Wochen vor der stationären Aufnahme hatten die Eltern von der zunehmenden Verwirrung berichtet, in die sie ihre Tochter im Laufe der letzten Jahre hätten gleiten sehen. Ihre Konzentrationsstörungen und Blockierungen hätten ihr schon 3 Jahre vor jenem Gespräch, im Alter von 11 Jahren, zunehmend den Schulbesuch erschwert, bis sie diesen kurz nach dem Übertritt in das Gymnasium ganz habe einstellen müssen. In jener Zeit habe sie sich auch sehr zur Wehr gesetzt, mit Fußtritten, Schimpfen, Boxen und Klemmen in das Gesicht der Mutter. Sie habe dem Vater gedroht, Steinbrocken nachzuschleudern, oder laut auf dem Bahnhof ihrer Heimatstadt herumgeschrien. Niemand verstand ihre Verärgerung. Agnes hatte in jenem Gespräch von den „komischen Gedanken" berichtet, die sie habe, von den „Wellen, welche sie aus anderen Welten empfange". Derzeit würde die Tochter allerdings nurmehr aufräumen, meinten die Eltern, seit 5 Wochen. Sie müsse alle Gedanken aufschreiben, hätte aber den Überblick über Hunderte von Zetteln in ihrem Zimmer schon lange verloren. Zum Aufstehen brauche sie 5 Stunden. Andererseits sei Agnes neulich wieder barfuß in den Wald gelaufen, um ihre Kleider zu verbrennen. Ihr Versuch, hinter verschlossener Türe ihr Zimmer in Brand zu setzen, hatte 1 Monat vor dem Eintritt bei uns eine Notfalleinweisung in eine psychiatrische Klinik notwendig gemacht.

Die Symptomatik, die von den Eltern und teilweise von der Tochter beschrieben worden war, ließ an der Diagnose eines psychotischen Prozesses keine Zweifel. Schwieriger war die Frage, wie wir mit der Angst dieses Mädchens zurechtkommen könnten. Was sollte mit ihrem Entschluß geschehen, unsere Abteilung spätestens zusammen mit ihren Eltern wieder zu verlassen? Weder Gitter noch Schlösser konnten uns die Antwort auf diese Frage abnehmen.

Die Spannung von Agnes übertrug sich auf die Umstehenden. Wir kannten von den Erzählungen die Wucht, mit der sich die Jugendliche zur Wehr setzen konnte. Wir fühlten die Gespanntheit des Mädchens und die Ratlosigkeit der Eltern. Wir verstanden ihre Hoffnung, jemand von uns möge das Zauberwort sprechen und den Bann brechen. Uns schien es vordringlich, zuerst die Frage des Settings zu klären. Das Behandlungsteam konnte der Familie lediglich ein Behandlungsangebot unterbreiten, während die Eltern letztlich zu entscheiden hatten, ob sie dieses Angebot annehmen wollten. Zudem mußten wir darauf hinweisen, daß wir in unserer offenen Abteilung keine Möglichkeit hatten, Agnes physisch am Weglaufen zu hindern. Dies war vielleicht eine Entlastung für die Patientin aber eine Belastung für ihre Eltern. Es war auch eine Chance, in der Frage des Behandlungsauftrags zu einer wahren Antwort zu finden. Wir konnten nur anbieten, Agnes mit allen unseren Möglichkeiten rund um die Uhr beizustehen, sollte ihre innere Not und die Ängste sie allzusehr bedrängen. Agnes' Vorsatz, sich bei uns auszuschweigen, schien vergessen. Es folgten Vorwürfe an die Adresse der Eltern, sie würden ihre Tochter verstoßen. Die Ambivalenz, in die der Druck des Mädchens vor allem die Mutter zu stürzen drohte, griffen wir auf. Wir versuchten, als Diskussionspartner mit den Beteiligten nochmals das Dafür und Dagegen durchzudenken, um den Eltern zu Klarheit gegenüber dem massiven emotionalen Druck der Tochter zu verhelfen als Grundlage für ihre schwierige Entscheidung.

Die Eltern fanden die Kraft, bei ihrer Entscheidung zu bleiben und machten sich auf den Heimweg. Zögernd wagte Agnes, zusammen mit ihrer Bezugsperson, das Gepäck in das Zimmer zu bringen. Auszupacken brauche sie nicht, da sie ohnehin spätestens am nächsten Tag abreisen wollte. Das tat sie dann auch – mit „Sack und Pack".

Die Aufgabe für uns war klar; wir mußten den Eltern und Agnes dazu verhelfen, nicht nur administrativ und physisch in die jugendpsychiatrische Abteilung einzutreten, sondern auch emotional, mit ihren Konflikten. Nur damit hatten wir eine Chance, diese auch zu bearbeiten. Ein langer Weg, wie sich bald herausstellte.

Kontext

Die Familie wohnte in einem Patrizierhaus, neben der Dorfkirche. Aufgrund seines historisch bedeutenden Baustils war es unter Denkmalschutz gestellt worden. Der Vater beklagte, daß sein lediger, alleinstehender Bruder ebenso viel Raum beanspruche, wie sie mit ihren 5 Kindern. Die Mutter bedauerte, daß sie nur im Gartenhäuschen alleine sein könne. Zudem habe Agnes lange Zeit zusammen mit dem jüngsten der 4 älteren Brüder ein Zimmer geteilt. Die Eltern hätten sich über das verträgliche Nebeneinander der beiden Geschwister gefreut.

Trotz engagierter Berufstätigkeit sei der Vater früher täglich vor dem Mittag- und Abendessen mit den Kindern spazieren gegangen. Dadurch sei es ihm möglich gewesen, seiner Frau den notwendigen Freiraum für das Zubereiten der Mahlzeiten zu verschaffen. Zudem hätte er seinen Kindern viel von der wunderbaren Natur in der Umgebung zeigen können. Er bedauerte, daß seine Tochter das herrliche Blumenmeer nicht miterleben konnte, das gegenwärtig in ihrem Garten erblühte wie eine kleine „Insel Mainau".

Die Idylle in der Erzählung der Eltern hinterließ beim Zuhörer eine merkwürdige Enge, die schlecht in die heutige Zeit passen wollte. Bei all dem Charme, mit dem die Familie ihre Besonderheit zu vertreten verstand, wirkte die betonte Natürlichkeit sehr ausschließlich.

Anamnese

In der Erinnerung der Eltern war Agnes bis zur Pubertät ein „strahlendes, fröhliches, gemütvolles, fürsorgliches, einfühlsames, geselliges, gesprächiges, alle Leute mit ihrem sonnigen Wesen einnehmendes Kind". Ein Schreck sei für Agnes gewesen, als sie im Alter von 10 Jahren ihre Mutter wegen einer Synkope bereits tot geglaubt habe. Für Agnes, die ihre Mutter gewöhnlich „für sich gepachtet hatte", sei dies ein besonderer Schock gewesen, der in den folgenden 2 Jahren zu einem besonders engen Verhältnis zwischen Mutter und Tochter geführt habe. Darüber hinaus wußten die Eltern kaum Auffälliges zu berichten. Um so erschreckender habe der zufällig entdeckte Brief der Tochter an den jüngsten Bruder gewirkt, er solle „mit dem Sex bitte aufhören". Dies brachte eine enge Beziehung ans Licht, die zwischen Agnes und ihrem Bruder von ihrem 11. bis zum 14. Lebensjahr bestanden hatte. Kurz vor ihrem 11. Geburtstag war der im gleichen Haushalt wohnende Großvater verstorben und die Mutter hatte ihren Beruf wieder aufgenommen. Mit knapp 14 Jahren trat bei Agnes die Menarche ein.

In der Folge hatten sich bei der Patientin Störungszeichen gehäuft und vertieft:

Bei der 14jährigen fiel auch auf, daß sie sich zusehends abkapselte und nur noch ins Schwimmbad ging, wenn dieses gegen Abend menschenleer geworden war. Sie nahm die Mahlzeiten nach der Familie alleine ein oder verpflegte sich in ihrem Zimmer. Während sich Agnes beklagte, niemand wolle mit ihr reden, rangen die anderen um Kontakt zu ihr. Ihre Freundinnen berichteten der Mutter mit Bestürzung, daß Agnes von sich aus den Kontakt zu ihnen abgebrochen habe. Als Gründe nannte Agnes ihre Ängste, die sie von Begegnungen mit andern Leuten abzuhalten begannen. Pflegehandlungen der Mutter mißdeutete sie als Angriffe. „Du träufelst mir Gift in die Augen" (bei Augentropfen), „Du bringst mir den Tod" (mit einer Tasse Tee). Zuhause folgten tätliche Angriffe, vor allem auf die Mutter, mit lautstarken öffentlichen Beschimpfungen. In verschiedenen Wutanfällen begann sie, Mobiliar und schließlich auch persönliches Eigentum zu zerstören oder vergrub ihre Lippenstifte wegen deren dämonischer Ausstrahlung im Garten. Diese heftigen aggressiven Phasen wechselten mit depressiven Einbrüchen, in denen sie sich untätig ins Bett zurückzog mit der Decke über dem Kopf. Seit ihrem 15. Lebensjahr wurde sie auch von wiederkehrenden Suizidideen verfolgt. Bisweilen lief sie weg, nächtigte unter freiem Himmel bei den Schafen oder irrte im Wald umher, warf Jacke, Pullover und Schuhe weg und kehrte in den Socken spät abends wieder nach Hause zurück.

Körperlich klagte die Patientin über verschwommenes Sehen, wenn es ihr schlecht ging, so wie damals, als die Krise begann. Es stellten sich Schlaf- und Appetitstörungen ein, was sie mit gewaltsamen Fastenkuren zu therapieren versuchte. Sie vernachlässigte ihre Körperhygiene und begann, im Sommer in dicken Pullovern und Windjacke und im Winter in T-Shirts umherzulaufen.

Auch schulisch stellten sich mit Beginn der Krise Konzentrationsstörungen ein, zunächst im Fach Geometrie, später auch in sprachlichen Fächern. Beinahe jedes zweite Wort strich sie, ohne daß der verbliebene Text einen Sinn ergab. Sie verlor jede Lust an der Arbeit. Bald gelangen ihr die alltäglichsten Dinge nicht mehr. Der Lehrer empfahl einen Schulwechsel in die Rudolf-Steiner-Schule, wo sie 2 Monate verbrachte. Trotz höchster Anstrengung blieb ein Schulerfolg aus. Es folgte ein Versuch in einer kinderpsychiatrischen Beobachtungsstation mit freiwilliger Repetition der 2. Sekundarklasse. Dies konnte die Situation etwas beruhigen. Ein Versuch im Gymnasium scheiterte nach wenigen Tagen. Von da an setzte sie keinen Fuß mehr über die Schwelle eines Schulzimmers.

Es ist verständlich, daß die Eltern in dieser verzweifelten Situation schon früh bei verschiedenen Ärzten Hilfe suchten. Gründliche Untersuchungen (inklusive EEG und Computertomogramme) förderten keine verwertbaren Befunde zutage. Ambulante psychotherapeutische Versuche scheiterten oft nach wenigen Sitzungen mangels Kooperation von Agnes. Auf wiederholtes Bitten der Eltern nach einer medikamentösen Behandlung fanden sie 2 Jahre nach Ausbruch der Krankheit einen Psychiater, der einen zaghaften Versuch einer neuroleptischen Behandlung wagte (Thioridazin 3mal 10 mg/d). Eine Erhöhung dieser Dosis (auf 3mal 30 mg/d) und die Kombination mit Carbamazepin (bis 800 mg/d) führten zum Bedauern der Patientin, daß man ihr damit „ihre Vorstellungen genommen habe". Eine Besserung trat aber nicht ein.

Als Agnes ihre Drohung wahr machte und die Matratze, die sie nie schlafen lasse, in Brand steckte, die Türe abschloß und sich mit der Bemerkung, es „brenne schön", aus dem Haus machte, mußten sich die Eltern schweren Herzens zu einer Zwangshospitalisation in einer psychiatrischen Klinik entschließen.

Der Lieblingsbruder von Agnes habe sich anschließend ernsthaft einer evangelischen Gruppierung angeschlossen. Er habe oft die eigene Ernährung vernachlässigt und bis in die frühen Morgenstunden in einer nahegelegenen Stadt auf der Straße missioniert (Abb. **18**).

Familienanamnese

Der Vater, ein Nachkomme der vierten Generation seines Geschlechts an diesem Ort, beschrieb sich als zutiefst verwurzelt in seinem Städtchen. Er war bei der Geburt von Agnes bereits über 40 Jahre alt. Seiner 3 Jahre älteren Schwester habe beim Sprung in die Welt die Heirat mit einem Afrikaner geholfen: sie lebe heute 2500 km vom Elternhaus entfernt. Der 7 Jahre ältere Bruder sei durch die enge Bindung an die Mutter gehindert worden, sich je in eine andere Frau zu verlieben. Er habe sein Leben der Wissenschaft gewidmet.

Von seinem „sehr ungesund lebenden Vater" habe er sich dank einem bewußt sportlich-gesunden Lebensstil etwa im Alter von Agnes distanzieren können. Dies habe ihm auch den Spitznamen „Zwiebelseppi" eingetragen. Man kam nicht umhin, von der Heftigkeit dieser Absetzbewegung nach Verbindungen zur Enge der „Insel Mainau" zu suchen. Seiner Mutter verdanke er den „Sprachtick", den er schließlich zum Beruf kultivieren konnte. Er ist heute promovierter Fachmann, der sich auch öffentlich zu Wort meldet.

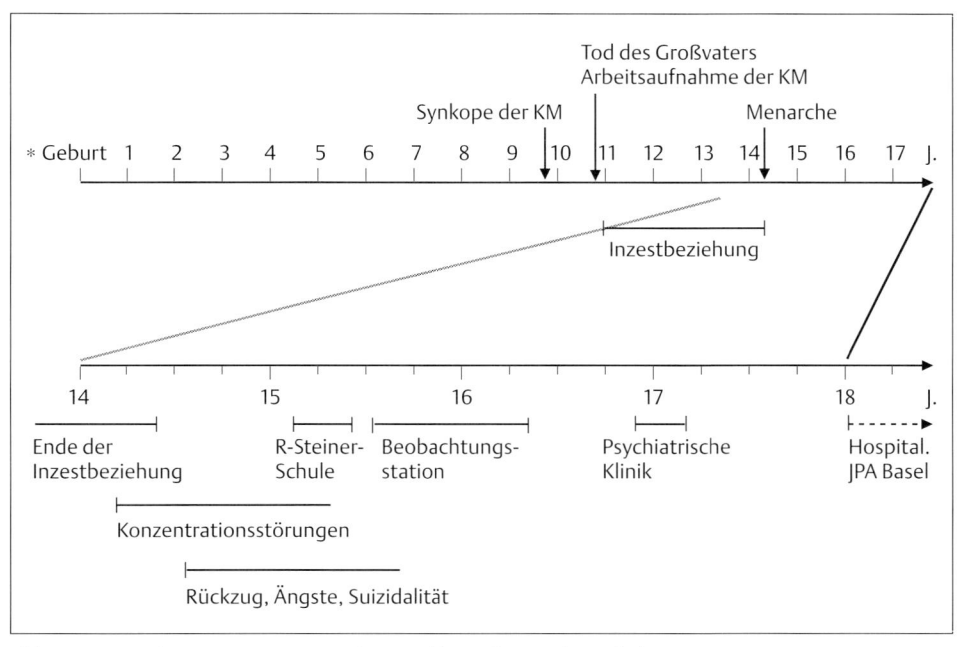

Abb. **18** Zeitachse zu Anamnese und Entwicklung der Psychopathologie.
KM   Kindmutter
J.   Altersjahr

Bis in das Erwachsenenalter hinein stand das Leben der Mutter unter dem Einfluß von Beruf und Schicksal ihres Vaters. Dieser habe sich als Missionar im Urwald alleine mit vielen Eingeborenen wohlgefühlt. Eine Leidenschaft, die er teilweise mit seiner Frau habe teilen können. Dies bedeutete aber, daß die Mutter von Agnes als Kind immer wieder über Monate ihren Vater entbehren mußte. Nur selten habe die Familie ihn auf diesen Reisen begleiten dürfen. Auf einer dieser Reisen habe die Familie ihre zweitälteste Tochter, die 25jährige Babette, durch einen Unfall verloren. Sie sei ein heiteres Kind gewesen, das die Kindsmutter bis heute vermisse. Wäre Babette noch am Leben, würde sie sicher einen wohltuenden Einfluß auf die Familie ausüben. Der viertgeborenen Kindsmutter wurde als zweiter Name Babette gegeben. Als ihr Vater einen 3jährigen Aufenthalt abbrechen mußte, während dem er alleine in Afrika war, empfand die 15jährige Lieblingstochter ihren Vater als fremd.

In ihrer heutigen Familie habe sich die Kindsmutter neben den „5 Männern" zusammen mit Agnes oft durchsetzen müssen. Sie schätze aber, wie ausgezeichnet sie sich nach langjähriger Ehe noch mit ihrem Partner verstehe, besonders wenn sie alleine seien.

In der zahlreichen Verwandtschaft seien bereits eine ganze Reihe von seelischen Schwierigkeiten aufgetreten: Eine Großtante habe seit einem Unfall an schizophrenen Zuständen gelitten und sich im Alter von 30 Jahren erschossen. Ihre Mutter sei daraufhin in Schwermut versunken. Ein Cousin habe sich aufgrund einer behandlungsbedürftigen Depression zu erhängen versucht. Sein Bruder habe wegen paranoiden Zuständen stationär behandelt werden müssen. Eine weitere Großtante sei nach paranoider Krankheit einem ihrer vielen Suizidversuche erlegen – im selben Jahr, in dem bei Agnes die eigene Erkrankung ausgebrochen war (Abb. **19**).

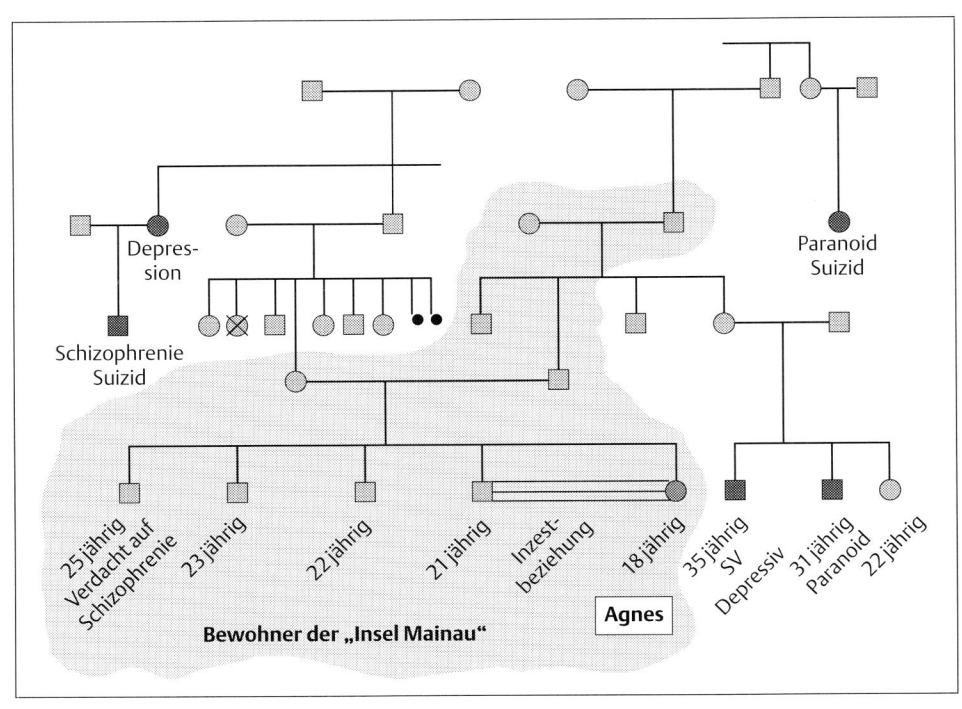

Abb. **19** Genogramm
SV   Suizidversuch

Untersuchungsergebnisse

Weder die beschriebenen depressiven Phasen noch die manisch anmutenden, hoch expansiven aggressiven Zustände standen während der stationären Behandlung in der jugendpsychiatrischen Abteilung im Vordergrund. Ein aggressives Agieren wurde nur dann beobachtbar, wenn wir gezwungen waren, Druck auszuüben. Dann erhielten wir Einblick in eine rigide, panisch anmutende Abwehr. Andere produktive Symptome ließen sich während der Hospitalisation nicht sicher nachweisen. Im Vordergrund standen Denkstörungen (Gedankenblockierungen, Konzentrationsstörungen) und vor allem ausgeprägte Kontaktschwierigkeiten. Agnes bewegte sich in der Gruppe der Jugendlichen wie unter einer Glasglocke. Mit der Patientin in Beziehung zu treten verlangte Geduld und Geschick. Affektiv war sie über viele Wochen kaum spürbar.

Unsere psychodynamische Hypothese brachte das psychosozial geschlossene System der „Insel Mainau", in dem sich lange Zeit unbemerkt eine zu nahe Beziehung zwischen Agnes und ihrem Bruder etablieren konnte, in Zusammenhang mit dem pubertätsbedingten Entwicklungsschub. Agnes mußte unter dem Druck der erwachten Sexualität – mit eingetretener Menarche ließ sich diese nicht mehr verdrängen – neue Antworten auf alte Fragen ihrer ödipalen Bezogenheit finden. Möglicherweise erschwerte die Enge des familialen Systems diesen Prozeß, der durch das manifeste Inzestproblem doppelt bedrängend wurde. Es schien, als würde eine durch Ängste blockierte Entwicklung unter dem zunehmenden Triebdruck sukzessive in eine Dekompensation gedrängt. Diese kündigte sich früh an; Denkstörungen, sozialer Rückzug, Leistungsknick. Das ambulante Setting erwies sich als zu wenig sicher, um einen heilenden Prozeß zu ermöglichen. Das hohe Angstniveau ließ die Patientin auch während der stationären Behandlung wiederholt die Flucht auf die rettende Insel antreten.

In der testpsychologischen Untersuchung zeigten sich Hinweise auf ein enormes Aggressionspotential mit Bereitschaft zu rücksichtsloser Destruktivität, während aktuell keine Anzeichen grober paranoider Verkennungen nachweisbar waren. Es fehlten auch Hinweise auf frühe Ängste.

Diagnose

Vor dem Hintergrund der Vielfalt der beobachteten Symptome, die je nach Krankheitsphase das klinische Bild dominiert hatten, scheint uns rückblickend die Diagnose einer gemischten schizoaffektiven Störung (**ICD 10: 25.2**) am ehesten gerechtfertigt.

Therapieverlauf

In den ersten Wochen der Behandlung konzentrierten wir uns darauf, der Patientin ein sich Einlassen auf einen therapeutischen Prozeß zu ermöglichen. Es mußte eine Balance gefunden werden zwischen dem drohenden Überflutetwerden von Ängsten, die durch die Konfrontation mit dem therapeutischen Milieu der Abteilung stimuliert wurden und der Gefahr, daß die Patientin gleichsam unberührt die Behandlung abbrach. Dabei galt es, der Gewaltbereitschaft Rechnung zu tragen, um unnötige Traumatisierungen zu verhindern. Das offene Setting trug wesentlich dazu bei, daß der sich entfaltende Prozeß weder durch institutionelle Gewalt noch durch unzumutbare psychische Überforderungen gestört worden wäre.

Agnes behielt anfänglich ihre Koffer grundsätzlich gepackt. Der Wunsch, nach Hause zu gehen, werde ihr von einem Engel eingegeben, meinte sie. Sie spaltete ihn von sich ab. Nicht ohne Wehmut dachte sie an die geschlossene Anstalt zurück, in der sie zuvor eingesperrt gewesen war. Dort sei ihr die Arbeit, sich immer neu für den mühevolleren Weg der Konfrontation zu entscheiden, von den Gittern abgenommen worden.

In der Beziehung zur Patientin fiel den Mitarbeitern die enorme, gespannte Aggressivität auf, die sich allerdings kaum nach außen zeigen durfte. Die Mutter demgegenüber vertrat – zumindest vordergründig – die Überzeugung, die jugendpsychiatrische Abteilung sei der einzig richtige Ort für die Behandlung ihrer Tochter. Die Patientin war von Versagensängsten bedrängt und litt unter großen Kontaktschwierigkeiten. Die Flupentixolmedikation (8 mg/d, nach 3 Wochen wegen vermehrtem Getriebensein erhöht auf 12 mg/d) führten wir bis zur Entlassung fort. Das Weiterführen einer neuroleptischen Behandlung über 2-3 Jahre nach einem psychotischen Einbruch trägt bekanntlich wesentlich zur Reduktion der Gefahr eines Abgleitens in einen sich chronifizierenden Prozeß bei.

Wir interpretierten diese lange, von Ambivalenz geprägte Phase als ein Ringen mit der Frage, ob die angebotenen Beziehungen auf der Abteilung tragfähig genug seien, um die inneren Konflikte einzubringen und durch Ängste gesicherte Schwelle zu übertreten. Es galt, das Setting zu testen. Im Kontakt mit den Eltern konzentrierten wir uns neben dem Erarbeiten der Anamnesen – sofern neben dem Krisenmanagement noch Zeit blieb – auf das Aufspüren ihrer eigenen Ambivalenzen. Sie durften sich bisweilen nur im Bedauern äußern, daß die gewohnte gesunde Ernährung in der jugendpsychiatrischen Abteilung nicht angeboten werde. Nicht immer war es möglich, Elterngespräche auf der Abteilung zu führen. Oft benötigte es – wenn Agnes trotz allem Bemühen wieder ausgerissen war – geduldiger „Telefonarbeit", um den Eltern zur Klärung der weiteren Schritte zu verhelfen. Es mußte beraten werden, ob sie als Inhaber der elterlichen Gewalt und damit verantwortlich für das Wohl ihrer Tochter darauf bestehen durften, daß ihre Tochter in die Klinik gehörte. Und wie ließe sich der einmal gefaßte Entschluß in die Tat umsetzen – gar mit Hilfe der Polizei? Durfte eine Mutter die Hilfe der Polizei beanspruchen, um ihren Willen gegenüber der Tochter durchzusetzen? Wäre dies der Beweis, daß die Mutter ihre Tochter nicht gerne hat, gar los werden möchte, wie die Patientin ihr vorwarf? War sie bei uns, konnten wir mit der Patientin die gleichen Fragen bearbeiten. Wir konnten ihr helfen, die Gründe zu verstehen, die sie wegtrieben. Die Patientin konnte im hic et nunc erfahren, daß trotz allem Experimentieren die gefürchtete (oder erhoffte?) Strafe der Ausstoßung nicht eintrat. Dabei konzentrierten wir uns auf äußere Fakten. Zum Gespräch über intrapsychische Zusammenhänge hielten wir uns bereit, falls es gesucht würde. Viel wichtiger war uns die Klärung des Rahmens.

Schließlich wurde als Frucht dieser Intensivpflege die Zeitspanne länger, während der sich die Patientin auf der Abteilung aufhalten konnte. Die unerlaubten Ausgänge wurden seltener. Agnes konnte vermehrt nach kürzeren Ausflügen selbständig in die jugendpsychiatrische Abteilung zurückkehren. Die Patientin „kam bei uns an"!

Je sicherer sich das Hiersein der Patientin auf der Abteilung für die Mitarbeiter anfühlte, desto mehr schob sich ein neues Problem in den Vordergrund: die Patientin verweigerte das Essen, entwickelte alle Züge eines anorektischen Krankheitsbildes, bis zur Amenorrhö. Das Gewicht sank kontinuierlich in Richtung der von der Patientin anvisierten Werte (Abb. **20**).

Wir beurteilten diese Entwicklung als günstig, obwohl eine neue Belastung für das Dreieck Patientin – Eltern – Behandlungsteam entstand. Das kohärente Bleiben in der Beziehung – auch um den Preis eines passageren anorektischen Zustands – entsprach einem höheren inneren Strukturniveau als das immer wieder von (fraglichen) psychotischen, sicher aber von tiefen Ängsten getragene Weggetriebenwerden von der Abteilung mit der fast voll-

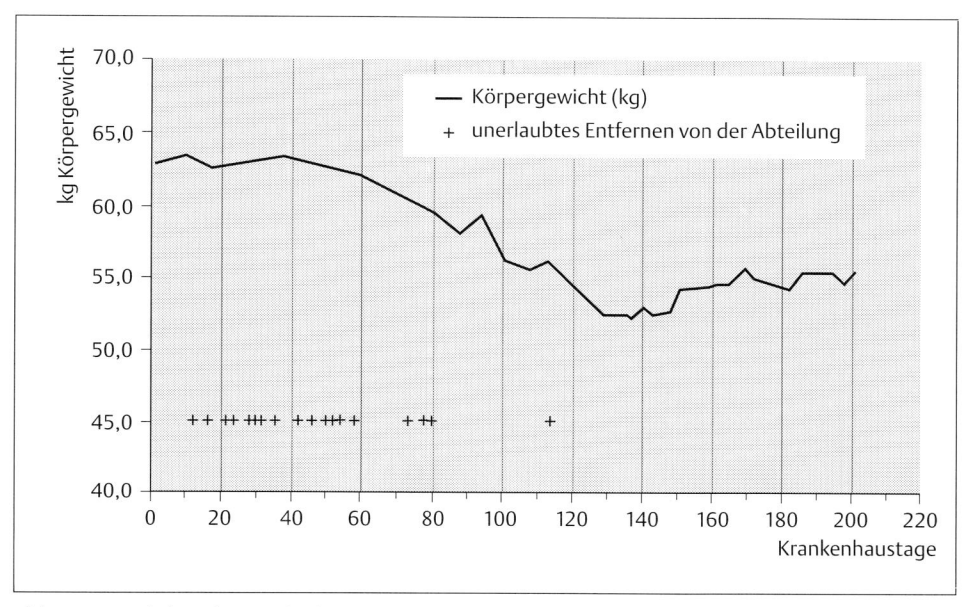

Abb. 20 Häufigkeit des unerlaubten Entfernens und Körpergewicht in ihrem zeitlichen Verlauf.

ständigen Beziehungsabstinenz. Selbstverständlich konnten wir eine Nahrungsverweigerung nicht dulden und mußten darauf bestehen, von der Patientin nicht als Begleiter ihres selbstzerstörerischen Verhaltens mißbraucht zu werden. Mit Hilfe eines bei uns üblichen Anorexievertrags handelten wir mit Agnes wie auch mit den Eltern eine schrittweise Rückkehr zu einem Körpergewicht aus, das wir als notwendige Basis für eine normale – und von der Patientin gewünschten – Leistungsfähigkeit voraussetzten. Auch hier galt es, Ambivalenzen auf allen Ebenen aufzuspüren, sowie mit der Mutter zu klären, weshalb die von ihr initiierten Molkekuren und die heimlich verabreichte Weizenkleie zum vereinbarten Behandlungskonsens im Widerspruch standen.

Die Strategie bewährte sich, das Gewicht stabilisierte sich zusehends. Agnes konnte schulisch immer mehr belastet werden – und überraschte uns in der 20. Behandlungswoche mit der Anfrage, ob sie mit einer Jugendgruppe in ein Ferienlager gehen dürfe. Agnes bewältigte dies zu unserer Überraschung ohne Schwierigkeiten. Das verschaffte uns die Sicherheit, daß die Planung des Austritts vorangetrieben werden konnte. Der nächste Konflikt stand an.

Viel zu schnell rückte der Schulbeginn der Klasse näher, die sich Agnes, zusammen mit ihren Eltern, für den weiteren Weg ausgesucht hatte. Gewarnt durch unseren internen Lehrer, der darauf hinwies, wie sehr die Patientin bei Leistungsanforderungen noch unter Konzentrationsstörungen leide, rieten wir dringend von einem durch den Rhythmus des Schuljahrs diktierten vorzeitigen Austritt ab: ohne Erfolg. Agnes verließ uns, glücklich, erleichtert, zusammen mit dankbaren aber verunsicherten Eltern. Ob sie wohl die richtige Entscheidung getroffen hätten – gegen unseren Rat? Wir waren glücklich, wenigstens noch eine Psychotherapeutin gefunden zu haben, der wir mit gutem Gewissen die Nachbetreuung anvertrauen konnten.

Katamnese

Ab und zu erreichen uns seither Postkartengrüße von Agnes. Eine Nachfrage 3 Jahre später hat ergeben, daß Agnes nach wie vor wöchentlich ihre Psychotherapie besucht, in ihrer Klasse glücklich und gut integriert ist und gerade als eine der Besten die Abschlußklasse in Angriff genommen hat.

12. Sucht

„Unfähig zu echtem Kontakt" – Adoleszenter Substanzmißbrauch zwischen Selbstmedikation und Suchtgefährdung

O. Bilke

Symptomatik

Gewichtschwankungen, tägliches Erbrechen, Stimmungswechsel im Minutenrhythmus, Weinkrämpfe und Schulversagen mit drohender Ausschulung führten die 17jährige Sonja über die Hausärztin in die Jugenddrogensprechstunde. Zusätzlich zur seit Monaten zunehmenden psychischen Problematik war ein steigender Cannabis-, Ecstasy-, Kokain- und Amphetaminmischkonsum gekommen. Die besorgten Eltern beobachteten einen emotionalen Rückzug, beschrieben die einzige Tochter als gefühlskalt, apathisch und antriebslos, was nicht zu ihrer früheren Persönlichkeit paßte. Die Drogendealer, mangelnde staatliche Aufklärung und die drogenverharmlosende Schule seien daran schuld.

Sonja selbst berichtete vorsichtig zunächst im Beisein ihrer Eltern, daß sie die schulische Belastung nicht ausgehalten habe, sie deshalb Amphetamine probiert habe und wegen der Substanzeinnahme jetzt hilflos und durcheinander sei. Sie brauche dringend eine Drogentherapie für sich selbst, das Hauptproblem hätten aber ihre Eltern. Sie wolle von Drogen absolut wegkommen, auch kein Nikotin mehr konsumieren, dafür müsse der Therapeut sorgen. Dann sei alles wieder in Ordnung.

Im Einzelgespräch berichtet Sonja offener von ihrem „Hauptproblem", das sie seit Jahren kenne und das sie quäle, nämlich einer „Unfähigkeit zu echtem Kontakt". Als typische Beziehungsepisode schildert sie, daß sie eine Unzahl von Bekannten habe und stets „neue Leute" kennenlerne. Wenn das erste ernsthafte Gespräch beginne und sie spüre, daß ihr Gegenüber sich wirklich für sie interessiere, steige eine unerklärliche Angst in ihr auf, sie zittere und könne sich kaum bewegen. Meist breche sie die Beziehung an dieser Stelle ab – oder überspringe ihre Ängste, nehme Stimulanzien ein und werde mit männlichen Bekannten überstürzt intim. Sie schlafe in diesen Situationen sofort mit Jungen, tue „alles, was diese wollen", was später zu Schuldgefühlen und bulimischen Attacken führe. Diese Art von Beziehungsgestaltung ist typisch für sie. Mittlerweile ist sie in ihrer Stadt als „leichtes Mädchen" und „Go-go-Girl" bekannt. Ohne Wissen ihrer Eltern und Freunde tanze sie nächtelang gegen ein geringes Honorar fast unbekleidet – in einem großen beweglichen Stahlkäfig etwa 5 m über der Tanzfläche schwebend – in einer Großdiskothek. Sie genießt einerseits die Zurschaustellung, fühlt sich aber auch ausgenutzt und mißbraucht. Schamgefühle sind ständige Begleiter, wenn sie keine Drogen zu sich nimmt.

Strategien der Diagnostik

Ohne die äußeren und äußerlichen Aspekte der Patientin mit ihrem Signalcharakter wären die diagnostischen Überlegungen nicht vollständig. Beim Erstkontakt, verstärkt aber beim ersten Einzelgespräch, kleidete sich Sonja sehr schillernd. Von großer, altersentsprechend gut proportionierter Gestalt trug sie lange, mit Blümchen und Käfern bedruckte Kleider, die – im Oberkörperbereich hauteng und wenig verhüllend, ab der Hüfte wallend und weit – ihrer Gestalt etwas eigenartig Gebrochenes und Skurriles gaben. Der grelle Lippenstift und die künstliche Hautbräunung kontrastierten zu klingelnden Kinderohrringen und einer sehr hellen Stimme.

Sich selbst oft berühend, an den Haaren drehend, über Brust und Beine streichend, vermittelte sie eine pseudoerotische Unsicherheit in der Selbstdarstellung und trotz ihrer Angabe, ihr Äußeres sei hochmodern, wirkte sie eher rührend-bemüht und kindlich in ihrer Ausstrahlung.

Die anklingende Ambivalenz des Diagnostikers als Spiegel der massiven und existentiellen Ambivalenzen dieser 17jährigen Kindfrau wurden in der Anfangsphase der Diagnostik zum Leitmotiv.

Kontext

Zum Zeitpunkt der Erstvorstellung stand Sonja in der Schule kurz vor den Halbjahreszeugnissen, mit denen sich einige Klassenkameraden für Ausbildungsplätze nach der 10. Gymnasialklasse bewerben wollten. Für sie selbst hatte sich die Frage der Schulbeendigung nicht gestellt, da sie als abiturfähig galt und ihre Eltern und sie selbst „irgendein" Studium planten. Der Leistungsverfall im Zusammenhang mit der Substanzeinnahme (Konzentrations- und Schlafstörungen) und die gleichzeitige emotionale Lernhemmung brachten diese Zukunftspläne ins Wanken und es stellten sich die bisher vermiedenen Fragen, wofür sie Talent habe und was sie interessiere. Die Beantwortung dieser Fragen war für Sonja zu dem Zeitpunkt der Symptomexazerbation unmöglich, wurde aber um so mehr von ihrer (erwachsenen) Umgebung gefordert.

In der Familie fand zeitgleich ein Umstrukturierungsprozeß statt, da der noch im gemeinsamen Familienhaushalt lebende, 5 Jahre ältere Bruder zu seiner Freundin zog und zur Enttäuschung der Eltern wenig Kontakt zu ihnen pflegte. Er sei unverbindlich und die Eltern wüßten nicht, wie sie ihn einschätzen sollten. Zum Zeitpunkt des faktischen Auszugs war die bekannte Bulimie Sonjas offenkundiger geworden, der Drogengebrauch kam dazu. Beide Eltern beschreiben sich als orientierungslos und unsicher, sie wüßten nicht mehr, was richtig sei und würden sich durch Selbstvorwürfe quälen.

Situative Dynamik

Zu einem Zeitpunkt mehrerer individueller und familiärer Entwicklungsaufgaben und -krisen, die nach Entscheidungen, Trennungen und Individuation verlangten, tauchte ein plötzlich offen werdender Substanzgebrauch als ein neues, scheinbar von außen herangetragenes Problem und als Gefahr für den familiären Zusammenhalt auf. Die Personalisierung im „gefährlichen Dealer" erlaubt es, sich zum einen selbst in der Opferrolle zu fixieren, zum anderen durch projektive Identifikation eigene destruktive und aggressive Impulse zu externalisieren und ein kohärentes Familienideal aufrechtzuerhalten, in der Abgrenzung von der bedrohlichen Außenwelt (Thomasius, 1996).

Anamnese

Sonja wurde als Wunschkind beider Eltern 5 Jahre nach ihrem Bruder geboren. Die Schwangerschaft war bei gesicherten sozialen Verhältnissen durch keine medizinischen oder psychologischen Komplikationen geprägt. Die Geburt war leicht. Der Vater war dabei und hat sich auch nach der Geburt intensiv um Sonja gekümmert. Rivalitäten zum älteren Bruder tauchten nicht auf, dieser habe Sonja eher neugierig bis neutral betrachtet. Die frühkindliche Entwicklung zeigte keine Auffälligkeiten, keine Fütter-, Schlaf- oder motorische Störungen, insgesamt war die Entwicklung im ersten Lebensjahr „ruhig" verlaufen. Ein ruhiges Gemüt und geringe Ansprüche an die Umwelt waren ein Charakteristikum der Patientin bis zur Einschulung.

Auch die Individuation im zweiten Lebensjahr erscheint unauffällig. Beide Eltern berichten übereinstimmend über ihre Freude, die Tochter sich entwickeln zu sehen und ihre Überlegungen, wie sie sie gut unterstützen könnten. Im Kindergarten war sie scheu und vorsichtig, dabei vermehrt in Kontakt mit Jungen gewesen, was die Eltern als Kontrast empfanden, da sich Sonja zu Hause stark der Mutter anschloß und diese imitierte.

Ab der Einschulung im 6. Lebensjahr trat Sonjas Leistungswille, später fast ein Leistungszwang hervor. Sie erledigte alle Hausaufgaben übergenau und ordentlich, drängte sich nach Aufgaben, ohne dabei aber sehr intelligent zu wirken, eher fleißig und strebsam. Nach anfänglicher Freude wuchs die Sorge der Eltern, die Tochter verpasse den Anschluß zu anderen Kindern, da sie sich primär mit schulischen Dingen beschäftigte. Rollenspiele mit anderen Mädchen oder sozial orientierte Spiele fanden in der Grundschulzeit kaum statt, ab und zu ging Sonja mit dem Vater oder dem Bruder zu Schützenfesten, Angelausflügen oder auf den Fußballplatz.

Familienanamnese

Sonjas Mutter ist Rechtsanwaltsgehilfin (44 Jahre), die nach 10jähriger Kinderpause seit mehreren Jahren halbtags arbeitet. Sie ist fürsorglich, stets um das Wohlergehen der anderen Familienmitglieder besorgt und gleichzeitig um Kontrolle bemüht. Zum Zeitpunkt der Erstvorstellung wirkt sie belastet, zeigt Schlaf- und Verdauungsstörungen und überlegt, wie vor Jahren schon einmal, wieder Tranquilizer zu sich zu nehmen. Sie kommt aus einer Familie mit 4 Kindern und chronisch erschöpften Eltern. Sie verneint vehement jeglichen Drogenkonsum.

Sonjas Vater ist technischer Angestellter (46 Jahre) in einem großen internationalen Unternehmen. Unklar bleibt, wieso er nach fast 25jähriger Betriebszugehörigkeit noch nicht weiter aufgestiegen ist. Er bezeichnet sich weniger als ehrgeizig denn als korrekt, genau und berechenbar. Sein Vater starb, als er 17 Jahre alt war, an einem Verkehrsunfall, seine Mutter leidet an einer Demenz vom Alzheimer-Typ.

Die eheliche Paarbeziehung wirkt spröde und spannungsarm, bei einer 20jährigen Ehezeit eingespielt und ritualisiert, aber respektvoll und freundlich im Umgang. Die Mutter leidet darunter, daß das gemeinsame Leben so planbar sei, lediglich Sonja bringt nach dem Auszug des Bruders etwas Leben in das Haus.

Untersuchungsergebnisse

Psychopathologischer Befund

Bei Sonja fand sich kein Anhalt für Denk-, Orientierungs- oder Konzentrationsstörungen als Anzeichen für eine psychotische, hirnorganische bzw. drogeninduzierte Komponente der Problematik. Das formale Denken war beschleunigt, ideenreich und vielgestaltig ohne pathologische Ausmaße. Bewußtsein und Steuerungsfähigkeit waren stets einwandfrei. Im Affekt, unterstrichen durch die hypermimische Ausdruckskomponente, wirkte Sonja wenig faßbar, wechselnd zwischen histrionisch und subdepressiv, ohne jedoch Anzeichen einer tiefgreifenden episodischen Depression zu zeigen. Zwangssymptome fehlten, ebenso Hinweise auf konkrete oder phantasierte Suizidideen.

Psychodynamischer Befund unter besonderer Berücksichtigung des Drogenkonsums

Eine kindlich-abhängige Persönlichkeitsentwicklung mit multiplen histrionischen Anteilen kontrastiert bei Sonja mit erheblichen autodestruktiven Impulsen. Als unerträglich abgewehrte Autonomiewünsche führen entweder zu bulimischem Verhalten oder Drogenkonsum. Folge beider Abwehrmuster ist die ausbleibende Auseinandersetzung mit sich selbst und den Eltern, die als hilflose Wesen zunächst ihrer Tochter selbst, dann aber „den Drogen" gegenüberstehen.

Für Sonja gestattete die Einnahme psychoaktiver Substanzen wie Amphetamin, Kokain und Ecstasy zum einen die schlagartige Überwindung als beschämend erlebter regressiver und kindlicher Persönlichkeitsanteile. Zum anderen war der dämpfende Haschisch- und Alkoholkonsum hilfreich bei der seelischen und körperlichen Beruhigung (sog. „chill-out") und der Vermeidung bedrohlicher Größen- und Unabhängigkeitsphantasien.

Ein Substanzgebrauch, der zunächst anamnestisch als Hilfsmittel bei schulischen Leistungsängsten deklariert wurde und bei weiterer interaktioneller Betrachtung als Mittel zur interpersonellen Nähe-Distanz-Steuerung wirkte, bekommt im Kontext einer tiefgreifenden Selbstwertproblematik die Funktion, nicht aushaltbare und unvereinbare Selbstwahrnehmungen zu externalisieren, sie den Substanzen zuzuschreiben und so die Ambivalenzspannung zu reduzieren (Wurmser 1994). Eine altersadäquate kritische Auseinandersetzung mit eigenen divergierenden Selbstanteilen bleibt aus. Sekundär verschleierten schulische und soziale Probleme die individuelle Entwicklungspathologie.

Diagnose

Nach der *ICD-10* bestehen bei Sonja folgende Diagnosen:
- schädlicher Gebrauch verschiedener Substanzen sowohl vom Cannabis- als auch vom Amphetamin- und vom Kokaintyp (**ICD-10: F19.1**),
- Dysthymia (**ICD-10: F34.1**),
- atypische Bulimie (**ICD-10: F50.3**),
- Störung des Sozialverhaltens (**ICD-10: F91.2**).

Die Kriterien für eine infantile Persönlichkeitsstörung (**ICD-10: F60.4**) werden formal nicht vollständig erfüllt.

Nach der *OPD* ergibt sich folgendes diagnostisches Muster:

Achse 1 (Behandlungsvoraussetzungen). Die Behandlungs- und Änderungsmotivation sind gut ausgeprägt, es besteht ein gutes Verständnis für psychodynamische Zusammenhänge, die Compliance ist nicht beurteilbar. Die Darbietung der Symptomatik ist stark ausgeprägt, die Schwere subjektiv wie vom Diagnostiker beurteilt stark ausgeprägt.

Achse 2 (Beziehung). Die Beziehungsgestaltung der Patientin ist von häufigen Abbrüchen gekennzeichnet, sie erlebt sich selbst als von anderen entweder bedrängt oder ignoriert, es fehlen beziehungsmodulierende und -sichernde Regeln. Der Therapeut erlebt dies in der Induktion sowohl väterlich-sorgender als auch abgrenzender Impulse.

Achse 3 (Konflikte). Es bestehen alterstypische, aber sehr stark ausgeprägte Autonomie-Abhängigkeits-Konflikte, daneben bestehen mäßige Konflikte im Bereich Autarkie gegenüber Versorgung und starke ödipalsexuelle Konflikte. Die Selbstwertkonflikte sind erheblich ausgeprägt und finden sich in verschiedenen Lebens- und Symptombereichen, oft kombiniert mit Schuldgefühlen.

Achse 4 (Struktur). Auf der Basis, daß bei adoleszenten Patienten noch nicht von feststehenden persönlichkeitsstrukturellen Merkmalen gesprochen wird, zeigen sich doch im Einzelfall erhebliche, viele Verhaltens- und Erlebensweisen durchdringende psychische Strukturmuster. Bei Sonja bestehen vor allem starke Probleme bei den Objektbeziehungen und in der zwischenmenschlichen Kommunikation sowie Bindungsstörungen. Diese objektbezogenen Strukturanteile sind deutlich geringer integriert als die subjektbezogenen Anteile wie Abwehr und Selbstwahrnehmung. Der Bereich der Selbststeuerung ist dagegen ebenfalls gering integriert.

Insgesamt ist die psychische Integration der Patientin mäßig bis gering ausgeprägt, was sich in der vielgestaltigen und fluktuierenden Symptomatik zeigt.

Therapieverlauf

Die *Individualtherapie* wurde als einmal pro Woche stattfindende *Fokaltherapie* mit maximal 30 Stunden bei begleitenden systemisch orientierten *Familiengesprächen* im 4wöchigen Abstand geplant.

Die gute Introspektionsfähigkeit und die frühzeitige Thematisierung pseudoerotischer und regressiv-dependenter Übertragungs-Gegenübertragungs-Phänomene verhinderten am Anfang ein Ausagieren aggressiver Impulse durch Beziehungsabbruch wie in Sonjas Anamnese.

Die Erarbeitung therapeutischer Fokusse gelang gut, insbesondere da die von der Patientin ambivalent erwartete Konzentration auf die Drogenthematik seitens des Therapeuten ausblieb und persönlichkeitsnahe Fokusse (Selbstwert, Kommunikation, Objektbeziehungen, s. OPD) erarbeitet wurden. Pädagogische und sekundärpräventive Informationen (medizinische und juristische Aufklärung über das Symptomverhalten, „safer use", „harm reduction", vgl. weiterführend hierzu Pagliaro u. Pagliaro 1996 sowie Mann u. Buchkremer 1996) wurden in einer außerhalb der regulären Termine liegenden Stunde angeboten und von der gut informierten Patientin positiv aufgenommen, im weiteren aber nicht vertieft.

Der Hauptfokus lag auf dem reduzierten bzw. schwankenden Selbstwertgefühl und der daraus resultierenden Beziehungsgestaltung.

Das bis dahin vermiedene konsequente Durcharbeiten und Verbalisieren der subjektiv unerträglichen Endpunkte der Ambivalenz im Selbsterleben („kindliche Heilige oder erwachsene Hure") machten den Drogenkonsum in seiner Dynamik klarer. Das zwanghafte „Überspringen" unerträglicher Anspannungen durch Substanzeinnahme wurde deutlich – und noch einmal bei einer nächtlichen Eskapade ausagiert.

Sie beendete wenige Tage danach (Stunde 5) ihren Stimulanzienkonsum, war darüber zwar stolz, klagte aber über Antriebsschwäche, Lustlosigkeit, Kopfschmerzen und innere Unruhe. Der psychosomatische Charakter eines eng mit persönlichkeitsnahen Anteilen verbundenen Drogenkonsums im Jugendalter wurde evident, gleichzeitig stellte sich die Frage, welche Symptome durch Entzugsphänomene ausgelöst wurden und welche als Teil einer vorbestehenden depressiven Grundsymptomatik zu sehen waren. Sonja konnte unter der Drogenfreiheit ihre dauerhaften somatischen Symptome langsam als Hinweise auf seelische Probleme verstehen.

Die Fortschritte der Patientin, ihre Abstinenz und Einsichtsfähigkeit verblüfften zunächst in Anbetracht von Chronizität und Polytoxikomanie, wobei bei jugendlichen Substanzbenutzern der somatische Entzug auch ohne deutliche Symptome meist schnell gelingt (Jung 1997). Bei Sonja knüpften die Fortschritte an die bekannte rationalisierende Leistungsorientierung an, die bereits im schulischen Kontext übermäßige Erfolge (im Sinne eines „over-achievement") gebracht hatte. So steigerte sich die Anspannung der Patientin und die bulimischen Attacken traten 2- bis 3mal pro Tag auf (etwa Stunde 6-10). Die Bulimie begann den Substanzgebrauch zu ersetzen.

Die für die Patientin schmerzhafte emotionale Erarbeitung dieses Zusammenhangs führte zu einer mehrwöchigen depressiven Phase mit Selbstzweifeln, Therapieabbruchgedanken und einem schamvollen Beinaherückfall. Hier bewährte sich eine flexible Settinggestaltung, die es der Patientin ermöglichte, zügig Termine zu bekommen bzw. über telephonische Kurzkontakte sich der Stützung des Therapeuten zu versichern. Eine ausreichende Objektkonstanz, die auch bei Krisensituationen stärker ist als die verführerische Entlastung durch Substanzeinnahme, kann bei adoleszenten Drogenbenutzern nicht vorausgesetzt werden.

Nach Durcharbeiten der in dieser Krise (etwa Stunde 12-15) auftauchenden Ängste und Abwehrmuster konnte Sonja ihre rigide Einstellung gegenüber jeglicher Substanzeinnahme aufgeben und es wurden persönliche Szenarien erarbeitet, in welchen eine gesteuerte und sozial integrierte Substanzeinnahme nicht den katastrophalen „Rückfall", sondern relative Kompetenz bedeutet. Für die Patientin war dies der kontrollierte Nikotinkonsum und ein etwa alle 4 Wochen stattfindender Partybesuch mit Cannabiseinnahme.

Nach mehrfachem konkretem Durchspielen von Gefährdungssituationen gewann Sonja eine innere Sicherheit auch in der Abgrenzung von verführenden Mitgliedern ihrer Peer-Group.

Entscheidender als Einzelaspekte war aber die prinzipielle, in der therapeutischen Situation initiierte und verbalisierte Hinwendung zu positiven Selbstreflexionen, günstigen Momenten des Erlebens und autonomen Ich-Anteilen.

Ergebnisse, Ende

Die flexiblere Abgrenzungsfähigkeit ermöglichte Sonja eine Konfliktverlagerung aus dem interpersonellen Raum in die psychische Binnenstruktur. Die Familie reagierte entgegen der Hypothese des Therapeuten mit Entlastung. Mutter und Vater reduzierten die vorher durch den Drogenkonsum gewissermaßen legitimierten übermäßigen Sorgen, wozu die eher auf die Eltern fokussierenden Familiengespräche beitrugen. Die Einzelgespräche gewannen in dieser Phase (ab der 16. Stunde) supportiven, an realen Lebensfragen orientierten Charakter.

Die weiter bestehende Bulimie (2 Attacken pro Woche) wurde von der Familie als Residualsymptom einer vorbestehenden dramatischeren Problematik konnotiert. Ein selbstorganisierter, drogen- und promiskuitätsfreier Frankreichurlaub und die erfolgreiche Wiederaufnahme der Gymnasiallaufbahn beseitigten letzte Zweifel an der Autonomie der Tochter. Zeitgleich nahmen die Kontakte und positive gemeinsame Aktivitäten zwischen ihr und den Eltern zu, die „partnerschaftliche Atmosphäre" war allen dabei wichtig.

Sonja selbst kehrte nach dieser familiären Reorganisation zu ihrer Anfangsthematik der problematischen Beziehungsaufnahme zurück (etwa ab der 20. Stunde), allerdings auch hier überraschend autonom. Sie stellte in mehreren Sitzungen ausführlich und überzeugend dar, wie sie für sich selbst erfahren habe, positivere Beziehungen zu knüpfen. Gleichzeitig wisse sie aber sicher, daß sich „im Grunde" wenig geändert habe. Sie sei aber so zufrieden und stolz in ihrer erarbeiteten Lebenssituation, daß sie durch eine tiefergehende Therapie diese Situation nicht gefährden wolle. Sie spüre genau, daß sie vielleicht in einigen Jahren soweit sei, eine zweite Therapiephase zu beginnen, jetzt wolle sie sich auf die vor ihr liegenden Lebensaufgaben konzentrieren.

Die Therapie endete mit der 27. Stunde in dem gemeinsamen Bewußtsein, im Sinne der Flußmetapher Balints die Hindernisse beseitigt zu haben, die einen freien Strom der Emotionen, Gedanken und Lebensenergien verlegt hatten. Die Katamnese wird zeigen, wohin sich der Fluß wendet.

Erwachsenwerden ohne Vater – Zur Architektur der Drogenabhängigkeit eines Jugendlichen

H. Knoke

Symptomatik

„Die Familie löst sich nicht auf; sie gewinnt eine historisch neue Gestalt", so diagnostizierte Beck-Gernsheim (1994). Eine wesentliche Aufgabe (und Belastung) für die Familienmitglieder bestehe darin, die auseinanderstrebenden Einzelbiographien – ein Ergebnis der von der modernen Soziologie immer wieder beschriebenen Individualisierungstendenzen – zusammenzuhalten. Vom Scheitern dieser Bemühungen könnten zahlreiche Kinder und Jugendliche Zeugnis ablegen, die sich mit der Trennung oder Scheidung ihrer Eltern abfinden müssen. Die Konsequenzen einer Trennung sind besonders augenfällig, wenn sie mit dem Verlust wichtiger Vorbild- und Orientierungsfunktionen in der Familie verbunden sind.

Dies betrifft z.B. Jungen in der Latenzphase besonders hart, die sich um Abgrenzung und Lösung aus frühen Bindungsmustern bemühen, aber wegen der Scheidung ihrer Eltern auf entscheidende Hilfestellungen der Väter verzichten müssen. Die Konsequenzen der so beschnittenen Entwicklungs- und Beziehungsmöglichkeiten führen oft erst in der Adoleszenz zu massiven Auffälligkeiten. Bei dem im folgenden vorgestellten Jugendlichen war die Entwicklung nach der im Alter von 7 Jahren erfolgten Trennung der Eltern zunächst unauffällig verlaufen.

Den Kontakt zur Beratungsstelle nahm zunächst Frau A., die Mutter des Patienten, auf. Sie legte das Tagebuch ihres 15jährigen Sohnes B. vor, in dem ausführlich und mit quasiwissenschaftlichem Selbstbeobachtungsansatz umfassende Drogenerfahrungen und Suizidgedanken geschildert wurden. Wie sich herausstellte, hatte sich B. ein erstaunliches Detailwissen über die Wirkung von Psychopharmaka angeeignet und mit ihnen experimentiert. Diese Selbstversuche fanden seit etwa einem ¾ Jahr statt. Ohne nachvollziehbaren Anlaß war es kurz vor dem Anruf der besorgten Mutter zu einem Suizidversuch gekommen.

Auf ein Kontakt- und Gesprächsangebot ließ B. sich sofort ein; im Erstgespräch wirkte er äußerlich gefaßt, vibrierte aber vor Aufregung und hatte ein starkes Mitteilungsbedürfnis; die Suizidgefahr klang im Verlauf der ersten Therapiestunden zunächst ab. Dem Therapeuten teilte sich ein Gefühl besonderer Wichtigkeit und Bedeutsamkeit mit, das allerdings zu einem späteren Zeitpunkt durch intensive Gefühle von Frustration und Hilflosigkeit abgelöst wurde.

Kontext

Wie sich zeigte, war B. ein überdurchschnittlich intelligenter Jugendlicher mit einem ausgeprägten Interesse an psychologischen und philosophischen Erkundungen mit sehr grundsätzlichen, religiös-weltanschaulichen Zielsetzungen. Seine Kontakt- und Beziehungssituation war eher unbefriedigend, denn er fühlte sich nicht wirklich zugehörig; die Alters- und Klassenkameraden wurden größtenteils als kindisch und undifferenziert, teils aber auch als gefährlich und feindselig erlebt. Eine attraktive Klassenkameradin bewunderte B. aus der Ferne, ohne jedoch eine Kontaktaufnahme zu wagen. Seine Schulleistungen auf dem Gymnasium waren zum Teil hervorragend, zum Teil schwach; die starken Leistungsschwankungen hingen mit der sehr ungleichmäßigen Arbeitsweise zusammen, die wiederum Ausdruck der starken Selbstwertschwankungen von B. waren.

Anamnese

B. wurde 1978 als einziges Kind einer deutschen Mutter und eines Vaters aus Südeuropa geboren. Der Vater absolvierte zum Zeitpunkt der Geburt von B. eine Facharztausbildung außerhalb des Wohnorts der Familie. Kontakte zum Vater ergaben sich daher nur an den Wochenenden. B.'s Mutter hatte ein halbes Jahr nach der Geburt des Jungen ihre Berufstätigkeit wieder aufgenommen und B. in diesen Stunden bei einer Verwandten untergebracht.

Der Vater sei teils recht liebevoll gewesen, habe B. aber auch hart gestraft und geschlagen. Häufig sei er aber für B. gar nicht zugänglich gewesen, und habe vor dem Fernseher gesessen. Frau A. beschreibt das Zusammenleben mit ihm wörtlich „wie ein Kartenspiel mit einem Partner, der nach anderen, unbekannten Regeln spielt". Als er sich von ihr trennen wollte, war es ihr ganz recht. Als Grund für die Trennung habe der Vater angegeben, er befürchte, in Deutschland seine Identität zu verlieren. Eine auch im Alltag praktizierte Lebensgemeinschaft war in der Ehe mit B.'s Vater eigentlich nicht zustande gekommen. Frau A. lebte nach der Trennung allein mit ihrem Sohn, gab sich mit sporadischen oder ganz ausbleibenden Unterhaltszahlungen des Vaters zufrieden und ging weiter ihrem Beruf als Sekretärin nach. Der Vater kehrte in sein Heimatland zurück. B. besuchte nach seiner Einschulung bis zum Alter von 9 Jahren nachmittags den Hort. Danach blieb er auf eigenen Wunsch nachmittags allein zu Hause. In den folgenden Jahren entwickelte sich eine sehr exklusive Mutter-Sohn-Beziehung, in der Dritte kaum Platz hatten. Frau A. ging keine neue Partnerschaft ein und B. unterhielt nur sporadische oder kurzfristige Beziehungen zu Alterskameraden. Außenkontakte seiner Mutter bekämpfte oder erschwerte er durch passiven Protest. Die in Erziehungsfragen sehr unsichere und von Versagensängsten geplagte Frau A. wurde von ihrem Sohn häufig in Machtkonflikte verwickelt, wobei es um die Erledigung der Schularbeiten oder den Fernsehkonsum ging. Die Beziehung war infolgedessen weitgehend auf seine Bedürfnisse zugeschnitten, eigene Mühen und Anstrengungen galten allenfalls der Schule; von den alltagspraktischen Verpflichtungen war er weitgehend freigestellt.

B. besuchte im Lauf der Jahre noch 2- bis 3mal seinen inzwischen wieder in Südeuropa lebenden Vater. Bei seinem letzten Besuch wurde er – für ihn völlig überraschend – von der neuen Ehefrau und dem gemeinsamen Kind der beiden abgeholt. Dieses Erlebnis löste eine schwere emotionale Erschütterung aus: zunächst empfand er Wut und Trauer, litt unter Bauchschmerzen und mußte schließlich lange weinen, ohne seiner Erschütterung Herr werden zu können. Bei Therapiebeginn war dieses Ereignis vergessen.

Diagnose

Die Vorgeschichte und der weitere Behandlungsverlauf verdeutlichten, daß dem Drogen- und Medikamentenmißbrauch (**ICD-10: F19.1**) von B. eine ganze Reihe von wichtigen Motiven und Erfahrungen zugrunde lagen: Von zentraler Bedeutung erscheint dabei die narzißtische Instabilität von B., für die er durch den außergewöhnlichen, z.T. mystisch-religiösen Charakter seiner Drogenerfahrungen scheinbar entschädigt wurde. Die ersehnten Rauschzustände stellten außerdem eine regressive Entlastung dar, die Phasen stärkeren Engagements in der Schule und der diesseitigen Welt jeweils ablösten. Schließlich nahm B. mit der Einnahme von Medikamenten zugleich einen symbolischen Krankenstatus ein, der ihn indirekt seinem Vater näherbrachte und paradoxerweise zugleich die Umsetzung der vom Vater ausgehenden Beseitigungswünsche gegenüber B. darstellte. Drogen kompensierten in B.s Leben eine zeitlang in einem sehr umfassenden Sinn Erfahrungsmöglichkeiten in lebendigen menschlichen Kontexten: sie waren mit Hoffnungen und Erwartungen verbunden, lösten Glücksgefühle und Euphorie, aber auch bittere Enttäuschungen aus. Als Sachen boten sie scheinbar den Vorteil, leichter handhabbar und manipulierbar zu sein, als Menschen; denn sie waren jederzeit verfügbar.

B.'s Versuche, sein narzißtisches Gleichgewicht selbst und ohne Rückgriff auf Beziehungen zu stabilisieren, führten außerdem zur Entwicklung eines Selbststeuerungs- und Manipulationsideals mittels autosuggestiver Formeln, das intellektuelle Höchstleistungen ermöglichen und seine Unangreifbarkeit in Konfliktsituationen mit Alterskameraden sichern sollte. Diese Strategie ermöglichte zunächst recht beachtliche Erfolge, die jedoch regelmäßig aufgrund überzogen-unrealistischer Erwartungen entwertet wurden und in Depressionen mündeten, die nicht selten einen erneuten Drogenkonsum nach sich zogen.

Seine Intelligenz und sein Einfühlungsvermögen, aber auch die Freude an analytischen Beobachtungen waren Potentiale, die B. bei der Erkundung eigener Seelenlandschaften behilflich waren und kritische Einschätzungen anderer erleichterten. Als Ich-psychologische Fähigkeiten kamen sie außerdem dem therapeutischen Fortschritt zugute und verbesserten die Prognose.

Therapieverlauf

Die Behandlung von B. wurde im August 1994 begonnen, zunächst mit 1, später mit 2 Wochenstunden und wurde im November desselben Jahres von B. abgebrochen. 1 Jahr später meldete sich B. wieder von sich aus, um die Therapie auf eigenen Wunsch fortzusetzen. Der zweite Behandlungsabschnitt wurde im Sommer 1997 nach dem bestandenen Abitur und nach etwa 120stündiger Therapiedauer beendet. Parallel fanden jeweils Beratungsgespräche mit der Mutter statt.

Ein wichtiges erstes Ergebnis der Therapie war die Aufklärung von für B. selbst zunächst völlig unverständlichen, jedenfalls nicht begründbaren Suizidphantasien anläßlich einer Klassenfahrt. Offenbar standen diese in Verbindung mit den komplizierten Wechselbeziehungen zwischen den extremen Schwankungen seines Selbstwertgefühls auf der einen Seite und seinen Beziehungen zu den Peers auf der anderen Seite. Anstoß für unsere Überlegungen war eine spontane Formulierung von B., er wolle das „Zepter nicht aus der Hand legen". Auf den Hinweis des Therapeuten, „nur Könige tragen Zepter, Könige haben selten Freunde, sind aber einzigartig", prüfte B. erneut seine Beziehung zu den Alterskameraden. Das Ergebnis seiner Beobachtungen war, er sei keineswegs der König, er bewerte sich vielmehr häufig niedriger als andere, spüre eine Distanz zwischen sich und anderen und fühle sich am ehesten noch denjenigen zugehörig, die selbst mit einer gespaltenen Identität klar zu kommen hätten. Gemeinsam stellten wir weiter fest, daß B. es immer vermieden hatte, in emotionale Abhängigkeit zu geraten. Diese Vermeidungsstrategie hatte ihn zwar vor Verletzungen geschützt, aber auch seine Distanz immer weiter zementiert. Dies war der jetzt erkennbare (aktuelle) Kern des Suizdversuchs gewesen: seine ohnmächtige Distanz gegenüber einer aus der Ferne bewunderten und geliebten Klassenkameradin mit einem Knall zu durchbrechen und die Beziehungskonstellation umzukehren: dann wäre er endlich in ihrem Bewußtsein verankert: sie müßte nun über ihn nachdenken, ohne ihn jemals erreichen zu können.

Darüber hinaus galt es aber, weitere, tiefer liegende Motive für die immer wieder auftauchende Suizidalität von B. aufzuklären.

Eine zentrale Rolle spielte dabei die Auseinandersetzung mit dem Vermächtnis der Eltern, genauer gesagt, die tiefe, zunächst unbewußte Verstrickung in die von den Eltern und ihren eigenen Konflikten vorgegebenen Problemstrukturen. So hatte die Trennung des Vaters von Frau und Kind, die ja einer Vermeidung von eigenen Identitätsproblemen dienen sollte, zur Folge, daß B. – ohne Orientierungsmöglichkeiten am Vater – in um so heftigere Identitätsdiffusionen geraten mußte. Diese innerfamiliäre Beziehungssituation war mitverantwortlich für jahrelang andauernde Gefühle von Fremdheit und Distanz gegenüber den Alterskameraden.

Die Suche nach väterlichen Orientierungsmöglichkeiten, aber auch die heftigen, trotzig-aggressiven Abgrenzungsversuche gegenüber Vaterfiguren und Stellvertretern des Väterlichen standen in diesem thematischen Zusammenhang: Die Tatsache z. B., daß Mediziner (!) anscheinend frei über Medikamente und Drogen verfügen konnten, während B. sie illegal beschaffen mußte, erfüllte ihn mit Wut und Empörung. Andererseits triumphierte er, wenn es ihm gelang, Ärzte und Apotheker zu täuschen und zur Abgabe von Stoffen zu bewegen, auf die er eigentlich keinen Anspruch hatte. Der subversive, illegale Charakter der Beschaffung von Drogen wurde so zu einem wichtigen Bestandteil einer Auseinandersetzung mit dem Vater – zum Schauplatz eines spät ausgetragenen ödipalen Konflikts. B. konsumierte neben Alkohol und Nikotin Valium, Haschisch u. a. Als besonders schwerwiegend erwies sich der Ablauf des schon erwähnten letzten Zusammentreffens mit dem Vater. Dieser hatte ihm sehr deutlich signalisiert, daß er in seiner neuen Lebenssituation nur störte und hatte ihn bezeichnenderweise nach der Anreise von seiner neuen Ehefrau und dem gemeinsamen Kind abholen lassen. B. wurde mit der neuen familiären Situation seines Vaters ohne Vorbereitung und ohne Begründung konfrontiert und auch sein Interesse am Beruf des Vaters wurde lieblos zurückgewiesen, was eine schockartige Entthronung darstellte und von B. unbewußt als Beseitigungswunsch verstanden wurde. Nach seiner Rückkehr vom Vater fing er zunächst an zu rauchen und mit immer gefährlicheren Drogen zu experimentieren, um diese schließlich bei seinem Suizidversuch einzusetzen. Das destruktive Vermächtnis des Vaters hätte ihn – in Verbindung mit aktuellen Beziehungskonflikten – fast das Leben gekostet.

Die Bearbeitung dieser verhängnisvollen Bindung in der Therapie löste immer häufiger heftige aggressive Impulse aus, die sich teils direkt gegen den Vater, teils gegen geeignete Stellvertreter richteten. Lange war eine künftige, große Abrechnung mit dem Vater geplant, bei der dieser für alle Missetaten hätte büßen sollen. B. bereitete sich gezielt vor, um für diesen Auftritt auch körperlich gerüstet zu sein. Aber auch Alterskameraden, die sein empfindliches Selbstwertgefühl verletzt hatten, wurden immer wieder zum Objekt heftiger Destruktionsphantasien. Dabei fiel es B. zunächst sehr schwer, für seine Aggressionen einen direkten und angemessenen Ausdruck zu finden.

In der Therapie, die er sehr bald intensiv für sich zu nutzen wußte, übertrug er zeitweise ganz ausdrücklich lebenserhaltende Funktionen auf den Therapeuten. Zugleich war er aber damit beschäftigt, dessen Einfluß zu begrenzen, ihn mit Vorwürfen und Entwertungen herabzusetzen und seine Kompetenz in Frage zu stellen. Die anfangs vereinbarte Regel, zumindest zu den Therapiestunden nüchtern zu erscheinen, wurde von ihm immer wieder durchbrochen. Der Therapeut sah sich schließlich gezwungen, deswegen eine Stunde vorzeitig zu beenden. Damit wiederholte sich für B. auf demütigende Weise eine der schlimmsten und schmerzhaftesten Erfahrungen mit dem Vater. In der Therapie entstand in den folgenden Stunden eine angespannt-feindselige Atmosphäre. B. ließ keine Intervention, keinen Kommentar mehr an sich heran und schützte sich mit zynischen Entwertungen gegen jede Annäherung. Schließlich beendete er die Therapie vorzeitig und gegen den ausdrücklichen Wunsch des Therapeuten, um sich erst nach Ablauf 1 Jahres wieder zu melden. Zu einem späteren Zeitpunkt brach er eine ausdrückliche, schriftliche Vereinbarung über die Einschränkung und Reglementierung des Konsums verschiedener von B. benutzter Drogen und Medikamente. Offensichtlich war ein bewußtes Zuwiderhandeln gegen ausdrückliche Wünsche der väterlichen Autorität ein wichtiges Durchgangsstadium, das einer einvernehmlicheren und weniger feindseligen Übertragungshaltung vorgeschaltet werden mußte. Immerhin war so sichergestellt, daß B. derjenige war, der verletzte und nicht derjenige, der Verletzungen erleiden mußte. Nach diesen Konfrontationen änderte sich die therapeutische Beziehung: Hatte B. früher sehr häufig Termine versäumt, war er jetzt um Pünktlichkeit und Gewissenhaftigkeit bemüht; er eignete sich höflichere Umgangsformen an und setzte Hinweise des Therapeuten meist schon in den folgenden Tagen im Alltag um. Nachdem eine offenkundig feindselige väterliche Übertragung bearbeitet werden konnte, konnten nun konstruktiv-liebevolle Übertragungsmomente zum Zuge kommen.

Neben den Verstrickungen mit dem Vater spielte auch die Loyalitätsbindung an die stets bescheiden und vorsichtig agierende Mutter eine wichtige Rolle. B. hatte sich in den Jahren des Zusammenlebens mit seiner Mutter zwar die Rolle des manchmal recht anspruchsvollen Patriarchen angeeignet, jedoch beruhte diese auf einer weniger offenkundigen aber unbedingten Loyalität gegenüber der Mutter, die z.B. Schutzfunktionen bei Angriffen aus der Verwandtschaft beinhaltete. Auch die Phantasien von einer künftigen Karriere als berühmter Wissenschaftler war ein Ausgleich für die aus vielen Gründen entbehrungsreiche Kindheit von Frau A.

Für die therapeutischen Fortschritte war die Arbeit am Selbst wichtig, bzw. an den den Selbstwert bestimmenden Erfahrungen und Normen von B. Immer wieder waren bittere Phasen der Aussichtslosigkeit und der Depression durch Mißerfolge bzw. durch ein Verfehlen hochgesteckter Ziele und Ansprüche ausgelöst worden. Diese Ansprüche bezogen sich auf intellektuelle und schulische Leistungen, auf den körperlich-sportlichen Bereich und vor allem auf das Abschneiden in sozialen Konfliktsituationen. Dabei war die Fähigkeit besonders hoch angesehen, sich Angreifer durch Aggressivität und Schlagfertigkeit vom Leibe zu halten oder niederzumachen. B.'s Idealvorstellung sah die totale Vernichtung des Gegners vor. Er selbst wäre in einer solchen Auseinandersetzung niemals wirklich gefährdet, sondern, souverän, überlegen und letztlich unangreifbar. An diesem Ideal gemessen waren Niederlagen, aber auch schon vorsichtig-konfliktvermeidende Strategien, beschämend. So hatte er z.B. bei einer Konfrontation auf dem Schulhof nicht in einer heftigen Explosion seine ganze Aggressivität entladen können, sondern hatte sogar Angst empfunden und später bittere Enttäuschung wegen der scheinbar verpatzten Chance für einen großen Auftritt. Nach Fehlschlägen dieser Art konnte B. zu sehr radikalen und vernichtenden Bilanzierungen kommen, die den Therapeuten alarmierten und bezeichnenderweise auch bei ihm unangenehm bedrängende Gefühle der Erfolglosigkeit und Ohnmacht hervorriefen. Wenn er z.B. einen bestimmten Zensurenschnitt nicht erreichte, sagte er einmal, dann könne er ebensogut gleich sein ganzes Leben wegwerfen.

Die hohe Anspruchsniveausetzung führte auch dazu, daß Gefühle der Zufriedenheit und des Stolzes ausblieben und somit als Quelle eines positiven Selbstbezugs nicht in Betracht kamen. Durchschnittliche Erfolge galten als wertlos – nur permanente Leistungssteigerungen gaben Anlaß zur Freude. Auf die Frage, warum jede Einzelleistung kritisch geprüft wurde, nicht aber die Norm selbst auf den Prüfstand kam, um ggf. revidiert zu werden, lautete die Antwort, wenn einmal Abstriche gemacht würden, dann gäbe es kein Halten mehr, dann wären bald alle Ansprüche dahin.

Schließlich zeigte sich, daß auch hier der Einfluß des Vaters seine Spuren hinterlassen hatte. B. ging mit sich selbst ähnlich um, wie der Vater seinerzeit mit dem kleinen Jungen:

er stellt abstrakte Ansprüche und gewährte ihm bei der Bewältigung der Anforderungen keine Hilfestellungen. In der Therapie war es jedoch möglich, diesen Mechanismus zu entkräften – die nüchterne Untersuchung der Konfrontation auf dem Schulhof zeigte, daß eine aggressive Auseinandersetzung dem Anlaß gar nicht angemessen gewesen wäre und daß die Angst eine durchaus berechtigte Warnung vor den Folgen einer heftigen Schlägerei darstellte. B. stellte diese Auslegung der Ereignisse zufrieden; seine Zerknirschung und seine Enttäuschung ließen nach. Die überzogenen Ansprüche wurden nach und nach realistischer und menschlicher; seine Frustrationstoleranz wurde größer.

Auf diese Weise stabilisiert, gelang es B. schließlich, die starken Schwankungen seines Selbstwertgefühls besser zu steuern. Rückschläge hatten nicht mehr eine so vernichtende Wirkung auf ihn – er konnte gelegentlichen Fehlschlägen mit einem Gefühl ruhiger Gelassenheit begegnen. Äußere Erfolge stellten sich ein: B. machte sein Abitur; kurz vor Beendigung der Therapie gelang es ihm, eine stabile Beziehung zu einem Mädchen aufzunehmen.

Literaturverzeichnis

Anders TF. Clinical syndromes, relationship disturbances, and their assessment. In: Sameroff AJ, Emde RN, eds. Relationship disturbances in early childhood. A development approach. New York: Basic Books; 1989; 125–44.

Anzieu D. Das Haut-Ich. Frankfurt/M.: Suhrkamp; 1991.

APA. Diagnostic and statistical manual of mental disorders, 4th ed. Washington: American Psychiatric Association; 1994.

Arbeitskreis OPD, Hrsg. Operationalisierte Psychodynamische Diagnostik – Grundlagen und Manual. Bern: Huber; 1996.

Baer L. Alles unter Kontrolle. Bern: Huber; 1991.

Beck-Gernsheim E. Das ganz normale Chaos: Von der Notgemeinschaft zur Wahlverwandtschaft. Erziehung und Wissenschaft, Zeitschrift der GEW. 7–8; 1994.

Bilke O. Suchtforschung – Stiefkind der Kinder- und Jugendpsychiatrie. In: Knölker U. Zukunftsperspektiven der Kinder- und Jugendpsychiatrie. Aachen: Shaker; 1997.

Bion WR. Lernen durch Erfahrung. Frankfurt/M.: Suhrkamp; 1990.

Blos P. Adoleszenz. Stuttgart: Klett-Cotta; 1983.

du Bois R. Junge Schizophrene zwischen Alltag und Klinik. Göttingen: Verlag für Angewandte Psychologie; 1996.

Diepold B. Probleme der Diagnostik bei Borderline-Störungen im Kindesalter. Prax Kinderpsychol Kinderpsychiat. 1992; 6: 207–14.

Diepold B. Borderline-Störungen im Kindesalter: Zwischenergebnisse einer empirischen Untersuchung. Beiträge zur analytischen Kinder- und Jugendlichenpsychotherapie. 1994a; 81: 5–41.

Diepold B. Zur Ätiologie und Therapie von Kindern mit Borderline-Risiken. Kinderanalyse. 1994b; 4: 413–27.

Diepold B. Borderline Entwicklungsstörungen bei Kindern, Prax. Kinderpsychologie, Kinderpsychiat. 1995; 44: 270–279.

Diepold B, Haar R. Fragen der diagnostischen Einschätzung bei der Behandlung präödipal gestörter Kinder. Kind und Umwelt. 1982; 37: 25–46.

Dilling H, Mombour, W, Schmidt MH, Schulte-Markwort E, Hrsg. Internationale Klassifikation psychischer Störungen ICD-10, Kapitel V (F), Forschungskriterien. Bern: Huber; 1994.

Dulz B. Differenzierung und Therapie delinquenten Verhaltens bei Borderlinestörung. Nervenarzt. 1997; 68: 395–400.

Freeman Th, Cameron JL, Mc Ghie A. Studie zur chronischen Schizophrenie. Frankfurt/M.: Suhrkamp; 1970.

Freud S. Wege der psychoanalytischen Therapie, Studienausgabe Ergänzungsband. Frankfurt/M.: Fischer; 1919.

Freud A. Das Ich und die Abwehrmechanismen. In: Schriften der Anna Freud, Bd. 1. München: Kindler; 1980.

Grunberger B. Vom Narzißmus zum Objekt. Frankfurt/M.: Suhrkamp; 1976.

Hermann I. Sich-Anklammern – Auf-Suche-Gehen. In: Grunert J, Hrsg. Körperbild und Selbstverständnis. München: Kindler; 1977.

Herman JL. Die Narben der Gewalt. München: Kindler; 1993.

Herzog, JM. Spielmethoden in Kinderanalysen. In: Pedrina F, et al. Spielräume. Begegnungen zwischen Kinder- und Erwachsenenanalyse. Tübingen: Edition Diskord; 1994.

Hirsch M. Psychogener Schmerz. In: Hirsch M, Hrsg. Der eigene Körper als Objekt. Berlin: Springer; 1989.

Hirsch M. Realer Inzest. Psychodynamik des sexuellen Mißbrauchs in der Familie, 3. Aufl. Berlin: Springer; 1994.

von Hofacker N, Jacubeit T, Malinowski M, Papousek M. Diagnostik von Beeinträchtigungen der Mutter-Kind-Beziehung bei frühkindlichen Störungen der Verhaltensregulation. Kindheit und Entwicklung. 1996; 5: 160–67.

von Hofacker N, Papousek M. Disorders of excessive crying, feeding and sleeping: the Munich Interdisciplinary Research and Intervention Programm. Infant Mental Health J. [In Press].

Hoffmann SO, Hochapfel G. Einführung in die Neurosenlehre und psychosomatische Medizin. Stuttgart: Schattauer; 1984.

Holderegger H. Der Umgang mit dem Trauma. Stuttgart: Klett-Cotta; 1993.

Jenike MA, Baer L, Minichiello WE. Obsessive – compulsive disorders: theory amd management. Chicago: Year BooK; 1990.

Jung M. Stationäre Suchttherapie in der Kinder- und Jugendpsychiatrie. Vortrag bei dem XXV. Wiss. Kongreß der Dt. Ges. Kinder- und Jugendpsychiatrie. Dresden; 1997; Abstractband S. 166.

Kalff DM. Sandplay: a psychotherapeutic approach to the psyche. Boston: Sigo Press; 1979.

Kernberg OF. Borderline-Störungen und pathologischer Narzißmus. Frankfurt/M.: Suhrkamp; 1978.

Kernberg PF. Borderline conditions: childhood and adolescent aspects. In RKS, eds. The borderline child. New York: MacGraw Hill; 1982.

Klein M. Das Seelenleben des Kleinkindes und andere Beiträge zur Psychoanalyse. Reinbek: Rowohlt; 1972.

Klosinski G. Einsatz einer kombinierten „Mal- und Märchentherapie" bei einer Pubertätsmagersucht. Prax Kinderpsychol Kinderpsychiat. 1978; 6: 206–215.

Knölker U. Zwangssyndrome im Kindes- und Jugendalter. Göttingen: Vandenhoeck & Ruprecht; 1987.

Knölker U, Klose I. Langzeitkatamnesen von Kindern und Jugendlichen mit Zwangssymptomen. In: Nissen G. Prognose psychischer Erkrankungen im Kindes- und Jugendalter. Bern: Huber; 1987.

König K. Angst und Persönlichkeit. Göttingen: Vandenhoeck & Ruprecht; 1989.
Kohut H. Narzißmus. Frankfurt/M.: Suhrkamp; 1973.
Krause R. Psychodynamik der Emotionsstörungen. In: Scherer K, Hrsg. Enzyklopädie der Psychologie, Band 3 Psychologie der Emotion. Göttingen: Hofgrefe; 1990; 630–705.
Küchenhoff J. Eine Krypta im Ich. Zur Identifikation mit früh verstorbenen Angehörigen. Forum Psychoanalyse. 1991; 7: 31–46.
Kurts N. Das Kind das nicht spielen konnte. Kinderanalyse. 1993; 1: 255–272.
Langs R. A primer of psychotherapy. New York: Gardner; 1988.
Langs R. Die Angst vor validen Deutungen und vor einem festen Rahmen. Forum Psychoanal. 1989; 5: 1–18.
Langs R. A clinical workbook for psychotherapists. London: Karnac; 1992.
Laucht M, Esser G, Schmidt MH. Verhaltensauffälligkeiten bei Säuglingen und Kleinkindern: Ein Beitrag zur Psychopathologie der frühen Kindheit. Z Kinder- und Jugendpsychiat. 1992; 20: 22–33.
Laufer M, Zentrale Onaniephantasien, definitive Sexualorganisation und Adoleszenz. Psyche 1980; 34: 365–84.
Laufer M, Laufer E. Adoleszenz und Entwicklungskrise. Stuttgart: Klett-Cotta; 1989.
Levenkron S. So, als hätte ich kein Leben – Zwangsneurosen verstehen und heilen. Düsseldorf: Econ; 1993.
Lichtenberg JD. Psychoanalyse und Säuglingsforschung. Berlin: Springer; 1991.
Mahler M. Symbiose und Individuation. Stuttgart: Ernst Klett; 1972.
Mahler M, Pine F, Bergmann A. Die psychische Geburt des Menschen. Frankfurt/M.: Fischer; 1978.
Main M, Hesse E. Parents' unresolved traumatic experiences are related to infant disorganized attachment status: Is frightened and/or frightening parental behaviour the linking mechanism? In Greenberg MT, Cichetti D, Cummings M (eds.). Attachment in the preschool years. Chicago: Unversity of Chicago Press; 1990; 161–82.
Main M, Kaplan N, Cassidy J. Security in infancy, childhood, and adulthood: a move to the level of representation. In Waters BE, ed. Monographs of the Society for Research in Child Development. 1985; 50: 66–106.
Mann K, Buchkremer G. Sucht. Stuttgart: Fischer; 1996.
M. Mc Golderick M, Gerson R. Genogramme in der Familienberatung. Bern: Huber; 1990.
Mentzos S. Neurotische Konfliktverarbeitung. Frankfurt/M.: Fischer; 1984.
Mentzos S. Hysterie. Zur Psychodynamik unbewußter Inszenierungen. Frankfurt/M.: Fischer; 1992.
Mentzos S. Depression und Manie. Psychodynamik und Therapie affektiver Störungen. Göttingen: Vandenhoeck & Ruprecht; 1995.
Neumann E. Die große Mutter. Olten: Walter; 1974.
Pagliaro AM, Pagliaro LA. Substance use among children and adolescents. New York: Wiley; 1996.
Papousek M. Das Münchner Modell einer interaktionszentrierten Säuglings-Eltern-Beratung und -Psychotherapie. In: von Klitzing K, Hrsg. Psychotherapie in der frühen Kindheit. Göttingen: Vandenhoeck & Ruprecht; 1998; 88–118.
Papousek M, Papousek H. Excessive infant crying and intuitive parental care: Buffering support and its failures in parent-infant interaction. Early Child Development and Care. 1990; 65: 117–26.
Papousek M, von Hofacker N. Persistent crying and parenting: search for a butterfly in a dynamic system. Early Development and Parenting. 1995; 4: 209–24.
Petersen ML. Der sichere Rahmen, Bestandteile, Handhabung und Wirkungen. Forum Psychoanal. 1996; 12: 110–27.
Pine F. A working nosology of borderline syndromes in children. In: RKS. The borderline child. New York: MacGraw-Hill; 1982; 83 ff.
Putnam FW. Dissociation in children and adolescents. New York: Guilford; 1997.
Rapoport JL. Obsessive – compulsive disorders in children and adolescents. Washington: Amer. Psych. Press; 1989a.
Rapoport JL. The boy who couldn't stop washing. New York: Dutton; 1989b.
Ratzke K, Sanders M, Diepold B, Krannich S, Cierpka, M. Über Aggression und Gewalt bei Kindern in unterschiedlichen Kontexten, Prax. Kinderpsychologie, Kinderpsychiatrie 46. Göttingen: Vandenhoeck & Ruprecht; 1997.
Rauchfleisch U. Dissozial. Göttingen: Kleine Vandenhoeck-Reihe; 1981.
Rauchfleisch U. Überlegungen zu den Ursachen und Wirkmechanismen des Konsums von Gewaltdarstellungen bei Kindern und Jugendlichen, Prax. Kinderpsychologie, Kinderpsychiatrie 46. Göttingen: Vandenhoeck & Ruprecht; 1997.
Reddemann L, Sachsse U. Imaginative Psychotherapieverfahren zur Behandlung in der Kindheit traumatisierter Patientinnen und Patienten. Psychotherapeut. 1996; 41: 169–74.
Remschmidt H. Kinder- und Jugendpsychiatrie. Stuttgart: Thieme; 1987.
Remschmidt H. Zyklen der Gewalt, Anmerkungen zur Gewalttätigkeit junger Menschen. Dtsch Ärztebl. 1993; 90: 1717–1722.
Remschmidt H, Schmidt MH. Multiaxiales Klassifikationsschema für psychische Störungen des Kindes- und Jugendalters nach ICD-10 der WHO. Bern: Huber; 1994.
Rohde-Dachser Chr. Im Schatten des Kirschbaums. Psychoanalytische Dialoge. Bern: Huber; 1994.
Rupprecht-Schampera U. The concept of "Early Triangulation" as a key to a unified model of hysteria. Int J Psycho-Anal. 1995; 76: 457–73.
Sachsse U. Die Psychodynamik der Borderlinepersönlichkeitsstörung als Traumafolge. Ein Entwurf. Forum der Psychoanalyse. 1995; 11: 50–61.
Sachsse U. Selbstverletzendes Verhalten. Göttingen: Vandenhoeck & Ruprecht; 1996.
Sachsse U, Eßlinger K, Schilling L. Vom Kindheitstrauma zur schweren Persönlichkeitsstörung. Fundamenta Psychiatrica. 1997; 11: 12–20.
Sandler J, Kennedy H, Tyson L. Kinderanalyse. Gespräche mit Anna Freud. Frankfurt/M.: Fischer; 1982.
Schepker R, Scherbaum N, Bergmann F. Zur pathologischen Trauer bei Kindern nach frühem Tod eines Elternteils. Kinderanalyse. 1995; 3: 260–80.
Schoenhals H. Zur Repräsentanzenwelt des Angstneurotikers. In: Mentzos S, Hrsg. Angstneurose, Psychodynamische und psychotherapeutische Aspekte. Frankfurt/M.: Fischer; 1984.

Schulte-Herbrüggen OW. Die Grundlage psychoanalytischer Technik: Umgang mit dem Affekt. Vortrag auf der ersten Konferenz der VAKJP-Arbeitsgemeinschaft für wissenschaftlichen Austausch. Frankfurt/M. 4. 3. 1995.

Schweizer J. Systemische Beratung bei Dissozialität, Delinquenz und Gewalt, Prax. Kinderpsychologie, Kinderpsychiatrie 46. Göttingen: Vandenhoeck & Ruprecht; 1997.

Segal H. Melanie Klein. Eine Einführung in ihr Werk. München: Kindler; 1974.

Segal H. Bemerkungen zur Symbolbildung. In: Bott Spillius E, Hrsg. Melanie Klein heute. München: Verlag Internationale Psychoanalyse; 1990.

Segal H. Traum, Phantasie und Kunst. Stuttgart: Klett-Cotta; 1996.

Shengold L. Soul murder. The effects of childhood abuse and deprivation. New Haven: Yale University; 1989.

Smith DL. Hidden conversations. London: Routledge; 1991.

Steck B, Bürgin D. Über die Unmöglichkeit zu trauern bei Kindern trauerkranker Eltern. Kinderanalyse. 1996; 4: 351–61.

Steinhausen H-C. Psychische Störungen bei Kindern und Jugendlichen. München: Urban & Schwarzenberg; 1996.

Stern DN. The interpersonal world of the infant. A view from psychoanalysis and developmental psychology. New York: Basic Books; 1985.

Stern DN. Die Mutterschafts-Konstellation. Eine vergleichende Darstellung verschiedener Formen der Mutter-Kind-Psychotherapie. Stuttgart: Klett-Cotta; 1998.

Stork J. Suizid und Inzestwunsch bei Adoleszenten. Kinderanalyse. 1993; 1: 12–23.

Streeck-Fischer A. Grenzgänger – Zum Umgang mit selbst- und fremddestruktivem Verhalten in der stationären Kinder- und Jugendpsychotherapie, Prax. Kinderpsychologie, Kinderpsychiatrie 40. Göttingen: Vandenhoeck & Ruprecht; 1991.

Streeck-Fischer A. Entwicklungslinien der Adoleszenz. Narzißmus und Übergangsphänomene. Psyche. 1994; 48: 509–28.

Thomasius R. Familientherapie bei Drogenabhängigkeit. Berlin: Springer; 1996.

Winnicott DW. Reifungsprozesse und fördernde Umwelt. Frankfurt/M.: Fischer; 1965.

Winnicott DW. Von der Kinderheilkunde zur Psychoanalyse. Frankfurt/M.: Fischer; 1983a; 276–99.

Winnicott DW. Von der Kinderheilkunde zur Psychoanalyse. Frankfurt/M.: Fischer; 1983b.

Wittenberger A. Von Goldgräbern und Geisterjägern. Drei Kinderanalysen. Tübingen: Edition Diskord; 1994.

Wittenberger A. Übergänge. Einige Überlegungen zur Liebe in Adoleszenz und Therapie. 1997. (Unveröffentlichtes Manuskript.)

Wolke D, Meyer R, Ohrt B, Riegel K. Co-morbidity of crying and feeding problems with sleeping problems in infancy: concurrent and predictive associations. Early Development and Parenting. 1995; 4: 191–207.

Wurmser L. Die Maske der Scham. Berlin: Springer; 1993.

Wurmser L. Die Psychodynamik des Drogenzwangs. Göttingen: Vandenhoeck & Ruprecht; 1994.

Sachverzeichnis

A

Adoleszenz
- Dysthymia 54 f
- psychotischer Patient 176 ff
Adoleszenzkrise 27 ff
- Anamnese 28 ff
- Arbeitshypothese 31
- Ersteindruck 27
- Gegenübertragungsgefühle 32
- Lebenssituation 27 f
- psychodynamische Überlegung 30 f
- schwere 43 ff
- – Anamnese 43 f
- – Dauer 50
- – Ende 50
- – Familienanamnese 44
- – psychodynamischer Befund 44 f
- – Symptomatik 43
- – Therapieverlauf 45 ff
- situative Dynamik 28
- Symptomatik 27
- Therapieverlauf 31 ff
Alter-ego-Übertragung 46
Angst
- depressive 105
- paranoide 107
Angsterkrankung 16 ff
- Arbeitshypothese 19
- Erstvorstellung 16
- Familienanamnese 16 ff
- niederfreuquente Einzeltherapie 20
- psychopathologischer Befund 19
- Rückblick 25 f
- Symptomatik 16
- Therapieaspekte 21 ff
- Therapieverlauf 20 ff
Angstneurose 12
Angstsyndrom
- Affektregulation 88 ff
- Aggression 88 ff
- Anamnese 85 f
- autonome Regulation 91
- Familienanamnese 85 f
- Grandiositätsphantasien 89
- Integration depressiver Selbstanteile 91 f
- Menschzeichnung 86
- Objektverlustangst 90 f

- Schlafbedeutung 87 f
- Selbstverlustangst 90 f
- sichere Grenzen 88 ff
- Symptomatik 84
- Therapiedauer 92
- Therapieeffekte 92
- Therapieende 92
- Therapieverlauf 87 ff
Anorexia nervosa 93 ff
- – Anamnese 95
- – Befund, psychodynamischer 97 f
- – – psychopathologischer 96 f
- – Eltern-Kind-Beziehung 94
- – Familienanamnese 95 f
- – Familiensituation 94
- – Genogramm 96
- – Selbstwahrnehmung 98 f
- – Symptomatik 93 f
- – Therapieverlauf 98 f
- – Untersuchung 97
Anorexievertrag 183
Autistisch-psychotische Wesensveränderung 174
Autogenes Training 20 f
Autonomiebedürfnis 3
Autonomieentwicklung 6

B

Beziehungsaufbau, Säugling 3
Beziehungsfähigkeit, eingeschränkte 30
Bilderleben, katathymes 20 f
- – Dysthymia 56
Bleuler-Autismus 169
Bulimie 190

D

Denkstörung, psychotische 172
Depression 35 ff
Depressive Krise 51 ff
Dissoziation 58 ff
Double bind 121
Drogenabhängigkeit 192 ff
- Anamnese 193
- Destruktionsphantasien 195
- Diagnose 193 f
- emotionale Abhängigkeit 194

- Loyalitätsbindung 196
- Mutter-Sohn-Beziehung 193
- narzißtische Instabilität 193 f
- ödipaler Konflikt 195
- Selbstwertfindung 196 f
- soziale Situation 192 f
- Suizidphantasien 194 f
- Symptomatik 192
- Therapieabbruch 195 f
- Therapieaufnahme 196
Duschrituale 67 f
Dysthymia 51 ff
- Adoleszenz 54
- Anamnese 53 f
- Familienanamnese 52 f
- katathymes Bilderleben 56
- Mutter-Tochter-Gespräche 56
- psychodynamischer Befund 54 f
- Selbstbewußtsein 51
- Symptomatik 51 ff
- Therapieverlauf 56 f
- Trennungsversuche 54 f

E

Eltern-Säuglings-Kurzpsychotherapie, intermittierende 8
Eltern-Säuglings-Psychotherapie 7 f
Entwicklungsbedürfnis, altersgemäßes 5
Eßstörung 93 ff, 100 ff

F

Fokaltherapie 189
Frustrationsintoleranz 153 ff
Fütterungsituation 5
Fütterstörung 1 ff
- Anamnese 3 f
- Befund, psychodynamischer 5
- – psychopathologischer 4 f
- Diagnosestrategie 2
- Familienanamnese 3
- Interaktionsdiagnostik 4 f
- Symptomatik 1 f
- Therapie, Interaktionsebene 6
- Therapieverlauf 6 f

G

Gedeihstörung 1 ff
Gießen-Test 44
Größenselbststabilisierung, narzißtische 158

H

Handlungsbrüche, Störung der Objektbeziehungsentwicklung 101
Homosexualität, unterdrückte 49

I

Ich-Defizit 153 ff
– Alltagsstrukturierung 159
– Anamnese 154 f
– Behandlungsprobleme 159
– Diagnosestrategien 153 f
– Entwicklungsniveau 157 f
– Familienanamnese 155
– Fremdanamnese 153
– Geschlechtsidentität 157
– Größenselbststabilisierung, narzißtische 158
– Leistungsdiagnostik 156
– Mimikryentwicklung 156
– Mutter-Kind-Beziehung 156 f
– Notreifung 155
– Persönlichkeitsentwicklung 155 f
– Psychodynamik 1554
– Psychotherapie, tiefenpsychologisch fundierte 160
– Selbstwertkonflikte 158
– stationäres Setting 159 f
– Symptomatik 153
– Therapieverlauf 158 ff
Ich-Struktur-Störung 144 ff
Interaktionsebene, Therapie Fütterstörung 6
Interaktionszyklus, maladaptiver 3
Introjektionsprozess 45

K

Konflikt, ödipaler 11
Körpersprache 46
Krampfanfälle, dissoziative 58 ff
– – Ablösung 64
– – Anamnese 59 f
– – Anfallssymptomatik 60 f 64 f

– – depressiv-suizidale Krise 64 f
– – Familienanamnese 60
– – Machtkampf 60
– – Mutter-Kind-Beziehung 60 f
– – Settingcharakteristik 61
– – sexueller Mißbrauch 63 f
– – Therapie, Initialphase 62 f
– – Therapieverlauf 61 ff
– – Übertragungsbeziehung 63
Kurzpsychotherapie, intermittierende 8

L

Logorrhö 149
Loyalitätskonflikt 4
– Depression 35 ff
– – Anamnese 35 f
– – Behandlungserfolg 42
– – Familienanamnese 36
– – Familiendynamik 36
– – induzierte Gefühle 35
– – psychodynamischer Befund 36 f
– – Symptomatik 35
– – Therapieverlauf 37 ff

M

Maltherapie 19 ff
Männlichkeit 49 f
Märchentherapie 19 ff
Mimikryentwicklung 156
Mißbrauch, sexueller 115 f
– – Anamnese 115 f
– – Doubting 121 f
– – Glaubwürdigkeit 118
– – Nichterinnernwollen 121
– – Patientenbericht 116 f
– – Symptomatik 115 f
– – Therapieverlauf 116 ff
– – Todesangst 117
– – Übertragungsgeschehen 120 f
– – Verhältnis Phantasie-Wirklichkeit 122
Mutterrolle 3
Muttersymbol, archaisches 48

N

Narzißmus, pränataler 48
Neurotische Störung, Lernprozess 12
Notreifung 155

O

Objektbeziehungsentwicklung, Störung 100 ff
– – Anamnese 100
– – Familiensituation 100
– – Handlungsbrüche 101
– – Objektabgrenzung 102
– – Objektspaltung 103 f
– – Symbolisierungsfähigkeit 101 f
– – Therapieverlauf 101 ff
– – Vergewaltigung 104 f
– – Verlustgefühl 106 f
Objektverlustangst 90 f
Onychophagie 123 ff
– Anamnese 123 f
– Familienanamnese 124
– Grenzziehung 126 f
– Identitätsentwicklung 125
– Innenräume 127
– Nähe-Distanz-Problem 127
– pathologisches Übergangsobjekt 128
– Phantasien 125 f
– Reset-Kind 125
– Selbstgefühl 128
– Suchwanderung 126
– Symptomatik 123
– Therapiedauer 129
– Therapieeffekt 129
– Therapieende 129
– Therapieverlauf 125 ff

P

Papageiendialog 153
Persönlichkeitsentwicklung, neurotisch depressiv 37
Phantasie-Wirklichkeit, sexueller Mißbrauch 122
Phase, ödipale 11
Posttraumatische Belastungsstörung 108 ff
Pseudoobjektivierung 12
Psychose 161 ff
– hebephrene 168 ff
– – Anamnese 170 f
– – äußere Umstände 170
– – Befund, psychodynamischer 173
– – – psychopathologischer 172 f
– – Ersatzvater 174
– – Familienanamnese 171
– – gestörte Mutter-Kind-Beziehung 171
– – Innen-Außen-Unterschied 172
– – Katamnese 175
– – Körperkoordination 172

– – psychotische Denkstörung 172
– – situative Dynamik 168 f
– – Sozialkontakte 169
– – Stimmungsänderung 172
– – Symptomatik 168
– – Testpsychologie 173
– – Therapieverlauf 174 f
– – weiterführende Diagnostik 173
– schizoaffektive 161 ff
– – Anamnese 164 f
– – Befund, psychodynamischer 166 f
– – – psychopathologischer 166
– – Diagnose 167
– – Diagnosestrategien 161 f
– – Familienanamnese 165
– – Gegenübertragung 162
– – situative Dynamik 163 f
– – soziale Situation 163
– – Symptomatik 161 f
– – Therapieverlauf 167
– symptomarme schizophrene 169

R

Repräsentanzebene, Therapie Fütterstörung 6
Reset-Kind 125
– Definition 129

S

Satzergänzungstest 80
Säugling, Fütterstörung 1 ff
Schizophrenia simplex 167, 174
Schizophrenie, hebephrene 167
Schlafproblem 2
Schlafsetting 5, 7
Schlafstörung 84 ff
– Angstsyndrom 84 ff
Schulangst 13
Schulphobie 9 ff
– Anamnese 10 f
– Dauer 15
– Ende 15
– Familienanamnese 11
– Katamnese 15
– Kontaktaufnahme 13
– Kontext 9 f
– Symptomatik 9
– Therapieverlauf 13 ff
– Traumbeispiel 14
– Übertragungsanalyse 14
Schulschwänzen 13
Selbst-Objekt-Grenzen 102 ff

Selbstverletzendes Verhalten 123 ff
– – Abgrenzung 134
– – Anamnese 131
– – Anhaltspunkte 132
– – Beziehungsabwehr 132
– – dynamischer Stillstand 133
– – kommunikative Technik 125
– – projektive Identifikation 130 f
– – Symptomatik 130
– – Therapieverlauf 133 ff
– – zwanghafte Rituale 130 f
Selbstverlustangst 90 f
Seperations-Identifikations-Vorgang 60
Sozialverhalten, Störung 136 ff
– – Befund, psychodynamischer 149 f
– – – psychopathologischer 147 ff
– – Bewegungstherapie 152
– – Eigenanamnese 146 f
– – Familienanamnese 145 f
– – Institutionsmaßnahmen 148
– – Intelligenztest 149 f
– – Musiktherapie 152
– – Patientendaten 148
– – Patientenentwicklung 148
– – Persönlichkeitsfragebogen 149
– – Psychodynamik 144 f
– – Symptomatik 144
– – Therapieverlauf 151 f
Sozioaffektive Störung 176 ff
– – Aggressionspotential 181
– – Anamnese 177 ff
– – anorektisches Krankheitsbild 182 f
– – Anorexievertrag 183
– – Beziehungsprobleme 178
– – Elternkontakt 182
– – Familienanamnese 179 f
– – Genogramm 180
– – Katamnese 184
– – medikamentöse Behandlung 178, 182
– – offenes Setting 181 f
– – psychodynamische Hypothese 181
– – Psychopathologie, Entwicklung 179
– – Symptomatik 176 f
– – Therapieverlauf 181 ff
– – Verhalten 178
Spielinteraktion 4
Stillproblem 3
Substanzmißbrauch, adoleszenter 185 ff
– – Anamnese 186 f

– – Befund, psychodynamischer 188
– – – psychopathologischer 187 f
– – Behandlungsvoraussetzungen 188
– – Beziehung 188 f
– – Bulimie 190
– – Diagnosestrategien 185 f
– – Drogenkonsum 188
– – Familienanamnese 187
– – Fokaltherapie 189 f
– – Konflikte 189
– – Kontaktunfähigkeit 185
– – situative Dynamik 186
– – soziale Situation 186
– – Struktur 189
– – Symptomatik 185 f
– – Therapieende 190 f
– – Therapieergebnisse 190 f
– – Therapiekrisen 190
– – Therapieverlauf 189 f
Sucht 185 ff
– adoleszenter Substanzmißbrauch 185 ff
Suizidversuch 108 ff
– aktuelle soziale Situation 109
– Anamnese 110 f
– Befund, psychodynamischer 111 ff
– – psychopathologischer 111
– Behandlungsvoraussetzungen 111 f
– Beziehungsdynamik 109 f, 112
– Diagnosestrategien 108 f
– Elternreaktion 52
– Identitätskonflikt 112 f
– Katamnese 114
– Konflikte 112 f
– Krankheitserleben 111 f
– stationäres Verhalten 111
– strukturelle Entwicklung 112 f
– Symptomatik 108
– Therapiebeginn 109 f
– Therapieverlauf 114
Symbolisierungsfähigkeit, Störung der Objektbeziehungsentwicklung 101 f

T

Tagtraumtechnik 26
Tötungsimpulse 136 ff
– Anamnese 138
– Aufnahmesituation 137 f
– Befund, psychodynamischer 140
– – psychopathologischer 139 f

Tötungsimpulse
- Beziehungsdynamik 140
- Beziehungsdynamikentfaltung 137 f
- Gegenübertragung 138
- Hypothesen, erste 136
- – weiterführende 138
- Katamnese 143
- Konflikte 140
- Krankheitserleben 140
- Menschzeichnung 139
- Mutter-Kind-Beziehung 136
- Phantasien 142
- Psychotherapie 141 f
- soziale Situation 137
- Soziotherapie 141
- strukturelle Entwicklung 140
- Symptomatik 136
- Therapieverlauf 141 f
- weiterführende Diagnostik 139 f
Transit 31
Traumtagebuch 47

U

Übergangsphänomen 47
Übertragungsanalyse, Schulphobie 14

V

Vaterbild 31
Vater-Tochter-Beziehung 7
Vaterverlust 31
Vergewaltigung 104 f
Verhaltensregulation, Säuglingsalter 1
Verlustgefühl, Störung der Objektbeziehungsentwicklung 106 f

W

Widerstand 14

Z

Zwangsneurose 4
Zwangsstörung 78 ff
- chronifizierte
- – Anamnese 79 f
- – Diagnosestrategien 79
- – Familienanamnese 80
- – Genogramm 80
- – Krankheitsverlauf 78
- – psychologischer Befund 81
- – Symptomatik 78 ff
- – Therapiedauer 82 f
- – Therapieeffekte 82 f
- – Therapieende 82 f
- – Therapieverlauf 78, 82 ff
- chronisch rezidivierende 67 ff
- – – Anamnese 69 f
- – – Befund, psychodynamischer 71
- – – – psychopathologischer 71
- – – Behandlungsvoraussetzung 72
- – – Beziehung 72
- – – Dauer 76
- – – Diagnosestellung 72
- – – Diagnosestrategie 68
- – – Entwicklung 69
- – – Familienanamnese 70 f
- – – induzierte Gefühle 68 f
- – – Konflikt 72
- – – Krankheitsverlauf 75 f
- – – Lebenslauf 70
- – – Struktur 72
- – – Symptomatik 67 f
- – – Therapieeffekte 76
- – – Therapieende 77
- – – Therapiemotivation 73
- – – Therapieverlauf 73 ff
- Funktionsniveaus 83
Zwangsstörungen 67 ff

Im Kontext:

Kinder- und Jugendpsychiatrie
Remschmidt
Eine praktische Einführung
2. A. 1987. 510 S., 60 Abb.,
38 Tab., <flex. TB> DM 49,80
ISBN 3 13 576602 0

Adoleszenz
Remschmidt
1992. 309 S., 53 Abb.,
16 Tab., <flex. TB> DM 39,–
ISBN 3 13 767701 7

Neurologie und Psychiatrie für Pflegeberufe
Haupt/Jochheim/Remschmidt
Für Krankenpflegeberufe
8. A. 1997. 548 S., 100 Abb.,
<flex. TB> DM 39,80
ISBN 3 13 453608 0

Psychologie für Krankenpflegeberufe
Remschmidt
6. A. 1994. 352 S., 32 Abb.,
9 Tab., <flex. TB> DM 34,–
ISBN 3 13 485306 X

Psychotherapie im Kindes- und Jugendalter
Herausgegeben von Helmut Remschmidt

1996. 504 S., 76 Abb., DM 78,–
ISBN 3 13 103431 9

- Definitionen, Klassifikationen und Anwendungsprinzipien
- Darstellung aller psychotherapeutischen Verfahren
- und ihrer Differential-Indikationen
- plus mögliche Kombinationen der einzelnen Verfahren untereinander und mit anderen Therapiemaßnahmen
- Schwerpunkt: Anwendung psychotherapeutischer Methoden bei einzelnen Krankheitsbildern (vom Angstsyndrom bis zu Teilleistungsstörungen, Delinquenz und sexuellem Mißbrauch)

Thieme PSYCHOTHERAPIE